AtV

Jay Griffiths hat in Oxford studiert und lebt jetzt als Journalistin in London. Ihre Arbeiten wurden mit mehreren Preisen ausgezeichnet. *Slow Motion* ist ihr erstes Buch.

Das 20. Jahrhundert ist das Jahrhundert des Zeitsparens. Ford stellte seine Autoproduktion auf Fließbandarbeit um, weil das Zeit sparte; wir gehen zu McDonald's oder trinken im Stehen einen Espresso, weil das schnell geht; wir stellen uns im Supermarkt an die Expreß-Kasse und bringen danach unsere Kleidung in die Expreß-Reinigung; und auf der Autobahn fahren wir auf der Überholspur. Aber was machen wir mit all der gesparten Zeit?

Kaum hatten die Menschen die Zeit und die Instrumente zu ihrer Messung erfunden, schon wurde sie knapp. Nie hatte man genug davon. Die unendliche Zeit, von der unbegrenzte Mengen im Universum zur Verfügung stehen, genau diese Zeit ist für jeden einzelnen Menschen endlich. Unsere verzweifelten Versuche, dem Vergehen der Zeit Einhalt zu gebieten – vom Einbalsamieren der Toten bis zu den heutigen Schönheitsoperationen und dem genetischen Klonen von Lebewesen –, zeugen letztendlich lediglich davon, daß wir die Geister, die wir riefen, nicht mehr loswerden.

Es sei denn, wir halten für einen Moment inne und besinnen uns: auf die Zeit der Ozeane, die Zeit des Werdens und Vergehens, wie sie die Naturvölker wahrnehmen, auf die zyklische Zeit, in deren Mittelpunkt Erneuerung statt Vergänglichkeit steht, auf die Langsamkeit. Je mehr wir uns davon zu eigen machen, desto eher können wir unsere Verstrickungen in das tödliche Netz der linearen Zeit auflösen und desto mehr leben wir im Einklang mit den Menschen und der Natur um uns. – Es ist höchste Zeit.

Jay Griffiths

Slow Motion

Lob der Langsamkeit

Aus dem Englischen
von Dirk Muelder

Aufbau Taschenbuch Verlag

Die Originalausgabe unter dem Titel
»Pip pip. A sideways look at time«
erschien 1999 bei HarperFlamingo in London.

ISBN 3-7466-8090-5

1. Auflage 2002
Aufbau Taschenbuch Verlag GmbH, Berlin

Umschlaggestaltung Preuße & Hülpüsch Grafik Design
unter Verwendung des Gemäldes
»The persistence of Memory«, Detail, von Salvador Dali,
© Demart pro Arte B. V. / VG Bild-Kunst, Bonn 2001
Druck Elsnerdruck GmbH, Berlin
Printed in Germany

www.aufbau-taschenbuch.de

Inhalt

1

Schwingende Atome, Ozeane und das Jetzt

Was bedeutet uns die Zeit?

> »Ach ja. Diese merkwürdige Zeit, die merkwürdigste überhaupt. Die Zeit, wie sie war und immer ist. Kaum haben wir das »zt« von »jetzt« erreicht, ist das »j« schon Frühgeschichte.«
>
> *Michael Frayn*

Hören Sie genau hin.

9 192 681 770 Schwingungen des Cäsiumatoms ergeben eine Sekunde. Zählen Sie mit. Der Tag hat 86 400 Sekunden und jede einzelne wird Tag um Tag auf 60 Kilohertz Langwelle als Piepser übertragen.

Hören Sie sehr genau hin. Da jeder Tag 86 400 Sekunden hat, besteht ein Jahr aus 31 536 000 Piepsern. Zählen Sie mit. Zählen Sie mit. Mit dem richtigen Empfänger können Sie die Radiosignale in Sekunden-Piepser verwandeln und zählen. Jede Sekunde ein Wehgeschrei und nervöse Hektik im Minutentakt. Zählen Sie mit in Deutschland oder mit dem National Bureau of Standards in Boulder, Colorado, USA, das auch die Zeitsignale sendet. Zählen Sie mit, wo immer Sie sind, denn die Zeit ist universell. Es ist *die* Zeit, da laut internationaler Abmachung ab 1. Januar 1972 die koordinierte Weltzeit (abgekürzt UTC) und in Wissenschaft und Technik die Atomzeit mit ihren Atomsekunden gilt. Bis dahin hatte man die Sekunde als 1/86 400 des mittleren Sonnentages, d. h. einer Erdumdrehung, definiert.

Wenn Sie immer schon genau hingehört hätten, wäre Ihnen aufgefallen, daß es am 30. 6. 97 und am 31. 12. 98 sogar 86 401 Sekunden gab, die Extrasekunde war eine Schaltsekunde. Ungefähr einmal pro Jahr wird eine Schaltsekunde hinzugefügt, um *die* Zeit mit der der Erde in Übereinstimmung zu bringen – die Erde geht nämlich nicht sehr genau.

Erdzeit und Atomuhrpiepser sind von Natur aus zwei verschiedene Paar Schuhe. In manchen Jahren ändert sich der Lauf der Erde um bis zu einem Tausendstel einer Sekunde. So unpünktlich kann die Erde sein: eine Tausendstelsekunde, sowas. Darum müssen die heutigen Uhren die Zeit von ober- bzw. außerhalb der Erde mit dem Cäsium-Zähler und sprechenden Uhrwerken und Zonenzeiten oder Weltzeiten messen, um zu beweisen, daß es eine abstrakte universelle Monozeit, *die* Zeit gibt. Aber es gibt sie nicht.

Schalten Sie mal die Piepser ab. Verstecken Sie den Wecker und die digitale Armbanduhr. Vergessen Sie den Kalender und den weltweiten Monotag, den 30. 6. 1997. Kommen Sie statt dessen mit mir zu den Karen, dem Bergvolk in den Wäldern Nordthailands, um den Reichtum an Zeiten, der in einem solchen Wald herrscht, zu genießen. Oder auf die Ostindischen Inseln in der Nacht des »kleinen Schweinemonds«. Oder in den Andaman-Wald, um den Kalender der Düfte durchzublättern. Sehen Sie sich die Kuh-Zeit und die Bienen-Zeit an, werfen Sie einen Blick auf Kokosnußuhren, Wassermelonenmonate und den Monat des Schneeblinden. Auch die Meere und Ozeane sind, kulturell und physisch, voller Zeit. Zeit und Gezeiten reimen sich in den Gedanken der Menschen. Es gibt Tausende von Zeiten, nicht nur eine. Zu behaupten, eine Zeit wäre *die* Zeit, das wäre unwahr und zudem ein Politikum.

Noch ein Wort, bevor Sie sich hier verabschieden wollen. Ein Rückblick.

Auf einem Stich von Albrecht Dürer (1471–1528) sieht man, wie ein Künstler durch ein Gitternetz hindurch einen weiblichen Akt zeichnet. Die sinnliche Nackte lehnt sich zurück und lächelt wissend, und wenn der Künstler hinsähe, würde er bemerken, daß ihre linke Hand spielerisch und neckisch zwischen ihren Schenkeln liegt. Was ist mit dem »Gitternetz«? Er hat es zwischen sich und der nackten Frau aufgebaut, so daß er ihre Maße und Proportionen genau einzeichnen kann. So sehr ist der Künstler mit dem Gitternetz beschäftigt, daß vor ihm auf dem Papier gar keine Frau, gar kein wissendes Lächeln, keine Schenkel und keine Hand sind, sondern nur gerade Linien und Gitter. Als ich die

Zeichnung sah, fiel mir auf, wie die Moderne die Zeit sieht. Wir sind so sehr mit unseren Gitternetzen und Konstruktionen aus numerischen Messungen beschäftigt, daß wir die tolle, lebendige Zeit selbst aus den Augen verlieren. Die Moderne kennt die Strebe und das Gitter. Aber sie weiß nicht, was die Stunde geschlagen hat.

Überall wird die Zeit gemessen. Das Gitternetz umgibt einen wie Stacheldraht. Wenn man London, Berlin, New York, Washington oder Paris verläßt, wird am Flughafen jede Transaktion, jeder Ticket- oder Geldtausch mit einem Zeitvermerk versehen. Überall auf der Welt blinken Uhren von Firmengebäuden und Hotels Datum und Zeit bis auf die Zehntelsekunde genau; sie komprimieren die Zeit. Kaum hält man inne und kauft, sagen wir mal, Schnürsenkel, schon erhält man auf der Quittung Datum und Zeit auf die Minute genau. Das Radio spuckt die Piepser der Zeitmessung aus (und wenn diese Piepser die Kerne der Zeit sind, wo sind dann ihre Früchte?). Die Ampeln sind automatisch geschaltet. Telefone sagen die Zeit an, im Frühstücksfernsehen sieht man ständig eine Uhr. An Herd und Backofen und an der Mikrowelle sind Uhren mit Klingelzeichen, und auf den Eierschalen steht ein empfohlenes Verkaufsdatum. Die städtische Moderne lebt unter einem ständigen Angriff von Uhren. Wecker bedrohen den Schlaf, der erste Gedanke vieler Zeitgenossen ist Tag für Tag: »Wie spät ist es? Komm ich zu spät?« Digitale Uhren mit digitalen Sekunden scheinen die Zeit zu beschleunigen, Termine rücken erbarmungslos näher. Immer strenger eingeteilte Arbeitstage durchlöchern die Zeit.

Die Städte *schaffen* mehr als alles andere die Uhr-Zeit der Moderne, konstruieren eine ganze Welt, die auf der Künstlichkeit von Uhr und Kalender beruht. Das Herz der städtischen Moderne ist die Uhr, und es schlägt immer schneller. Poch, poch, tick, tack. Von der »rasenden Geschwindigkeit« der modernen Gesellschaft ist die Rede. Die Geschwindigkeit ist in der heutigen Gesellschaft die Peitsche, wie dieses Buch später zeigen wird, die Geschwindigkeit ist trügerisch und verlockend, Adrenalin ausschüttend und grausam, phantastisch und totalitär; alles wird beschleunigt, von den Beziehungen bis zu den Zeitarbeit-Jobs, von Fast food zu

Wegwerfkleidung zu Wegwerfwissen; die Zeit wird abgekürzt. Aber die Zeit wird nicht nur beschleunigt, sondern sie wird auch in immer kleinere Bruchstücke zerteilt. In Terminkalendern sind Fünfzehnminutentermine vorgesehen. Eine Uhr sitzt in der Ecke vieler PC-Bildschirme, und der PC selbst spaltet die Zeit auf und teilt sie in Pico- und Nano-Sekunden ein, was weit über jeden menschlichen Zeitsinn und jedes menschliche Bedürfnis hinausgeht, Einteilen um des Zerteilens willen.

Die Minute, von den Babyloniern erfunden, wurde bis zur Industriellen Revolution selten benutzt, plötzlich *brauchte* man eine genauere Zeitmessung. Thomas Hardy kennzeichnete in *Tess of the D'Urbervilles* diese neue Zeit so: »Tess ... schlug den dunklen, gewundenen Pfad ein, auf dem ein hastiges Vorankommen nicht möglich war; ein Pfad, der angelegt worden war, bevor das Land teuer wurde, zu einer Zeit, als eine Uhr mit nur einem Zeiger den Tag ausreichend unterteilte.«

Seither hat man die Zeit immer mehr unterteilt. Es ist ein zwanghaftes Verlangen, Kennzeichen der Moderne, die Zeit, diese unendliche, schöne Sache, in das infinitesimale Dezimal zu zerstückeln, so daß die Wissenschaftler heute Femtosekunden, den millionsten Teil einer Milliardstelsekunde gebrauchen. Die Geburt eines Kindes wird automatisch eingeleitet, wenn es »an der Zeit« ist. Die Lernfähigkeit eines Kindes wird nicht an der Tiefe seines Begreifens, sondern an der Schnelligkeit seines Fortschritts gemessen. Die Kosten einer Arbeit berechnen sich gewöhnlich nach dem Aufwand an Stunden. Die »Qualitäts-Zeit« hält sich nur deshalb für etwas Besonderes, weil die beherrschende Zeit *quantitativ*, gezählt und berechnet ist. Alles wird zeitlich berechnet – Timing ist wichtig. Sogar im Kühlschrank. Auf den Milchkartons steht das Verfallsdatum: Bis 22. 3. (Wenn es unbedingt sein muß.) Aber hier und da steht auch »um 9h 52«. Das heißt: Um 9h 53 verwandelt sie sich in Quark.

Also, gehn wir. Knallen Sie die Kühlschranktür über der Milchkartonzeit zu, und entdecken Sie statt dessen die Kuh-Zeit. Lassen Sie *die* Zeit hinter sich, und betrachten Sie nur mal ein paar der unzähligen Zeiten in der ganzen Welt.

Die Karen wissen immer, wie spät es ist. Als ich ein halbes Jahr lang bei ihnen gelebt hatte, fiel mir auf, daß ich der einzige Mensch mit einer Armbanduhr war – und der einzige Mensch, der nie wußte, wie spät wir's hatten. Für die Karen war der Wald den ganzen Tag über eine Symphonie der Zeit – wenn man die Partitur kannte. Am Morgen war die Luft feucht, anders als am Abend, wenn dichter Dampf und Rauch über allem lag. Mittags war ein riesiges, wächsernes Bananenblatt, das von hinten von der Sonne beschienen wurde, wie ein grüngoldenes Fensterglas in einer Kathedrale. Kaum eine Stunde später hatte es sich in einen flaschengrünen Teller oder in Einwickelzeug für eine Portion Reis verwandelt. Die Vögel sangen anders zu verschiedenen Zeiten, und während die Solosänger des Lebens immer bei uns waren, veränderte sich das ganze Orchester des Waldes im Laufe eines Tages, alle geräuschvollen Beziehungen zwischen Vögeln, Säugetieren und Insekten waren der Veränderung unterworfen, die Zeit spielte in allen instrumentellen Interaktionen mit, und damit verglichen wirkt die Zeit der westlichen Welt wie ein hauchdünnes Rohrblattpiepen.

Die Karen wissen immer, wo sie sich befinden, wie spät es ist, wie weit entfernt sie vom Sonnenuntergang oder von ihrem Zuhause sind, denn Zeit und Entfernung sind in der Sprache der Karen dasselbe: *d'yi ba* – »bald« – heißt wörtlich »nicht weit weg«. Ein Sonnenuntergang läßt sich deshalb mit »drei Kilometer weg« exakt definieren, weil dieses Volk sich nur zu Fuß fortbewegt und es bis zum Sonnenuntergang eine bestimmte Zeit dauert, die sie gemessen als Distanz genau kennen.

Die Zeit bei den Karen ließ sich von ihren Aktivitäten nicht trennen. Allmählich lernte ich, nicht zu fragen »Wann wird das und das geschehen?« An Stelle der unmöglichen Antwort erschien ein Lächeln. Wenn es geschieht, geschieht's eben. Daß es geschieht und wann, läßt sich nicht voneinander trennen. Die Handlung wird nicht auf die Uhrzeit gepfropft, sondern die Uhrzeit wird zur Handlung, und die Handlung wird zur Uhrzeit. Was für mich der Unterschied zwischen der Uhrzeit und der Handlung war, war für sie eine halb künstliche, halb idiotische Tautologie.

Für die Karen war der ganze Wald eine Uhr. Für die Kelantanesen der malaiischen Halbinsel kann die Kokosnuß eine Stoppuhr sein, mit der sie die Länge eines sportlichen Wettstreits messen: Sie bohren ein Loch hinein und legen die Kokosnuß ins Wasser. Wenn die Kokosnuß voll ist, geht sie unter: die Zeit ist um. Auf manchen der Ostindischen Inseln heißen zwei der Nächte des zunehmenden Mondes »kleiner Schweinemond« und »großer Schweinemond« – es sind nach dem westlichen Kalender die elfte und die zwölfte Nacht des zunehmenden Mondes. In diesen Nächten sind die Schweine und Schweinchen mondsüchtig, sie quieken aufgeregt, brechen aus ihren Ställen aus und rennen wild schnüffelnd los in die Natur. Die Nächte des abnehmenden Mondes, wenn das Mondlicht schwächer wird, heißen Nächte des »langen Baumstamms« und des »kurzen Stumpfs«.

Ein Volk im Norden Sibiriens – die ugrischen Ostiaken – nennt einen Monat den »Nackten-Baum-Monat«; ihm folgt der »Fußgänger-Monat«, wenn die Leute nicht reiten können, sondern sehr behutsam zu Fuß übers Eis gehen müssen. Der Krähen-Monat, auch Wind-Monat genannt, kommt vor dem Laich-Monat, es folgen der Kiefernharz-Monat, der Birkensaft-Monat und der Lachsreusen-Monat. In der ganzen Welt wird die Natur eines jeden Monats charakterisiert, und durch die Namen hindurch, die die Völker den Monaten geben, sieht man die spezifischen Landschaften aufleuchten, die sie bewohnen. (Was kann man durch »12/87« oder »6/97« anderes aufleuchten sehen, als einen tristen Vorort, der überall auf der Welt sein könnte?)

Die Natchez-Stämme im unteren Mississippital haben Monate wie den Rotwild-Mond und den Erdbeer-Mond, den Kleinen-Mais-Monat, den Wassermelonen-Monat, den Maulbeer-Monat, Nuß-Monat, Großen-Mais-Monat, Truthahn-Monat, Büffel-Monat, Bären-Monat und Kastanien-Monat. Im Kalender der Madegassen gibt es den Kürbisblüten-Monat und den »Monat, in dem die Bullen den Schatten des Sakoa-Baums aufsuchen«, worauf der »Monat, in dem die Perlhühner schlafen« und dann der »Monat, in dem der Regen die Seile verrotten läßt« folgen. (Es sind die Seile, mit denen man die Kälber fesselt.) Bei den Lakota-Indianern war es üblich, das Jahr u. a. in folgende Monate einzuteilen: »Monat, in dem das Gras grün ist«, »Monat, in dem die Wildkirschen reif sind« (Mitte August), »Monat der fallenden Blätter« (Anfang Oktober), »Monat der Schneeblinden« (Ende Januar). In den Variationen der Landschaft oder der Tiere werden Zeit und Ort so deutlich gekennzeichnet – im Gegensatz zu der dominierenden Zeitmessung des Westens, deren Unveränderlichkeit Zeit und Ort unterschlägt.

Andere Völker charakterisieren die Zeit durch die Gestirne. Die Kiwi auf Neuguinea datieren ihre Monate danach, welche Sterne über den Himmel wandern und am Horizont verschwinden. Die Aborigines von Australien beginnen mit dem Ackerbau, wenn die Plejaden erscheinen. Nach Ansicht der Melanesier veranlaßt das Zunehmen oder Abnehmen des Mondes die Menschen, das Land zu bestellen, zu jagen oder zu fischen.

In den Andaman-Wäldern Indiens haben die Leute einen Düfte-Kalender und benennen die Jahreszeiten nach den Aromen, die Blumen und Bäume verströmen. Die Mythologie der Navacho-Indianer beschreibt, wie der erste Mensch den Kalender entwarf. Zuerst zeichnete er Linien in den Sand, um die Jahreszeiten zu beschreiben. Er teilte sie ein in Sommer und Winter, und die Monate erhielten Namen entsprechend dem für sie charakteristischen Geschehen – was wir im Westen November nennen, nannte er den Monat des schwachen Windes, der Januar ist der Monat der Schneekruste, der Februar war sein Monat der Adlerjungen, der April der Monat der zarten Blätter und der September der Monat der reifenden Vegetation. Jedem Monat wurde dann noch ein »Herz« zugeschrieben um ihn näher zu definieren, und eine »sanfte Feder«, die seine Glücksmöglichkeiten bestimmte. Der Monat der Schneekruste hatte ein Herz aus Eis und als sanfte Feder den Morgenstern. Ein anderer, der Monat der großen Blätter, hatte Wind als Herz, und seine sanfte Feder war der Regen. Die dominierende westliche Uhrzeit (11h 48) oder Datierung (30. 6. 97), die mit endlosen Zahlen befaßt ist, betäubt jedes echte Zeitgefühl. Kein Herz gibt es hier und keine sanfte Feder.

Überall auf der Welt gibt es verschiedene Arten, Zeiteinteilungen zu wählen, und verschiedene Gründe dafür. Die meisten Gesellschaften haben anscheinend einen Wochenrhythmus, obwohl die Anzahl der Tage einer solchen Woche zwischen drei und sechzehn schwankt. Die Babylonier erfanden die Siebentagewoche; von ihnen haben Juden und Christen sie übernommen. Die Woche der Inkas war acht Tage lang (und am Ende einer jeden Woche wählte der König eine andere Gattin). Die Maya, für die die Zeit eine Gottheit war, hielten einen 260-Tage-Zyklus für die wichtigste Zeiteinheit im Kalender – weil es in etwa neun Monate waren, genau die Zeit von der Empfängnis bis zur Geburt eines Menschen.

Anders als beim westlichen Zeitmodell, das so weit von der Natur entfernt ist, daß seine Zeit präziser als die der Erde selbst ist, kann bei vielen anderen Kulturen die Zeit nur in der natürlichen Welt und den natürlichen Prozessen verkörpert sein. In den Sprachen der nordamerikanischen Indianer bedeutet der Ausdruck »Welt« zugleich »Jahr«, die eine dreht sich mit dem anderen. Die Dakota-Indianer sagen »Das Jahr ist ein Kreis um die Welt« oder um den heiligen Wigwam, denn der Wigwam ist selbst ein Abbild der Welt, und die Yokuts sagen »Die Welt ist vorbei«, was »Das Jahr ist um« bedeutet. Um zu fragen »Wie alt bist du?« fragen die Guarani-Kaiowa-Indianer aus Mato Grosso do Sul in Brasilien: »Wie oft hat der Guavira in deinem Leben geblüht?« Von den Mizteken ist ein Schriftzeichen erhalten, das ein »Drei-Feuerstein-Jahr« beschreibt. Für die Azteken entfaltete sich die Zeit in fünf aufeinanderfolgenden »Sonnen« oder Äonen – einer »Vier-Tiger-Sonne«, einer »Vier-Winde-Sonne«, einer »Vier-Regen-Sonne« und der »Sonne der vier Bewegungen« – der Gegenwart. Der traditionelle chinesische Kalender hat ein Jahr des Drachens, ein Jahr des Pferdes und ein Jahr des Hundes.

Die Hopi- und Navacho-Indianer sagen, sie lebten nach der Uhr der Natur, ein »Leben in Sonnentanz-Zeit«. Ihre Zeremonien werden nicht von der Uhr oder dem Kalender, sondern von den Jahreszeiten der Natur diktiert, so daß es Vollmondfeste, ein Fest des ersten Taus im Frühling, des ersten Frosts, der ersten Raupe in jedem Jahr gibt. Bei den

Micmac-Indianern sind Festessen die Höhepunkte (das Neujahrsfest findet zu Neumond, wenn der Bach gefroren ist, statt – nicht am 31. 12.). In der Micmac-Sprache (und den meisten anderen Algonkin-Sprachen) gibt es kein Wort für »Zeit« im absoluten Sinn. Es gibt Worte für Tag und Nacht, Sonnenuntergang und Sonnenaufgang, den Jahres- und den Mondzyklus, aber nicht für »Zeit« als numerische Maßeinheit. Es gibt keine Worte für Stunde, Minute oder Sekunde, obgleich es einen Ausdruck für »jetzt« gibt: »neegeh«. Die Rastafari von Jamaika unterscheiden Zeit und Uhrzeit. Wenn man sie fragt: »Wie spät ist es?«, antworten sie: »Nach der Uhr ist es halb acht.«

In Burundi wird die Zeit beschrieben – eher charakterisiert als gezählt –, und die Zeit einer pechschwarzen Nacht heißt »Wer-bist-du-Nacht«, weil es zu dunkel ist, ein Gesicht zu erkennen und man die Leute, die man trifft, fragen muß, wer sie sind. Für die Nuer im Sudan war das Vieh die Uhr; man maß die Zeit, indem man die Pflichten des Melkens, Auf-die-Weide-Treibens oder Vom-Kuhstall-in-den-Kral-Treibens des Viehs zugrunde legte. In Rajasthan in Indien heißt der Augenblick, in dem am Abend die Herden zurückkehren »Vieh-Staub-Zeit«. Die Kuh-Zeit ist lokal, sozial und in den natürlichen Prozeß eingebettet, während die Uhr-Zeit global und überall anwendbar ist.

Für die nordamerikanischen Indianer gibt es ein reziprokes Verhältnis zwischen den Menschen und der Zeit. F. David Peat, ein Arzt, der die Wissenschaft der »Eingeborenen« studiert hat, sagt, für sie sei die Zeit etwas Dynamisches und »Lebendiges« und ihrer Ansicht nach finde ein tiefgehender Austausch zwischen den Menschen und der Zeit statt. »Zeit ist nicht unabhängig von uns oder von der übrigen Natur. In den Zeremonien geht es um die Zeit, und die Beziehung eines Volkes mit ihrer Bewegung muß erneuert werden.« Die Zeit ist etwas Lebendiges.

Die Bienen wissen immer, wie spät es ist, und können einen täglichen Fütterungsrhythmus pünktlich einhalten, weil sie eine innere Uhr besitzen. Sie können an dieser pünktlichen Zeiteinteilung sogar festhalten, wenn man sie von einem Kontinent zum anderen schafft; wenn das geschieht, leiden sie in der Tat an einem Jet-lag. Die mannigfaltigen Uhren der Natur sind offenbar überall; in täglichen, circadianen (d. h. etwa 24 Stunden umfassenden), monatlichen oder jährlichen Zyklen. Die Zikaden leben in einem viel größeren als dem circadianen Zyklus. Als Puppen verbringen sie siebzehn Jahre unterirdisch. Dann kommen sie alle auf einmal heraus. In Ohio in den USA wurden Tausende registriert, die aus ihren Verpuppungen schlüpften, zirpten, krabbelten, kletterten, sich paarten und starben. Dann beginnt der Siebzehn-Jahre-Zyklus aufs neue.

Aber vielleicht gibt es nirgendwo einen faszinierenderen Zeitkomplex als in den Meeren. Cicero stellte fest, daß das Fleisch der Austern im Meer mit dem Mond zu- und wieder abnahm. Seepferdchen paaren sich bei Vollmond. Muscheln bleiben synchron zu den Meeresgezeiten des Ortes, von dem sie stammen, sie bleiben sogar dabei, wenn man sie in stehendes Wasser bringt. Der Palolowurm im Pazifischen und Atlantischen Ozean vermehrt sich nur während der Nippfluten im letzten Mondviertel im Oktober und November.

Die Menschheit kennt und nutzt die Gezeiten des Meeres seit langem. An manchen Orten, wie am Puget-Sund bei Seattle, ist die Meeresuhr von einer fast unergründlichen Komplexität, kompliziert bis zur Exzentrizität. Aber die dort ansässigen Indianer, die sie lesen gelernt hatten, verstanden es, ihre wilden, jähen Gezeiten auszunutzen für ihre kommunalen Aktivitäten, zum Einsammeln von Muschelnahrung und für Zusammenkünfte des Stammes gleichermaßen.

Das Meer, die Uhr der Zeitalter, ist voll von Zeit. Aber es sind die Küsten, die von den Gezeiten betroffen sind, nicht die Tiefen des Ozeans. Während das Meer also an seiner Küstenlinie das »Jetzt« der Ereignisse repräsentiert, liegt das Paradoxon des Ozeans darin, daß er in seinen Tiefen ein Sinnbild der Ewigkeit ist. Der ewige Trost, den die See bietet, lautet nicht »alles wird gut«, sondern »alles wird überdauern«. Für die westlichen Naturwissenschaftler liegt im Meer der Ursprung des Lebens. Im taoistischen Denken wird das Meer, ganz ähnlich, mit dem Tao, dem unerschöpflichen Urquell gleichgesetzt, der »im Augenblick der Schöpfung entstand und niemals erschöpft sein wird«. Otis Redding wählte den richtigen Platz »sitting at the dock of the bay, waisting time …«, denn das Meer ist der Schöpfer endloser Stunden. Und deshalb wirkt der Gedanke der verseuchten, »toten« Meere so schockierend, weil er die Vergiftung sowohl der Meere selbst als auch des Ursprungs der Zeit bedeutet.

Die Affinitäten zwischen der Idee des Meeres und der Idee der Zeit reichen tief. Die Zeit und die Gezeiten, die auf keinen Menschen warten, haben die Gemüter der Leute von jeher bewegt.

Die am meisten verbreitete Metapher für »Zeit« ist wahrscheinlich der Fluß, der zum Meer hin fließt. In der Micmac-Gesellschaft, die kein Wort für »Zeit« besitzt, benutzen die Leute den Fluß als Sinnbild für den Fluß der Ereignisse. Die Pirá-Paraná-Indianer in Nordwest-Amazonien beschreiben die Zeit-Zyklen des Lebens und des Todes als einen riesigen kreisförmigen Fluß. Die alten Griechen identifizierten die Zeit mit »Okeanos«, dem göttlichen Fluß, der die ganze Welt umfließt.

Im alten indischen Denken wird die Zeit als ein Fließen von Wasser beschrieben und mit dem Ozean verglichen. Das Hindi-Wort »ab« bedeutet sowohl »Wasser« als auch »jetzt«. Der Sanskrittext, die *Atharva Veda*, spricht von einem vollen, überfließenden Behälter, der oberhalb der Zeit angebracht ist. Der Behälter selbst ist zeitlos, aber die Zeit fließt für immer aus diesem Behälter nach. Es ist ein umfassendes Symbol, das sowohl für die fließende, flüssige Natur, als auch die charakteristische Fülle – wie bei der Fülle des Ozeans – steht.

Im Körper der Frau ist die menschliche Quelle des Lebens und der Lebenszeit die Vulva, die wie eine Auster an- und abschwellen kann. Die Gebärmutter hat ihre eigenen Gezeiten, die sich, wie die Gezeiten des Meeres, nach dem Mond richten. Eine schwangere Frau hat ihr Fruchtwasser, das zuweilen »ozeanische« Gefühle auslöst.

Auch in einem historischen Sinn sind die Zeit und das Meer miteinander verbunden. Der große Durchbruch beim Zeitmessen – bis man so exakte Uhren herstellte, daß man damit auf See den Längengrad berechnen konnte – kam, weil man die Herrschaft über die Meere erringen und sozusagen »das Wilde« der Meereszeit bezwingen wollte, eine Leistung, die dazu führte, daß die Briten die Macht über die Wogen bekamen und dadurch zugleich das Erdreich und das Reich der Zeit eroberten, denn aufgrund der maritimen Überlegenheit der Briten wurde weltweit der Längengrad von Greenwich als »Nullmeridian« akzeptiert. Die Seeherrschaft zog automatisch die Herrschaft über den Weltzeitstandard mit sich – *der* Zeit, die hochpolitisch ist, aber nur selten so begriffen wird.

Man frage also, nach all diesen verschiedenen Zeiten, wie verkehrt die Ideologie der westlichen imperialistischen Zeit ist, die sich selbst als *die* Zeit ausgibt, während sie in Wirklichkeit nur eine von Tausenden ist.

Die Art, wie die Zeit beschrieben wird, ist eine ideologische Frage – wenn man dessen auch nicht gewahr wird. (Wie ein späteres Kapitel zeigen wird, ist die Zeit-Frage zugleich immer eine Macht-Frage.) Die numerische Zeit des Westens, das besessene Teilen, Atomisieren und Zählen der Zeit paßt ideologisch zum industriellen und postindustriellen Zeitalter, das, mit Newtons »absoluter, wahrer und mathematischer Zeit«, den Zeitbegriff aller Unterscheidungsmerkmale oder Variationen entleerte und mit dem elenden Franklin »Zeit ist Geld« zu sagen begann, so daß die Fülle der Zeit von den heutigen gemeinen und plumpen Zeit-Buchhaltern fortwährend ihrer Grazie und Generosität beraubt wird. In Femto-Sekunden und Cäsiumatomen wird die Zeit der Moderne zwar geteilt, aber nicht unterschieden. Die Digitaluhr fragmentiert die Zeit, ein Instrument der Spaltung. Das digitale Gestotter reproduziert sich selbst in einem fort. Im Gegensatz zu dem Glauben der amerikanischen Indianer, daß die Zeit etwas Lebendiges ist, belebt die Digitaluhr die Gegenwart nicht, sondern tötet sie mit ihrem chronischen Momentismus ab. Sie beraubt die Zeit ihres Charakters, während sie sie atomisiert.

Das Atom – von griechisch *atomos*, unteilbar – galt einmal als genau dies: als unteilbar. Es scheint ganz logisch, daß dieses Zeitalter, das das Atom gespalten hat, auch das Zeitalter ist, das sich der Atomuhr bedient, um den Sekundenbruchteil zu spalten. Die sozialen Verhältnisse sind dementsprechend: die zersplitterten, gespaltenen Kommunen dieser Tage und die kleine soziale Abspaltung, die sich jedesmal abspielt, wenn Sie einen Blick auf Ihre Armbanduhr werfen. Beobachten Sie sich selbst einmal dabei. Ein Beispiel aus Ihrem Alltag: Jemand plaudert mit Ihnen und Sie schauen verstohlen auf Ihre Armbanduhr. Warum tun Sie es heimlich? Weil dieser Blick eine etwas unhöfliche Unterbrechung, eine leichte soziale Störung ist. Ein anderes Beispiel: Wenn Sie in München, Paris oder New York einen Bus nehmen wollen, vergleichen Sie lieber Ihre Uhrzeit mit dem gedruckten Fahrplan, statt jemanden zu fragen, wann der Bus kommt. Die Uhr an Ihrem Handgelenk isoliert Sie, den Träger, in Ihrer sozialen Abspaltung. Wenn Sie aber zum Beispiel in Indien einen Bus nehmen wollen und die Zeit auf Ihrer Armbanduhr mit dem Fahrplan an der Haltestelle vergleichen, brechen die Leute in Gelächter aus. (Ich habe es ausprobiert. Sie haben gelacht.) Mit einer Geste bescheidener Anpassung sollten Sie lieber einen der anderen Wartenden fragen. Kein indischer Busfahrer (die dort tatsächlich *bas Draaiivar* heißen) würde es sich einfallen lassen, die Zeiten einzuhalten, die auf den vor sieben Jahren angeklebten schmuddeligen Zetteln stehen. Die Busse fahren ab, und die Leute wissen, wann, denn in Indien gehört die Zeit immer noch den Menschen, nicht der abstrakten Welt aus Papier.

Das obsessive Zeitmessen der Moderne entfremdet Sie der Zeit selbst. Die Einteilungen der Uhrzeit trennen Sie vom Erleben der Zeit, die sich zum Beispiel durch Ihren Hunger oder das Stimmengewirr in einem Café mißt. Wenn Sie den Piepsern im Radio lauschen, lassen Sie sich die Zeit »en ciel«, die Jazzmusik einer Lerche entgehen. Das Messen der Augenblicke hindert Sie, das »Herz« des Augenblicks zu genießen oder sich von seiner »sanften Feder« kitzeln zu lassen. Während Sie den Zeitpunkten lauschen, bleiben Sie in der Zeit stehen.

Die Beziehung der Menschheit zur Zeit ist auffallend reflexiv – wenn Sie zu »genau« sind, was Zeit angeht, muten Sie Ihren Mitmenschen etwas zu, setzen Sie unter Druck.

Die Soziologin Barbara Adam stellt in ihrem Buch *Timewatch* fest, daß ein auf der Uhrzeit beruhendes Drängen einen hohen Blutdruck, ein defektes Immunsystem und Magengeschwüre zur Folge hat. Studien (wie die von Dr. Meyer Friedman) zeigen, daß zu häufige dringende Termine das Zeitgefühl eines Menschen durcheinanderbringen und einen unregelmäßigen Herzschlag hervorrufen können, was zu Herzkrankheiten und sogar zu einem frühen Tod führen kann. *Deadline* im wahrsten Sinne des Wortes. Die Menschheit hat sich, indem sie den Momentismus mißt, auf Gnade oder Verderb ihrer eigenen Erfindung ausgeliefert, die Uhr-Maschine wird zum Uhr-Monster. Je schneller die Uhr läuft, die ich beobachte, um so langsamer kann ich, der Beobachter, mich bewegen. Die Stoppuhr stoppt den Betrachter, hypnotisiert ihn bis zur Regungslosigkeit. Sagen Sie die Zeit an, oder sagt die Zeit Sie an, während Ihnen »jetzt jetzt jetzt« monoton die Stunde schlägt?

Denn die Zeit steckt nicht in Armband- oder anderen Uhren oder den Schwingungen von Cäsiumatomen, sie findet sich nicht in digitalen Piepsern oder Kalendern aus Papier, die Zeit schlägt nicht in Pendeln oder Chronometern. Die Uhr ist kein Synonym für Zeit, sondern das Gegenteil von Zeit. Das obsessive Zeitmessen der westlichen Welt hat den Punkt überschritten, bis zu dem es noch nützlich genannt zu werden verdient, und die Uhr der Gegenwart begeht Verrat an der Zeit, statt sie zu begreifen. Die Gesellschaft denkt in den Strukturen, die sie für sich selbst geschaffen hat – linear, künstlich, übermäßig fragmentiert, modelliert sie sich selbst dem Vorbild ihrer Maschinerie entsprechend. Die heutigen Zeitmesser, so heißt es, beschreiben die Zeit immer genauer – aber in Wirklichkeit beschreibt die Moderne sich selbst, in einem vielsagenden Selbstporträt. Die Moderne dichtet der Zeit einen treibenden, starr linearen, unpersönlichen, zwanghaften und dominierenden Charakter an, der, überfüllt und überdreht, seine Opfer, die Menschen, quält und peinigt. Man hört das Kreischen – die Zeit wird knapp –, als ob die Zeit dafür verantwortlich wäre und nicht die moderne Gesellschaft mit ihren übervollen Terminplänen und ihrer Zeit-Diktatur.

Uhren brauchen übrigens gar nicht unveränderlich oder mechanisch zu sein. Der schwedische Naturforscher Carl von Linné entwarf 1751 eine Blumen-Uhr mit Blumen-Stunden: Die Tageszeit wurde vom Blühen verschiedener Blüten angezeigt. Der Dichter William Hazlitt ließ auf seiner Sonnenuhr eine hübsche, von der Fülle des Sommers inspirierte Inschrift – *Horas Non Numero Nisi Serenas* – Von den Stunden zähle ich nur die heiteren – anbringen. Vor der Einführung der Zonenzeiten war neun Uhr nicht auf allen Uhren neun Uhr, sondern nur auf einer bestimmten, lokalen, vielleicht sogar mit einem besonderen Namen versehenen Uhr. (Man kann sich nur schwer vorstellen, daß eine Digitaluhr einen Namen erhält, und sogar deren »Zifferblätter« sind gesichtslos. Auf ihnen ist weder Tag noch Nacht, weder Sommer noch Winter.)

Im Westen hat man die Zeit seit dem Beginn dieses Jahrhunderts fortschreitend homogenisiert. Die Zonenzeiten vermitteln kein Gefühl für die »großzügige« Vielfalt der Zeit, es fehlt der eigentliche Charakter und Farbenreichtum der Zeit. Es ist eine künstliche Konstruktion, und mehr als alles andere wird die Zeit der Moderne – die globale Gegenwart – zunehmend standardisiert, zunehmend gleichgemacht.

Es ist mitten am Morgen, mitten im Mai. In den Läden und Büros ist heutzutage immer und überall mitten am Morgen, mitten im Mai. Licht und Temperatur sind stets dieselben. Es ist immer *dieselbe* Uhrzeit im *selben* Monat – die Zeit der Moderne hat nichts mit der »echten« Zeit, der Zeit der Natur, zu tun. Es handelt sich statt dessen um eine hergestellte, eine synthetische Zeit. Der Weihnachtsmann hat keinen blassen Schimmer, wann es mal wieder Zeit für Weihnachten ist. Die Schaufensterdekoration, die den künstlichen Frost signalisiert, ist viel pünktlicher und zuverlässiger. Die Zeit wird von der Natur getrennt, genauso wie Plastikpflanzen einen Sommer vorspielen, den sie nie kennengelernt haben. Das ganze Jahr über trampeln wir auf Kunstrasen herum und spüren nur noch selten – im Frühling – echte Grashälmchen unter den Füßen; das Neonlicht schneidet messerscharf durch die Nacht und erdolcht sie hinterrücks.

An den Nahrungsmitteln, die zur Verfügung standen, ließ sich früher einmal die Zeit ablesen. Der Nuß-Monat oder der Wassermelonen-Monat der Natchez-Indianer zum Beispiel oder unser »Gemüse je nach Jahreszeit«. Jetzt brauchen wir so etwas wie ein »Produkt je nach Jahreszeit« nicht mehr – es ist halt immer Nuß-Monat bei uns. Nüsse gibt es auch im Juni und Wassermelonen natürlich auch im November. Die »neuen Kartoffeln« haben aufgehört zu existieren, seit das ganze Jahr über Importe die Regale füllen, und was immer neu ist, ist nicht mehr neu. Die »Zeit der Rosenblüte« ist ein Anachronismus, da man jederzeit blühende Rosen kaufen kann. Das japanische Symbol für Schönheit, die Kirschblüte, ist der erhabenste Ausdruck für die schöne Jahreszeit, aber wenn man die Kirschbäume zu immerwährendem Blühen zwingt, verliert die fragile Schönheit der fließenden Zeit jedweden Sinn. Wer wie wir in einer synthetischen ewigen Gegenwart lebt, lebt nicht in der Fülle, sondern in der *Leere* der Zeit.

Die westliche Moderne vertritt »der Zeit« gegenüber eine ähnliche Haltung wie gegenüber »dem Ort«, und da ein Schlüsselmerkmal des »Orts« heutzutage seine Homogenisierung ist, was die ganze Welt in eine westliche Vorstadt verwandelt, wird auch die Zeit immer mehr zu einer gleichgültigen, konturlosen Vorstadt-Gleichzeit. Je weiter die Verstädterung fortschreitet, um so mehr wird diese Gleichartigkeit der Zeit darum auch sichtbar. In den Städten macht die Straßenbeleuchtung die Nacht zum Tag, und die Läden bleiben länger geöffnet als auf dem Land. Die Jahreszeiten beeinflussen die Städter weniger als die ländliche Bevölkerung, und der Wechsel zwischen Neumond und Vollmond, der eine Landschaft völlig verändern kann, ist in den Straßenschluchten einer Stadt fast bedeutungslos. Während die Zeit der Natur so spezifisch wie eine Melkstunde oder die Stunde, wenn ein Bach zufriert, sein kann, benutzen die Städte, die immer unabhängiger von der Natur werden, den unspezifischen globalen Rhythmus der künstlichen Uhr. Der emeritierte Sorbonne-Professor Jean Chesneaux nennt die Städte die »speziellen Orte der Moderne«, einer Moderne, die »sich an die Perpetuierung ihrer eigenen Gegenwart fesselt«. Dieselbe Zeit wird endlos wiederholt.

Der Wald ist das symbolische Gegenteil der Stadt, und laut Shakespeare gibt es dort keine Uhr. Aber der Wald ist ein einziger großer Zeit-Gong, das wissen die Karen. In der ganzen Welt ist die gesamte Natur in der Zeit, und die Zeit ist in ihr. Jeder Apfelbaum hört die Piepser. Die Vögel bestimmen jährlich den Kalender für ihren Zug, und ihre bemerkenswerte Exaktheit, ihre Synchronisation und ihr Timing während des Flugs sind ein Wunder, das ihnen aber wohl ganz natürlich erscheint. Überall in der Natur ist Zeit. Im Stadtleben werden Uhren genau deshalb gebraucht, weil man sonst nicht wüßte, wie spät es ist. Aber während die Natur eine Million Versionen von Zeit kennt, kennt die Uhr der Moderne nur eine einzige. Es ist überall, immer dieselbe.

Früher einmal war die Zeit etwas Lokales. Damals hatte jeder Genius loci eine eigene Ortszeit. Die Geschichte westlicher Zeitmessung war eine Zeit der Standardisierung und Globalisierung. Der Marsch in Richtung »einheitliche Zeit« begann langsam – hier ein Schrittchen – von 1840 an brauchten die Eisenbahnen in Großbritannien eine Standardzeit, die an allen Bahnhöfen galt – und da ein Schritt – 1880 wurde die Londoner Zeit per Gesetz zu *der* Zeit im ganzen Land erklärt. 1883 standardisierten die US-Eisenbahnen ihre Zeit. Und noch ein Schritt – 1884 wurde Greenwich zum Nullmeridian erklärt, und der globale 24-Stunden-Tag begann. Die Uhren der lokalen Kulturen ungeachtet, setzte sich überall der Tag durch, der aus den gleichen Stunden besteht. Die Franzosen widersetzten sich bis zur Internationalen Zeitkonferenz von 1912 in Paris. Sie akzeptierten den englischen Meridian, wenn die neue Weltzeit dafür zuerst in Frankreich piepste. 1912 war für die Zeit ein schicksalhaftes Jahr.

Am 14. April um Mitternacht breitete sich eine Weltzeitrechnung allmählich über die Erde aus, die man buchstäblich am eigenen Leib erfuhr. Die Notsignale der sinkenden *Titanic*. Die Nachrichten über den Untergang flackerten per Telegraph um die Welt. Die Leute wurden sich »eines neuen Gefühls der Einheit der Welt« bewußt, dessen, was man heute »globale Gegenwart« nennt. Die Inszenierung war angemessen: nicht an Land, sondern auf See. Die See war ja die Quelle der Zeit und so komplizierter Varianten der Zeit, und dort sollte das erste Drama der globalen Zeit stattfinden. Und als die *Titanic* sank, erhob sich aus den Fluten ein metaphorischer Titan – die riesige monolithische Weltzeit.

Die Medien (Zeitungen, Telefone, Sender und Telegraphen) summten aufgeregt und machten für die Tragödie übrigens eine Obsession verantwortlich: Das Einhalten der Zeit war wichtiger als die Sicherheit der Fahrgäste und Besatzung gewesen. Wieso kam es zu dem Unfall? fragte 1912 der *Daily Herald*. »Die Dampfer dürfen nicht hinter ihren Zeitplan zurückfallen. Falls menschenmöglich, sollten sie ihm zuvorkommen.«

Aber die Medien selbst waren auch beteiligt, nicht nur weil sie diese globale Gegenwart geschaffen, sondern wegen der Art, in der sie die Zeit porträtiert hatten. Die Beziehung zwischen den Medien und der Gegenwart geht so tief, daß fast alle sich mit einem Wort schmücken, das etwas mit Zeit zu tun hat: das Wort »Zeitung« selbst, *Paris-Midi*, *Time*, die *New York Times*, *Die Zeit*, *Asahi Shimbun* (Morgensonne), *Time Out*, der *Daily Telegraph*, die *Times of India*, *Today* oder *Heute*. Die Zeit stellte sich in der Epoche der globalen Medien völlig neu dar – durch den Gebrauch des Telegraphen zum Beispiel veränderten sich die Zeitungen. Einst waren sie Orte kultureller *Erinnerung* gewesen, aber mit Beginn des 20. Jahrhunderts konzentrierten sie sich eher auf *Veränderung*. Aber dies war mehr als nur neuartig – es war auch, wenngleich unsichtbar, sehr politisch. Ihrer Mechanik wegen zog die neue globale Medientechnologie das Kurze, Karge dem Langatmigen vor. Die Information war eher bruchstückhaft denn kontinuierlich. Knappe Fakten. Stückchen. Und am leichtesten war es natürlich, Preise, Marktinformationen und all das zu übermitteln, was Handel und Industrie interessierte – und was deswegen mehr Gewicht und Aufmerksamkeit bekam. Das alles half, der Zeit einen neuen Anstrich zu geben – und sie immer mehr in ihrem Innersten mit Geld gleichzusetzen.

Heute bestimmen weitgehend die Medien, was »die Gegenwart« ist und was »das Jetzt« ausmacht. Nachrichten gibt es stündlich, halbstündlich oder laufend. Nachrichtensender bringen sie rund um die Uhr. »Jetzt« bedeutet, daß es zu jedem Moment etwas Neues gibt. (Man vergleiche das mit dem walisischen Chronisten von 1048, der schrieb: »Nichts ist in diesem Jahr geschehen.«) Mit den ständigen Zeitsignalen wird der gegenwärtige Augenblick fast wie eine Nachricht dargeboten. Die Wirkung kann hypnotisch sein. Die Moderne umgibt sich mit einem ständig laufenden Fernsehprogramm, jetzt, jetzt, implodierende Schlagzeilen, heute, heute, Seiten endlosen Zeitungsdrucks, die Bedeutung des Textes entflieht in einen postmodernen Rand von nichts – und zieht zugleich die Aufmerksamkeit des Betrachters mit sich weg. Die Medien-Zeit verlangt so gebieterisch Ihre Konzentration, daß die echte Zeit draußen in der Welt der Materie zuweilen unwesentlich erscheint. Während des Golfkriegs 1991 wirkte die Fernsehzeit wirklicher als die wirkliche Zeit.

Zurück an den Anfang des 20. Jahrhunderts, als die Zeit ihr einschneidendes Erlebnis hatte. Wir behalten Paris im Auge. 1913. Gerade ein Jahr nachdem die *Titanic* die globale Gegenwart aus der Taufe gehoben hatte, am 1. Juli um zehn Uhr früh ging vom Eiffelturm das allererste weltweite Zeitsignal – pieps – aus. Und in dem Augenblick funkte das Signal, und die eine und einzige Zeit wurde der Welt verkündet. Für weltweite Geschäfte wie für Reisen: Die westliche (christliche) Zeit wurde weltweit Standard.

Wie schon die alte chinesische Philosophie wußte, erregt jede übertriebene Tendenz in einer Gesellschaft eine Gegentendenz oder komplementäre Tendenz, und beide ergänzen jeweils einander. Und in jenem Augenblick traten zwei bemerkenswerte Aspekte der Zeit in Erscheinung. Wir sind noch immer im Jahr 1913. Denn das war auch das Jahr, in dem Henry Fords Fließband erstmals zum Einsatz kam. Wodurch sich die Zeit, die der Bau eines Autos kostete, von vierzehn auf zwei Stunden reduzierte. Diese Fließbandzeit wurde später von ultrarechten wie ultralinken Ideologen als Zeitmodell benutzt. Und gerade als sich die globale Gegenwart in Paris zu einem Funksignal – pieps – verdünnte, als die Zeit so öffentlich und so dünn wie noch nie zuvor war, genau in diesem Augenblick gaben Komponisten und Schriftsteller der Zeit eine Fülle, Dichte und Textur, wie sie

sie noch nie zuvor besessen hatte. Auch der Film bediente sich der Möglichkeit, die Zeit zu variieren – Zeitlupe und Standbilder –, um einen Augenblick für immer über die anderen zu erheben, wie in dem Film *Atlantis* von 1913, der, vom Untergang der *Titanic* inspiriert, mit seinen beklemmenden Standbildern einzelne Augenblicke einfror.

Im Mai 1913 fand in Paris die Uraufführung von Igor Strawinskys *Le Sacre du printemps* statt – ein Beispiel für die Gleichzeitigkeit in der Musik, die durch die dreitonalen Harmonien bewirkt wurde. In diesem geschichtlichen Augenblick stieß der Gleichzeitigkeit etwas Seltsames zu. Sie schien sich zu ereignen und fand doch wiederum nicht statt. Gleichzeitig. Einerseits gab es da Strawinsky und das frühe Kino, dazu kamen immer mehr Leute, die die Gleichzeitigkeit zum Beispiel durch das Radio erfuhren. Andererseits gab es auch Einstein. 1905 und 1916 behauptete er in seiner Relativitätstheorie, so etwas wie Gleichzeitigkeit gäbe es nicht. Nein, sondern »jeder Referenzkörper hat seine eigene Zeit«.

Strawinskys *Le Sacre du printemps* sagte etwas über die Zeit der Natur, die heidnische Zeit, aus – im selben Jahr, 1913, als die *städtische* Zeit globalisiert wurde. Das Stück beschreibt einen heidnischen rituellen Tanz, der den Frühling herbeirufen und die Zeit vorantreiben soll. (Der westliche Kalender war unerbittlich christlich und hatte seit Jahrhunderten die Naturzeit, die heidnische Zeit usurpiert.) Der zweite Akt ist »Das große Opfer«, ein Tanz, der bis in den Tod führt: Die Naturzeit verlangt ein Menschenopfer.

Das Verhältnis zwischen Zeit und Opfer ist vielleicht ein für die Menschen universelles, das aber selten anerkannt wird. Wenn, einer alten indischen Überlieferung zufolge, der Priester nicht jeden Morgen das Opfer des Feuers darbrachte, würde die Sonne nicht aufgehen. Fast alle Feste in der Mitte des Winters kennen ein Opferritual. Wie J. G. Frazer in seinem Buch *Der goldene Zweig* behauptet, trieb das Opfer des jungen Gottes die Jahreszeit voran. In den Saturnalien zum Beispiel wurde die Figur des Saturn getötet und geopfert. (Saturn war der römische Chronos, der Gott der Zeit.) Die heidnische Tradition spricht von einem Kampf mitten im Winter zwischen dem Eichenkönig und dem Stechpalmenkönig, um das Jahr vorwärts zu drehen, einem Kampf, der mit einem Opfer endet. Die Azteken brachten Menschenopfer dar, um die Sonne auf ihrem Weg durch das Jahr zu stärken. Der Sonnengott der Mexikaner und Maya braucht ein Herz als Opfer, damit die Zeit sich weiterbewegen kann. In Indien wird die Göttin Kali sowohl mit der Zeit als auch mit dem Opfer in Verbindung gebracht. Die Beziehung zwischen der Zeit und dem Opfer hat sich im Westen niemals so schrecklich verdichtet wie im Ersten Weltkrieg, als wegen der Möglichkeiten von Weltzeit und Gleichzeitigkeit sieben Millionen Menschen geopfert wurden. Denn der Erste Weltkrieg begann, so behaupten einige Historiker, als ein direktes Ergebnis der neuen »globalen Gegenwart«, der Gleichzeitigkeit, die durch Telefon und Telegraph ermöglicht wurde, denn diese Kommunikation ließ keine diplomatische Pause zum Nachdenken, keine Zeit für einen diskreten Wiener Walzer der Diplomatie – die zu sehr komprimierte Zeit explodierte. Nachdem Erzherzog Ferdinand in Sarajewo ermordet war, setzte man den serbischen Diplomaten ein Ultimatum: Innerhalb von achtundvierzig Stunden sollten sie die Erschießung erklären. Die Serben verpaßten diese Frist, und das Töten begann. Spengler schrieb 1918: »In der klassischen Welt spielten Jahre keine Rolle, im alten Indien kam es auf Jahrzehnte nicht an, aber hier zählt jede Stunde, jede Minute, sogar jede Sekunde. Weder die alten Griechen noch die alten Inder hätten sich so eine tragische Spannung wie bei der historischen Krise im August 1914 vorstellen können, als sogar Augenblicke von überwältigender Bedeutung zu sein schienen.« Die Weltzeit begann mit der Tragödie der *Titanic*. Und das erste, was sie auslöste, war eine Tragödie.

Bleiben wir in Paris, 1913. Gerade als Igor Strawinskys *Le Sacre du printemps* zum erstenmal aufgeführt wurde, gerade als im Juli 1913 vom Eiffelturm die ersten Weltzeitsignale ausgesandt wurden, wodurch die Zeit einen standardisierten und universalisierten, öffentlichen und objektiven und expliziten Charakter annahm, also mit hervorragendem Timing, schrieb Marcel Proust den ersten Teil von *A la recherche du temps perdu* (Auf der Suche nach der verlorenen Zeit), und die einzelnen Bände wurden von 1913 an veröffentlicht. Der

Eiffelturm stellte die Zeit mit einem kurzen, regelmäßigen Piepser dar, Tag für Tag, einem Piepser, der jedesmal gleich lang war. Die Zeit, die in dem Roman dargestellt wurde, war hingegen so vielfältig, daß ein Tag 287 Seiten in Anspruch nehmen konnte, während manche Jahre nicht einmal Erwähnung fanden. Und die Zeit, die einerseits noch nie so öffentlich, so monolithisch gewesen war, war andererseits noch nie so privat, so einmalig, so ortsgebunden bis zur eigenen seelischen Ortszeit wie bei Proust gewesen – Madeleines und murmelnde Erinnerungen aus den Untiefen des Bewußtseins. Im Titel ist die Zeit enthalten, im ersten Satz, im letzten Wort, alle Bände hindurch ist die Zeit das Thema, es ist die längste sehnsüchtige Träumerei über die Zeit, die je verfaßt wurde, und sie endet damit, daß die Menschheit so beschrieben wird: Sie »nimmt einen Raum, einen sehr beträchtlichen Raum ein, verglichen mit dem beschränkten Raum, der ihr räumlich eingeräumt wird, sie nimmt einen Raum ein, der, im Gegenteil, über alle Maße hinaus verlängert ist – denn gleichzeitig, wie Riesen, die in den Jahren versunken sind, berührt sie Epochen, die voneinander unendlich weit entfernt sind, voneinander getrennt sind durch die langsame Ansammlung von vielen, vielen Tagen – in die Dimension der Zeit.«

Und jetzt zum Heute. Mit seiner dominierenden Ideologie behauptet der Westen, daß seine Zeit die Zeit schlechthin ist. Nicht so schnell. Seine Vorherrschaft ist in Wirklichkeit alles andere als vollkommen. Überall wimmelt es von Herausforderern. Das menschliche Bewußtsein wird sich niemals wie eine Uhr steuern lassen, denn in einem Augenblick kann es zwischen einem Kürbis und einer Staubmilbe hin und her flitzen, kann an die Chaostheorie, ans Frühstück und an das zweizehige Faultier denken, kann bei einer bösen Erinnerung erschaudern und sich über die Milliarden Jahre der Sternzeit wundern. Alles in einer Sekunde, so unregierbar, so herrlich voll von unendlich vielen Augenblicken ist das Bewußtsein. Proust wußte das sehr genau. In der Zeit herrscht auf subtile Weise ein Geschlechterverhältnis, wie ein späteres Kapitel zeigt, und während der herrschende, lineare Kalender eine männliche Errungenschaft ist, kennt jede Frau durch ihren Körper eine andere, weibliche, zyklische Zeit.

Zwar hat *die* Zeit einen gleichmäßigen, völlig regelmäßigen Pulsschlag, aber im Laufe des menschlichen Lebens bewegt sich die Zeit nicht mit solch mechanischer Regelmäßigkeit. Während die alten Leute darüber klagen, wie schnell die Zeit vergeht, haben Kinder keine Geduld. Wie lang ist eine Stunde für ein Kind? Viel, viel länger als für einen Erwachsenen. Bitten Sie mal ein kleines Kind, es solle ein paar Stunden auf sein Eis warten. Das ist so, als verlangten Sie von sich selbst, bis zum Mittwoch nächster Woche auf einen Whiskey zu warten.

Erwachsene haben im allgemeinen die Uhrzeit gelernt. Kinder – die nicht unsere Zeitgenossen sind – leben im Herzen des Ozeans der Zeit selbst, in einem Jetzt, das eine Ewigkeit ist. Der Schriftsteller R. K. Narayan beschreibt die Kindheit mit diesen Worten: Man »läßt den Tag vergehen, ohne die Stunden zu zählen. Man existiert in der Ewigkeit.« Bei einem Kind hat jede Sekunde diese Macht. Die gegenwärtige Ewigkeit eines Kindes ist eine in Gedanken vertiefte, spontane, elastische Gegenwart. Kinder haben eine wunderbar hartnäckige Verachtung für Pünktlichkeit und die herrschende Uhrzeit ist völlig schnurz.

Während der herrschende Kalender auf der Vorherrschaft der Zeit besteht, regt sich in einem jeden Menschen ein Aufbegehren dagegen – der Frühling ist nun mal, was die steigenden Säfte angeht, unschlagbar, in den Bäumen genauso wie im menschlichen Körper, diese Jahreszeit, dieser lebendige, grünende Augenblick, wenn man den ersten Geruch des ersten Grasbüschels des Jahres einatmet, der so grün ist, daß man glaubt, das Grün zu hören. Henry Thoreau, ein Mann, der bewußt in Übereinstimmung mit der Natur lebte, beschrieb sie vom Aufsteigen der Säfte mitgerissen: »Laßt uns die Übereinstimmung unseres Lebens mit dem Leben der Natur gewissenhaft bewahren, sichern und beschützen … Mein Leben gehört so wesentlich zur Gegenwart wie das eines Weidenbaums im Frühling. Jetzt, jetzt entfalten sich seine Blütenkätzchen, seine gelbe Rinde leuchtet, sein Saft fließt, jetzt oder nie mußt du Flöten daraus schnitzen.«

Die Natur war einst die größte öffentliche Uhr, ihre Rhythmen schufen »Zeitgemeinschaften« aus miteinander verbundenen Aktivitäten, die gemeinsame Beobachtung eines Naturereignisses oder einer Jahreszeit, ein gemeinsames Säen oder Ernten verband die Menschen miteinander. Der Moderne kam dies zwar abhanden, sie schuf aber eine neue gemeinsame Zeit statt dessen. Das Fernsehen vor allem, das Zeit und Jahreszeit charakterisiert, hat die Natur als öffentliche Uhr und Kalender verdrängt. Das Fernsehen honoriert saisonale Unterschiede. Im schwülen, heißen Sommer zeigt es französische Filme, zu Weihnachten geht es traditionell hoch her. Das Fernsehen unterscheidet auch Tag und Nacht. Es hat seine Spitzensendezeiten und seine 22-Uhr-Grenze, und nachts ist das Programm gepfeffert verglichen mit dem faden Schlabber des Tagesfernsehens. Sogar in seiner Werbung bietet das Fernsehen einen Rhythmus an: Tagsüber wird für Süßigkeiten und Waschmittel geworben, nachts für Autos und Kreditkarten. Die Ziehung der Lottozahlen, ein fahrplanmäßiger Höhepunkt öffentlicher Aufregung, wäre, wenn sie unregelmäßig stattfände, sicherlich nicht so beliebt – oder man würde sie gar nicht zeigen.

Die alten Griechen hatten verschiedene Götter für verschiedene Aspekte der Zeit (darunter den Gott für den Augenblick der Eheschließung, den Gott für den Augenblick der Panik der Pferde, den Gott für den Augenblick, in dem eine Gruppe von Menschen plötzlich verstummt). Einer der wichtigsten war »Chronos«, der seinen Namen der absoluten, linearen, chronologischen und quantifizierbaren Zeit verleiht. Aber die Griechen hatten auch den »Kairos« genannten Gott der Zeit, der weniger leicht zu fassen und farbenprächtiger war. Kairos war der Gott des richtigen *Zeitpunkts*, der günstigen Gelegenheit, der Chance und des Mißgeschicks, verschiedener Aspekte der Zeit, der verheißungsvollen und der weniger verheißungsvollen. Qualitative Zeit. Wenn man schläft, weil die Uhr einem sagt, daß es längst Schlafenszeit ist – das ist die chronologische Zeit. Schläft man, weil man müde ist, ist es die kairologische Zeit. Wenn man Kekse ißt, weil man hungrig ist, ist es die kairologische Zeit. Aber wenn man nach der Uhr ißt, ist es die chronologische Zeit. (In der Schweiz gibt es eine sonderbar klingende Mahlzeit, das »Nüni«, die um 9 Uhr am Morgen eingenommen wird und buchstäblich nach der Uhrzeit getauft ist.) Kinder leben, das braucht nicht erwähnt zu werden, kairologisch, bis man sie da herausholt. Chronos galt bei den alten Griechen und gilt noch heute im Westen als dem Kairos überlegen. (Die Astronomie ist ein Beispiel für kairologisch betrachtete Zeit, und im Leben der Hindus zum Beispiel sind die Zeit des Individuums und des Kosmos nicht voneinander zu trennen.)

Verglichen mit der chronologischen Zeit hat die kairologische ein anderes Gefühl für Bewegung. Um ein ungefähres Beispiel zu nennen: Vergleichen Sie einen Tag in der Stadt mit einem auf dem Land. In der Stadt, wo die Zeit am chronologischsten ist, bewegen Sie sich in die Zukunft, Sie schreiten vorwärts, Ihr Fortschritt durch den Tag ist wie ein Pfeil, während der Tag selbst »stillsteht«, denn nicht der Tag gibt die Zeit, sondern die Zeit ist von den Menschen gemacht, von der Kultur vorgegeben, wird durch den Arbeitstag oder die Stoßzeiten definiert. Auf dem Land hingegen kommen die Tage über den Horizont und auf Sie zugerollt, rund und golden wie die Sonne. Die Zeit kommt auf Sie zu und ist naturgegeben, sie wird durch Sonne oder Sterne oder strömenden Regen definiert. In dieser kairologischeren Zeit kommt die Zukunft auf Sie zu (*l'avenir*, »die Zukunft« auf Französisch, drückt dieses Kommen aus – oder ein Satz wie »Weihnachten steht vor der Tür«) und zieht sich hinter Ihnen wieder zurück, während Sie ruhig stehenbleiben, in der Gegenwart stehen dürfen – an dem einzigen Ort, an dem je ein Mensch stehen konnte. Dieses Zeiterlebnis, das so ganz anders als das städtische ist, dürfte ein Grund dafür sein, daß das Land und der Zugang zum Land in den übermäßig urbanisierten Gesellschaften so lebenswichtig ist – es bietet den Menschen einen sanfteren Zeitbegriff.

Einen sanfteren, aber unsichereren, mehr vom Glück abhängenden. Wenn die chronologische Zeit wie eine weltweite Vorstadt anmutet, dann ist die kairologische Zeit der *Genius loci*, der spezifische, besondere Geist dieses gewissen Augenblicks. Die kairologische Zeit ist ein viel reichhaltigeres – viel trickreicheres – Konzept: Die Zeit ist lebendig und vielfältig, elastisch und fruchtbar.

Der Unterschied zwischen der chronologischen und der kairologischen Zeit ist wie der Unterschied zwischen den beiden Hirnhälften. Die linke ist gut in Zahlen und linearen Sequenzen, passend für die chronologische Zeit, die Uhrzeit. Die rechte Hemisphäre hingegen gleicht der *Zeit selbst*, denn von dorther kommt die kursive, ozeanische Ebbe und Flut der Gedanken, der Musik, der Bilder und die plötzliche künstlerische Einsicht. Es überrascht nicht, daß Künstler aller Schattierungen seit langem die Vorherrschaft der dominierenden, chronologischen Uhr-Zeit in Frage stellen. Oliver Messiaen zum Beispiel in seinem 1960 entstandenen Orchesterstück *Chronocromie*. Toni Morrison erklärt: »Die Zeit ist in Schichten geordnet, nicht linear, denn so erfährt sie das Bewußtsein.« Virginia Woolf, deren Personen sich eher in einem Element der Zeit als einem des Raums bewegen, wußte um den Unterschied zwischen »Uhr-Zeit« und »Zeit an sich« und kannte auch die wäßrige Natur der Zeit, ihre Meeres- und Flußsymbole. In ihrem Roman *Die Wellen*, der entsprechend wasserreich ist, erklärt eine Figur zur äußerlichen Erfahrung der Uhr-Zeit: »Diese extreme Präzision, dieser geordnete, militärische Fortschritt ist ein Fehler; eine Bequemlichkeit, eine Lüge. Selbst wenn wir pünktlich zur angeordneten Zeit eintreffen mit unseren weißen Westen und höflichen Umgangsformen, ist tief darunter immer ein reißender Strom aus zerbrochenen Träumen, Kinderreimen, Straßengeschrei, halbfertigen Sätzen und Bildern – von Ulmen, Weiden, fegenden Gärtnern und schreibenden Frauen – die aufsteigen und versinken ...«

Ulysses und *Finnegan's Wake* von James Joyce sind unergründlich tiefe Phantasien über die Zeit. In *Ulysses* wird ein Tag so weit gedehnt, daß er ein ganzes Buch füllt. In *Finnegan's Wake* schürft der Autor im sprachlichen Augenblick und spaltet sogar die Silben zu Wortspielen. Da die Zeit im menschlichen Bewußtsein so zahlreiche Berührungspunkte mit dem Wasser hat, überrascht es nicht, daß mit der Zeit verbundene Werke so flüssig, so flußartig sind. *Finnegan's Wake* beginnt und endet mit dem archetypischen Fluß, der die Zeit selbst ist, die zum Meer hin fließt, und der letzte Satz des Buchs fließt zum ersten zurück, so wie der Regen zurück in den Fluß und in das Meer rinnt. Runde, feuchte Zeit im Gegensatz zu der dominierenden linearen, trockenen Zeit der Uhren und Kalender.

Vor kurzem versenkten die Behörden von Dublin – die ihren Joyce nicht verstanden – eine digitale Uhr in dem Fluß Liffey, sie sollte bis zum Millenium unter Wasser einen Countdown zählen. Der Fluß, der die Fülle der Zeit viel besser verstand, als es die Behörden konnten, verwarf dieses digitale Nichts, und die Uhr ging immer wieder kaputt. Denn wenn die Zeit weltweit symbolisch ein Fluß ist, dann ist die Uhr nur ein mechanischer Simulant.

Aber wenn die moderne Gesellschaft mit ihrer Bewertung von Zeit und Geld, ihren Medien und Neurosen, ihren in Rubriken eingeteilten Fernsehprogrammen, im Radio, in ihren Finanzzentren und Denkweisen sich so dringlich immer wieder mit dem Jetzt befaßt, was ist das dann eigentlich? Was ist dieser »gegenwärtige Augenblick«, den die Atomuhren (nicht) definieren, aber den Kinder von Geburt an kennen. »Was ist Liebe?« fragte Shakespeare in jenen vor Glück übersprudelnden Versen. »Es ist nicht das Jenseits, gegenwärtige Freude hat gegenwärtiges Gelächter.« Das ist ein unvergleichlicher Ausdruck der Fülle der Gegenwart, des Jetzt. In den östlichen Religionen ist davon die Rede, daß das »Jetzt« im umfassendsten Sinn, als Tor zur »Ewigkeit« benutzt wird.

»Jetzt« ist nur ein kleines, nacktes, leeres Wort, nur ein Fetzen zwischen einer uralten, begrabenen Vergangenheit und einer Zukunft, die in den Sternen steht. Im Französischen aber hat man ein ausdrucksvolles Wort – maintenant – was »in der Hand haltend« bedeutet.

William Blakes Bild – »Halte die Unendlichkeit in deiner Handfläche / Und die Ewigkeit in einer Stunde« – illustriert auch die Fülle des Jetzt, die den Sinnen so gegenwärtig ist – der Augenblick, den man »ergreift«. Blake, der die Meeresfülle der Zeit verstand, fertigte wütend einen Stich an, der Newton darstellte, den Mann, der für so starre und falsche

Definitionen der Zeit verantwortlich war: Newton sitzt auf einem Felsen im Meer – mit ein paar Stechzirkeln. Er sieht nichts vom Meer, von der Zeit selbst, er starrt einfach nur blind vor sich hin, der nüchterne Rechner, der die Zeit in rein mathematische Rationen aufteilte und sie mit einem Schlag ihrer Qualität und ihres Charakters beraubte.

Newton war der Experte, der die Zeit definierte. Franklins Definition »Zeit ist Geld« wurde von Anfang an geglaubt. Von den ersten Kalendermachern bis zu den heutigen Cäsium-Atomisten hat man uns stets davon überzeugt, daß Experten wissen, was Zeit ist, aber das Ergebnis ist: Obwohl die Moderne *die* Zeit bis zum albernsten Sekundenbruchteil kennt, weiß sie doch gar nichts über die Zeit, ist mit der Zeit nicht so vertraut, als ob die Menschen – oder die Zeit selbst – eine Rolle spielten.

Man hat uns in der westlichen Welt zu lange belogen, Franklin, Newton und die zuständigen Behörden haben gemeine, häßliche Definitionen angeboten, trockene kleine Summen im Sand, Gitternetzuhren der Cäsiumbuchhalter. Dürers Gitternetz, aber ohne unbekleidete weibliche Person dahinter. Diese Definitionen wissen nichts von der Zeit, nichts über die Gegenwart, das Jetzt.

Der französische Philosoph Henri Bergson – der Marcel Proust sehr beeinflußte – verstand die Bedeutung des gegenwärtigen Augenblicks. »Zeit ist entweder Schöpfung oder gar nichts«, sagte er, und erlebte Augenblicke, die er *durée* (Dauer) nannte, sind nicht einfach Intervalle, sondern »der Stoff, aus dem die Wirklichkeit ist«. Der Sinn für *durée* ist für ihn eine Quelle der Freiheit. In Wassermetaphern definiert er *durée* als etwas, in das man eintauchen muß, und Zeit war seiner Ansicht nach ein unsichtbarer Fluß der Erfahrung – er hätte sich nicht für die Nanosekunde interessiert. Jean-Jacques Rousseau hatte ein ähnliches Erlebnis des gegenwärtigen Augenblicks – auf einer Insel, umgeben von Wasser, von den Ozeanen der Zeit. (»Ich habe das Wasser immer leidenschaftlich geliebt«, schrieb er.) Er beschreibt sein vom Wasser geprägtes Zeiterlebnis so: Es war ein Zustand, »in dem die Gegenwart ewig dauert, ohne allerdings auf ihre Dauer aufmerksam zu machen und ohne irgendeine Spur des

Vergehens der Zeit zu hinterlassen.« Rousseau, der die Freiheit liebte und Uhren, die befahlen, haßte, Liebhaber des Wassers und der Zeit selbst, wußte, daß die Uhr das Gegenteil von Zeit war, und weigerte sich, eine Uhr zu tragen.

Die Zeit-Definitionen der Moderne, Zeit-Buchhaltung, die Digitaluhr mit ihrem meßbaren Sekundenbruchteil sind bedeutungslos. Wenn es um die Definition der Zeit geht, brauchen sich nur Ozeane zu bewerben. Die Zeit ist zu kostbar, als daß man sie irgend jemandem sonst anvertrauen könnte. Nur auf die Ozeanischen, die Montaignes oder Joyces, Shakespeares oder Rousseaus, östliche Philosophen oder Kinder ist hier Verlaß. Sie kennen ihr Jetzt, sie wissen, daß es sich hierbei um die echt wilde Welle der Gegenwart handelt. Nur jetzt ist der Augenblick, in dem die Zeit die Ewigkeit treffen kann. Und sie wissen, daß es ein Augenblick von großer Tragweite ist. Jetzt ist der Moment, die Küstenlinie der Zeit, mit einem Bein in der Ebbe und Flut der Gegenwart, mit dem anderen in der Tiefe des Ozeans – und für immer im Gleichgewicht aller Möglichkeiten. Hier, mit dem Kind am Strand, bis zum Rand voller Ereignisse, wenn der Augenblick nicht der Gegensatz des Ewigen, sondern seine einzig mögliche Verwirklichung ist, hier passiert die Zeit und alle Uhren, die glauben, die Zeit anzuzeigen, sollten abgenommen und ins Meer, in den Ozean, in das Wasser der Zeit selbst geworfen werden.

Versenken Sie Ihre Uhr.

2

Mit der Hose auf der Überholspur

Ein paar Gedanken zur Geschwindigkeit

»It is better to have loafed and lost than never to have loafed at all.«

James Thurber

Nehmen wir mal die Kuh. Es fällt vielleicht schwer, die Vergötterung der Kuh in indischen Dörfern zu begreifen. Aber Moment mal. Sehen Sie sich die unheimliche Kuh einmal an, die mitten im modernen Delhi oder Bombay inmitten des zischenden Pandämoniums der Überholspur steht und ganz langsam kaut. Dann haben Sie verstanden.

Geschwindigkeit ist die heilige Kuh der modernen westlichen Kulturen. Die internationalen Devisenmärkte setzen in einer Minute über 500 Millionen Mark um. Die Nachrichtenmedien melden Ereignisse augenblicklich. Computer können 307 Gigaflops pro Sekunde ausführen. Geschwindigkeit treibt alles an, vom Mikrowellenherd über Fast food, Polaroidkameras bis zur Sofortscheidung, ja bis zur Kuh selbst, die gezüchtet wurde, um Milchseen anschwellen zu lassen. In Delaware in den USA spielt die Geschwindigkeit in der Nacht vor Allerheiligen, Halloween, eine große Rolle: Im Wettkampf »Punkin Chunkin« muß man dort mit einer Riesenkanone Kürbisse schneller als alle anderen abfeuern.

Die Berufsfahrer auf der Rennstrecke von Brands Hatch in Großbritannien sagen, weshalb die Geschwindigkeit sie lockt: Es geht darum, die Herrschaft zu behalten. »Es ist aufregend, die Grenzen der Herrschaft über das Fahrzeug auszutesten«, sagen sie, »man ist nicht weit davon entfernt, sie zu verlieren.« Bei den Rennen macht sich das vor allem in Kurven bemerkbar, wenn einen die Gesetze der Fliehkraft aus der Bahn zu tragen drohen.

Die Raserei ist nicht nur wegen des Geschwindigkeitsrauschs so attraktiv, sie hat auch viel mit Wettkampf und Überholen zu tun. Der Reiz liegt im Schneller-sein-als-der-Rest. Nicht in allen Gesellschaften der Welt ist dieser Kitzel anerkannt. Bei den Kabylen in Algerien gilt Eile nicht nur als unelegant, sondern als dämonisch übereifrig. Die Uhr heißt dort »Teufelsmühle«. Die Xavante in Brasilien haben ein Ritual, bei dem zwei Gruppen jeweils einen schweren Baumstamm tragen. In westlichen Augen sieht es wie ein Wettrennen aus. Aber wenn eine Gruppe zurückbleibt, verlangsamt die andere ihre Geschwindigkeit. Wenn man sie fragt, wer gewonnen hat, sind sie verwundert. Denn es ist kein Wettkampf, sondern ein Schönheitswettbewerb, bei dem es allerdings keinen Sieger gibt. Nachdem man ein Ballett gesehen hat, fragt man auch nicht, wer gewonnen hat. Keiner überholt hier den anderen.

Aber im Westen ist das Überholen ein kulturelles Sinnbild. Im globalen Reich der Finanzen ist nicht die Firma glücklich, die reich ist, sondern die, die reicher als alle anderen ist. Firmen sind stromlinienförmig, zum Überholen gemacht, wie ein Auto. Vorherige Modelle müssen – und zwar immer schneller – ersetzt werden. Die Musikindustrie hat 61 Jahre lang 78er Schellackplatten, 26 Jahre lang Langspielplatten, sieben Jahre lang Kassetten propagiert, und CDs gibt sie seit einigen wenigen Jahren den Vorzug. Aber auf der Überholspur rauscht schon die neue Minidisk heran, um die Compaktdisk, so hoffen die Vermarkter, zu schlagen – und zwar möglichst schnell. Auch die Sprache wird immer schneller vorangetrieben – aus Märkten werden Supermärkte werden Hypermärkte. Vom Text geht es zum Hypertext, die Worte geraten so unter Druck, daß sie einander nicht mehr ersetzen, sondern sogar über-ersetzen.

Ein Konsumwunsch überholt den anderen. Die drogenartigen Halluzinationen des Glücklichseins beruhen auf der Tatsache, daß sofort nach Befriedigung der Bedürfnisse die Konsumwünsche neu angestachelt werden müssen. Immer schnellerer Erwerb unnützer Produkte und deren rasende Entsorgung füttert zuerst die Hersteller und dann die Müllkippen. Die Bulimie ist in der Tat eine Krankheit von heute. Die Konsumgesellschaft schlingt eilig massenhaft Zeugs herunter, greift dann eilig zu den Laxativen, um hastig wieder auszuscheiden. Und auch auf anderem Gebiet wird der Körper schneller gemacht – zwei einflußreiche Frauenärzte in Dublin schreiben stolz über ihr Krankenhaus: »Als längere Wehen galten 1963 solche von 36 Stunden. Die Zahl wurde 1968 auf 24 und 1972 schließlich auf 12 Stunden gesenkt.«

Künstler übertreffen ihre Vorgänger in der Schnelligkeit des Produzierens. Während die alten Meister Jahre für ein Bild brauchten, versicherte in den 60er Jahren Andy Warhol, jedes Gemälde, das länger als fünf Minuten zu seiner Herstellung brauche, sei ein schlechtes Bild. Und 1995 schuf Damien Hirst Kunst in 90 Sekunden, indem er Zigarettenstummel signierte.

Der heutigen Konkurrenz- bzw. Überholgesellschaft ist sogar die Kleidung unterworfen. Von den 30er Jahren an durchdrang die Sprache der Geschwindigkeit die Auto- und Modewerbung. Von »Kleidung, die die Figur stromlinienförmig macht« war in einer Anzeige die Rede. Es gibt schnelle und langsame Kleidung. Schnelle haben scharfe Konturen, die meisten Anzüge und Uniformen sind schnell, Falten sind hineingebügelt, um den Träger wie ein Auto, eine Firma oder ein Wirtschaftssystem stromlinienförmig zu machen, Konkurrenten sind zu überholen. Langsame Kleidung ist für die, die nicht konkurrieren: sackartige Pullover und lange, wehende Kleider, Hippygammelzeugs für die Goa-Zeit. Da die Männer des Westens weltweit in diesem Wettbewerb das Tempo bestimmen, beherrscht der schnelle, scharfe Anzug des westlichen Mannes den Kleidungscode derer, die auf den Überholspuren dahinrasen.

Geschwindigkeit bedeutete früher eher das Tempo, in dem etwas geschieht. Schnell oder langsam. Heute hingegen wird unter Geschwindigkeit fast immer »hohes Tempo« verstanden. Geschwindigkeit war einst auch synonym mit »Erfolg«; und heute wird der Erfolg in der Tat durch die Schnelligkeit definiert. Um in der heutigen Gesellschaft vorneweg zu sein, brauchen die auf der Überholspur »schnelle« Drogen, keine »Bremser«. Koffein, Kokain, Prozac oder Amphetamine – Speed – peitschen Sie zum noch brutaleren

Konkurrenzkampf auf. Prozac, die Überdroge der Modernität, treibt deren Benutzer oft zu gnadenlosem Ehrgeiz an, läßt sie vorbeirauschen an denen, die Gras rauchen und diese Konkurrenz fassungslos vom Rand aus bestaunen. Prozac wird gegen Depressionen verabreicht, und trauernden Hinterbliebenen wird es manchmal verschrieben, damit sie schneller die Phasen der Trauer hinter sich bringen. Als ob emotionale Depressionen – genau wie die finanziellen – inakzeptabel wären, weil sie den Menschen oder die Wirtschaft verlangsamen.

In einer solchen Konkurrenzwelt ist Geschwindigkeit ein Statussymbol; wie Fats Domino es besingt: »I'm gonna be a wheel someday.« *Snail mail*, »Schneckenpost«, als Synonym für die staatliche Post ist bei den Amerikanern ein Schimpfwort. Weniger Wohlhabende reisen langsamer, ihre Zeit gilt als weniger wertvoll. Sie werden von den Reichen und Mächtigen überholt, die man nicht warten lassen darf: Ihnen gehören die schnellsten Autos, Hochgeschwindigkeitszüge und Flugzeug-Shuttles. Welch eine Raserei der Eliten. »Sag mir, wie schnell du bist, und ich sage dir, wer du bist«, so Ivan Illich. Diese Geschwindigkeit ist hochpolitisch: Die Geschwindigkeit des einen wird von den anderen bezahlt, im autozentrierten Verkehrssystem müssen Fußgänger daher warten, und Radfahrer werden von Autos aufgeschlitzt. »Jenseits einer gewissen Geschwindigkeit«, sagt Ivan Illich, »kann niemand mehr Zeit gewinnen, ohne daß jemand anders sie verliert.« In Großbritannien hat man den Straßenbau mit dem Hinweis auf den Wert der Zeit in der Autolandschaft gerechtfertigt – die Zeit des Autofahrers wird mit 15 Pfund pro Stunde berechnet, während man der Zeit in der Landschaft, die diese Straßen zerstören, keinen Wert zubilligt.

Wenn man dahinrast, verliert man das Gefühl für die feinen Unterschiede der verschiedenen Orte. Wenn man Autobahn fährt, könnte man überall sein. Das ist ein Teil der Täuschung, der der Dahinrasende unterliegt: Die Raserei macht Appetit auf den Wechsel, bietet aber nur das Gegenteil: Monotonie. Fast food ist immer monoton gleich. Ein Flughafen oder eine Autobahn ist gleich allen anderen Flughäfen und

Autobahnen. Die Raserei verwischt die Konzepte nah und fern. Das führt, wie der Philosoph John Whitelegg sagt, zu einem »Verlust der örtlichen Besonderheit« – die Gleichförmigkeit der Touristenorte ist das Ergebnis. Langsamkeit, andererseits, »kostet Zeit, bewahrt örtliche Besonderheiten und Kulturen.«

Schnelles Reisen ist eine Art visueller Konsum: ständig löst eine Aussicht die anderen ab – und alle sind sie identisch. Beim Reisen wiederholt sich das Modell des Konsumwunschdramas: Sobald die ersten Wünsche erfüllt sind, müssen neue Wünsche kreiert werden. Der Konsument darf niemals zufrieden, niemals glücklich sein. (»La Jamais Contente«, die nie Zufriedene, hieß das Auto, das 1899 den Geschwindigkeitsrekord aufstellte.) 1989 prägte der venezianische Physiker Cesare Marchetti die »Marchettische Konstante«, derzufolge die Leute seit dem Neolithikum, durch Antike und Mittelalter bis in die Moderne so ziemlich unverändert eineinhalb Stunden pro Tag unterwegs verbringen. Die Reisezeit hat sich also nicht verändert, nur die Entfernungen haben sich dramatisch ausgedehnt infolge dieses ständig zunehmenden Wunsches nach neuen Reisen und weiteren Entfernungen, was immer mehr Umweltverschmutzung, Unfälle und soziale Kosten zur Folge hat.

»Die Leute konsumieren die Geschwindigkeit und bezahlen dafür mit der Entfernung«, sagt Whitelegg. Studien zeigen: Die Zeit, die bei einer Reise gespart wird, wird dazu benutzt, zusätzliche Reisen zu unternehmen, die man zuvor nicht geplant hatte. Meist mit dem Auto. »Die Kosten der Staus, die die Autofahrer verursachen, werden nicht von den Autofahrern bezahlt«, so Whitelegg.

Aber es gibt ein »grünes« Auto. Es läuft mit Leitungswasser und Keksen und hat ein eingebautes Sportstudio. Es heißt Fahrrad. »Ach, das Fahrrad«, seufzt Whitelegg, »eine viel schlauere und nützlichere Erfindung als alles, was sich die NASA je hat einfallen lassen.« Was Energieverbrauch pro Meter versus Körpergewicht angeht, so stellt er fest, sind sich selbst fortbewegende Lemminge und Passagiermaschinen am wenigsten effizient. Am effizientesten ist ein Mensch auf einem Fahrrad.

»Fahre nie schnell irgendwohin« rät eine Autoreklame und zeigt ein Auto in einem üppigen Wald, einem Ort der Langsamkeit, Zeitlosigkeit und Freiheit von der Raserei. Die Werbung suggeriert Ruhe und entschuldigt das Rasen. Sie verspricht einem, daß man beides haben kannst – Ruhe und Raserei. Aber ihr Versprechen ist trügerisch. Nur sehr wenige Leute können nur jeweils eine sehr kurze Zeitlang beides haben – Zeit und Zeitlosigkeit, Natur *und* einen schnellen Wagen. Nur diejenigen kommen in den Genuß dieses Angebots, die durch extreme Schnelligkeit *zuerst* dort ankommen. »Fahre nie schnell irgendwohin« ist ein schickes kleines Paradoxon für die *happy few*. Für die riesige Mehrzahl ist es nur eitles Gerede und eine Garantie für mehr Smog.

Was die Autofahrer an Schnelligkeit und Bequemlichkeit gewinnen, müssen die anderen Straßenbenutzer mit Ängsten, Verletzungen, Todesfällen Umweltverschmutzung und Staus bezahlen. Schnelle Fahrer genießen einen Geschwindigkeitsrausch, während Mitfahrende die Nachteile zu spüren bekommen: Sie erfahren Machtlosigkeit und Furcht. (Ähnlich ist es in den an Westverhältnisse angepaßten Wirtschaftsstrukturen in der Dritten Welt: Die, die finanziell am Steuer sitzen, stecken alle Belohnungen des Systems ein, während die anderen, die keinen Zugang zu den Hebeln haben, unter Arbeitslosigkeit und Armut leiden.) Weltweit gibt es »schnelle Kasten« und »langsame Kasten« stellt Susan George, eine Expertin für die Schulden der Dritten Welt, fest und zeigt, daß die Geschwindigkeit, mit der das Finanzkapital sich bewegt (mehr als eine Billion Dollar pro Tag), den schnellen Leuten nützt, aber die langsamen in Schulden stürzt und verwundbar macht.

Im Zeichen der Raserei und eines »Rechts aufs Autofahren« haben wir es in Wirklichkeit nicht mit einer Freiheit der Bewegung, sondern mit einer Freiheit der Fortbewegung zu tun. Autos dürfen die Landschaft zerschneiden, aber Wanderern ist es verboten, einfach querfeldein zu gehen. Der Fuß, ein atemberaubendes Kunstwerk, so empfindlich, aber so rührend bescheiden, der liebliche, willige Fuß darf kaum ein Fleckchen Erde berühren. Der streunende Wanderer bekommt ein Gefühl für den Ort, an dem er sich befindet, während die Raserei des Autos ihn dessen beraubt. An den Orten hoher Geschwindigkeit herrscht ein simples Straßenbild mit wenig Abwechslung oder sinnlicher Information, beim Zufußgehen ist der Informationsreichtum hingegen groß – durch die Orte und die Natur, die man sieht, und die Menschen, denen man begegnet. Im Wandern ist Weisheit.

Alte Landkarten zeigen das »Dasein« – Orte werden markiert: hier wohnen Drachen, hier liegen Sümpfe. Die australischen *Songlines* sind Landkarten, die in Geschichten verborgen sind und zum Wandern auffordern. Die heute üblichen Landkarten sind anders – sie zeigen Routen. Die Landkarten der Moderne sind also immer mehr Karten der Mobilität, nicht der Örtlichkeiten, sie dienen der Beschleunigung der Bewegung und sind dem Dasein an einem Ort abgeneigt. Das ist ein Politikum: sie bevorzugen Routen für den privaten, die Umwelt maximal verschmutzenden Verkehr, d. h. Autos, statt den nicht die Umwelt verschmutzenden Fußgängern und Radfahrern – oder eben öffentlichen Verkehrsmitteln einen ähnlichen Vorrang einzuräumen.

Geschwindigkeits-Speed ist so halluzinatorisch wie Amphetamin-Speed, und das ist eine weitere seiner Verlockungen. Sie ist nur relativ, aber ihr Sirenengesang gibt sich als Anrufung des Absoluten aus. Absolute »Sofortigkeit«, die weiße Geschwindigkeit des Denkens oder des Lichts, der Zen-Augenblick der Inspiration, das Einatmen des Lebensodems. Aber die Gefahr der Geschwindigkeit ist die schwarze andere Seite, das Ausatmen – der Börsenkrach, der Autounfall, der Computerabsturz, der Flugzeugcrash – eine Kultur, die ihrem Verfallsdatum entgegenjagt, die Dunkelheit über dem Horizont der »Events« der Augenblick des Todes.

Beidem ist die Faszination durch das fast nicht Vorstellbare eigen. Das Bewußtsein kann kaum länger als einen Sekundenbruchteil lang etwas begreifen, ob es sich um einen Koan oder ein Schwarzes Loch handelt. Der Geschwindigkeitswahn der westlichen Kultur täuscht nur die Erregung der Inspiration vor. In Wirklichkeit ist es die morbide Erregung des Aushauchens, der beschleunigten, finalen, phantastischen Atrophie, des globalen Schwarzen Montags. Wie kürzlich zu bemerken war, führt die Beschleunigung der Umsätze bei den globalen Finanzmärkten zu einer erhöhten Krisenanfälligkeit.

Der Devisenhandel ist ein sehr schneller Markt, und wenn man mit einem Börsenmakler in New York, Frankfurt oder London spricht, kommt es einem vor, als begegnete man dem weißen Kaninchen aus *Alice im Wunderland*. Dieser alerte Schnellsprecher mit den ruhelosen Augen und dem hechelnden Atem ist in einem Geschwindigkeitsrausch, aber er nimmt keine Drogen, sein Job ist Droge genug. 70 bis 80 Schlagzeilen pro Stunde flimmern vor ihm über den Bildschirm, er überwacht eine ständig sich verändernde Umgebung von Stimmungen und Ahnungen, verschiebt Millionenbeträge in Minuten und handelt mit 20 Banken in weniger als 60 Sekunden.

Er fährt schnell, geht schnell, redet schnell und ißt schnell. Er sagt, er sei »adrenalinsüchtig«, er arbeite »in Hypermode«, und er gibt zu: »Wenn man keinen Spaß an der Raserei hat, kann man den Job nicht machen.« Er ist ein Mann, der die Geschwindigkeit liebt. Seine Fehler, wie er sie beschreibt, haben mit der Geschwindigkeit zu tun: Die Leute nerven ihn schnell, er hat wenig Geduld, braust schnell auf, ist unduldsam. Er haßt die Langsamkeit des Menschenstroms; wenn er die Oxford Street, den Broadway, die Zeil hinunter muß, kann er nicht gehen, er muß rennen, so schnell wie der Bus. Wenn er jemanden anruft, dauert das im Durchschnitt fünf Sekunden. Schüchtert er seine Freunde ein mit der Geschwindigkeit, in der er dahinrast? »Ja, vielleicht, aber meistens merke ich es nicht. Ich bin zu schnell.«

Persönliche Beziehungen brauchen Zeit, um sich zu entwickeln, und die Schnelligkeit der Raserei zerstört sie. Selbst wenn sie einen Ersatz bietet. Die Raserei selbst gibt vor, der Freund zu sein. Geschwindigkeit stimuliert, plötzlich langweilt man sich nicht mehr, fühlt sich plötzlich nicht mehr einsam. Wenn man die Autobahn hinunterfegt und dabei Schokolade essen kann – braucht man dann überhaupt noch Sex? Der rasende Spitzenmanager schüchtert das weiße Kaninchen und Alice ein; er ist reizbar und intolerant. Er hat keine Freunde, aber seine Armbanduhr leistet ihm Gesellschaft.

Geschwindigkeit ruiniert zwischenmenschliche Beziehungen. Zum Beispiel das frustrierte Losrasen-Müssen, das in den Verzweiflungstaten der Motoristen explodiert. Der Rennfahrer Jason Humble, der auch privat versessen auf die Raserei war, fuhr nach London hinein, als er plötzlich so wütend über den Fahrer war, der vor ihm fuhr, der, wie er sagte, zu langsam zockelte, daß er dessen Wagen rammte, in den Verkehr der Gegenfahrbahn stieß und die Insassen eines anderen Wagens tötete. Zufällig ereignete sich dies unter einem Verkehrszeichen, auf dem »Verringern Sie jetzt Ihre Geschwindigkeit« stand.

Die Raserei kann auch die harmonische Beziehung zu einem selbst zerstören. Wenn man sich zu schnell bewegt, bezahlt man dafür mit einer Art spirituellem Jet-lag. Bruce Chatwin erwähnt die weißen Entdecker in Afrika, die ihre afrikanischen Träger vorwärtshetzten. Die aber setzten sich in Sichtweite ihres Ziels hin und weigerten sich, vorwärts zu gehen. Denn sie warteten, wie sie sagten, auf ihren Geist, der ihren Körper einholen müsse.

Dem, der langsam reist, öffnen sich mehr Wege und Möglichkeiten. Er kann sich in Schlangenlinien vorwärtsbewegen oder je nach Laune anhalten und verweilen. Je schneller man reist, um so weniger autonom ist man, um so mehr muß man sich auf die Sicherheit von strikten, externen Gesetzen und Systemen verlassen. Geschwindigkeit führt zu Passivität. Wer schnell fährt, den fahren die Straßen. Sozial beunruhigend ist, daß Individuen, die es gewohnt sind, in einem Bereich ihres Lebens zu tun, was man ihnen sagt, auch in den anderen formbarer und gehorsamer werden.

Je schneller Sie fahren, um so weniger spontan können Sie sein, zum Anhalten oder Überlegen, ob Sie vielleicht einen anderen Weg einschlagen sollen, bleibt keine Zeit. Pläne können deshalb nicht geändert werden. In Großbritannien, wo die Eisenbahnen privatisiert sind, sind die billigsten Fernreisetickets für Hochgeschwindigkeitszüge zu haben, die für eine von vornherein feststehende Strecke im voraus gebucht werden – Geschäftsreisende werden also bevorzugt. Spontanere

Reisen, Familienreisen oder Besuche bei Freunden, werden so mit höheren Reisekosten bestraft.

Die sanfte Bewegung – entspanntes Schlendern auf Straßen nach herkömmlicher Art zum Beispiel – wird durch Raserei verletzt. Der Autor Jean Chesneaux schreibt: »Die Straße als Lebenskunst verschwindet zugunsten der Verkehrsadern. Die Leute fahren hindurch auf dem Weg nach irgendwo anders.« Bezeichnend ist, daß es kein positives Wort gibt für auf der Straße verweilen: herumlungern, gammeln, trödeln, bummeln.

Das gilt sowohl in bezug auf die soziale Wirkung des Verkehrswesens als auch im weiteren Sinn. In unserer Sprache wird alles, was langsam ist, gern mitleidig belächelt (»ein langsamer Schüler«, »zurückgeblieben«), verspottet (»schnekkenlangsam«) oder mißtrauisch beäugt (»gammeln«). Jemanden eine Kuh, ein Rindvieh oder »tierisch langsam« zu nennen ist ein Ausdruck echter Verachtung. Die Weisheit der Langsamkeit erschließt sich im Lateinischen – *festina lente* – und noch edler im Italienischen – *largo* – und erreicht im *dolce far niente*, dem süßen Nichtstun, den Höhepunkt heiterer Gelassenheit. Das Französische kennt die subversive Faszination des Flaneurs, des Schlenderers und Beobachters, der hier und dort verweilt. Milan Kundera erinnert uns an das vielsagende tschechische Sprichwort, das die Flaneure und Bummler charakterisiert: »Sie glotzen zu Gottes Fenstern hinauf.«

Während die Sprache die Raserei gutheißt, erzählt die visuelle Wahrnehmung eine andere Geschichte. Hohe Geschwindigkeit verfälscht die Perspektiven. Einfache kleine Befehle in einer kraftlosen Sprache sind in elastisch verzogenen Buchstaben auf die Fahrbahn geklebt, um den Fahrer anzusprechen. Fährt man sehr schnell, verschwimmen die Farben ineinander. Bei der Geschwindigkeit klatscht Vordergrund auf Vordergrund. Variationen von Rhythmus und Bewegung gibt es nicht mehr, Überraschungen sind Zufall, Sonderbares wird nicht mehr verzeichnet. Die Subtilität leidet um der Geschwindigkeit willen.

Genau wie bei den Äpfeln. Infolge des Anbaus außerordentlich profitabler, schnellwachsender Sorten ist die Vielfalt der kultivierten Pflanzen dramatisch zurückgegangen.

1985 stammten 71 Prozent der gesamten Apfelproduktion in Frankreich von der Sorte Golden Delicious. Das ist der »goldene Apfel« des 20. Jahrhunderts, der Trostpreis beim Rennen unserer Kultur gegen die Natur. Es ist das Klischee in der Sprache der Früchte, die pampige Entschuldigung für einen Apfel. Atalante iß dich dumm und dämlich.

In den Nachrichtenmedien muß Geschwindigkeit eine Tugend sein. Lange Zeit wurde die Londoner Presse in der passend so genannten »Fleet« Street fabriziert. Aber die Zunahme der Nachrichtensendungen im Rundfunk und der allgegenwärtige CNN lassen für Subtilität, Analysen und Details keinen Platz, wenn Geschwindigkeit Trumpf ist. Die Konzentrationsspanne wird kürzer. Visuelle Häppchen und *sound bites* beißen die Hand der Ideen, die sie füttert. Diese Nachrichtenbringer riskieren – genau wie der erste Marathon-Läufer –, daß die Geschwindigkeit den Inhalt überholt – der Marathon selbst ist die Botschaft. Der Läufer fällt tot um, das Ziel ist erreicht, aber die Botschaft stirbt mit ihm.

Alle Komponenten der Geschwindigkeit unserer Tage – Kuriere, schnelles Reisen, Rennen, Wettbewerbsdruck, Täuschung und eine Karikatur der männlichen Sexualität – haben eine lange mythologische Geschichte. Der griechische Gott der Geschwindigkeit ist Hermes, der Götterbote. (Sein römischer Bruder war Merkur – der auch dem »schnellen Silber«, dem Quecksilber, zugeordnet ist.) Hermes, dem Gott der Reisenden, des Handels, der Athleten und der eloquenten Täuschung, schrieb man auch die Erfindung des Wettlaufs zu, und einer seiner Beinamen war »Agonios« – »Wettbewerbs-Aufsicht« – er war sozusagen der Gott des Konkurrenzkampfs. Hermes' erste Leistung im Leben war, daß er Apollon fünfzig Rinder stahl. Hermes, der Gott der Geschwindigkeit, und die Kuh, die nicht anerkannte Göttin der Langsamkeit, begegneten einander in diesem mythischen Diebstahl.

Geschwindigkeit wirkt sich negativ auf Sprache aus. Wer schnell redet, hat keine Zeit für Ironie oder Wortspiele. Schnellsprech ist eine Modeerscheinung, Schlagworte, der dies und das des Monats, überstrapaziert, ausgelaugt und ausgespien. Verbale Beschleunigung schließt Sprache kurz. »Fasse dich kurz.« Ich wollte, man sähe ebenso häufig »Sei weitschweifig. Sei witzig. Gerate auf Abwege.« Der effizienten, stromlinienförmigen Übermittlung opfert man die lockeren, intuitiven, anspielungsreichen Nuancen. Geschwindigkeit verlangt vorgestanzte Ausdrücke, bekannte verbale Trampelpfade, die geistige Autobahn. Die Sprache würde lieber auf einer Panoramastraße die Landschaften durchstreifen, aber diese ist ihr versperrt. So wird sie von der Geschwindigkeit gefangengenommen und darf nur manchmal auf Bewährung raus. Wortspiele lassen die Geschwindigkeit innehalten, sie sind langsam zu lesen, langsam niederzuschreiben. James Joyce, der größte Wortspieler, soll große Teile des *Ulysses* mit einer Geschwindigkeit von zwei Sätzen pro Achtstundentag verfaßt haben. Ob seine Wortspiele trivial seien, wurde er einst gefragt. »Nein, sie sind mindestens quadrivial«, erwiderte er und überließ den Fragesteller einer vierdimensionalen Pause.

Oberflächliches Gerede und Gelese befördert oberflächliches Denken. Gedanken, die man schnell faßt, sind wahrscheinlich nicht die besten, sondern einfach die ersten, gewöhnliche Reaktionen, automatische Ideen im Gegensatz zu den idiomatischen, reflexiven oder grüblerischen. (Grübeln ist wie Wiederkäuen. Respekt also für die Kuh.)

Es sieht so aus, als litten viele Mitreisende im Tourenwagen der Moderne wegen der Raserei an Übelkeit, und diese vom Schwindel erfaßten Dissidenten fordern eine Verlangsamung des Gesellschafts-Automobils. In Frankreich erscheint das Anti-Auto-Nachrichtenblatt *Moins Vite*! In Italien gibt es eine Kampagne für *slow food*, und in Österreich existiert eine »Gesellschaft für die Verlangsamung der Zeit«.

Es gibt Befürworter »langsamen Wissens«. Wer langsam lernt, wird derzeit ausgelacht, aber langsam erworbenes Wissen ist vermutlich wertvoller als hastig erworbenes. Schnelles Wissen ist typischerweise technologischer Art, wird angewandt ganz gleich, wo man sich befindet, ist mit den Hierarchien der Macht und dem Profitstreben verbunden, konkurrenzartig und gefällt sich in einer Pose der Amoralität. Es ist Denken, das sich aufs jeweilige Fach beschränkt, denn »Wissen«, indem es fortwährend durch neue Erkenntnisse ersetzt wird, erlaubt nur stromlinienförmigen Spezialisten Spitzenpositionen. Aber was die Gesellschaft heute braucht, sind Pluralisten, Renaissance-Denker, langsam zu Wissen Gelangende. Langsam gewordenes Wissen wird mit anderen geteilt und ist multidisziplinär, gehört niemandem persönlich, ist ein moralisches Wissen, das sich in einem bestimmten kulturellen Kontext und an einem spezifischen ökologischen Ort herausbildet, ein Wissen, das eine Lücke füllt – Nischenwissen im Gegensatz zu Nietzsches Wissen. (Schnelles Wissen geht von der Annahme aus, daß vor der Aufklärung nicht viel Nützliches bekannt war und daß kein »Eingeborenenwissen« diesen Namen überhaupt verdient. Langsam erworbenes Wissen ist nun einmal nicht so anmaßend.) Denn frei nach Milan Kundera gibt es eine geheime Beziehung zwischen Langsamkeit und Gedächtnis und Erinnerung – und zwischen Schnelligkeit und Vergessen.

In Schweden zog neulich ein Mann in einem Zug die Notbremse. Als der Zug anhielt, verteilte er Flugblätter, auf denen stand: »Geschwindigkeit ist ein unnötiges Übel, das unser Leben und unseren Planeten zerstört.« Andere Umweltschützer weisen – auf orthodoxere Weise – darauf hin, daß die Welt jedes Jahr so viele fossile Brennstoffe verbraucht, wie die Erde in fast einer Million Jahren erzeugt hat, während sie die verfügbare solare Energie ungenutzt läßt. Die Moderne, die auf Raubwirtschaft basiert, plündert mehr, als die Natur erneuern kann, verschmutzt die Umwelt viel schneller, als die Natur sie reinigen kann – ist kurzum in allem viel schneller als die Natur. 1962 stellte Rachel Carson in ihrem Buch *Der stumme Frühling* fest: »Die Geschwindigkeit der Veränderung und die rasende Abfolge, in der neue Situationen entstehen, sind Teil des ungestümen und gedankenlosen Fortschritts der Menschheit und nicht des gemächlichen Fortschreitens der Natur.«

Damit's schneller geht, werden Monokulturen von Eukalyptus-Bäumen oder rasch wachsenden Kiefern angelegt. (Wenn Schnelligkeit gefragt ist, empfiehlt sich das Mono-Prinzip: Ford-Autos in Massen hergestellt in monotoner

Arbeit an Fließbändern, schnell erzeugt, schnell verkauft, schnell gefahren. Und schnell fahren ist immer dieselbe monomane Tätigkeit. Die Überholspur ist das immer Gleiche. Monokulturen lassen sich schneller anbauen und abernten.) Langsam wachsende Bäume wie Eichen ernähren ihre Umgebung, während schnell wachsende die Erde erschöpfen.

Geschwindigkeit, von schnell wachsenden Bäumen bis zu schnellen Wagen, ist ein Feind der Erde, wie der italienische Futurist Marinetti wußte. »Hurra! Kein Kontakt mehr mit der gemeinen Erde!« rief er 1905 beim Anblick eines Rennwagens aus. »Ein aufheulendes Auto ist schöner als die Venus von Samothrake.« In seinem Futuristischen Manifest brüstete sich Marinetti, der Welt als erster eine neue Ästhetik geschenkt zu haben: »die Schönheit der Geschwindigkeit«. 1916 faßte er dies in folgende Worte: »Langsamkeit ist von Natur aus verdorben«, und er verkündete »einen neuen Gott: die Geschwindigkeit, und ein neues Übel: Langsamkeit«. Der Geschwindigkeitskult huldigt dem Antagonismus, dem bis zur Gewalttätigkeit gesteigerten Konkurrenzkampf. »Wir möchten aggressive Handlungen, Wettrennen, den fatalen Sprung, den Schlag und den Stoß verherrlichen.«

Marinetti betete die Technik an, glorifizierte den Krieg und unterstützte den Faschismus, diesen letzten Bestandteil des Gesamtbildes, für das er steht. Es ist nur ein kleiner (Stech-) Schritt von Marinetti zu Mussolini, der dafür sorgte, daß die Züge pünktlich fuhren – letzteres eine oft in diesem Zusammenhang zitierte, aber selten wirklich bedachte Tatsache. Zwischen der Schnelligkeit und dem Faschismus gibt es eine schmutzige, stählerne Verbindung. Kaum hatten die Nazis die Macht übernommen, als sie auch schon dem deutschen Proletariat sein Beförderungsmittel in Gestalt des Volkswagens gaben. Hitler verlieh Henry Ford eine Medaille, denn er bewunderte dessen antisemitische Politik ebenso wie seine schnellen Erzeugnisse und monotonen Arbeitsverfahren. Fords Prinzipien gefielen aber auch den linksradikalen Denkern in Sowjetrußland. Paul Virilio schreibt: »Wir könnten sogar sagen, daß das Aufkommen des Totalitarismus Hand in Hand mit der Entwicklung des staatlichen Monopols der Massenverkehrsmittel geht.« Der faschistische Kolonialismus marschierte über Verkehrsknoten, Handelsstraßen und Autobahnen. Die weglosen Ozeane wurden für Kolonisatoren und Sklavenhändler zugänglich gemacht. Die Macht des Römischen Weltreichs breitete sich mit den römischen Landstraßen aus. Was die heutige Gestaltung angeht, werden alle Schnellstraßen mit ihren riesigen Trägern, monolithischen Betonmauern, Einschnitten und Brücken, eine Liebe zum Beton über alles, immer in welchem Architekturstil gebaut? Im faschistischen Stil. Das stimmt sowohl ästhetisch als auch historisch. 1933 begann Hitler sein großes Autobahnbauvorhaben. (Filme darüber trugen Titel wie *Straßen der Zukunft*, *Schnellstraßen* und *Straßen machen das Glück aus*.) Es war zugleich eine Ingenieursleistung und ein politisches Statement. Die Autobahnen – und speziell die Brücken – waren ein Ausdruck der Machtkonzentration, der Unterwerfung des individuellen Details unter das große Ganze. Der Autor Hartmut Bitomsky, der eine Studie über Hitlers Autobahnprojekt verfaßt hat, schreibt: »Alle Strukturen paßten als einzelne Verbindungsstücke in einer Kette zusammen, die das Reich umspannte.«

Heute verbirgt sich hinter den multinationalen Firmen die Ideologie der Geschwindigkeit, vor allem in ihrem Aspekt des Im-Wettbewerb-Überholens. Sie pflegen eine Politik, die keine ideologische Opposition duldet. Einen Totalitarismus, mittels dessen ein Marktführer – durch Wettbewerb – jeden Wettbewerb zu vernichten trachtet, was zur globalen Vorherrschaft führt und Uniformität verlangt, was Geschwindigkeit ja immer tut, was Faschismus immer tut: Umgebungen oder Menschen, die in die Quere kommen, werden zerstört.

Marinetti identifizierte sich mit seinem Rennwagen: »ein idealer Pfeil, der die Erde überquert«. Diese Idee hat sich rasch im 20. Jahrhundert durchgesetzt. »Männer waren immer schon die Geschlechtsorgane der technologischen Welt«, schrieb Marshall McLuhan. Wenn sie Benzin in ihre »schnellen Schlitten« pumpen, spricht die Raserei mit ihnen in der Sprache der sexuellen Gewalt. *Pump up the speed.* In Großbritannien zeigte die Werbung für einen Hochgeschwindigkeitszug den Phallus des Zugs, wie er runde Zifferblätter durchstieß, als penetriere er die Barriere der jungfräulichen Zeit selbst. In den USA rechnete man damit, daß die erste

Kürbis-Supergun der Welt, der »Q36 Pumpkin Modulator«, im Oktober 1997 einen Kürbis mit Schallgeschwindigkeit abschießen würde. »Wenn Sie ihn zu heftig abschießen«, schrieb eine Zeitung, »explodiert der Kürbis. Feuern Sie aber zu lasch, dann plumpst er nur aus der Mündung.« Ejakulation ist alles. Ebenfalls im Oktober 1997 wurde oben in der Wüste von Nevada aufgedreht, und der British »Thrust« Supersonic durchstößt die Schallmauer zuerst mit 759333, dann mit 766109 Meilen pro Stunde. Die Schallgeschwindigkeit nennt man mit unheimlicher Macho-Treffsicherheit »Mach« 1. Ein schneller Wagen ist der »Testarossa« von Ferrari, was »roter Kopf« bedeutet, aber andere als italienische Ohren an »Testosteron« erinnern mag.

Was ist mit den Frauen? Wenn Frauen das Kraftfeld der »Arenen der Raserei« betreten, wird ihre Weiblichkeit verwüstet und sie müssen (wie in allen von Männern dominierten Bereichen) zwischen einem von zwei Extremen wählen – entweder werden sie ein Häschen oder aber ein Mannweib. Entweder sich vermännlichen wie Athletinnen und Thatcherartige Frauen in gehobenen Positionen, die solche Macht nur erringen können, indem sie Männer nachäffen, feministischen Zielen schaden und ihre Selbstachtung tief verletzen. Oder sich zum Hasen machen, zum Schätzchen, zur Trophäe wie die Cheerleader in den Sportstadien, die Trolley-Dollie im Flugzeug, die Frau in der Autowerbung, mit der sich der Fahrer zusätzlich zu seinem Wagen schmückt. Frauen in der Nähe von Soldaten müssen entweder Kamerad oder Barbiepuppe werden.

Warum Soldaten? Was hat Krieg mit Geschwindigkeit zu tun? Sehr viel.

»Geschwindigkeit ist das Wesen des Kriegs«, so »Sunzi« die Autorengemeinschaft des Buchs über chinesische Kriegskunst. Das Vokabular der Geschwindigkeit ist gewalttätig: Alle Geschwindigkeitsrekorde »brechen« vorherige Rekorde. Im Bericht über den »Thrust«, der den bis dahin gültigen Rekord für Geschwindigkeit zu Lande brach, hieß es: »Es klang wie eine Gewehrschuß, als er die Schallmauer durchschlug« – kein Wunder, er wurde ja auch von einem Ex-Royal-Air-Force-Piloten gefahren. Die Mythologie der Geschwindigkeit ist bereits gewalttätig – Hermes hat den Faustkampf erfunden.

Im Krieg hat man die »schnellen« Eingreiftruppen und zuvor den Rüstungs-»Wettlauf«. (»Der Krieg war immer ein Arbeitsplatz der Bewegung, eine Fabrik der Raserei«, sagt Paul Virilio.) Die erste mechanische Uhr und die erste Kanone tauchten gleichzeitig auf – in der zweiten Hälfte des 13. Jahrhunderts. Die ganze Kriegsgeschichte wurde von der Entwicklung der Geschwindigkeit der Waffen bestimmt – vom Speer, dem man ausweichen konnte, bis zum Preußisch-Österreichischen Krieg von 1866, als die Preußen in der Zeit, die die Österreicher für einen Schuß brauchten, sieben Schüsse abfeuern konnten und sich daraus unvermeidlich der Sieg der Preußen ergab. Kürzlich wurde ein neues Schnellfeuergewehr, »das schnellste Gewehr der westlichen Welt«, wie eine Zeitung es mit scheußlich deplazierter Heiterkeit nannte, erfunden, das eineinhalb Millionen Schuß in der Minute abfeuert. Es ist zweihundertfünfzigmal schneller als das schnellste herkömmliche Schnellfeuergewehr. Immer schnellere Waffen sind nur die halbe Geschichte, die andere Hälfte ist die beschleunigte Diplomatie, die wütende, schreckliche Beschleunigung des Dialogs vom Ersten Weltkrieg an. Während der Kubakrise 1962 blieben den beiden Supermächten fünfzehn Minuten zwischen der Warnung und dem eigentlichen Angriff. Die russischen Raketen auf Kuba verkürzten diese Zeit auf dreißig Sekunden. Die heutige Kürze der Warnzeit, mit der man einen Krieg androht, die sich in Minuten und Sekunden bemißt – nur Kinder und ein paar wenige Erwachsene sind weise genug, das wirklich zu fürchten.

Generationen von Kindern wachsen zu schnell auf, unter dem Geschwindigkeitsterror, mit der Warnzeit von vier Minuten. Aber auch in vielen anderen Hinsichten sind Kinder die ersten Opfer der Raserei, beispielsweise im Straßenverkehr. In England ist der Zusammenstoß mit einem Auto die häufigste Todesart von Kindern zwischen einem und vierzehn Jahren. Auch von Autounfällen abgesehen werden Kinder Opfer rasender Geschwindigkeit. Heute kann man Kinder in zwei Klassen einteilen: nicht etwa reiche Kinder hier und arme Kinder dort, sondern »Batterie-Kinder« hier und »freilaufende Kinder« dort, wie eine von der Schweizer Regierung initiierte Untersuchung ergab. Sie zeigte, daß die allgegenwärtigen Autos dazu führen, daß die meisten Kinder zu Haus eingesperrt werden, und diese »Batterie-Kinder« neigten mehr zu Fettsucht und Aggressivität als die weit selteneren »freilaufenden Kinder«, die draußen spielen konnten. In einem anderen Sinn werden Kinder Opfer der Geschwindigkeit, weil man sie durchs Leben hetzt. In manchen Ländern wird die schulische Ausbildung komprimiert und die Kindheit auf eine minimale Zeit verkürzt. In Japan verursacht dies die höchste Selbstmordrate von Kindern weltweit. Die Phasen im Leben eines Kindes werden unnatürlich beschleunigt. In den USA galt unter Medizinern bisher die Regel, daß ein Prozent der achtjährigen Mädchen bereits Anzeichen von Brustentwicklung und Schamhaar aufweist. Nun zeigt aber eine neue Studie, daß inzwischen bereits ein Prozent der dreijährigen Mädchen derartige Merkmale hat.

Unsere Urahnen brauchten, wenn sie kämpften oder flohen, die Geschwindigkeit. Das Überleben unserer Kinder heute hingegen hängt von unserem klugen und raschen Bremsen ab. Das Problem ist, daß ein siebzehnjähriger, geschwindigkeitssüchtiger Junge am Steuer sitzt, der die Ressourcen der Welt verbrauchen möchte, bevor irgendein anderer drankommt. Der verrückte Halbwüchsige wird uns früher oder später alle in seinem frisierten Ford Capri ins Schleudern bringen, aber die moderne verwestlichte Gesellschaft unterliegt dem unerbittlichen Diktat der Pubertät.

Eine Kultur ist das, die die Vergangenheit nicht kennt und sich heimtückisch weigert, die Zukunft zu planen, die weder die Alten achtet noch die Jungen hegt. Sie exportiert Pubertäres: Fast food, schnelle Wagen, schnelles Gerede, schnelles Geld, den schnellen Krieg. Die kindische und unreife westliche Kultur hätte niemals das Kamasutra hervorbringen können, hätte nie einen Gedanken darauf verschwendet, wie der Punkt des Orgasmus über Stunden verlängert werden kann. Im Gegensatz zur Dauer der Liebe – und zur Liebe der Dauer – (Hermes dürfte der Gott der vorzeitigen Ejakulation sein) – ist der Westen bis über beide Ohren in den geplanten Verschleiß vernarrt. Töricht in seiner Gier, statt zu bedenken, wessen es zum Leben wirklich bedarf, lieber schnell als gründlich, läßt er die Kupplung krachen, schneidet die Kurven, schleudert Dreck in die Augen der uralten Kuh, die in uralter Langsamkeit wiederkäut. Immer noch wiederkäut.

3

Eidechsen, Marsriegel und Liliengewächse der Vergangenheit

Leben mit dem Mythos

> »Aber es ist die Wahrheit, selbst wenn es nicht geschehen ist.«
>
> *Ken Kesey, Einer flog über das Kuckucksnest*

Es war einmal, Diana. Der Mythos, die Legende, Diana, die Märchenprinzessin, Diana und ihre wahre Geschichte, Diana, Erzählstruktur für Erstklässler. Dianas Geschichte war wie alle großen Geschichten im Element der Zeit selbst strukturiert, ein überfälliges Sinnbild der Mußestunden. Mitten im Sommer geboren, mitten im Sommer geheiratet, mitten im Sommer gestorben. Der Tod mag das Helldunkel. Die Blondine im schwarzen Mercedes. Als ihre »Kerze« am hellsten brannte, wurde sie ausgeblasen. Mittags war sie ganz obenauf, lebendiger denn je, und um Mitternacht lag sie sterbend in einem Tunnel. Erzählzeit war in allen Einzelheiten: Dianas geheime »letzte« Worte, jene, die angeblich den Unfall »voraussahen«, auch Diana selbst. Sie nahm ihr Geheimnis »mit ins Grab«: War sie verlobt? Wollte sie England für immer verlassen? Wollte sie zum Islam übertreten? War sie schwanger?

Tragische Erzählungen brauchen ein Gefühl für Zeit – oder Unzeit. »Mine eyes dazzle: she died young«, wie in der *Duchess of Malfi*, einer Tragödie von John Webster, um 1614. Als Diana, die am meisten fotografierte Frau der Welt, jung starb, überrumpelte dieser Tod nicht nur sie, sondern rief auch bei den anderen Menschen ungläubiges Erstaunen hervor. Marilyn Monroe, die tragisch jung starb, war ebenso wie Diana 36 Jahre alt und die am meisten fotografierte Frau ihrer Zeit. Sie starb 1962, wenige Monate nach Dianas Geburt. Stirb jung und werde zur Ikone. Sie werden nie alt, sind für immer gefroren in der Zeit, ihre Kerzen brennen aus, lange bevor ihre Legenden enden.

Die Medien sprachen von Dianas Leben stets mit einem Zeit-Subtext – ihre Hochzeit war die Vermählung des »Jahrhunderts«, ein »Tag«, den niemand vergessen würde, das größte Medienereignis der »Geschichte«, sie war der Geist der »Zeit«, unser »Zeitalter« war das Dianas, sie war der Stern eines »goldenen Zeitalters«, ihr Tod ein »bestimmender Augenblick«, er leitete die »Woche« Dianas ein, sie war das »Ende eines Kapitels«. Wie alle mythologischen Figuren vergrößerte sie die Zeit, und die Zeit diente der Vergrößerung ihres Bildes.

Weltweit sollen zwei Milliarden Menschen ihre Beerdigung im Fernsehen verfolgt haben. Mit einem zweiminütigem Schweigen wurde die Zeit angehalten. Die Straßen waren still, und Handel und Börse legten, wenigstens in England, eine Pause ein. »No shops. No footy. No Lotto«, verkündete das Massenblatt *Sun*, das üblicherweise sonnig rote Titelblatt wurde – ein Stück Farbsymbolik – in der Diana-Woche schwarz, die Zeit der *Sun* hielt an, Sonnenfinsternis. Mutter Teresa rief zu zweitägigem Beten auf und starb dann, mit dem exquisiten Timing der komplementären Gegensätze, nur wenige Tage nach Diana.

Wie alle Figuren großer Mythen und Fabeln hat auch Diana die Bedeutung ihrer Rolle nicht selbst gewählt. Sie war das Schweigen in ihrer eigenen Geschichte. Andere Stimmen wiesen ihr Bedeutungen zu. Sie war Aschenputtel, die hausbackene kleine Schwester, die zur Schönheit erblüht. Der damalige Erzbischof von Canterbury nannte ihre Hochzeit den »Stoff, aus dem Märchen sind«. Sie war Dornröschen, von Prinz Charles geküßt, sie war Schneewittchen, die jungfräuliche Braut, Schneewittchen wieder, als sie starb, umgeben von den sieben Zwergen in Gestalt der sieben Paparazzi, die sie verfolgten, um ihre Fotos zu schießen. Begraben auf einer Insel war sie die Lady of the Lake. Ihre Geschichte nahm alle Formen an. Heute war es ein Märchen, morgen eine Ikonographie. Sie war »Madonna«, »Himmelskönigin«, »Heilige und Engel«, wie die ihr zur Erinnerung geschriebenen Karten besagten. Nach den religiösen Mythen wurde die

Geschichte ein Shakespeare-Drama. Bei ihrer Totenfeier in Westminster Abbey erschien wie aus dem Nichts als junger Prätendent ihr Bruder Earl Spencer auf der Weltbühne und richtete an seine eigene Patentante, die Königin von England, so wütende und bittere Worte über Dianas Leichnam hinweg, daß das Weltpublikum hinter ihm applaudierte und die Monarchin ihm zu Füßen seiner Gnade und Barmherzigkeit ausgeliefert war. Shakespeare, der in dem Grabgewölbe unter ihnen in Stein verewigt war, wäre ein zweites Mal gestorben für eine solch spannende Geschichte.

Und dann waren da auch wieder Elemente der griechischen Tragödie. Ihr Ende war schon in der ersten Zeile des Stücks enthalten – sie lebte durch das Image, und sie starb durch das Image. Die Presse gab ihr – angeblich – ihr Leben und nahm es ihr wieder. (Es stört die Symmetrie, es zu bestreiten: tatsächlich wurde sie von der Geschwindigkeit und der Auto-Kultur getötet, aber ganz gleich. Die im menschlichen Unterbewußtsein gespeicherte Erzählstruktur verlangt, daß die Kamera, die sie schuf, die Kamera war, die sie umbrachte. So sei es.)

Und was ist mit uns? Der Zuschauerwelt wurde etwas Seltenes – ein Gefühl der Zusammengehörigkeit der Zeitgenossen – zuteil, das der Mythos und das Ritual schon immer geliefert haben, das die Modernität aber gewöhnlich verachtet. Alle Radiostationen und Fernsehkanäle, alle Zeitungen und jedes Gespräch waren auf einmalige Weise synchronisiert. Das normale Programm kam zum Erliegen. Fremde, die zur selben Zeit dasselbe dachten, sprachen miteinander. Der gewöhnliche Lebensfluß hielt inne.

Der Erzbischof von Canterbury, George Carey, sagte über Diana, daß sie »das Gewöhnliche und das Außergewöhnliche in ihrer Person vereine«. Und genau dies widerfuhr in jener Woche der Zeit. Die gewöhnliche Zeit des Alltags traf auf die außergewöhnliche Zeit des Mythos. Mythische Zeit, sagt der Mythologe Mircea Eliade, »unterbricht die Aufeinanderfolge der gewöhnlichen Zeit«, und der mythische Augenblick ist dann, wenn die profane Gegenwart der geheiligten Ewigkeit begegnet. (Im hellenistischen Zeitalter, als man die gewöhnliche Zeit nach Chronos benannte, unterschied man sie von »Aion«, der geheiligten, ewigen, außergewöhnlichen Zeit.)

»Verkehr« und »Geschäft« bestimmen heute die profane, gewöhnliche Zeit, und bei Dianas fabelhafter Hochzeit und ihrem »geheiligten« Begräbnis ruhten Verkehr und Geschäft. Es war, als ob die Leute erfahren wollten, daß die übliche, verkehrsreiche und geschäftige Zeit der historischen Abfolge nicht alles war, daß es da noch etwas anderes gab. Die »Hysterie«, die ihren Tod begleitete, war ein Wunsch nach Mythenbildung – man hatte den Leuten zuviel gewöhnliche Geschichtszeit und nicht genug mythische, außergewöhnliche Zeit verabreicht. Nüchterne Kommentatoren beklagten das – sie wäre ja gar nicht mythisch, sie wäre ja vielmehr nur menschlich gewesen. Ganz richtig. Und ganz falsch. Diana, die Person, und Diana, das Phänomen, waren von Anfang an etwas völlig Verschiedenes. Die historische Person war, schätzungsweise, berechnend, ziemlich doof, konnte aber auch sehr klug sein, sowohl freundlich als auch unfreundlich, unglücklich, voller Gefühl, unberechenbar, eine alberne Prinzessin des Konsumwahns, künstlich wie eine Kreditkarte aus Plastik. Die allzu menschliche, historische Diana war nicht das, was die Leute wollten. Was sie betrauerten, war das mythische Phänomen, und sie wollten den Mythos, so wie sie die mythische Zeit wollten.

Earl Spencer erklärte bei Dianas Beerdigung: »Von allen Ironien, die Diana betrafen, war dies vielleicht die größte: daß ein Mädchen, dem man den Namen der antiken Göttin der Jagd gegeben hatte, selbst die am meisten gejagte Person des modernen Zeitalters war.« Dianas Name selbst ist mythisch, nicht historisch, im Gegensatz zu den Vornamen der königlichen Familie; Prinzessin Margaret und Prinzessin Anne, Königin Mary und Königin Victoria, Königin Elizabeth und Königin Anne sind mit Geschichtlichkeit besetzt, während Diana reiner Mythos ist. Die Leute wollten die mythische Diana, nicht die historische Königsfamilie.

Die Sehnsucht nach einer solchen mythischen Zeit, die die prosaische Zeit aufhält, steckt in dem ganzen Geschäft des modernen Starkults, in allen »Helden« des Kulturbetriebs und in den »mythischen« Personen von den Päpsten bis zu den Mandelas, von den Spitzensportlern und Kriegshelden bis zu den Prinzessinnen und Filmsternchen, um deretwillen der ganze Verkehr, sowohl real als auch metaphorisch, angehalten wird und um deretwillen die Leute mit ihren Fähnchen winken.

Von den Bergpässen Tibets, wo die Gebetsfahnen den Augenblick anzeigen, in dem die sterbliche Welt auf die Ewigkeit trifft, bis zu den Sportstadien der Welt spricht von allen Emblemen vielleicht nur die Fahne über alle Zeitalter und Kulturen hinweg das menschliche Bewußtsein mit den Worten an: »Du erlebst jetzt gerade einen mythischen Moment.« Fahnen sind ein internationaler Index für die Helden unserer Kultur: Die Leute winkten bei Dianas Hochzeit mit Fähnchen und setzten die Fahnen bei ihrem Begräbnis auf Halbmast. Fußballfans winken damit Cantona, Pele und Maradona zu, es gibt Fahnen auf dem Mond und Fahnen für Kriegshelden und für Filmstars, Fahnen für all diese Verkleidungen, in denen die moderne Mythologie auftritt.

Das Diana-Phänomen zeigte den Hunger nach Mythen, und dasselbe trifft zu für die weltweite Beliebtheit des Kinos, denn es übt alle Funktionen des Mythos aus. Eine solche Funktion, merkt Mircea Eliade an, besteht darin, daß der Mythos eine »Öffnung« in die »große Zeit« einer Kultur bedeutet (als die mythischen Kultur-Helden lebten, als die Welt der Menschen geschaffen wurde) und damit auch eine Möglichkeit bietet, dem Vergehen der gewöhnlichen Zeit scheinbar zu entrinnen. Auch Filme nähren diese eskapistische Sehnsucht und haben ihre »Öffnungen« in »große Zeiten«. Aus praktischen und psychologischen Gründen beginnen Filme gewöhnlich in der Abenddämmerung, der traditionellen Zeit des Geschichtenerzählens, der Stunde des abnehmenden Tageslichts, die die legendäre Vergangenheit näher an die gewöhnliche Gegenwart heranrückt. Filmische Phantasien werden projiziert: technisch durch Projektoren und psychisch durch »Projektionen«. So entrinnen sie der finiten Zeit des Ichs, um in die infinite Zeit des Mythos zu gelangen. Diese »große Zeit«, sagt Eliade, »ist die von den Göttern in der Periode ihrer ›gesta‹, das heißt ihrer ›Taten‹, geschaffene und geheiligte Zeit.«

Mythen sind immer von einem Geschichtenerzähler abhängig gewesen, und heute übernimmt die Kamera diese Rolle. Sie verbindet Vergangenheit und Gegenwart, Erinnerung und Augenblick. Wenn sie einen mythischen Moment festzuhalten wünscht – so wie der Geschichtenerzähler eine Pause macht und ein wichtiges Detail der Geschichte wiederholt –, friert die Kamera das Bild ein und »verewigt« die Zeit in einem *film still*, einem filmischen Stilleben.

Mythen handeln oft vom »Anbeginn«, das Paradies ist einer der gebräuchlichsten Mythen von der Erschaffung der Welt. Ähnlich mythologisiert das »Cinema Paradiso« die Schöpfungsgeschichte des Films, und die Ahnen des Genres sind so mythisch und ursprünglich wie Adam und Eva oder die frühen ägyptischen Götter. Nach Ansicht der australischen Aborigines erinnern die Sterne an die Geschichten der Himmels-Helden der Traumzeit, als alles geschaffen wurde. Viele Kulturen ehren die totemistischen »ersten Lebewesen« der »ersten Zeitalter«, und so kommt es, daß das Kino seine Totems aus dem klassischen Zeitalter des Films verehrt. Das Totem des »Regisseurstuhls« ist ein Relikt aus dem klassischen Zeitalter, die totemistische »Kamera« ist nimmermehr die zeitgenössische, und die totemistische Schreibmaschine ist eine Remington.

Mythos und Film beziehen sich beide auf eine »andere« Zeit, eine, die zugleich »wahr« und trotzdem »irreal« ist. Beides sind hochfliegende Illusionen, die die Gegenwart in die Ewigkeit hinübertragen, ihre »Illusionen« – Lichtspiele auf einer Leinwand – nimmt das Geschichten produzierende Bewußtsein als »Anspielungen« auf eine andere, mythische Zeit wahr: die Zeit des *silver screen*, eine »silberne« Zeit. Silber ist die Farbe des Merkur, des mythischen Boten und Geschichtenerzählers, und Silber ist die Farbe der Mythen der Nacht, die silbernen Sterne spielen Ewigkeit am Himmel der Alltäglichkeit. Diana hatte diese »silbernen« Eigenschaften – manche fanden sie »strahlend«, andere nannten sie »blendend«, manche sagten, sie »leuchte wie ein Komet«, und sie war, wie eine Freundin von ihr berichtete, »quecksilbrig«.

Ebenso wie man die Leinwand nicht mit schmutzigen Fingern berühren darf, genauso sind auch die Sterne der Filmleinwand verzaubert und unberührbar. Greta Garbo durfte sich bekanntlich nicht vom schmutzigen Finger der gewöhnlichen Zeit berühren lassen, denn Stars müssen genauso wie mythische Helden unsterblich bleiben, »die Göttliche« wird, auf der Leinwand in der Zeit gefroren, zur Ikone. Oder sie werden im Silber des Todes selbst eingefroren wie Diana, James Dean, Buddy Holly und Gracia Patricia von Monaco.

In Neuguinea erzählt man sich eine Geschichte vom Mond: Eine alte Frau versteckte den Mond in einem Wasserkrug. Das sahen ein paar junge Burschen. Sie schlichen vorsichtig herbei und öffneten den Krug. Der Mond ergoß sich aus dem Krug heraus; das erschreckte die jungen Burschen so, daß sie mit schmutzigen Händen danach griffen und ihn festzuhalten versuchten, aber der Mond glitt heiter und gelassen zum Himmel hinauf – allerdings sieht man seit damals und bis heute die schmutzigen Fingerabdrücke der jungen Burschen als Flecken auf dem Mond. Mythen und Märchen sagen oft: »Sieh es dir an, aber berühre es nicht.« Der Tastsinn ist der irdischste – und zeitlichste – aller Sinne. Das Sehvermögen ist der sternenartigste und zeitloseste. Prinzessin Dianas mythische Namensschwester Diana war die Göttin des Mondes und die jungfräuliche Jägerin, von den Frauen verehrt. Prinzessin Diana, die Ikone der Frauen, war so berühmt als jungfräuliche Braut und rief wie die Göttin den Wunsch, sie zu berühren, hervor. Für ihren Bruder bestand der einzige Trost für ihren Tod darin, daß »Diana jetzt an einem Ort ist, wo kein menschliches Wesen sie jemals wieder *berühren* kann«.

Zurück zum Mond. Unberührt von den Fingern dummer Jungs und den Händen erwachsener Männer war der Mond Teil der mythischen Ewigkeit. Von dem Augenblick an, in dem der US-Astronaut Neil Armstrong ihn berührte, war seine Zeit mit der des Menschen verbunden. Und »Armstrong«, was für ein Name für den, der eine solch folgenschwere Berührung ausführte. Die zeitlose Integrität des Mondes (»Integrität« heißt Unberührtheit) ging verloren wie die Jungfräulichkeit, die er in dem Augenblick noch symbolisierte, als man ihn berührte. Die Leute nannten die

Landung auf dem Mond einen historischen Augenblick, und er war in der Tat historisch. In dem Augenblick hörte er auf, mythisch zu sein, denn der Mythos ist das Gegenteil der Historie.

Die Zeit des Mythos versilbert die Vorstellungskraft aller Kulturen, aber die Traumzeit der australischen Aborigines ist wahrscheinlich die magischste von allen. Es ist ein außerordentliches Zeitmodell, »außerordentlich«, weil es außerhalb der ordentlichen Zeitfolge, die konkret und aktuell ist, steht. Die mythische Traumzeit ist subtil, vieldeutig und diffus.

Die Vorfahren – wie der Eidechsenmann, der Känguruhmann und die Emufrau – schufen in der Traumzeit die heraufdämmernde Welt. Aus dem Boden hervorkommend sangen sie ihren Weg übers Land und schufen dessen Merkmale, wo sie den Staub aufwirbelten, schliefen, aßen oder urinierten, dann kehrten sie in die Erde zurück und wurden »Dschang« oder Energie. Wenn diese Geschichten gesungen werden, ist das keine Erinnerung an eine vergangene Zeit, sondern Teilnahme an einer diffusen, metaphorischen Tiefe der gegenwärtigen Zeit, denn die Traumzeit verschmilzt Vergangenheit, Gegenwart und Zukunft, so wie Träume Vergangenheit, Gegenwart und Zukunft ineinander übergehen lassen können. Das westliche Bewußtsein sieht entweder Vergangenheit oder Gegenwart oder Zukunft. Es sieht das Känguruh nur jetzt, an diesem Mittwoch *oder* letzten Mittwoch *oder* nächsten Mittwoch an dem Wasserloch. Aber die Gegenwart der Aborigines ist immer der Traumzeit geöffnet. Sie sehen voraus, daß das totemistische Känguruh an dem totemistischen Wasserloch sein wird – am Traumzeit-Mittwoch – *und* daß es am totemistischen Wasserloch war, sehen sie, *und* daß es am totemistischen Wasserloch ist. Die Traumzeit, »Altscheringa«, ist »heilige« Zeit, eine »große Zeit«, sie unterscheidet sich qualitativ von der gewöhnlichen Zeit, und während die Traumzeit die Gegenwart trägt, trägt andererseits die Gegenwart, durch den Mythos, die Traumzeit. Die Traumzeit wohnt immer dem Land inne. Deshalb ist das Schürfen nach Bodenschätzen in diesem Land eine Entweihung der Traumzeit.

Ähnlich ist es bei den Pirá-paraná-Indianern in Kolumbien. Auch ihre Zeit der Vorfahren schließt die Gegenwart mit ein. Statt daß sie von ihr abgeschnitten sind, ist die Vergangenheit ein alternativer Aspekt der Gegenwart, sie nähern sich ihr mit schamanischen Ritualen. Die Koyukon (im nordwestlichen Alaska) glauben an die »entfernte Zeit« – auch das ist keine historische, längst vergangene Zeit, sondern Zeit als eine andere Dimension der Gegenwart. (Die Zeit, wann diese Geschichten der »entfernten Zeit« erzählt werden, ist auch wichtig, denn wie die meisten Naturvölker in Nordamerika erzählen auch die Koyukon ihre geheiligtesten Geschichten nur nachts und nur im Winter, zum Teil um die Zeit der Natur zu beschleunigen – damit der Winter rascher vergeht, zum Beispiel. So endet eine Geschichte der Koyukon über die »entfernte Zeit« mit den Worten: »Ich dachte, der Winter hätte gerade begonnen, aber jetzt habe ich einen Teil davon abgebissen.«)

Auf der ganzen Welt, überall haben die Mythen und Geschichten einen tiefen Bezug zur Zeit. Sie verzaubern die Zeit, sie stellen ihre Vieldeutigkeit und Rätselhaftigkeit dar. So wie die Märchen im Westen mit den Worten »Es war einmal« beginnen, so beginnen die Mythen der Aborigines mit einem Nicken zur Zeit hin so: »In der Traumzeit, als die Erde jung war ...« – »In der Zeit, als das Träumen begann, einer Zeit, als es weder Geburt noch Tod gab ...« – »In den ersten Tagen, als die Zeit begann ...« Bei den Iraqw in Tansania gibt es viele Geschichten, die mit »Es war einmal« beginnen, oft fangen sie mit den Worten »Bal geera« an, was wörtlich »erste Tage« bedeutet. In den Mythen und Ritualen der Navacho-Indianer sind Vergangenheit, Gegenwart und Zukunft austauschbar. Die Achuar, ein Stamm der Jivaro-Völker in Ecuador, beginnen ihre Mythen so: »Vor langer Zeit, vor einer langen, langen Zeit.« Sie erzählen ihre Geschichten im Imperfekt anstatt im Perfekt (was Abgeschlossenheit bedeuten würde) und enden ihre Geschichten im »Jetzt«. Auch bei ihnen gibt es keinen absoluten, einfachen Bruch zwischen jetzt und damals, die Konturen verwischen wie bei einer Wolke; es gibt keine Trennung in der Zeit, sondern eine Unterscheidung zweier Modalitäten.

Der Geschichtenerzähler Michael Meade beginnt eine irische Sage mit diesen Worten: »Es war einmal, oder es ist einmal gewesen in der Zeit, die keine Zeit war und die unsere Zeit ist oder nicht ist, in Irland ein König namens Conn Mor ...« Eine andere fängt so an: »Es gibt fünf Richtungen. Osten, wo die Sonne aufgeht. Norden, wo die Leute Ärger haben. Süden, wo du vielleicht einen Freund findest, Westen, wo alles, was anfängt, endet. Und die fünfte Richtung ist der Ort, wo die Geschichten herkommen und wo die Leute ›Es war einmal‹ sagen.«

Mythische Geschichten werden erzählt, um vergessen zu machen, daß es so etwas wie Zeit gibt. Die Zeit wird verzaubert und ausgetrickst, komprimiert oder gestreckt, Fabeln machen die Zeit fabelhaft paradox, die Uhrzeit bekommt einen unauslöschlichen Fleck ins Ziffernblattgesicht, aber die Zeit der Psyche wird bewahrt, in der Vergangenheit, Gegenwart und Zukunft kaleidoskopartig zusammenkommen. Die Zeit kann entgegen dem Uhrzeiger zurücklaufen, so daß das jüngste Kind Erfolg hat, wo das älteste versagt, der Morgen kann klüger als der Abend sein, und Vögel können die Zukunft vorhersagen. Gewisse Zeitperioden – drei Tage, ein Jahr und ein Tag, sieben Jahre und hundert Jahre – sind verzaubert. In diesen archetypischen Geschichten, die es überall auf der Welt gibt, verschwindet die »vernünftige« Zeit in einer Falte. Jemand gerät in einen Zauberberg oder verschwindet eine Nacht lang bei Zwergen. Aber als er zurückkehrt, stellt er à la Rip van Winkle fest, daß hundert gewöhnliche Jahre vergangen sind. Die zwergenhaften Figuren, die in so vielen Geschichten vorkommen, sind wie eine gestauchte Zeit, einerseits klein wie Kinder, andererseits brummige alte Männer, der im Untergrund verbrachten Zeit nahe, aber auch fähig, wertvolle Hinweise auf die Zukunft zu geben. Sie sind komprimiert und zeichentrickfilmartig wie Karikaturen der Zeit.

Die Inuit erzählen Geschichten, die mit den Worten »Vor langer Zeit, in der Zukunft« beginnen, was ein schöner Ausdruck für die mythische Zeit ist, die die linearen, logischen Konzepte trickreich durcheinanderbringt. Aber alle Märchen spielen mit der Zeit, von »Es war einmal« bis »Und wenn sie nicht gestorben sind ...« – »Es war einmal« erzählt von einer Vergangenheit, die ewig da ist, aber die Ewigkeit, auf die sie sich bezieht, ist auch eine verzauberte Gegenwart, gerade mal einen Schritt vom »Jetzt« entfernt. Französische Märchen beginnen: »Il y a une fois«, was »vor einiger Zeit« bedeutet, während »il y a« eigentlich »es gibt« heißt. Das ist die ewige Gegenwart, eine verzauberte Verlaufsform der Gegenwart, eine Zeit in der Vergangenheit, die immer noch existiert. Die Gegenwart in »Und wenn sie nicht gestorben sind, so leben sie noch heute« ist die Verlaufsform der Gegenwart, das ewige Leben, und obwohl die individuelle Handlung erzählt und abgeschlossen wird – »Das war's, Leute« –, geht das Leben trotzdem, immer noch, weiter, wieder im Jetzt.

Das Ende der Geschichten, die Zeitformen der Entspannung, das implizierte Imperfekt (das der Erzählung die Atmosphäre langsamer Sonnenuntergänge und langer Schatten verleiht) bringen die Zuhörer zurück in die normale Gegenwart, so wie der Abspann am Ende eines Films die Zuschauer zurück ins gewöhnliche Leben entläßt. Die Märchen im Westen enden mit »So leben sie noch heute.« Genauso kehrt man auch in den Mythen der Traumzeit in die Gegenwart zurück. Sie enden etwa mit den Worten: »Und seither ist es immer so gewesen.« Oder: »Und die Geister der guten Menschen leben noch immer in dem heiligen Teich.« Oder: »Und sogar heute noch erzählt man diese Geschichte immer wieder an den Lagerfeuern, und alle wissen, was die große Regenbogenschlange in der Traumzeit gesagt und getan hat.« Die ersten Nachweise für mythisches Denken finden sich in den Begräbnisstätten, und »Gärten der Unsterblichkeit« wurden überall auf der Welt entdeckt. Die mythischen Geschichten richten sich gegen den Tod, den furchtbarsten Aspekt der Zeit. Sie nehmen ihm seinen Stachel. Wie die individuelle Geschichte endet, besagt der Mythos, muß die Lebensgeschichte des einzelnen Menschen im Tod enden. Aber die Lebensgeschichte der Spezies reicht aus unendlich ferner Vergangenheit in die unendlich ferne Zukunft. Der Trost, daß das Leben weitergeht, ist am ausdrücklichsten in diesem Schluß eines Traumzeitmythos enthalten: »Und so kommt der Tod, aber das Leben kehrt immer zurück.« Die australischen Ureinwohner bewirken die Transzendenz des Todes zum Teil in ihren archetypischen Mythen und Märchen und den totemistischen Traumzeitfiguren. Bei uns sind es die Märchen um Hans und Grete. Sogar der Jedermann des historischen Moralitätentheaters erfüllt diesen Zweck.

Diese Märchen werden selbst »unsterblich« – lebendige Geschichten, die man sich Generationen hindurch immer wieder erzählt. Kinder mögen es überhaupt nicht, wenn jemand die bekannten Worte eines Märchens verändert. Es irritiert sie, weil es ihnen die Sicherheit der Ewigkeit raubt. Wenn die Geschichte schon da war, bevor das Kind da war, wird sie auch nach dem Kind noch dasein, lautet die tröstende Schlußfolgerung.

Die Wiederholung der Geschichte impliziert die Wiederholung des Lebens selbst, das sich die Generationen hindurch wiederholt, genau wie die Generationen selbst sich reproduzieren. Die Sexualität ist das Herz von alledem. Volksmärchen sind oft sehr sexuell. Sie tranzendieren die Sterblichkeit durch ihre rüde, quicklebendige Sexualität. Aschenputtels »Schuh« hat eine sexuelle Bedeutung, und Dornröschen wird durch den Kuß eines Prinzen »aufgeweckt«. Bei den Geschichten, die mit Männchen aus dem Tierreich zu tun haben, wird, wie Bruno Bettelheim gezeigt hat, die sich verändernde Haltung gegenüber dem männlichen Geschlecht demonstriert. So wirkt der Frosch zu Beginn der Geschichte abstoßend auf das präsexuelle Mädchen. Denn das kleine Kind verabscheut die Sexualität der Erwachsenen. Aber als sie reift, verändert sich ihre Haltung gegenüber dem Frosch, bis sie ihn schließlich sogar attraktiv zu finden vermag.

In der indischen Mythologie werden der Lingam, das phallische Symbol der Kreativität, und die weibliche Yoni sehnsüchtig verehrt. Zwischen dem 7. und dem 13. Jahrhundert bildete sich in Indien die tantrische Philosophie heraus. Deren gelungenste Umsetzung in Architektur ist wahrscheinlich im Sonnentempel zu Konarak, einem Dorf im Staat Orissa im Osten Indiens, zu sehen, der in der Mitte des 13. Jahrhunderts in einer Bauzeit von über zwölf Jahren entstand. Er wimmelt von sexuellen Skulpturen in intimen Verschlingungen, Männern und Frauen in immer angespannterer Leidenschaft, reif bis zum Aufplatzen, Lippen schweißbedeckt, betäubt von der feurig glühenden Sonne vor dem Monsun. Der ganze Tempel stellt den Wagen des Sonnengottes dar. Der Sonnengott wird als Erschaffer der Zeit gesehen, und die Räder des Sonnenwagens sind ein häufiges Motiv in dieser Architektur. Die auf dem Kamasutra beruhenden erotischen, in Stein gehauenen Figuren stellen die Sexualität dar, die das Rad des Lebens dreht.

In den meisten Mythen der Welt ist die Sexualität das schöpferische Herz, der Kern der Geschichte. Die Traumzeit ist die Zeit des fruchtbaren Erschaffens und Bildens, ganz dem Lebendigen zugewandt. Im römischen Mythos ist Ceres, die Göttin des Reifens und der Ernte, ein Symbol der Fruchtbarkeit, der Zeit der Sexualität, in der die Ernte der Welt, in der Persephone empfangen wird.

In der Moderne gibt es zuwenig diffuse »mythische Zeit«. Und desgleichen fehlt es an dem sinnlichen, diffus erotischen Aspekt des Lebens (obwohl es zuviel Pornographie gibt). Daher rührt vielleicht die Gier nach zeitgenössischen Mythen wie Diana, Elvis oder Madonna – von denen viele eine sexuelle Komponente besitzen.

Die echten Eingeborenen der mythischen Zeit sind immer Kinder, die nicht in der historischen Welt leben und die deshalb auch nicht die Zeitgenossen der Erwachsenen sind. Deshalb ist in der Erfahrung der Kinder der Verlust mythischer Zeit immer der allertraurigste Verlust. Ein Verlust, der sich im Verschwinden der Volksmärchen und dem Aufkommen von Computerspielen für Kinder bemerkbar macht.

Mit der Zeit entfaltet das Märchen die Tiefen seiner Bedeutungen. Sie werden von verschiedenen – und manchmal auch von denselben – Leuten zu unterschiedlichen Zeiten unterschiedlich verstanden. Im Gegensatz dazu stumpft das Immer-wieder-Gleiche des Computerspiels mit seinen faden numerischen Belohnungen den Spieler ab. Es wird ihm nicht die volle emotionale Belohnung der Märchenerzählungen zuteil. Das Märchen richtet sich an jedes Kind einzeln, jede

Märchenerzählung ist einmalig. Das Computerspiel ist für alle dasselbe. Seine »Handlung« kann nur eine einzige Bedeutung haben, die sich nicht mit der Zeit verändern kann. Die Märchenerzählungen sind reich in ihrer Sprache. Computerspiele sind in dem, was sie bedeuten sollen, eindeutig festgelegt. (Computerspiele wissen nicht, daß 13 eine Glückszahl ist, und zwischen den Zeilen eines Computerspiels kann man nicht lesen.)

Der Fluch des Märchens ist, daß Wünsche wahr werden. Das Märchen lehrt, daß man, was Wünsche angeht, ein Verantwortungsbewußtsein entwickeln muß: Wenn Wünsche sich erfüllen, kann das zu Komplikationen führen. Auch ist die sofortige Erfüllung eines Wunsches nicht unbedingt klug oder befriedigend. Computerspiele – »Battle Zone«, »Mortal Combat«, »Die Hard« – sagen: »Töte oder werde getötet«. Sie berauschen wie billiger Fusel, und das Kind lernt Zerstörung als eine Art fieberhaften Erfolg schätzen. Durch Märchen werden Kinder erzogen; sie wachsen in die Welt und in die »echte Zeit« hinein, in der sie lernen, daß sie sich allmählich – auch psychologisch – in einen Erwachsenen verwandeln können. Computerspiele schließen die Kinder in ihrer eigenen Welt ein. Es fehlt dann an frischer Luft, die Zeit stagniert und antisoziale Impulse entwickeln sich; die Kinder sind eingeschlossen in der »synthetischen Zeit«. In dem Märchen *Schneewittchen* wird die Stiefmutter für ihre Bosheit gestraft. Sie muß ewig in brennend heißen roten Schuhen herumtanzen. Kinder werden moralisch erzogen. In Computerspielen werden oft Leute nicht ihrer Bosheit wegen bestraft, sondern einfach, weil es sie gibt. Jegliches moralische Bewußtsein der Kinder wird dadurch abgestumpft.

Computerspiele benutzen das binäre System: Falsch oder richtig. Halt oder weiter. In den Märchen herrscht ein Dreiersystem vor. Beim drittenmal klappt's. Mit drei fängt die Mehrzahl an. Der dritte Versuch ist der Augenblick, an dem das Glück sich entscheidet. Entweder wird was draus oder nicht. Es gibt die Gelegenheit, die Möglichkeit. Es ist nichts vorprogrammiert. Es existiert kein Skript. Das Muster lautet: »Mache einen Fehler, noch einen Fehler, denke nach, habe Erfolg!« Die Lehre lautet: Beharrlichkeit führt zum Ziel. Das ist die Zeitstruktur der Hoffnung. Bei den Computerspielen gibt es nur »Erfolg oder Mißerfolg«, und zwar durch gewohnheitsmäßige motorische Reaktionen ausgelöst – die Zeitstruktur der Verzweiflung. In den Märchenerzählungen ist die – süße, unbegrenzte – Zeit auf deiner Seite. Wer langsam erzählt, erzählt besser, und kein Held wird bestraft, weil er sich Zeit nimmt. Sein Erfolg hängt sogar von seiner Sensibilität ab und manchmal von der Langsamkeit seiner psychologischen Reaktion. Das Computerspiel beruht ganz einfach auf der Schnelligkeit der körperlichen Reaktion, der Gegner ist die – beschränkte – Zeit, und die soll man schlagen.

Die Erzählung einer Geschichte bleibt kunstvoll in der Schwebe, wer Zeit hat, findet ein Stück Wahrheit, auf das er seinen Fuß setzen kann – es ist geschehen, aber vor langer Zeit, in einem anderen »Zeitmodus«, der Traumzeit, und zwischen Fiktion und Wahrheit braucht kein Widerspruch zu sein. In den Computerspielen spielt die Zeit verrückt. Denn das irreale Ereignis läßt sich andauernd wiederholen. Es hat sich niemals ereignet, und trotzdem ereignet es sich unablässig.

»In einem Zeitalter, in dem alles nützlich zu sein hat, ist es von größter Bedeutung, daß man die Märchen achtet.« (Charles Dickens)

Der rundliche, plumpe Erzbischof James Ussher, seiner Sache gewiß, schrieb 1650 in seiner Weltchronik: »Die Welt wurde am 22. Oktober 4004 vor Christus um sechs Uhr abends geschaffen.« 1859 stellte ein Dr. John Lightfoot fest: »Der Mensch wurde am 23. Oktober 4004 vor Christus um neun Uhr früh geschaffen.« Newton hielt eisern an Usshers Chronologie fest und suchte den in der Genesis dargestellten Schöpfungsmythos wissenschaftlich zu beweisen.

Mit westlichen, christlichen Augen betrachtet muß die Vergangenheit historisch, linear und begrenzt sein. Stephen Jay Gould sagt: »Die primäre Metapher der biblischen Geschichte ist der Pfeil der Zeit«, während die Einmaligkeit der Inkarnation Christi, die die ganze Zeit in ein »vor Christus«

und ein »nach Christus« einteilt, für die Entwicklung der »Geschichte« von entscheidender Bedeutung und antithetisch zu der Idee des Mythos war.

In anderen Kulturen sieht man die Vergangenheit nicht so, wie der christianisierte Westen es tut. Indien hat sein »Gefäß über der Zeit«, das immer voll bis zum Überfließen ist, eine Vorstellung von der Ewigkeit, die alles Zeitliche transzendiert. Vom Volk der Dakota in Nordamerika bis zu den australischen Aborigines und den Tikopia in Polynesien – die mythische Zeit ist zyklisch und wird oft als eine kreisförmig zusammengerollte Schlange dargestellt. Es ist die Midgard-Schlange der altnordischen Mythologie, die sich in den Schwanz beißt, Ouroboros im alten Griechenland. Im alten Ägypten glaubte man, jeder Mensch werde von einer »Lebenszeit-Schlange« geschützt, die das Weiterleben nach dem Tod symbolisierte. Bei den australischen Ureinwohnern ist es die Regenbogenschlange, die die Quelle des Lebens enthielt. Bei den Dani auf Irian Jaya glaubt man, die Vorfahren seien in »Schlangenmenschen« verwandelt, die ihre Haut abwerfen und ihre Jugend zurückgewinnen könnten. Der Zeitforscher G. J. Whitrow bemerkt hinsichtlich der weitverbreiteten Schlangensymbolik: »Dieser Symbolismus ähnelt dem, der sich in vielen antiken Kulturen findet, darunter auch in den alten mittelamerikanischen. Die Schlange stellt die Zyklen endloser Zeit dar; vielleicht rührt dies von der Tatsache her, daß die Schlange ihre Haut periodisch abwirft und erneuert.« Während die mythischen Zyklen Regenerierung und Erneuerung implizieren, ist die Zeit im linearen Historizismus der jüdisch-christlichen Überlieferung unumkehrbar und steuert unweigerlich auf den Tod zu. Da sie radikale Gegner des Gedankens der zyklischen Zeit sind, überrascht es nicht, daß die Anhänger der jüdisch-christlichen Tradition die Schlangen hassen und behaupten, die Schlange im Garten Eden sei die Zerstörerin des Paradieses gewesen.

Der Gedanke, daß die Geschichte irgendwie »wahr« und deshalb dem Mythos »überlegen« sei, der als »unwahr« aufgefaßt wird, ist höchst ideologisch – und eine sehr eigennützige Position, die dem christianisierten Westen, der ihn erfunden hat, am ehesten entgegenkommt. Diese Idee hatte viele Kritiker. Am prägnantesten hat vielleicht Jean Cocteau sein Unbehagen formuliert: »Die Geschichte ist eine Wahrheit, die mit der Zeit zur Lüge wird, während der Mythos eine Lüge ist, die mit der Zeit zur Wahrheit wird.«

Aber die mythische Zeit unterscheidet sich radikal von der historischen Zeit, und der Unterschied – ohne Cocteau nahetreten zu wollen – liegt nicht in irgendeiner Unterscheidung zwischen »Wahrheit« und »Unwahrheit«, sondern in der *qualitativen* Differenz. Die mythische Vergangenheit ist diffus und vieldeutig, was sie bedeutet, ist zu rätselhaft, als daß man sie erklären könnte. Ihre Immanenz öffnet sie jedermanns Interpretation. Genau wie im Fall der Prinzessin Diana ist die mythische Zeit auch sonst zutiefst demokratisch, eine Demokratie der Träume, der Märchen, der Erinnerung, des Geistes. Eines jeden Geistes. Diana-als-Mythos war »die Prinzessin des *Volkes*«, denn »das Volk« wollte die historischen – undemokratischen – Royals nicht mehr. (Und Prinzessinnen in Märchen und Mythen sind ausgesprochen demokratisch, denn die Königswürde steckt, wie jedes Kind weiß und was jeder politisch allzu korrekte Erwachsene vergißt, in jedem *Kind* – jedes Kind ist die Prinzessin, die Umgebung eines jeden Kindes ist sein Königreich.) Die Geschichte hingegen ist undemokratisch. Nicht nur wird sie bekannterweise von den Siegern geschrieben, sondern auch von Experten gelehrt und ist nicht verhandelbar. In den Märchen ist jedes Kind der Experte. Und die Kinder wissen das in ihrer glorreich zornigen Rechtschaffenheit, wenn sie die Erwachsenen, die eine Geschichte falsch erzählen, »korrigieren«. Denn sie wissen, wie die Geschichte geht. Sie geht heute noch ganz genauso wie gestern. Abweichungen sind nicht erlaubt.

Die fundamentale Demokratie des Diana-Mythos wurde durch die ehrliche Reaktion auf den ersten Jahrestag ihres Todes bestätigt. Das große Publikum fand das alles inzwischen recht langweilig. Obwohl die »Autoritäten« in Gestalt der Zeitungsherausgeber, Tourismusmanager und Marketingstrategen dem Publikum ein erneutes Trauerzeremonium verordneten, wollte das Volk einfach nicht gehorchen.

Mythos bedeutet Erzählung. Er verbündet sich – demokratisch – mit der Kultur des gesprochenen Worts und ist der Erinnerung verpflichtet (in der römischen Mythologie thront die Erinnerung über allen Musen). Die Geschichte aber ist der schriftlichen Aufzeichnung, dem Papier und den Experten verpflichtet. Der Widerspruch zwischen diesen beiden Arten, über die Vergangenheit zu reden, wurde den Aborigines-Frauen der Ngarrindjeri in Südaustralien schmerzhaft bewußt, die sich gegen die »Erschließung« ihres Stammeslandes (durch eine Gesellschaft, die sich – ausgerechnet – *Binalong* Company nannte) wehrten und erklärten, das Land sei ihnen heilig aufgrund der mündlich überlieferten – und zwar nur durch Frauen überlieferten – Mythen. Man glaubte ihnen nicht, denn die (christianisierte) Behörde des Staats konnte keinen geschriebenen Text und keine »Experten« finden, die das bestätigten. »Die weiße Regierung glaubt den Dunkelhäutigen nicht, bevor sie die Dinge nicht von Weißhäutigen geschrieben sieht«, sagt die Aboriginal-Historikerin Doreen Kartinyeri.

(Nebenbei ist es aufschlußreich zu beobachten, wie Kulturen mit mündlicher Überlieferung die Uhr der »gesellschaftlichen Zeit« benutzen, das heißt: die Zeit durch Ereignisse oder natürliche Vorkommnisse zu messen, und wie die Veränderung von einer oralen zu einer schriftlichen Kultur sich parallel zum Wechsel von der »gesellschaftlichen Zeit« zur »Uhr-Zeit«, das heißt zur abstrakten, notierten Beschreibung der Zeit vollzieht.)

Als einen der Unterschiede zwischen der mythischen und der historischen Zeit könnte man die Geschlechterdifferenz nennen. Die historische Zeit, die von den Patriarchaten bevorzugt wird, bedient sich der linearen, phallischen, männlichen Form, statt der elastischen und vieldeutigen Zeit, die dem weiblichen Geschlecht zu gehören scheint. Die Traumzeit »umschließt« die Gegenwart, und die Vorfahren der Aborigines tauchen an lebenspendenden feuchten runden Stellen, den Wasserlöchern, auf und kehren durch sie auch wieder in die Mutter Erde zurück. Die Geschichtszeit hingegen ist zerstückelte und getrocknete Zeit – trocken wie der Papyros und das Papier, auf dem sie niedergeschrieben ist.

Die Historie hängt von der expliziten, sichtbaren Natur der geschriebenen Sprache ab. Der Mythos verbindet sich mit dem Impliziten und Unsichtbaren. Historistische Kulturen und die schriftliche Tradition bedienen sich der Sprache der geraden Linie und vermeiden die Wiederholung von Worten oder Ideen. Der Mythos wird durch die gesprochene Sprache übermittelt, die eine zyklische Ausdrucksweise benutzt, sich selbst wiederholt und zurück zu ihren Anfängen schlängelt.

Der Mythos ist also demokratischer als die Geschichte, und auch demokratischer, was die Spezies angeht. Seine Vision ist ökokratisch, also spielen Tiere eine Rolle darin und sind mächtig in seinen Motiven und Erzählungen, von Äsop bis zu den australischen Aborigines. Im Mythos sind die Tiere überall die »Veteranen« auf der Erde und gelten oft als Ahnen der Menschen, was natürlich ein instinktives Verständnis der Art und Weise bezeugt, wie sich die Arten, einschließlich der menschlichen Spezies, aus einfacheren Formen entwickelt haben. Die Tukanoan-Indianer im Osten Kolumbiens behaupten, ihre Vorfahren seien die Tapire, die Makuna-Indianer im Südosten Kolumbiens sagen, ihre Ahnen wären Fischmenschen, die als Anakondas aus der »Wassertür östlich des Gewöhnlichen« aufgetaucht seien. Die größten europäischen Stämme glauben, ihre Vorfahren seien Affen gewesen. In der mythischen Welt wimmelt es von Tieren – von Koyoten-Betrügern (bei den Navachos), von Dachsen und Eisvögeln (bei den Arikawa), von großen und kleinen Schildkröten (bei den Irokesen) von pegasusartigen fliegenden Pferden, und Ganesh nicht zu vergessen, der elefantenartige Gott der Zeit, Gott der Enden und der Anfänge im Hinduismus. Ein Traumzeit-Vorfahr ist die blauzüngige Eidechse. Eidechsen gelangen im Mythos überallhin, sie stellen eine ganze Mythologie in Bewegung dar, winzige Dinosaurier, eine noch lebende Einzelheit, die die prähistorischen Zeiten hinterlassen haben. Eidechsen werfen den Schwanz ab und lassen ihn liegen, genauso wie die Vergangenheit Erzählungen hinterläßt, genauso wie Mythen Erinnerungen an Einzelheiten hinterlassen, in der Hand hält man noch den Schwanz der Erzählung, während der Rest wie eine Stimme in der Nacht verschwindet.

Den Tieren schreibt man oft ein ursprüngliches Wissen zu – sie begreifen etwas, was Menschen nicht begreifen können. Die Indianer in Nordamerika glaubten, Wölfe könnten hören, wie die Wolken über sie hinwegzögen. In den Mythen heißt es immer wieder: »Das haben uns die Tiere gelehrt.« In dem Märchen *Die drei Sprachen* kann der »Tölpel« genannte dritte Sohn aus Büchern – das heißt: aus der geschriebenen, historisierten Sprache, in der die Menschen im Mittelpunkt stehen – nichts lernen. Er lernt nur aus den drei Sprachen Vogelgesang, Hundegebell und Froschgequake. Die »Moral« der Geschichte lautet: In diesen drei Sprachen liegt eine Weisheit, die das rein menschliche Denken übersteigt.

In der ganzen nördlichen Hemisphäre war der Bär einst ein sehr bedeutendes Wesen – bedeutend für das Vergehen der Zeit selbst. Man glaubte nämlich, er beherrsche die Jahreszeiten und das Schicksal der Toten. Aber dieser majestätische Bär ist heute ein verniedlichter Spielkamerad kleiner Kinder, seine grandiose Lebendigkeit auf ein Zeichentrick-Leben reduziert. Der singende Bär Baloo und der Bär Goldilocks geben den Ton an. In der Welt der Kinder »leben« Tiere vielleicht, aber oft nur noch geschrumpft, als Haustier-Hätschelobjekte oder in Comic-Serien, während in der Realität, der Welt der Erwachsenen, die Tiere, auch die Vögel und die Fische, ausgerottet werden. (Kinder, die deren Ausrottung so heftig beklagen, werden zu Tierschützern gemacht, da sie die Mythen verstehen, während Erwachsene, die beider Aussterben vorantreiben, die Dreistigkeit besitzen, diesen so klugen Respekt »infantil« zu nennen.)

Wenn die Moderne, was mythische Zeit angeht, verarmt ist, kommt das vielleicht daher, daß sogenannte Fakten heute den Mythos verdrängen, während die Kultur ihn zugleich schmäht. Um mit der Schmähung anzufangen.

Es war einmal, da sagte Homer zu einer Reisebüroangestellten: »Buchen Sie mir auf meiner Rückreise einen Tag in England. London und Loogabaroo.«

»Loughborough«, gurrte die Angestellte, »ist nicht auf meiner Liste, aber ich buche Ihnen London.«

Der amerikanische Globetrotter Homer Sampson beendete

seine Weltodyssee in London. Nach einem Flug, auf dem der Wein von den Weinhändlern »Bacchus's Bins« gesponsert wurde, brach der rosenfingrige Morgen an, eher rosennasig für unser kugelrundes Goldstück von einem Helden. Unser Homer mietete einen Wagen – einen komischen kleinen französischen Wagen, eine Art rollenden Blumenkohl – von der Autofirma »Hercule« und fuhr zum Hotel »Olympus«, griff sich unterwegs, im Lebensmittelladen »Europa« einen »Mars«-Riegel, was genau zwischen dem Schuhladen »Ikarus« und dem Modedesigner »Narziß« Ltd. geschah.

Zum Lunch wählte Homer im Fischrestaurant »Poseidon« ein paniertes Kabeljaufilet. Danach schickte unser Held vom Postkartenladen »Athene« aus Ansichtskarten an Marge, Bart, Lisa und Maggie Sampson. Der Laden lag bequem zwischen »Telefonsex Kalypso« und dem »Cupido«, einem Bordell (aber nein, weil Sie gerade fragen, er hat *nicht*).

Homer blieb am Lokal »Walhalla« stehen, wo er sich aus der Kaffeemaschine »Mythos« einen Kaffee heraus ließ, und kehrte dann, an den Nachrichtenagenturen »Krishna«, »Ganesh« und »Shiva« vorbeischlendernd, ins Hotel zurück. Er ruft über die Telefonfirma »Merkur« Marge an. Sie ist nicht zu Haus, »na *schön*«, sagt Homer voll Selbstmitleid, fast betreten, und schiebt die Unterlippe über die Oberlippe. »Ich halte das aus. Ich bin Homer, eine Legende meinerzeit. Pah!« Er streift das Hemd ab und die Unterhose und kreischt wie Zeus unter der kalten Dusche. Mit »Ajax« putzt er grimmig den Schmutzrand weg, hier endet der uralte Mythos in den Niederungen eines Badreinigers.

Mythos und Moderne leben in einer komischen Beziehung. Einerseits, in der oben beschriebenen Odyssee unseres Helden, in der alle Beispiele aus dem Leben gegriffen sind, läßt der Mythos sich freundlich vom »Jetzt« herbeizitieren, wird angenehm zeitgenössisch, der wilde Zorn, der Mars war, ist ein Schokoladenriegel geworden, und der Ruhm, für den Poseidon stand, wurde zu einem Kabeljaufilet im Fisch-Schnellrestaurant. Andererseits aber hat sich unser Zeitalter zu einem »übermythischen« entwickelt.

Die modernen Kommunikationsmittel arbeiten fast mit Lichtgeschwindigkeit, und so wird der geflügelte Merkur zu einem Anhalter, der im Dauerregen vergeblich den Daumen hochhält und um eine Mitfahrmöglichkeit bettelt. Bill Gates ist nicht so reich wie Krösus, er ist viel reicher. (Er bewies es, indem er ein Porträt von sich herstellen ließ, das aus lauter Banknoten besteht – sein Fotomosaik.) Die Raketenabschußanlage »Pegasus« läßt den mythischen Pegasus alt aussehen. Infolge einer hormonalen Behandlung wird eine gewisse Mandy Allwood, die Artemis von Südwestlondon, hochschwanger: Achtlinge! Die mythische Fruchtbarkeitsgestalt, Artemis von Ephesus, wird auch mit acht Kindern dargestellt.

Als Neil Armstrong – welch ein mythischer, herkuleischer Name – auf dem Mond eintraf und das mythische Zeichen, die Fahne, setzte, war es »eine Nacht, die sich von allen anderen Nächten auf der ganzen Welt unterschied«, um den italienischen Dichter Giuseppe Ungaretti zu zitieren. Den Mond einzufangen und die Sonne aufzuhalten sind von Tobago bis Timbuktu gängige mythische Ideen, die Moderne aber hat sie wahr werden lassen: Durch das Klonen wird die Sonne aufgehalten, und die amerikanische Flagge hat den Mond eingefangen.

Im Mythos wimmelt es von Transformationen, von Proteus bis Cerridwen und Taliensin, aber jetzt transformieren Chemikalien Fischleiber in Hermaphroditen. Die Mythologie ist überflüssig geworden. Die Tatsachen haben sie überholt. Als die biblischen Mythen ihre gemeinsten Waffen auspackten, versprachen sie Seuchen, Todesfälle und eine Heuschreckenplage. Aber nirgendwo im Mythos ist von einem so grausamen und furchtbaren Wetter die Rede: saurer Regen, den der Himmel auf uns herabfallen läßt. Globale Erwärmung und das Ozonloch sind Mythen, die wahr geworden sind. Einem Mythos der Kadimakara in Cullymurra, Australien, zufolge lebten einst auf Erden Ungeheuer. Sie verbrauchten mehr Wasser und Nahrung, als da war, und zerstörten das Laub der Bäume. Bis schließlich nur noch ein einziges, fortwährendes »Großes Loch« am blauen Himmel war und die Ungeheuer infolge des unbarmherzigen Sonnenscheins starben. Die Moderne offeriert Bhopal, Tschernobyl, Hiroshima und Nagasaki, das Höllenfeuer auf Erden und den Nuklearkrieg, der die Augäpfel in ihren Höhlen schmoren lassen wird. Er macht, daß die Haut vom Körper gleitet wie nasse Handschuhe, und wenn Sie ein Kleid mit Blumenmuster tragen, wird das Blumenmuster auf das, was von Ihrem Körper übrigbleibt, aufgedruckt sein.

Augusta vergiftete in den 90er Jahren des 19. Jahrhunderts die Schildblume und war Lauras Geliebte. Ich weiß es. Ich war da. Mein Hypnotiseur verhilft mir zu einer kleinen Regression, ich gehe in den Untergrund meiner vorherigen Leben und war und bin wieder Augusta. In einem ersten »Schnappschuß« stehe ich in einem dunklen, mit allen möglichen Gegenständen vollgepfropften, stickigen kleinen Zimmer, in einem gesellschaftlichen Kodex gefangen, der die Frauen in jeder Hinsicht behinderte, so daß sie ohne Genehmigung noch nicht einmal das Haus verlassen durften. Sogar körperlich bin ich gefangen, in ein Korsett gezwängt, das so eng geschnürt ist, daß ich fast keine Luft kriege. Da ich ohne Sonne und ohne Freiheit zu leben gezwungen bin, vergifte ich die Schildblume, die japanische Lilie, da sie mein Gefesseltsein symbolisiert. Schnappschuß zwei. Ich ergehe mich in einem sonnigen Garten mit Laura. Wir beiden tragen die Hosen aller Freiheiten.

Ich kehrte auch in das prähistorische Höhlenleben zurück und hörte in öden Wüsten aus der Ferne herbeiwehende Lieder. In einem anderen Schnappschuß bin ich eine zwölfjährige Küchenmagd in einem mittelalterlichen Schloß mit einem einzigen Freund auf der Welt, meinem Bruder. Und in einem vierten eine Gärtnerin in den 30er Jahren des 19. Jahrhunderts mit einer Leidenschaft für Bücher. »Regression« ist keineswegs ein Beweis für die Reinkarnation, sondern unter der Hypnose hat man so leichteren Zugang zu historischen Kenntnissen oder Bildern. Und in jedem »Leben« sieht man Aspekte seiner selbst und seiner gegenwärtigen Persönlichkeit. Man erfährt nichts darüber, wie die Vergangenheit »war«, aber eine Menge über Haltungen gegenüber der Vergangenheit. Es ist eine wundervolle Reise – im Untergrund in das Unterbewußtsein des eigenen Egos, man sieht sich mit sich selbst beschäftigt wie jede typische Touristin; eine Zeit-Touristin, die vor verschiedenen Hintergrundmotiven fotografiert wird. Bilder aus der Vergangenheit gleiten vor dem inneren Auge vorbei. Tage des Glockengeläuts erscheinen, Sonnenuhrentage, mit Schnitzereien überladene Uhren blitzen auf. (Augusta haßte die genauso wie die japanischen Lilien.) Man zahlt einfach und dann sucht man sich was aus.

Historiker behaupten, eine Vorstellung von Geschichte könne ein Anzeichen kultureller Unsicherheit sein. Das Erbe, die Tradition werden wichtig, wenn Kulturen, die im Aufruhr sind, ihrer lebendigen Überlieferungen verlustig gehen. (Man nehme die Römer. Eine Sehnsucht nach Festigkeit und Beständigkeit ging mit dem kulturellen Zusammenbruch einher. Die letzten Herrscher gaben sich den Beinamen »Aeternitas« – »Ewigkeit« – genau in dem Augenblick, als ihre Zivilisationen auseinanderfielen.)

Und erst seit der Renaissance, sagen einige Historiker, gilt Geschichte als etwas Begrabenes und von der Gegenwart Abgeschnittenes. Allerdings haben die Leute sie seither immer eifriger versucht auszubuddeln. Wenn sich zuviel verändert, wenn zu viele Verbindungen zur Vergangenheit abgerissen werden, werden Kulturen nervös und suchen verzweifelt nach Fundamenten aus der Vergangenheit, um die Gegenwart darauf zu pflanzen, was sich in der heutigen ungeheuren Behutsamkeit historischen Artefakten gegenüber bemerkbar macht. Hier hilft auch der lobenswerte Konservator, der die Vergangenheit so perfekt repariert, wie sie es seinerzeit nie gewesen ist. Hierzu auch der knochige Archäologe, der im Staub die Artefakte betastet.

Aber es gibt einen ebenso gewichtigen Grund für all dies: Profit. Niemand, sagt der Chef des National Trust des Vereinigten Königreichs, schützt die Geschichte um ihrer selbst willen, und im Prinzip ist es völlig in Ordnung, wenn man an der Vergangenheit verdient. Hier ist die Vergangenheit eine Goldmine, die geschützt werden muß, damit man Profit erzielen kann, indem man die unterirdischen Adern ausbeutet. »Natürlich«, sagt der Vorsitzende von English Heritage, »verkaufen wir uns bewußt an die gesamte relevante Tourismusindustrie. Wir müssen von unserer Umgebung profitieren ... Dafür sorgen, daß das Erbe härter arbeitet, um zu überleben.« Erbe ist die größte Wachstumsindustrie unserer

Zeit. 95 Prozent aller heutigen Museen sind nach dem Zweiten Weltkrieg entstanden, und Freilichtmuseen schießen überall wie Pilze aus dem Boden. Nostalgie (die anästhesierte Form von Erinnerung) ist überall. Vorfahren werden – metaphorisch – »ausgegraben«, Antiquitäten geplündert und Souvenirs aufgespürt. Das paßt, denn dies ist das Zeitalter der Ware, der Verwandlung in Ware von allem, sei es Vergangenheit oder Prinzessin. Das erklärt auch, weshalb die Moderne *gewisse*, ausgewählte historische Zeilen der Geschichte schützt und andere nicht. Die Ware der »Artefaktgeschichte« wird natürlich geschützt. Anderes, die »Ritualgeschichte« etwa, läßt sich nicht so leicht in Ware verwandeln und ist deshalb überhaupt nicht geschützt.

Kommt man zur Sommersonnwende nach Stonehenge, kann man zusehen, wie man einen König einsperrt. König Arthur Pendragon (ein lebendes nationales Erbe, kostbarer Schatz, einstmals Wohnwagen-Bewohner, ewiger Apfelweintrinker und das Schwert Excalibur schwingender Demonstrant gegen den Straßenbau) glaubt, er sei einst König gewesen und werde es wieder sein, und versucht alljährlich, zu den Steinen zu gelangen, um die Sonnwende zu feiern und die Ritualgeschichte am Leben zu erhalten. »Wir sollten die Traditionen und die Gefühle, die dahinterstehen, bewahren«, brüllt er. »Sie sind wichtig. Nicht die Artefakte. Die Leute, die Stonehenge gebaut haben, haben es nicht zu kommerziellen Zwecken, sondern als eine Stätte der Andacht errichtet.« (Er wird alljährlich in einem immer wiederkehrenden Polizeiritual verhaftet.)

Die Artefaktgeschichte wird vielleicht auch deshalb geschätzt, weil man so die Vergangenheit vor Augen hat. Vergangenes, das man hören kann, ist weniger privilegiert. Die menschliche Stimme trägt kein Datum, also kann man im gesprochenen Ritual und in der Rede die Vergangenheit »hören«. Und nur dadurch bewahren, daß man die Worte zitiert. Latein, vielleicht gar keine tote Sprache, sondern in seiner dritten Phase (klassisch, mittelalterlich, neu) ist, was Autorität angeht, nicht zu übertreffen, *quod erat demonstrandum*, unerreichbar in der Majestät des Trauerns, *lacrimae rerum* und einsame Spitze im Schaudern *horresco referens*. Aber das gegenwärtige Zeitalter scheint das gesprochene Latein leider auch noch seines letzten förmlichen Schutzes berauben zu wollen. Die oralen Traditionen des Geschichtenerzählens vernachlässigt man in der Praxis ebenso, während man die *schriftlichen* Versionen der Mythen und natürlich die geschriebenen historischen Texte geflissentlich aufbewahrt.

Ein Schnappschuß aus Bhutan, wo Lopon Pemala, ein Kleriker, der den Bau eines buddhistischen Klosters beaufsichtigt, feststellt: »Weil wir an die Reinkarnation glauben, ist unser Bild von der Geschichte, vom Individuum anders. Und wir sehen auch die moderne Welt anders. Die Moderne hat nur eine Dimension. Museen sind moderne Einrichtungen. Dort ist die Vergangenheit eingesperrt. In Tibet haben die Chinesen unsere Tempel in Museen verwandelt. Wir möchten nicht, daß das hier auch geschieht.« In Bhutan sind die Tempel manchmal abgebrannt, weil, wie man annimmt, Butterlampen nicht gelöscht wurden. Uralte Bauwerke, seidene Wandbehänge und religiöse Kunst sind dahin. Aber da die Überlieferungen dort noch »lebendig« sind und die Ritualgeschichte niemals gestorben ist, ist das Materielle nicht so ein Problem. Es läßt sich wiederherstellen. Alles.

Ein Schnappschuß aus Afrika. Vor Jahrtausenden malten die Leute Tiere, träumende Schamanen und Jäger an die Höhlenwände. (Die ältesten, von vor 26000 Jahren, sind in Namibia.) Fliege zum Tschad hoch, und bevor du »AK-47« sagen kannst, wird eine alte Wandmalerei, die ein Kamel darstellt, von Kugeln zersiebt – die Guerilla braucht etwas für ihre Schießübungen. Der Fotograph David Coulson, der in ganz Afrika seine Aufnahmen macht, wartet manchmal tagelang auf das richtige Licht. Sorgfältig fotografiert er die Höhlenbilder, um das, was sie darstellen, so zu bewahren und für ihren Schutz zu werben. Und Touristen kommen, die nicht soviel Geduld und Zeit haben. Sie schütten Cola und Wasser auf die Bilder und urinieren manchmal darauf, damit die Farben besser leuchten. Aber bei einem jeden solchen Frevel werden die Farben schwächer, und die Vergangenheit weicht zurück. Die Touristen knipsen ihre Bilder.

Aus unterschiedlichen Gründen und mit wechselndem Erfolg wird oft das, was Menschen in der Vergangenheit geschaffen haben, geschützt. (Das Erbe ist natürlich, wie die ganze Historizität, anthropozentrisch.) Die Natur hat – wegen der ökokratischen Umgebung des Mythos im Gegensatz zur Historie – oft weniger Glück, was die Frage aufwirft: Wie gut würde sich die Menschheit um die Natur kümmern, wenn sie sie geschaffen hätte? Wenn wir unsere eigene Signatur daran erkennen könnten.

Ein Schnappschuß von Schloß Windsor in Großbritannien, wo der Herzog von Edinburgh ein *Annus horribilis* für Eichen im Windsor Great Park ausrief. Einige der ältesten mußten gefällt werden. (Obwohl in starren, gerade Linien gepflanzt, hatten die älteren sich knorrig dagegen aufgelehnt und waren »unordentlich« geworden.) Die Entscheidung wurde später umgestoßen, aber der Versuch allein schon war aufschlußreich. Windsor Castle wird nach dem Feuer, das große Teile zerstört hat, liebevoll und kostspielig restauriert. Natürlich. Es ist Artefaktgeschichte. Die Königsfamilie kann außerdem sehen, wie ihr »früheres Dasein« dort gelebt wird. Das Schloß ist wichtig. Die Eichen (die man zufällig als »Könige des Waldes« bezeichnet) spielten in ihrer dritten Lebensphase keine Rolle.

Aber die Eichen sind in dieser dritten Lebensphase für andere Lebensformen von größtem Wert, bieten sie doch Fledermäusen und Eulen Unterschlupf. Das Vermodern, sagen die Ökologen, ist keine Krankheit und kein Defekt, sondern eine Methode, dem Boden die in dem toten Holz enthaltenen Mineralien wieder zuzuführen. Das chinesische Sprichwort »Laß Blätter verrotten, so daß die Wurzeln sich freuen« drückt die Bedeutung des Verrottens aus – in seiner Untergrundphase nährt das Leben, was nach ihm kommt, das jedoch, wie alles »Zyklische«, ist dem ordentlichen, gradlinigen Denken höchst unwillkommen.

Und König Artus – in königlicher Tradition – fand das überhaupt nicht lustig. »Im Streit zwischen den Eichen und dem König unterstütze ich die Eichen.« Daß er das auch nur versucht hat, war keineswegs in Ordnung. Er sprach für die Bäume, die nicht selbst für sich sprechen können. Die bereits gefällten Eichen sind allerdings eine stumme Anklage aus der Vergangenheit. Wenn Eichen sprechen könnten, würden sie sich im Ton ihrer verratenen und betrogenen Majestät äußern. Wäre der Mann in der dritten Lebensphase, Prinz Philip, *Scampus maximus*, einer seiner eigenen Eichbäume, hätte man ihn gefällt.

Den Unterschied zwischen der Haltung gegenüber der Artefaktgeschichte einerseits und der Naturgeschichte andererseits kann man auch bei den Familienbeziehungen in der heutigen westlichen Welt beobachten, wo verstorbene Vorfahren oft als Artefaktvorfahren bestimmt und mittels einer schriftlichen, papierenen Urkunde festgehalten werden. Das ist sehr beliebt. Das Ding wird eingerahmt und auf dem Kaminsims ausgestellt. Der natürliche Vorfahre hingegen, die noch lebende Verwandte (die unappetitliche Großtante, der wütend bellende Großvater) werden vom Herd der Familie verbannt und in ein Altersheim gesteckt.

Der Vergangenheit gegenüber ist die Haltung der verschiedenen Kulturen von jeher unterschiedlich gewesen. Nach dem Holocaust, den sowohl die Juden als auch die Zigeuner erlitten haben, bauten die Juden Stätten des Gedenkens. Sie gedachten ihrer Verluste, indem sie Steine setzten. Die Zigeuner weigern sich, ihrer Toten zu gedenken oder darüber zu sprechen. Die Truk, Bewohner einer Insel in Mikronesien im Pazifik, haben eine Kultur, die darauf beruht, daß sie nichts vergessen. Also sammeln sie Unrecht, das geschehen ist. Ihre Loyalitäten und ihre Versprechen gelten ewig, aber das trifft auch auf ihre Klagen und auf ihre Blutrache zu. Die Truk-Insulaner erinnern sich an alles. Die Achuar (in Ecuador) vergessen alles. Sie hassen und fürchten die Toten. Sie versuchen die Namen ihrer Vorfahren zu vergessen und die Orte, an denen sie zuletzt gelebt haben. Geschichten und Träume sind wichtig, aber man hat Angst vor der Erinnerung. Darum nehmen sie jeden Morgen eine Feder und kitzeln sich im Rachen, damit ihnen schlecht wird und sie sich übergeben – um sich auf körperliche Art und Weise von der Vergangenheit zu reinigen.

Die Einmaligkeit des modernen westlichen Gefühls gegenüber der Vergangenheit rührt nicht von irgendeiner simplen Unterscheidung zwischen dem Erinnern und dem Vergessen her, sondern beruht auf einer Matrix von Haltungen. Auf einer Unterscheidung zwischen Ausbeutung und Integrität, zwischen dem Faktischen und dem Symbolischen, zwischen dem Materiellen und dem Numinosen, zwischen dem Gewinnbringenden und dem Subtilen. Vor allem in der einzigartigen Weise, in der wir die Vergangenheit als etwas Totes ansehen. Als etwas, das abgeschnitten von uns ist, das aufgehört hat, verblichen ist und zum Verkauf steht. In anderen Kulturen läßt man die Vergangenheit die Gegenwart fortwährend weiter umgeben, dort hat man eine Zeitform, in der das Leben sogar den Tod selbst durchdringt, und das Leben läuft unterirdisch weiter.

Diamanten sind für immer. Aus der Vergangenheit geschaffen, sind sie das Gedächtnis der Natur und sollen die Treue und die Schönheit der Vergangenheit ausdrücken, die Natur sagt's mit Diamanten. Um den Wert der Vergangenheit auszudrücken, hat die Natur das Erdöl, für dessen Zubereitung es ganze Erdzeitalter brauchte. Da die Vergangenheit sich immer im Untergrund findet (die Leute »graben« ihre Familiengeschichte »aus«, versuchen ihre Wurzeln oder Herkunft zu »entdecken«. Auch bei der Beerdigung geht's in den Untergrund. Die Erinnerungen an die Vergangenheit sind »begraben«, und Dianas Geschichte endete, so schlafwandlerisch ist die Sicherheit des erzählerischen Symbolismus, ebenfalls mit ihrem Tod im Untergrund eines Straßentunnels), sind weltweit auch die Verbindungen zwischen dem »Bergbau« und der Vergangenheit nicht zu übersehen. Historiker sprechen vom »Steinbruch« der Vergangenheit, den sie »abbauen«. Begibt man sich in Hypnose und sucht man im »Unterbewußten« nach vergangenem Leben, dann gräbt man in den ähnlich dunklen Spalten der Erinnerung. Der Tourismus, der das »Erbe« ausbeutet, durchwühlt auch die Vergangenheit auf der Suche nach Profit.

Und wer in diesen Untergrund eindringt, stößt auf Mißbilligung. Deshalb sind in vielen Kulturen die Schmiede die gesellschaftlichen Außenseiter, geographisch und sozial. Sie »tun jedermanns schmutzige Arbeit«, und das wirft man ihnen vor. Schmiede sind (zusammen mit den Schamanen) Einzelgänger bei den Dogon in Westafrika. In manchen Gesellschaften leben die Schmiede am Stadtrand. George Monbiot beschreibt in seinem Buch *No Man's Land* die Nkunono, den geächteten »verabscheuten Clan der Schmiede« des Samburu-Stammes in Kenya. Von den Nkunono heißt es, wie von vielen anderen Schmieden in ganz Afrika, sie seien moralisch verdorben und verfügten über übernatürliche Kräfte, die einem Schlimmes zufügen könnten. Archäologische Spuren, schreibt Monbiot, deuteten darauf, daß die Schmiede in Europa körperlich und kulturell vielleicht ähnlich geächtet und mit dem Bösen identifiziert worden seien. In der Eisenzeit wurden die Schmieden offenbar entfernt von den Siedlungen errichtet.

In den Mythen gelten Bergbau und Metallbearbeitung als schmutzig. Also ist Hephaistos, der Schmied, lahm und Gegenstand von Spott und Verachtung. Monbiot vergleicht Hephaistos mit dem nordeuropäischen Wayland (auch Völund oder Wieland), dem »göttlichen, aber bösen Schmied, der von den Trollen gegängelt, verkrüppelt und eingesperrt wurde«. Monbiot hält es für möglich, daß die mittelalterliche Hölle den Schmied in seiner Schmiede darstellt. (Und wird das unterbewußte Mißtrauen gegenüber unterirdischer Arbeit nicht auch in der unnatürlichen Kleinheit der sieben Zwerge reflektiert, die ja sämtlich Bergleute sind? Und im Diana-Mythos wurden die sieben Zwerge, die sieben Paparazzi wie genannt? Goldgräber.)

Heute, in diesem supramythischen Zeitalter, da der Mythos Realität wird, wird auch dieses uralte Mißtrauen reichlich durch Tatsachen erhärtet. Die Bergleute schürfen in der – buchstäblich – Vergangenheit des Untergrunds, um Profit zu erzielen. In Botswana werden vielleicht bald die letzten Buschmänner der Kalahari aus der Wüste, in der sie seit undenklichen Zeiten leben, vertrieben, weil sie wem Platz machen sollen? Dem Luxustourismus und dem Diamantenabbau. Man nehme die amerikanische Bergbaugesellschaft AMAX, die in Noonkanbah in Westaustralien, dem geheiligten Ort des »Goanna Dreaming« der Aborigines (wo die mythische Warn-Eidechse zu Haus ist) Uran abbaut. Als das Uran noch dort war, war es eine Quelle des Lebens für die Leute, die da wohnten. Es füllte die Erde mit Energie, sagten sie, mit Dschang, der anfänglichen Kraft, und indem man es herausnahm, machte man das Land »leblos«. (Eine doppelte Leblosigkeit, da mit dem Uran die Todesindustrien der Nuklearkraft versorgt werden.) Dieses Dschang beinhaltet sowohl die geheiligte Vergangenheit als auch eine Lebenskraft. Diesen Glauben findet man überall bei den Eingeborenenvölkern. Die U'wa in Kolumbien sagen, ihr Land »lebe« durch das Öl, es fließe wie Blut in seinen Adern. Wenn man das Öl herauspumpe, töte man das Land und die U'wa auch. Für die Peabody Coal Company sind diese »Adern« voll Blut. »Adern« einer anderen Art; sie betreibt in der Black Mesa, an einem geheiligten Ort der Navajo und der Hopi, Tagebau. Sie verwüstet eine Vergangenheit, die nicht die ihre ist, in einem Land, das ihr nicht gehört. »Der Stein der Prophezeiungen der Hopi liegt da unten, genau auf einer Ader, die sie abräumen wollen«, sagt Daniel Zapata, der Sprecher der beiden Völker. »Was würden die Briten sagen«, fragt er, »wenn jemand käme und gräbe König Heinrich den Achten aus seinem Grab aus? Warum müssen wir es immer sein?« Und die Antwort der großen Abbaufirmen? Erbarmungslos sachlich: Uns ist das egal, und ihr habt nichts zu sagen.

Zu Dianas Mythos mit dem erstaunlichen Sinn für das, was zusammenpaßt, gehörte auch die Tatsache, daß sie gegen Minen einer anderen Art – Landminen – zu Felde zog, die die lebenspendende Erde in eine tödliche Waffe verwandeln. Während die Diana-Andenkenindustrie sich als eine Tradition und ein Erbe eigener Art entwickeln, werden die, die davon profitieren, verunglimpft, sogar von denen, die die Sachen kaufen – ein exakter Reflex der modernen schizophrenen Haltung gegenüber dem Bergarbeiter – wir wollten die Fotos, aber wir haßten die Goldgräber-Paparazzi. Wir wollen die Kohle und werfen dies wiederum aus tiefem kulturellem Schuldgefühl den Bergarbeitern vor. Wir wollen das Öl, für das die U'wa sterben dürfen. Bequem, wie wir sind, geben wir denen die Schuld, die es für uns aus der Erde holen.

Es gehört mir, sagt die Bergbaufirma – stellvertretend für uns. Die Moderne glaubt, daß die Vergangenheit im Untergrund eine Ressource ist, die man ausbeuten darf – ob im Bergbau, im Tourismus, der das Erbe zur Schau stellt, oder im hypnotisierten Zeit-Tourismus. Die Vergangenheit als solche zählt nicht, am allerwenigsten die der Natur, ob es nun alte Eichen sind oder Goanna Dreamings. Wie rechtfertigt man das? Man sagt, die Vergangenheit sei tot und begraben.

Das sagen die einen. Die anderen sagen: Lang lebe die Vergangenheit. In Daniel Zapatas Augen ist die Vergangenheit voller Leben. »Aus der Vergangenheit der Vorfahren stammt das Leben in jedem Sinn. Wenn ich hier bin, bin ich von all meinen Vorfahren umgeben. Wir sind alle hier und sehen euch an.« In einem alten chinesischen Gedicht ist die Vergangenheit in ähnlicher Weise lebendig:

Süß ist die Musik,
Majestätisch wie der Gesang der Vögel.
Die Vorfahren lauschen,
Sie sind unsere Gäste.

Das gilt auch für die Dani auf Irian Jaya, die den Vorfahren an den Orten, an denen sie gelebt und gewirkt haben, Nahrung und Zigaretten hinlegen. Die Azmat, auch auf Irian Jaya, leben von den Totenschädeln ihrer Vorfahren umgeben, die an ihren Zeremonien teilhaben.

Die Buddhisten in Bhutan, die ihre Tempel wiederaufbauen, haben »lebendige« Traditionen. Die Vergangenheit ist nicht tot. Die eingeborenen Australier in Noonkanbah interpretieren die lebendige Vergangenheit so: »Die heiligen Goannas leben seit der Traumzeit da unten in der Erde. Wenn der Bohrer dort eindringt und den Goanna tötet, sterben die Geister der Toten.« Für die Australier ist der Tod, wenn er nicht gestört wird, kein Tod, weil aus dem Tod wieder Leben entsteht. Bergbaugesellschaften stellen die westliche, grausame Alternative dar: Aus dem Tod kommt kein Leben mehr, sondern nur noch Profit. Sie suchen sich das Beste aus allem heraus.

4

Hintern hoch! Übermütige Nächte und Jahrtausendtage

Warum wir Feste feiern

> Die Leute dürfen nichts aus Spaß tun. Zum Spaß sind wir nicht hier. In keinem Gesetz ist von Spaß die Rede.
>
> *A. P. Herbert*

Früher wurden laufend, das ganze Jahr über, auf der ganzen Welt Feste gefeiert – Narrenfeste, Nächte des Unfugs und Freudenfeuer munterten die Leute auf. Festivitäten zu Ehren des Feuers, oft am 1. Mai, zur Sommersonnenwende und an Halloween sollten das Wachsen des Getreides und die Gesundheit der Tiere fördern. Vom brasilianischen Karneval bis zum uralten »Fest der Schaukeln« in einigen Teilen Asiens, bei dem man Wippen benutzte, um das Getreide zu hohem Wachstum zu ermuntern, vom Faschingsdienstag, dem Mardi Gras (»Fetten Dienstag«), bis zu den Feierlichkeiten der Hopi-Indianer –Spaß mit einem ernsthaften Hintergrund gehört seit Jahrtausenden in den Jahreszyklus.

In Japan wurde das traditionelle Fest der Namahage besonders in den Dörfern des ländlichen Nordostens exzessiv gefeiert. Die Namahage waren junge Männer, die am Abend vor Beginn des neuen Jahres mit Masken und Strohhüten verkleidet und wie Tiere brüllend Frauen und kleine Kinder fingen und kniffen. Man sah das als Spiel nicht als etwas Beängstigendes an und gab den jungen Männern Sake zu trinken und Geld oder Reiskuchen. Sie zogen herum von einem Haus zum anderen und wurden dabei immer betrunkener.

Im Rheinland kursiert eine Redensart, die lautet: »Wer kein Narr beim Karneval ist, ist ein Narr im ganzen übrigen Jahr.« Im Rheinland fließt der Wein, in Bayern das Bier, überall ist es die Zeit, jegliche Autoritäten auf den Arm zu nehmen, falsche Nasen und verrückte Kostüme sind Trumpf. In den ländlichen Gebieten Südwestdeutschlands bestehen enge Verbindungen zwischen Karnevalsfestivitäten und vorchristlichem Brauch. In Rottweil gibt es einen »Federjohann«, einen mit Federn bestückten Narren, und »Schellennarren«. Die »Schuddignarren« tragen Fransenkleider, hölzerne Masken, Schneckenhäuser und hauen jedem, den sie treffen, mit einer aufgepumpten Schweinsblase auf den Kopf.

Samuel Kinser, der den amerikanischen Karneval beschreibt, berichtet vom Mardi Gras in New Orleans und Mobile als spektakulärem Ereignis: Die Leute bemalen sich mit Streifen oder entkleiden sich … Körperbemalung, Pailletten, Federn, Halbmasken, Glöckchen und Schneckenhäuser, Fetzen von Kleidern, Bändern … eine hübsche Frau hüpft als Frosch in einem gelben Trikot einher, ihre Schwimmfüße sind aus gelben Plastik-Küchenhandschuhen gemacht.« Kerle mit spitzen Hüten laufen herum, »wilde Männer«, Transvestiten, und überall liegt Sex in der Luft. Sogar die Polizei spielt mit. Kinser beschreibt die Polizei beim Karneval von New Orleans 1987: Sie trägt Schweineschnauzen. (Die Metapher wird Realität und die Beleidigung Fakt. »Seht! Hier kommen die Schweine.«) Es gibt einen Festwagen, der wie ein riesiger Möchtegerndinosaurier aussieht, »Bacchusaurus« genannt, und eine andere gigantische Figur des Bacchus mit einem riesigen Füllhorn voller Weintrauben.

Kürzlich erinnerte sich bei einem Karneval in New Orleans einer der ältesten Teilnehmer, daß er in seiner Jugend die Figur des »Zulukönigs« gesehen hätte: »Dieser König hatte Moos auf dem Kopf, Hörner wie eine Kuh und einen Kaninchenkörper. Wenn man ihn aus verschiedenen Perspektiven sah, war er immer ein anderes Tier. Mann, das war ein furchtbarer Anblick.« Ein anderer Zulu auf einem Floß trägt einen langen Stock mit einem Schild daran, auf dem nur »LAUTER« steht.

Ein mit solchen Karnevals gefärbter Kalender schafft Veränderungen im Lauf des Jahres und strukturiert die gesellschaftliche Erfahrung von Zeit. Alle menschlichen Kulturen kennen irgendeine Art »Auszeit«, sei es beim Karneval oder bei einem anderen Fest, denn ohne solche festlichen Rhythmen ist die Zeit zu vernünftig, zu wohlerzogen, zu planmäßig, zu mechanisch. Der Geist des Karnevals ist das Gegenteil: tolle Streiche, Fehlverhalten, Trunkenheit und Unvernunft, massenhaft Transvestiten, alle schnappen über, berauscht und vulgär.

Bei den Briten gab es einst Hunderte von Karnevalfesten, Metsegentagen, Hasenpastetenfeierlichkeiten und Cakes and ale-Zeremonien, es gab Steckenpferdtage und Horntanztage mit ihren heidnischen Jagdgemeinschaften und symbolischen Fruchtbarkeitsriten, es gab Tage, an denen man sich fein anzog, es gab Almosentage und Tage, an denen man »Grenzenschlagen« veranstaltete. Trinkgelage zwischen den Apfelbäumen, Duckapfelspiel zu Halloween, Anzünden des Teerfasses am Neujahrstag oder die »Hallooing Largesse« (wo der »Herr der Ernte« in East Anglia traditionell mit einer Schar von Leuten von Haus zu Haus zog, ein Ständchen brachte und Geld verlangte); das alles färbte den Lauf des Jahres. Manche dieser Feste waren vorchristlichen Ursprungs, andere stammten aus dem Mittelalter oder aus späterer Zeit. Viele haben in irgendeiner Form überlebt – oft »nur« als Kinderspiel.

In der »Punkie-Nacht« in Somerset, Ende Oktober, schnitzten die Kinder sich Laternen (oder »Punkies«) aus großen Rüben und zogen los, um an die Türen zu klopfen und um Geld oder Kerzen zu bitten. (Es war dies eine der vielen alten Schabernacknächte des Jahres, wenn die Kinder ausgelassen Ladenschilder austauschten und Gartentore aus den Angeln hoben.) »Whuppity Scoorie« in Lanark ist ein Fest, das aus heidnischer Zeit stammen soll. Dabei wird – ähnlich wie es das Schild »LAUTER« in New Orleans fordert – soviel Lärm wie möglich gemacht, um die bösen Geister zu verschrecken und die Feldfrüchte zu schützen. Neuerdings wird es von Kindern gefeiert, die, sobald die Glocken zu läuten anfangen, einander Papierbälle zuwerfen und sich um Pennies raufen. »Up-Helly-Aa« wird auf den Shetlandinseln seit den Wikingern gefeiert: Ein zehn Meter langes Modell eines Wikingerschiffs mit Fackeln, Fahnen, Schilden und einem Drachenkopf als Bug wird dabei zum Meer getragen. Die Fackeln werden dann in das schwimmende Boot geworfen und lodern auf dem Wasser, um die toten Helden zu verkörpern, die man auf dem brennenden Schiff nach Walhalla schickte. Beim Girlandentag in Abbotsbury, Dorset, segnet man zu Beginn der Makrelenfangsaison die Fischerboote. Bei dieser tausend Jahre alten Festlichkeit soll es Experten zufolge starke Anklänge an ein heidnisches Opferritual geben, obwohl es, wie so viele andere Feste, heute seine Bedeutung verloren hat. (Kein Wunder, da die Makrelen fast ausgerottet sind.)

In Hallaton, Leicestershire, gab es das Flaschenschießen, in Kingston, Surrey, den Nußknackersonntag – einmal im Jahr knackten dort während des Gottesdienstes die Leute Nüsse. An vielen Orten wurde die »Kartoffelbiernacht« zelebriert, die aus einem speziellen Abendessen nach der Kartoffelaussaat bestand. Auch wurden vielfältige Erntefeste begangen. Hinzu kamen Käserolltage und Eierrolltage, in Preston, Lancashire, »Schritteiern« genannt, in Somerset wiederum »Eischütteltage«, bei denen jedes Kind in die Schule ein Ei mit seinem Namen mitbrachte, die Eier wurden dann vorsichtig in einem Sieb geschüttelt, bis nur noch ein heiles Ei übrig blieb und der Gewinner einen Preis erhielt. Was jetzt »nur« noch von Kindern gespielt wird, war damals ein Fruchtbarkeitsritual.

Karneval und andere Feste sind ein besonderer Augenblick in der Zeit-Politik, denn sie kehren die Normen um und stellen die üblichen Hierarchien auf den Kopf. Sie sind extrem subversiv. Deshalb werden sie von den Herrschenden mit großem Mißtrauen betrachtet. Ein Beispiel ist der Notting Hill Carnival der Schwarzen in London, bei dem die weiße Polizei verzweifelt »Ordnung« zu halten versucht.

Für »Y2K«, wie Computerspezialisten und andere das Jahr 2000 nennen, bereiten die Politiker ein Jahrtausendfest vor. Auch wenn das einen hochideologischen Rhythmus in die Zeit bringt, behaupten die Verantwortlichen, es sei politisch neutral. Der christianisierte Westen zwingt die Welt wie immer, sich seiner Zeitrechnung zu unterwerfen, und behauptet, seine Zeit sei »die« Zeit schlechthin. Aber es gibt viele Zeiten. Das Jahr 2000 ist zum Beispiel im koptischen Kalender das Jahr 1716, im buddhistischen das Jahr 2544, im muslimischen ist es 1420 und im jüdischen 5760.

Karnevalsfeste und andere feierliche Rhythmen einer Gesellschaft sind von jeher politisch bedeutsam und Quellen von Machtkämpfen – seit dem uralten Kampf zwischen Christentum und heidnischem Glauben und bis heute, ins Zeitalter der privatisierten Ländereien. In Großbritannien stürzen sich alte und neue Puritaner begeistert beim Karneval auf den schmutzigen kleinen Bettler, waschen ihm mit Karbolseife den verschmierten Mund und zwingen ihn zum Stillsitzen oder wünschen ihn zum Teufel. (Der Karneval grinst: Lieber will er zum Teufel.)

Aber was ist denn überhaupt Karnevalzeit? Wie könnte man ein Fest charakterisieren? Durch fünf wichtige Eigenschaften zeichnet es sich, grob gesagt, aus. Erstens ist ein Fest fast immer mit der Zeit der Natur verbunden. Zweitens hat es eine »ahistorische« Qualität, weil es nicht mit irgendeinem speziellen Ereignis in der Vergangenheit verknüpft ist. Drittens transformiert es Arbeitszeit in Spielzeit und kehrt die Dinge um, indem es die normalen gesellschaftlichen Verhältnisse und Erwartungen auf den Kopf stellt. Viertens zeichnet es sich durch ein derb vulgäres, deutlich sexuelles Verhalten und eine entsprechende Symbolik aus. Und fünftens betont es die Gemeinschaft von Menschen und eine bestimmte Lokalität.

Viele Feste stehen im Einklang mit den Jahreszeiten in der Landwirtschaft und der Natur, dem Kreislauf von Leben und Tod der Vegetation, wie zum Beispiel das Obby-Oss-Fest am 1. Mai in Padstow, Cornwall, wo der Oss tanzt, stirbt, wieder aufersteht und aufs neue zu tanzen beginnt. In Festen feiert man den Tod des Winters oder den Beginn des Sommers, und überall, wo man Korn anbaut, gibt es zyklische (mit Opfern verbundene) Naturfeste. So ist es auf der ganzen Welt. Die alten Chinesen glaubten wie unzählige andere Kulturen, daß Getreide nicht reifen würde, ohne daß man die jahreszeitlichen Feste einhielt. Bei den Tewa in New Mexico soll die spirituelle »Arbeit« Störungen verhindern, die den natürlichen Kreislauf ins Stocken bringen könnten. So wird zum Beispiel am Tag der Sommersonnenwende ein Staffellauf veranstaltet. Die Athleten rennen von Osten nach Westen – entsprechend dem Lauf der Sonne, um ihr damit

Kraft zu geben (und die Rennbahn wird mit Adlerfedern gesegnet, die aus den Flügelspitzen der Vögel stammen).

Die »gewöhnliche« Zeit ist historisch und verläuft linear. Feste als »ahistorische« Ereignisse halten die Zeit mit Ritualen an, die sich fast nicht verändern. Es sind die alljährlichen Wiederbelebungen von urzeitlichen Ritualen. (Archäologen behaupten, »Halloween«, das keltische Fest des Samhain, sei mindestens fünftausend Jahre alt.)

Die Festzeit verwandelt die gesellschaftliche Ordnung. Der etablierte Status quo der Klassen, Geschlechter und Rollen wird umgekehrt. Das tolldreiste Gewirbel des Karnevals dient den »unteren« Schichten, Rache an den Hierarchien und dem ganzen Ständewesen zu nehmen. Bei der modernen Weihnachtsfeier im Büro darf der Chef der dumme August sein, und die Putzfrau kann herausfordernde Reden an den Aufsichtsratsvorsitzenden richten. Im Mittelalter und der Tudor-Zeit waren die Karnevalsdirektoren »Herren der Mißregierung«. Sie sorgten mit derben Späßen dafür, daß die tatsächlichen Herren in die Knie gezwungen wurden. Im bayerischen Mittenwald ist der Karneval – dort sagt man Fasching – als »Tag des Unsinns« bekannt. Einer der alten Bräuche besteht darin, daß man eine »Altweibermühle« auf dem Marktplatz baut. Oben hinein werden die alten Frauen gesteckt, und sie kommen unten als junge Mädchen heraus. Dies stellt symbolisch den Lauf der Zeit auf den Kopf. Im zentralen Hochland von Mexiko pilgern die Huichol-Indianer zu ihrem Fest. Dort kehren sich die normalen Beziehungen um: Alte Leute benehmen sich wie Kinder, Frauen und Männer betreiben Rollentausch, und sogar Gefühle werden in ihr Gegenteil verkehrt: Traurigkeit wird Glück. Bei den Hopi-Indianern in Nordamerika sind Feste Ereignisse, bei denen Spaßmacher auftreten – obszön, verfressen, satirisch und eine Umkehrung all dessen, was man gewöhnlich von einem Menschen erwartet. (Sie erinnern auffallend an europäische Clowns: Kraushaar, Perücken, Narrenmützen mit doppelter Spitze, spitze lange Schuhe und gestreifte Anzüge.)

Auf der ganzen Welt zeichnen sich die Feste durch ihre Vulgarität und ihre wunderbare Obszönität aus, von den

Fruchtbarkeitsriten bis zu den erotischen Elementen bei Spielen, wo hochgehoben und geworfen wird, wo man Schaukeln, Wippen und andere zum Hochschleudern geeignete Gegenstände benutzt. Das Schaukelpferd und das Steckenpferd haben bekanntermaßen ebenso eine sexuelle Komponente wie der phallische Maibaum und das »Horn« des Grünen Mannes.

Die Festzeit bindet traditionell Gemeinschaften zusammen und verknüpft sie mit ihrem Land. Jede Region dudelt ihre eigene Festmelodie, die Leute sprechen im Dialekt. Deshalb kann der Kalender an dem einen Ort dem seines Nachbarortes widersprechen. Nicht nur die physische, auch die ökonomische Geographie eines Landes kann die Festivalzeit markieren. Früher gab es zum Beispiel Bräuche wie den des »Grenzenschlagens«. In Dörfern und kleinen Städten wurde es gefeiert, um für den freien Zugang zum Land oder für dessen freie Nutzung zu demonstrieren. Es lohnt sich, diese alten Bräuche genauer zu analysieren, weil darin viele Charakteristika heutiger Feste enthalten sind.

1833 berichtet das *Gentleman's Magazine*, in Scopwick in Lincolnshire fänden jährlich »Rundgänge zum Zweck der Bewahrung der Grenzen des Pfarrbezirks« statt: »Knaben, die die Prozession begleiteten, wurden gezwungen, in Löchern einen Handstand zu vollführen, wodurch ihr Erinnerungsvermögen trainiert werden sollte ...« In anderen Gemeinden wurden Knaben in Flüsse geworfen oder in Brennesseln gelegt. In St. Cuthbert Wells wurden die Jungen entweder ausgepeitscht, oder sie durften an verschiedenen Stellen der Landstraße »Pfennige erbetteln«. Es waren kommunale Riten in dreierlei Sinn: Bräuche für das gewöhnliche Volk, Bräuche, die auf Gemeinde*land* stattfanden, und Bräuche, die die gemeinsame Zeit markierten.

Das »Grenzenschlagen« sorgte, wie Bob Bushaway es in seinem Buch *By Rite* ausdrückte, »dafür, daß die Gemeinde eine mentale Landkarte des Pfarrbezirks erhielt ... Das war das kollektive Gedächtnis der Gemeinde.« Diese Feste erinnerten die Menschen an ihre Vergangenheit, an ihr Land und an ihr Recht auf das Land. Aber diese Bräuche verschwanden, wie Bushaway zeigt, im ganzen Land als Resultat eines Ereignisses: Weil das Land von den Besitzern eingezäunt und die Gemeinde ausgeschlossen wurde. In Scopwick »endeten die Rundgänge, als die Einzäunung stattgefunden hatte«, in Otmoor, Oxfordshire, fand die Einzäunung 1815 statt, und die Rechte der Gemeinen und die gemeinen Bräuche endeten. Nicht ohne Protest. In Otmoor kam es 1830 zu einem Aufruhr gegen die Einzäunung. Nachts kamen Männer zusammen, um die Zäune niederzureißen. Dabei bliesen sie in Hörner, und viele zogen sich, gemäß dem echten Karnevalsgeist der transvestitischen Umkehrung, als Frauen an. Bei den »Rebecca-Unruhen« in Wales 1839 und 1843–44 rotteten sich wegen der landwirtschaftlichen Verhältnisse unzufriedene Männer zusammen – sie waren auch gegen die Straßenzölle – und trugen dabei Frauenkleidung. Ein Historiker vermutet, daß sie dadurch »in den Besitz der sexuellen Macht ungezügelter Weiblichkeit gelangen« wollten. Es war eine Gruppe ohne Anführer, oder zumindest sind keine bekannt, und die anonyme »Rebecca« schrieb für sie Flugblätter. Wenn man Männer verhaftete, sollen sie sich alle »Rebecca« genannt haben.

Vor der Einzäunung hatte man andere mit dem Gemeindeland verbundene Bräuche, so das Recht auf die Ährenlese, auf das Holzsammeln und auf den Zugang zum Land energisch verteidigt. Das Käserollen zum Beispiel fand an einem Festtag statt, um solche Rechte zu betonen. Als den Leuten der Zugang zum Land verwehrt wurde, wurde ihnen auch das Fest verboten. In der Shapwick Marsh bei Sturminster Marshall pflegte man das »Fest des Sillabub« zu feiern. Es war ein »gemeinsames Vergnügen«, darum brachte der eine die Milch einer Kuh, der andere die von dreien, ein dritter wiederum Wein mit. Als 1845 eingezäunt wurde, verschwand der Sillabub-Brauch und auch viele andere Gemeindefeste wurden untersagt.

Vor der Einzäunung waren die Feste fröhlich und gemütlich, wie zahlreiche Chroniken bezeugen. Man trank, war ausschweifend und rüde, Mittsommerbier und Würzbier aus Äpfeln, so ging es vom Wiesenmähen im Herbst bis zu den Techtelmechteln am 1. Mai zu. Der Mittelstand unter Königin Viktoria haßte es. Genau wie er das Land buchstäblich einzäunte und den freien Zugang verhinderte, genauso entzog er den Menschen den Geist des Karnevals. Dieser wurde von der viktorianischen Moral metaphorisch eingezäunt, unterdrückt und eingesperrt. Trinken, Unzucht, Sex, alles war verboten. Der sehr vulgäre Charakter des Fests wurde zunehmend mit Sanktionen belegt, und man schnitt das Volk davon ab, statt dessen durfte die landbesitzende Mittelschicht ein albernes viktorianisches Fest aus den Überresten der Orgie drapieren. Das Vulgäre wurde sterilisiert. Lüsternheit und Lärm waren nicht mehr gestattet. Die Gesetze und der Geist der Einzäunung versuchten überall den ungefesselten, uneingeschränkten Reichtum und Überfluß des Vulgären zu unterdrücken.

»Alle Freunde um den Wrekin!« lautet ein Trinkspruch in Shropshire, womit der gleichnamige Wrekin-Hügel gemeint ist. »Soll der Teufel unseren Feinden Kieselsteine auf die Zehen regnen lassen, damit wir die Kerle am Hinken erkennen!« Bei dem jährlichen Fest am Wrekin am ersten Sonntag im Mai, schreibt 1864 ein hochnäsiger Kommentator, »spielten sich diverse Szenen der Trunkenheit und Schamlosigkeit oft in aller Öffentlichkeit ab, deshalb wurde dessen Begehung von den Behörden in der letzten Zeit zielstrebig unterbunden, und es stirbt jetzt verdientermaßen aus.«

Unzucht und Schäkern und randvolle Typen überall, Fürze und Schwänze und all die richtig schmutzigen Ausdrücke, in denen Frauen wahrscheinlich erfahrener sind als Männer, all das, die vulgäre Seite des Fests wurde von der aufkommenden Mittelschicht zensiert, weil es in zweierlei Hinsicht vulgär war. Ordinär war es selbstverständlich, und es war auch im Klassensinn vulgär – das heißt dem Volk, dem gemeinen Volk zugehörig. So etwas konnte einfach nicht geduldet werden. Der pedantische Daniel Defoe mit seinen Mittelschichtambitionen hatte in seiner Reise durch England 1724–26 über das »Horn«-Fest in Charlton geschrieben:

»Der Mob erlaubt sich … alle möglichen Freiheiten, und die Frauen sind besonders schamlos … Als ob es ein Tag wäre, der es rechtfertigte, daß sie sich allen Arten von Unzüchtigkeit und Unanständigkeit hingeben, ohne daß irgendwer dagegen einschreitet oder es verbietet, was ein solches Benehmen zu anderer Zeit unmöglich machen würde ... Ich empfehle den öffentlichen Gerichten, es als Ärgernis und Beleidigung aller anständigen Leute zu untersagen.«

Wenige Feste übertreffen den 1. Mai – oder Beltane – an überschäumender Vulgarität. Ein heidnisches Fest, das die mißbilligende Kirche nicht vereinnahmt hat, weil sie es nicht konnte. Der Geruch der sexuellen Ausgelassenheit und das populäre Basisgefühl blieben erhalten. (Und darum war es für die sozialistische Bewegung ideal.) Ohne Vikar und ohne Schlüpfer machen sich Mädels und Burschen auf die Beine, um den Maibaum zu holen. Dann beginnt – im Einklang mit der Natur – die großartige Maienunzucht. Sex im Mai führte zu Hochzeiten im Juni, der Juni war der übliche Ehemonat, der Vollmond im Juni hieß »Honeymoon«. Beltane wurde mit mächtigen Freudenfeuern begangen. Der Maikönig und die Maikönigin, die im Mittelalter oft ein verkleideter Mann war, wurden gewählt. Der »Grüne Mann« oder »Wilde Mann« oder »Jack in the Green« verkörperte den Frühling. Mit Blättern bekleidet, trug er ein großes Horn (diese Worte mögen genügen). Der Maibaum, die in die »Mutter« Erde gepflanzte Stange, war das Schlüsselsymbol dieses erotischen Tags.

Dann kamen die Puritaner. Sie rümpften ihre Nasen über den Geruch der Geilheit, und sie riefen: Nieder mit dem Maibaum, »diesem stinkenden Götzenbild«. 1644 verbannte das »Long Parliament« die Maibäume. (Auch die sozialen Umkehrungen des Karnevals waren den Puritanern zuwider. Ein Angriff auf den Status quo war fast so widerwärtig wie Sex.) Nach der Restauration wurde Englands berühmtester Maibaum 1661 in London errichtet. Hundertunddreißig Fuß hoch, mit Girlanden und Bändern, die im Wind flatterten, die Leute verrückt vor Ausgelassenheit, der Maibaum stand dort noch über fünfzig lustige Jahre lang. Und wer war dafür verantwortlich, daß man ihn wieder abschaffte? Isaac Newton. 1717 erwarb er ihn, um ihn als Telegraphenstange zu benutzen. Im 19. Jahrhundert infantilisierten die Viktorianer den Maitag. Sie machten ein Kinderfest daraus, das (ausgerechnet) Unschuld symbolisierte. Und in diesem Jahrhundert wurde der traditionelle Maifeiertag der Arbeiter von Margaret Thatcher durch Abschaffung bedroht.

Aber Beltane und der ganze Geist des Karnevals sind unverwüstlich. Er kommt aus der Erde selbst, bricht aus, ob es den Puritanern und Politikern gefällt oder nicht. In ländlichen Gegenden wird Beltane immer noch zelebriert mit Grünen Männern und Über-die-Stränge-Schlagen, mit Maibäumen und Narren. Die phantastischsten heidnischen Beltane-Feste finden heute an Orten der »direct action« statt. Bei Demonstration gegen den Bau einer Straße in Fairmile nahe Exeter gab es ein riesiges Lagerfeuer. Durchs-Feuer-Springen, Feuerschlucken, Dudelsäcke und Trommeln zeichneten das Ereignis aus. Beltane paßt zu der Lust am Feiern und zum Haß auf den Puritanismus, der derben heidnischen Phantasie und Politik dieser Leute, denn die politische Bewegung der »direct action« ist mit der damaligen Auflehnung gegen die Einzäunungen identisch. Riesige Mengen »gemeinen Volks«, viele von ihnen wild herausgeputzt, karnevalesk, versuchen sich, um »Grenzen zu schlagen«, gemeinsam Zugang zum Gemeindeland zu verschaffen, und setzen den politischen Karneval spielerisch ein. Proteste gegen den Straßenbau oder den Bau neuer Startbahnen flackern von Glasgow bis Twyford Down und von Newbury bis Manchester auf, überall wo Gemeindeland von »Developers« angeeignet und eingezäunt wird. Anhand des Karnevals, der ebenso unerbittlich ernst wie lustbetont ist, gelang es in endlosen nächtlichen Überfällen betrunkener Leute, die in Hörner bliesen, durch »führerlose Männer«, die Weiberröcke trugen, die Zäune und Tore an der neu geplanten Startbahn des Flughafens von Manchester niederzureißen – und einige dieser in rosa Taftröcke gekleideten Kerle nannten sich, in historischer Reverenz – Rebecca.

Das Christentum übernahm die heidnischen Feste, die es übernehmen konnte, und versuchte die, die es nicht übernehmen konnte, zu zerstören. Wo weder das eine noch das andere möglich war, versuchte es sie zu verändern – das war beim Karneval der Fall. Sein Charakter wurde gänzlich umgemodelt. Während die Karnevalszeit die Strukturen der politischen oder religiösen Macht umkehrt und auf den Kopf stellt, war das kirchliche Fest dazu da, sie zu stärken und zu betonen. Während die Karnevalszeit mit der Natur verbunden war und auf dem Gemeindeland gefeiert wurde, schied die Kirche die Natur aus ihren Liturgien aus und schloß das Fest in das Innere der Kirche. Das Christentum veränderte auf diese Weise die Zeitform der Feste. Im Gegensatz zu dem ahistorischen, periodischen und Wiederholungs-Charakter der Festzeit mit dem Kreislauf von Tod und Wiederauferstehung, der überall auf der Welt bei den Vegetationsgöttern und -göttinnen zu beobachten ist, die das Fest jedesmal »hier und jetzt« neu inszenieren, waren die Feste der Kirche keine Neuinszenierungen, sondern Erinnerungen an ein nicht wiederholbares, *vergangenes* Ereignis. Der Christus-Mythos vom Tod und der Auferstehung war einmalig und historisch. Er fand nicht »jetzt«, sondern »zur Zeit des Pontius Pilatus« statt.

Die Karnevalszeit war offen vulgär, das Christentum verwarf alles, was mit Erotik zu tun hatte. (Die Blätter des »Grünen Mannes«, in denen die Kirche zu Recht ein Symbol sexueller Kraft erkannte, wurden von den Priestern als Zeichen für die Qualen gedeutet, die die geilen Sünder erwarteten. Vom 4. Jahrhundert an versuchte die Kirche das Tanzen zu verbieten. In den christlichen Mysterienspielen – mittelalterlichen theatralischen Darstellungen aus der Bibel oder den Heiligenlegenden – war Satan ein Tänzer, und das Christentum untersagte das Tanzen, während es die Welt missionierte und plünderte.) Die Lust zum Feiern wurde den Leuten gewaltsam ausgetrieben.

Gut möglich, daß die Engländer durch Shakespeare ihre karnevaleske Vergangenheit noch kennen, die Tage des guten Essens und Trinkens, die ländliche Zeit in der bäuerlichen Tradition – nicht zart und empfindlich, sondern derb und lustig, hungrig und durstig waren die Narren und Scherzbolde und Possenreißer. Dann kamen die Puritaner. Shakespeare haßte diese Ladenbesitzer aus der Stadt, die beschlossen hatten, den Männern und Frauen auf dem Land das Feiern auszutreiben. Diese Geschäftsleute, die den bunten Freiheiten seines Theaters ein Ende setzten und es nach seinem Tode schlossen. »LAUTER« schreit der Karneval, »Ruhe« flüstert der Puritanismus. Etwa dreißig Jahre nach Shakespeares Tod ließen die Puritaner Balladensänger verhaften und Orgeln, Lauten, Geigen und Flöten zerstören. Und überall, wo sie konnten, verboten sie das lustige, laute Tanzen der Karnevalszeit.

Vor dem 16. Jahrhundert hing der Rhythmus der verschiedenen Gemeinden von speziellen Märkten und Messen ab, der Rhythmus der Woche war nicht so wichtig. Danach veränderte sich das allmählich, besonders dadurch, daß die Puritaner den festlichen Kalender zensierten und den Wochenrhythmus durchsetzten, womit sie das steile Auf und Ab des jahreszeitlichen Wechsels abflachten. Statt dessen verordneten sie die mechanische Routine der Sechstagewoche, auf die ein Tag des Gebets folgte. Viele der nun verbotenen Feste hatten sich aus der heidnischen Naturreligion entwickelt. Die puritanische Zeit war *urbaner* Herkunft – geglättet, gepflastert, einförmig und grau. Der Historiker Keith Thomas sagt, die puritanische Woche sei »ein wichtiger Schritt in Richtung auf die soziale Akzeptanz des modernen Zeitbegriffs als etwas qualitativ Gleichförmiges im Gegensatz zu dem primitiven Verständnis der Zeit als etwas Ungleichförmiges und Unregelmäßiges«.

Die Geschichte des Sabbat-Rhythmus war von Anfang an hochpolitisch. Eine der ersten Handlungen der frühen christlichen Kirche bestand darin, im Unterschied zur jüdischen Gemeinde, die den Samstag als Feiertag zelebrierte, den Sonntag zu heiligen. Aus demselben Grund, so vermutet man, wählte Mohammed den Freitag zum moslemischen Feiertag. Weder den jüdischen Samstag noch den christlichen Sonntag.

Für den Siebentagerhythmus der Woche gibt es in der Natur selbstverständlich keine Entsprechung – der Sabbat-Rhythmus ist eine von Menschen gemachte Konstruktion. Wenn man die Natur als »weiblich« versteht, ist es interessant, wenn auch nicht überraschend, daß die drei größten patriarchalischen Religionen, das Christentum, das Judentum und der Islam, alle an dem nicht natürlichen und nicht weiblichen Sabbat-Rhythmus festgehalten haben.

Und was ist heute? Wie sieht es heute mit dem Festefeiern aus? Gewisse Feierlichkeiten, oft die an einen Ort gebundenen, florieren – Stadtfeste oder das Themse-Fest in London zum Beispiel. Aber die Karnevals-*Zeit* ist bedroht – von Geschäften, die am Sonntag geöffnet sind und an Festtagen mehr zu verdienen hoffen. (In Großbritannien werden die öffentlichen Feiertage vom Geld definiert – man nennt sie »bank holidays«.) Die heutige Geschäftswelt macht, in ihrem zeitgenössisch adaptierten Puritanismus, den jährlichen Kreislauf der Feste zu einer schnurgeraden Linie. Immer weniger Feste runden das Jahr zu einem Bogen. Überall herrscht jetzt die banale Uniformität der Supermarktzeit. Läden öffnen an Sonntagen und manchen Feiertagen, das Totengedenken zu Halloween ist nur noch ein Kinderspiel. Die Geschäftswelt denkt nicht daran, dergleichen zu respektieren.

Während Japan sich ungefähr während der letzten siebzig Jahre zu »modernisieren« bemüht hat, waren die verschiedenen Regierungen darauf aus, die traditionellen, ländlichen Feste als – halb kindische, halb barbarische – Relikte der »feudalen« Vergangenheit anzuprangern. Genau wie in Großbritannien hat auch dort ein »Puritanismus« auf der Suche nach kommerziellem Erfolg die lokalen Feste zu reduzieren versucht. Ebenso wie die christliche Kirche heidnische Feste entweder zu diskreditieren oder, falls das nicht möglich war, für sich zu vereinnahmen trachtete, so haben auch die Behörden in Japan ländliche Feste als rückständig verurteilt oder das, was sie nicht zu zerstören vermochten, zu touristischen Attraktionen gemacht. Nur wenige Länder haben einen so großen Teil ihrer festlichen Traditionen derartig erfolgreich abgeschafft. Das Namahage-Fest wird heute kaum noch gefeiert.

Den flachen Lauf der ganzjährigen Geschäfts-Zeit durchbricht allerdings die moderne »Ferien«-Zeit – ein aufschlußreiches Beispiel für gesellschaftliche Rhythmen. Denn die »Ferien« werden heute isoliert, in Kleinfamilien, von einem Paar, bestenfalls einer kleinen Gruppe von Freunden begangen – die zu einem speziellen »Urlaub« anderswohin fahren oder fliegen, um sich einsam von allem zu erholen. Einerseits sind diese Urlaubstage ein Ersatz für frühere Festzeiten – weil nicht gearbeitet wird. Andererseits gibt es einen entscheidenden Unterschied: Bei den traditionellen Festen war es selbstverständlich, daß das ganze Dorf oder der ganze Ort gleichzeitig, gemeinsam feierte, was das Gemeinschaftsgefühl stärkte. Die heutigen Kleinstgruppen-Ferien und isolierten Urlaubstage zersplittern und untergraben das Gemeinschaftsgefühl und die gemeinsame Zeit des Karnevals.

Dennoch: Ein Aspekt der »Frei-Zeit« entwickelt sich rapide: Die von leerem Prunk und Pomp geprägte »Festakt«-Zeit. Das sieht man, wenn der Bürgermeister von London bei Paraden seine Schau abzieht und wenn die Königin das Parlament eröffnet. Man sieht es bei Hochzeiten im Königshaus und bei allen möglichen Wahlen. Daß man diese Traditionen – bei enormen Kosten, viele mit vollem Staatsgepränge und verschwenderischem Aufwand für die Details – aufrechterhält (vor der Hochzeit von Charles und Diana wurden die königlichen Pferde eine Woche lang mit speziellen Pillen gefüttert, damit ihr Kot genau die richtige telegene Farbe zwischen gelb und hellbraun bekam), während man andere Feste mißachtet und gedankenlos aus dem Kalender der Moderne streicht, ist sehr aufschlußreich.

Begleiten Sie mich zur Eröffnung des Parlaments durch die Königin. Aber wir sind Commoners (Gemeine) ohne Einladung, man läßt uns nicht hinein, der Ort des Rituals ist für uns gesperrt. Also stehen wir draußen, lehnen uns gegen den Zaun, wir müssen »in Schach gehalten« werden. Wir stecken uns eine Zigarette an und warten. Stattliche »Würdenträger« in schweren Uniformen schreiten steif und langsam an uns vorbei, hinein ins abgesperrte Gebäude. Hier, ein statisches Bild. Dort, das Schwert des Staates und der würdevolle Hut. Herolde in Wappenröcken warten. Trifft eine Prinzessin ein, stehen alle Lords auf. Alles erhebt sich und Schweigen herrscht, als Queen Betty in stattlicher Grandeur in ihrem prächtigen Kleid, weiß und silbern, langsam herbeikommt. (Laßt den Spott. Respektiert die Oberen, sagt ein

Polizist am Absperrgitter. Gib mir mal Feuer, Junge, sagt eine Dame, die vor ihm steht, meine Kippe ist ausgegangen.) Die Königsfamilie. Die Lords. Die Botschafter. Die Richter. Die Würdenträger. Die Bischöfe. Alle sind da. (Das Volk, die Leute? Nein, das sind wir, du und ich, die Commoners, die Gemeinen. Dieser pompöse Ritus ist abgesperrt, wir bleiben draußen, genau wie die Einzäunungen das Volk vom Gemeindeland ausgesperrt haben.)

Das ist kein Fest. Man sieht nicht einen Betrunkenen. Das ist leeres Schaugepränge, der Feind der Karnevalszeit und des Festefeierns. Ein Fest will die Leute beteiligen. Der Pomp grenzt die Leute aus. Die Karnevalszeit stellt die Hierarchie auf den Kopf, macht sich über die Mächtigen lustig, die Zeit staatlichen Prunks betont die Hierarchie und die soziale Dominanz, unterwirft sich der Genealogie, die Wappen künden von einem zügellosen Snobismus. Leeres Gepränge ist für Erwachsene. Die Karnevalszeit wird immer mehr »nur« ein Kinderspiel. (Das bedeutet natürlich, daß die Kinder mit ihrem großen Respekt vor Spaß und Spiel die Wächter unserer reichsten und ältesten Überlieferungen sind.)

Staatlicher Prunk ist eine Zeremonie, die sich von oben nach unten richtet. Beim Karneval gelangt das Untere nach oben. Das leere Schaugepränge findet in London statt, wo die ganze politische Macht konzentriert ist, nicht »in den Provinzen«, wie die Londoner immer noch abschätzig sagen. Die Geschichte des Pomps begann in den Städten mit den Handwerkergilden im Mittelalter, während das Fest mit seiner tausend Jahre alten Tradition eine ländliche, mit der Natur im Einklang stehende Angelegenheit ist. Feste sind ahistorisch, leeres Schaugepränge erhält seine Geschichte am Leben, und die historizistische christliche Kirche klebt fest am Prunk – die beiden hierarchischen, von Männern beherrschten, antierotischen Institutionen, Staat und Kirche, reflektieren einander.

Karneval bedeutet Tanz, lebhafte Bewegung, schnell ausbrechende Vitalität. Die Bewegungen des leeren Schaugepränges sind langsam, leblos und steif. Die Prozessionen sind würdevoll und gemessen. Diener befinden sich in Wartestellung. Bei den Veranstaltungen des leeren Schaugepränges tanzt niemand. Bei Festen warten keine Pagen auf. Der Prunk verabscheut Spontaneität und Zufälle. Die Karnevalszeit ist munter, quicklebendig, schwungvoll, lustig, laut und spontan.

Wir, die Vulgären, werden entfernt, denn Unverschämtheit ist der Erzfeind des Schaugepränges. Alles aufstehen für Königin Betty, sie ist kein unzüchtiges Weib, sondern sie thront in abgrundlosem Pomp, weshalb sich gepfefferte Bemerkungen verbieten. Nun. »Hintern hoch«, sagt eine der traditionellen Maitänzerinnen, die sich Betty oder Betsy nennt, ein als Frau herausgeputzter Mann, transvestitisches Fruchtbarkeitssymbol, Königin Bettys Antithese, während der Narr mit der Schweinsblase am Stock, gemeinsam mit dem Steckenpferd, ungezogen in die Hintern der feinen Leute piekst. Alles steht auf, und der Pomp wird aus dem Hof gepumpt.

Was macht Festefeiern heute noch aus? Im Herbst 1997 versammelte sich die Gemeinde bei einem »Asda«-Supermarkt und dankte Gott und Asda »für all die Arbeit, die sie für uns leisten«. Das Erntedankfest wurde in der Gemüseabteilung des Supermarkts begangen. Zu Weihnachten hielten sie einen weiteren Gottesdienst ab. Was geht hier vor? Es paßt zur ganzen Geschichte der protestantischen Kirche, die Feste so weit wie irgend möglich von der nackten Natur wegzuzerren und sie mit dem Kommerz zu verbinden. Soweit zum Gottesbegriff, aber was ist mit Asda? Der ganze Witz der Erntezeit besteht darin, daß sie etwas Besonderes ist. (Im Februar kann man keine Erntezeit haben.) Aber der ganze Witz der Supermarktzeit ist, daß sie keine Besonderheiten kennt. Februar ist wie September oder Mai, ein für die Jahreszeit typisches Produkt gibt es nicht, sie ist gleichbleibend. Außerdem wird, genauso wie die Vielfalt der Nahrungsmittel reduziert wird (früher gab es Hunderte von Apfelsorten, heute herrscht einsam nur noch der Golden Delicious), durch die moderne Supermarktzeit-Philosophie konsequent die einstmals große Zahl von Zeit-Sorten auf ein oder zwei monolithische Ereignisse reduziert: Weihnachten, der Golden Delicious der Feste, läßt auf dem Regal keinen Platz mehr für die »Tater Night« oder die »Punkie Night« oder für »Up-Helly-Aa'« oder Beltane.

Darum liegt auf dem Weihnachtsfest ein Gewicht, das kein Fest ertragen könnte. Deshalb der Weihnachtsstreß. Man hat zu lange darauf gewartet, es kann nur enttäuschend sein. Es ist auch zu sehr familienorientiert. Viele Leute werden klaustrophobisch, wenn sie zu eng eingegrenzt mit ihrer Familie, und wahrscheinlich noch mehr, wenn sie ohne sie, das Weihnachtsfest verbringen sollen. Früher war auch das Weihnachtsfest kein Familien-, sondern ein Gemeindefest mit Trinkgelagen, Weihnachtsliedersängern und lokalen Feiern. In der viktorianischen Epoche wurde es zum häuslichen Fest. Damals ging es mit den Gemeindefesten bergab. Auf einer berühmten Titelseite der *Illustrated London News* sitzen Königin Victoria, Prinz Albert und die Kinder, wie es sich gehört, drinnen. Im Haus. Abgeschlossen.

Und was ist mit Neujahr?

Die Mitternacht vor dem Neujahrstag ist eine Zeit nach einem Ende und vor einem Beginn. Eine Schwellenzeit. Der sonderbare Moment am Eingang zwischen zwei Jahren. (Es paßt daher symbolisch, daß so viele Weihnachts- und Neujahrsdekorationen für Türschwellen und Hauseingänge bestimmt sind: An die Tür wird ein Adventskranz gehängt, Stechpalmenzweige und Mistel kommen über die Tür.)

Janus, der Gott der Tore, war der römische Neujahrsgott, und der Januar ist nach ihm benannt. Auch in unbewußter Form überlebt er. Sein Doppelgesicht, das nach vorwärts und rückwärts gerichtet ist, spiegelt sich in zwei Neujahrsbräuchen: Wenn man *Auld Lang Syne* singt, blickt man in die Vergangenheit zurück, während die guten Vorsätze zum neuen Jahr in die Zukunft gerichtet sind, in diesem zweideutigen Augenblick. (Ovid erzählt, als die Elemente Luft, Feuer, Wasser, Erde noch eine gestaltlose Masse gewesen seien, habe man den Gott Janus noch Chaos genannt. Erst als sie sich trennten, sei Chaos Janus geworden, und seine beiden Gesichter stellten die Verwirrung seines Ursprungs dar.)

Diese Gestalt, die im Eingang vor dem Neujahrstag steht, ist traditionell ein finsterer Unbekannter, der still hereinkommt. Er ist eine treffende Personifizierung der zukünftigen Zeit: die unkenntliche, unhörbare Ankunft einer Figur elastischer Ambivalenz, der Verräter oder Verteidiger, Henker oder Freund sein könnte. Die undefinierbare Zukunft kann die Katastrophe bringen oder die Chance, und gewiß ist nur, daß sie Veränderung bringen wird.

Veränderung ist der Kern der Idee vom neuen Jahr, weil die Zeit an einem Knotenpunkt ist und eine Veränderung sich an diesen Gabelungen leichter bewirken läßt. (Janus war natürlich der Gott der Kreuzwege.) Der »gute Vorsatz zum neuen Jahr« nimmt den kalendarischen Wendepunkt der symbolischen Veränderung und benutzt ihn als Ort der tatsächlichen Veränderung. In vielen antiken Gesellschaften, sagt der Religionshistoriker Mircea Eliade, bedeutet Neujahr die Annullierung des vergangenen Jahres, und es bestand die Möglichkeit, das, was das Jahr besudelt hatte, zu reinigen. (In Tibet ist es Sitte, am ersten Tag des neuen Jahres neue Kleider zu tragen.) Heute, da das große neue Jahr, 2000, heranrückt, ruft das Gefühl des dreckigen, schuldigen, besudelten Fin de siècle eine artikulierte Sehnsucht nach Reinheit hervor, und viele Kommentatoren sprechen von einer neuen »Moralität«, einer neuen »Reinheit«, einem neuen »frischen« Beginn.

Wenn man sich etwas vornimmt, schlägt man »eine neue Seite auf«, und hier verflechten sich Brauch und Natur. Das Fest am Wendepunkt zwischen den Jahren ermuntert sowohl zum Ausschlagen metaphorischer als auch natürlicher neuer Blätter. Hier im Winter ruht die Energie der Natur und wartet auf ihre neuerliche Entladung. Das Neujahrsfest kann man zum Teil als eine alte Erinnerung an die sympathetische Magie verstehen. Die in der Champagnerflasche aufbewahrte Kraft wird entkorkt, die schaumig sprudelnden Blasen lassen die fruchtbare Energie des Frühlings heraus. Das Heidentum lebt fort – verdeckt. Die Mistel war den Druiden, so sagt man, wegen der weißen Beeren heilig, die in ihren Augen das Feuer der Sonne symbolisierten. Das Christentum mit seiner üblichen Aversion gegen Sex, verzieht den Mund, wenn es einen Mistelzweig von weitem sieht.

Das Fest mitten im Winter hat immer etwas Erlösendes gehabt. Die mittelalterlichen »Herren der Mißregierung« erlösten während der zwölf Weihnachtstage die Gesellschaft von den Anstrengungen des Alltags. Shakespeares Stück *Twelfth Night* (die zwölfte Nacht des Festes war der alte Neujahrstag) ist erfüllt vom tollen Karnevalsgeist. Im alten Rom war die Statue des Saturn – den man mit Chronos, der regulären Zeit, in Verbindung brachte – das ganze Jahr über gefesselt. Seine Hände waren mit Wollfäden zusammengehalten. Am Neujahrstag band man ihm jährlich – ein symbolischer Akt der Befreiung – die Hände los. Die Zeit wurde befreit. Das römische Neujahrsfest hieß nach diesem Gott Saturnalien, und die Entfesselung der Statue bedeutete eine große soziale Entfesselung. Die Römer wurden von ihren öffentlichen Ämtern, Gerichten und Schulen freigestellt, während man die Sklaven aus der Knechtschaft in eine Karnevalsfreiheit entließ. (Apropos Befreiung: Die »Weihnachts-Befreiungsfront« – die gibt es –, empört über die Kommerzialisierung der Weihnachtsfests, entfernte von der Spitze eines öffentlich aufgestellten Weihnachtsbaums in Manchester ein Logo der Autofirma Renault und ersetzte es durch einen Stern, um den Geist des Weihnachtsfestes freizulassen.)

»Ein Jahr und ein Tag« ist eine Zeitdauer, die der menschliche Körper versteht. In einem Jahr und einem Tag ist der ganze natürliche Kreislauf vollendet und man fängt neu an. »Ein Jahr und ein Tag« war traditionell der Tag der Entlassung aus diversen Verpflichtungen: aus der verbindlichen Zeit für eine heidnische Ehe, aus der Arbeit bei Jahrmärkten und Messen; ebenso ist es die Zeit, während der eine Mordanklage vorgebracht werden konnte und traditionell die zeitliche Begrenzung für einen Fluch. Das jährliche Limit hat etwas Humanes. »Für immer« kann grausam sein. Was endet, kann Gnade enthalten, uneingeschränkt. Manche Gesellschaften, darunter die Micmac-Indianer in Nordamerika, gedenken, ein Jahr nachdem jemand gestorben ist, seiner mit einem Festessen, und zum Teil geschieht das, um die Trauernden zu »entlassen« und das Trauerjahr zu beenden.

Im spirituellen Sinn bedeutet »Befreiung« die »Erlösung« von alten Sünden und die Gnade der Vergebung. Von den Juden wird verlangt, daß sie am jüdischen Neujahrsfest diejenigen um Verzeihung bitten, an denen sie sich versündigt haben. Im Katholizismus ist es wichtig, daß man vor dem Ende des Kalenderjahres Gott um Verzeihung bittet. Ein guter Vorsatz fürs neue Jahr bietet eine Befreiung von erlernten Reaktionen und gewohnten Verhaltensmustern – und eine Chance, sich selbst zu vergeben. In allen drei Fällen lohnt es sich nur dann, um Vergebung zu bitten, wenn ein neuer Anfang erlaubt wird, wenn die Schwelle eines neuen Jahres tatsächlich ein Ort ist, der von der Vergangenheit befreien kann.

Aber symbolisch ist der Ort einer solchen Befreiung auch ein Ort des Risikos. Ein Scheideweg ist der Ort größter Freiheit und zugleich größter Angst, ambivalent wie der Jahreswechsel bei den Römern – ein Ort der Chance, aber auch der Friedhof von Selbstmördern und Verbrechern. Es ist ein Ort zwischen Abreise und Rückkehr, ein Haltepunkt zwischen zwei Straßen. Ähnlich wie bei der Mitternacht vor dem neuen Jahr, steht die Zeit an einem Wendepunkt, ein Jahr endet, ein anderes hat noch nicht begonnen. (Janus war übrigens auch Gott des Endes und des Anfangs, der Abreise und der Rückkehr.) An einem Knotenpunkt lauert die Gefahr. Im Chinesischen bedeutet das Wort »Krise« sowohl »Gefahr« als auch »günstige Gelegenheit«, und das ist der Kern des kritischen Neujahrsgefühls. Opportunitas, das lateinische Wort für Gelegenheit, stammt nebenbei von »portus«, was Hafen bedeutet. Und wer ist der Gott der Häfen? Janus.

Zwischen Anfang und Ende besteht eine Bumerangbeziehung. Jeder Anfang enthält eine implizite Energie, die das Ende herumdreht und wieder in einen Anfang verwandelt. Aber im Ende ist keine solche Energie vorhanden, ein Ende enthält nicht unbedingt einen Anfang. Denkbar ist also, daß das Ende eines Jahres die unbewußte Angst hervorruft, ob die Zeit sich fortsetzen wird. Und die jährliche Totenwache, wenn das alte Jahr stirbt, ist ein furchtsames Aufpassen, ob sich der zerbrechliche Phönix der Zukunft aus der Asche der Vergangenheit erheben wird. Es ist eine Lücke in der Zeit, die der menschlichen Seele ihre Furchtsamkeit und Einsamkeit bewußt machen kann. Sich an den Händen zu halten ist eine Geste des Trostes, eine sympathetische Magie vielleicht, eine Ermutigung an das neue Jahr, dem alten die Hand zu reichen – die Zeit an der Hand zu packen und, durch das Tor von Janus, hinüberzuziehen.

All diese Gefühle machen sich, in überdimensionalem Format, beim Ende des Jahrtausends bemerkbar – es wird das größte neue Jahr in der Geschichte. In Deutschland, das so treffend abstrakte Worte wie Zeitgeist, Weltschmerz und Schadenfreude geschaffen hat, spricht man von »Torschlußpanik«. Von der Panik, bevor die Tore sich schließen – eines Jahres oder wie jetzt: eines Jahrtausends. 1997, als das Jahr 2000 schon ziemlich nah herangerückt zu sein schien, traf die Nachricht von dem neununddreißigfachen Selbstmord einer UFO-Sekte ein, die sich, zu diesem Schwellen-Zeitgeist passend, *Heaven's Gate* nannte.

In der Welt der Symbole ist die Schwelle der Ort, an dem Drama und Kampf sich abspielen und an dem Zölle bezahlt werden müssen. Überall auf der Welt fordern die Hotels und Restaurants in dieser Nacht zum neuen Jahrtausend stolze Summen, und die Regierungen geben Millionen aus, als wären sie empfindsame Gemüter, die sich einem tiefen, atavistischen Bedürfnis hingeben, an dem symbolischen Tor ihren Obolus zu entrichten.

So ein Datum hat es in der Welt-Zeit noch nicht gegeben. Manche glauben zwar, daß im Jahre 1000 n. Chr. der Himmel gekocht habe und sich Wunder ereignet hätten. Aber viele Historiker sagen, das Jahr 1000 sei fast unbemerkt vergangen, weil die allermeisten Leute gar keine Ahnung hatten, welches Jahr es war. Einige wenige sind anderer Meinung. Sie führen Beweise ins Feld, daß Prediger das Ende der Welt im Jahr 1300 vorhergesagt hätten und daß Pilger in der Hoffnung, die letzten Tage der Menschheit zu erleben, nach Jerusalem gereist seien. Später, als diese Prophezeiungen sich als falsch erwiesen hätten, habe die Kirche versucht, ihren Fehler zu vertuschen. Historiker, die sich mit dem Mittelalter beschäftigen, zeigen auch, daß das Millenniumsfieber fortwährend virulent war. Pestepidemien und Hungersnöte traten immer in Verbindung damit auf. Eine der ersten bewußt erlebten Jahrhundertwenden war vielleicht jene von 1600. 1559 war die ungeheuer einflußreiche Veröffentlichung des Buchs der »Magdeburger

Jahrhunderte« vorausgegangen, in dem der Gedanke, die Geschichte in Jahrhunderten zu zählen, der breiten Öffentlichkeit zum erstenmal vorgestellt wurde.

In *Omens of Millenium* hat Harold Bloom vorhergesagt, das Jahr 2000–2001 werde »in den USA nicht angenehm werden, weil es unter den Prämillenialisten extremistische Gruppierungen gibt ... Die Aryan Nation und ähnliche faschistische Apokalyptiker könnten unbefriedigte Erwartungen durch Terrorakte zu stillen hoffen.« Weitere Anzeichen einer millenialen Empfindlichkeit könnten, so Harold Bloom, sein: »Todesnäheerfahrungen«, prophetische Träume, Astrologie und die Angst vor dem Jahrtausendende. Der Nationale Gesundheitsdienst in Großbritannien erwartet zu jenem Zeitpunkt eine Zunahme von Geisteskrankheiten, von Leuten, die dann unter einer »Jahrtausendende-Panik« leiden würden. In den Ziffern selbst steckt auch eine Kraft. Die Nullen sind Zeichen einer absoluten Beschränkung, und ein solches Gefühl der begrenzten Zeit, so zufällig es auch sein mag, kann in allen Menschen, die nicht ausgesprochen robust sind, Angst hervorrufen.

In seinem Buch *Das Ende der Zeiten* wiederholt Damian Thompson die wilde New-Age-Liste der Endzeitvorstellungen von Paco Rabanne: Wir leben in den letzten Tagen des indischen Kali-Yuga-Zyklus, auch am Ende des griechischen »Eisenzeitalters«, der Mayakalender endet am 22. 12. 2012 und so weiter. Nur um dann alles mit seinem halb bitteren, halb amüsierten Gelehrtenspott zu überziehen. Andere Kommentatoren, die nicht so sorgfältig und differenziert argumentieren, stellen erschreckende Listen von »Endzeiten« auf: von der Mithras-Zeit, die etwa 2000 zu Ende geht; von der »kabbalistischen Zeit«, die ebenfalls um das Jahr 2000 endet. Von einem ägyptischen Zyklus, dessen Schlußpunkt in das Jahr 2001 fällt. Nostradamus prophezeite das Weltzeitende für 1999. Auch die Kalender der Druiden schließen natürlich im oder um das Jahr 2000. Newton, nebenbei, kein typischer Vertreter des New Age, rechnete mit einer Wiederkunft Christi im Jahr 2000. In dem kürzlich erschienenen Buch *Fingerprints of the Gods*, von dem viereinhalb Millionen Exemplare verkauft wurden, wird das Weltende für 2012 prophezeit.

Na und? Die Frage ist nicht, ob euer Nostradamus recht hatte oder ob mein Druide sich irrt, das Interessante ist die Angst, die Torschlußpanik und was sie über uns verrät. Denn heute mehr als je zuvor ist unsere Haltung gegenüber der Zeit ein – glücklicherweise ohne daß wir es wissen – besonders treffendes Selbstporträt. Von großen Zahlen besessen, verbinden wir das Zeitmessen mit priesterlicher oder halb priesterlicher Macht. Und ein Schuldgefühl durchtränkt uns, das von den Umweltkrisen bis zu dem im Christentum verankerten schlechten Gewissen reicht.

Das ganze Jahrtausendwendefest ist ein Karneval der Moderne, und der vielzitierte »Millenium Bug« ist wie der unvorhersagbare Fremde bei der Neujahrsparty, der eine Karnevalsmaske trägt – grinst er höhnisch? Lächelt er? Janus hat schließlich zwei Gesichter, man kann ihm nicht trauen. Wenn er für Sie arbeitet, ist er Ihr bester Freund. Wenn gegen Sie, Ihr schlimmster Feind. (Ganz ähnlich einem Computer.)

In den 60er und 70er Jahren wurde beim Programmieren der Computer die Jahreszeit nur mit zwei Stellen ('69) statt vier (1969) angegeben. Es war eine Abkürzung, die man vornahm, um Speicherkapazitäten, das heißt Geld, zu sparen. (Auch geschah es in dem Glauben, daß diese Technologie schon lange vor dem Jahr 2000 obsolet werden würde.) Und nun könnte das Jahr 2000 als das »Jahr null« verstanden werden, das vor 1999 oder 1969 kommt, was eine wilde Angst auslöst. »Apokalypse 2000!« und »Der Jüngste Tag im Jahr 2000!« lauteten die Schlagzeilen, und der 9. 9. 99 – eine »Schnapszahl« für Computer – wird zum Tag der Generalprobe.

Eine andere Schlagzeile: Schon lange – über ein Jahr – vor dem Ereignis riet die britische Regierung den Bürgern, Vorräte an Nahrung und Trinkwasser anzulegen. Die kanadische Luftwaffe gab bekannt, sie werde für den Fall eines zivilen Chaos aufgrund von Stromausfällen einen Notdienst einrichten. Manche sagten, »Y2K« werde sich, wenn es eintrifft, nur durch ein paar milde Stöße und Schluckauf bemerkbar machen. Andere sprachen von einem bevorstehenden »Alptraumszenario.« (Mein Computer ist in Ordnung.

Aus irgendeinem Grund, den er nur selbst kennt, beschloß er vor ein paar Jahren, das Jahr 1956 zu schreiben, und das tut er seither immer. Jahr für Jahr.) Wie immer benutzten die Menschen »die Zeit«, um die Probleme der Menschheit zu reflektieren: Die Optimisten sahen Y2K optimistisch, die Pessimisten pessimistisch. Die arroganten Ignoranten verwarfen das ganze Problem als künstlich aufgebauscht, von denen, die an der Panik verdienen würden. Andere richteten sich auf eine »Flucht in die Berge« ein und behaupteten, Jobs, die es 1945 noch nicht gab, würde es 2001 nicht mehr geben. Kauft euch eine Kuh.

Manche Kommentatoren in den Medien meinten, das eigentliche Problem sei, daß man überhaupt nicht wissen könne, was 2000 geschieht. Manche Vorhersagen beträfen den Ausfall von Videogeräten, Mikrowellenherden und Fahrstühlen, was nur etwas ärgerlich sein würde. Auch nicht funktionierende Geldautomaten, zurückgewiesene Kreditkarten, tote Eisenbahnsignallampen und Verkehrsampeln, streikende Flugzeuge wären ärgerlich. In anderen Prophezeiungen war von ernsteren Dingen die Rede: Banken von Kunden belagert, Rentner bekommen ihre Rente nicht mehr, weil sie plötzlich zwanzig Jahre jünger sind, Stromausfälle, Krankenhäuser ohne Elektrizität. Einige wiesen auf mögliche Notstände hin: Wasserversorgung gefährdet, Nahrungsmittelversorgung beeinträchtigt mit zehn bis dreihundert Millionen Toten weltweit als Folge. Am schlimmsten war die Angst, was mit den nuklearen Sprengköpfen und Reaktoren und deren Programmierung schiefgehen könnte. 1993 haben, so die Zeitungen, Ingenieure beim North American Aerospace Defense Command, der die USA vor Raketenangriffen warnt, die Computeruhren einmal ein bißchen vorgestellt, um zu sehen, was bei einer simulierten Raketenattacke auf die USA am 31. 12. 1999 geschehen würde. Antwort: Gar nichts. Alles auf den Bildschirmen erstarrte.

Die Horrorgeschichten, die 2000 wahr werden könnten, künden von einer wahrhaft erschreckenden Kurzsichtigkeit. Zwar haben sich seit den 60er Jahren etliche Computerspezialisten verzweifelt darum bemüht, für eine weltweite Einführung des vierstelligen Jahres-Codes zu sorgen, aber sie wurden nicht ernst genommen. In der Praxis zählte nur eine Meinung, und das war die des Verteidigungsministeriums in den USA, des größten Computerbetreibers der Welt. Und das ließ sich nicht überzeugen, weil es ihm auf möglichst viel Schlagkraft für möglichst wenig Geld ankam. Es lehnte die Ziffern 19 für das Jahrhundert ab.

Im November 1998 veröffentlichte der British American Security Information Council, eine unabhängige Einrichtung, in Washington einen Bericht über den »Y2K«. Er ging zwar davon aus, daß die Gefahr eines nuklearen »Weltuntergangs« nicht sehr groß sei, aber durch die Detonation konventioneller Sprengstoffe aufgrund von Computerfehlern und die weitgestreute Verteilung hochradioaktiven Materials könnte es doch zu einer Katastrophe kommen; wohl nicht in Gestalt des ungewollten Abfeuerns von Raketen, sondern in der eines nuklearen Unfalls. Aus anderen Quellen hörte man Warnungen, die Kühlsysteme der Atomkraftwerke in Osteuropa könnten infolge des Jahrtausendbugs aufhören, vorschriftsmäßig zu funktionieren, was katastrophale Folgen hätte.

Der Bericht von BASIC warnte vor fehlerhaften oder blockierten Kommunikationswegen und fehlerhaft ausgelöstem Alarm. Die Gefahren eines durch den Jahrtausendbug herbeigeführten Zusammenbruchs der Nuklearsysteme seien ausreichend wahrscheinlich und von einer Größe und Bedeutung, daß sofort ernsthaft etwas dagegen unternommen werden müsse. Der Bericht verlangte, alle Sprengköpfe von den Raketenabschußbasen zu entfernen, so daß sie nicht abgefeuert werden können.

Das ist eine deutliche Parabel über unsere Zeit und unseren Zeitbegriff. Die Moderne hat, vor allem bei Nuklearsprengköpfen, die Zeit zu einem Stumpf schrumpfen lassen. Da gibt es den »Abschuß nach dem Warnsignal«, die »Reaktionszeit von einem Sekundenbruchteil« und die »Auslösung um ein Haar«. Es blieb zuwenig Zeit zwischen der Erkenntnis, daß da ein Jahrtausendbug-Problem auf einen zukam, und dem Augenblick, in dem es einen betraf. Aber es blieb auch nicht genug Zeit, für absolute nukleare Sicherheit zu sorgen. Sofort müßten Schritte unternommen werden, die nuklearen Streitkräfte außer Alarm zu setzen, so der BASIC-Report. »Durch diese Schritte würde der Alarmzustand verringert und die Zeit, die die Auslösung eines nuklearen Angriffs in Anspruch nimmt, um Minuten, Stunden, Tage oder Wochen verlängert.« Wie wunderbar klingen in diesem Zusammenhang doch diese Minuten, Stunden, Tage oder Wochen. Denn nachdem man die Zeit so gräßlich verkürzt und vergewaltigt hat, kann man nur wiederum in der Zeit irgendeine Vergebung, Großzügigkeit, Aufschub oder Gnade finden.

Im Internet trägt der Jahrtausendbug das Kürzel TEOTWAWKI – The End Of The World As We Know It –Das Ende der Welt, wie wir sie kennen. Ein halb scherzhafter, halb nihilistischer Ausdruck, der das herrschende Unwissen deutlich macht. Jedes neue Jahr macht uns aufmerksam, daß wir nicht wissen können, was die Zukunft bringt. Der dunkle Fremde an deiner Schwelle kann dein Liebhaber oder dein Zerstörer sein. Das in dem Bug personifizierte neue Jahr 2000 vergrößert das Nichtwissenkönnen nur. Aber jede »Krise« enthält (wie die Chinesen wußten) sowohl Gefahr als auch Chance. Wenn man die nuklearen Sprengköpfe von den Raketenabschußbasen entfernen würde, könnte das eine sicherere Welt bedeuten, als wir sie seit vielen Jahren kennen. Während das Vorhandensein des Bugs die Zerbrechlichkeit des modernen Lebens zeigt und auf verschiedenen Ebenen, von der Nahrungsmittelproduktion bis zur Bedeutung der Communitas unterstreicht.

Interessant an der ganzen Geschichte ist, daß sie so perfekt zu den Zeit-Mythen paßt, die die Menschheit sich geschaffen hat – zu der Angst vor dem Ende und den »Schwellen« der Zeit, vor den Armageddons am Ende der Bibel, der Torschlußpanik am Ende des Jahres und zum Teotwawki am Jahrtausendende. Die Moderne hat die Zeit von der Natur getrennt und statt dessen ihre eigene Zeit erfunden oder konstruiert – in diesem Fall geschickt und schmerzlich. In Gestalt der Computeringenieure schrieb sich die Moderne eine völlig fiktive Zeit auf den Leib, »00«, und zwang sie dann dem Lauf der tatsächlichen auf, so daß diese kodierte, künstliche Konstruktion eine unvorhergesehene und allzu reale Macht über die Menschen selbst gewinnt – eine »self-fulfilling prohecy«. Die Erfindung der Null, des Nichts – die in der Geschichte der Mathematik von so enormer Bedeutung war – dreht sich herum und beißt die Hand, die sie geschaffen hat. Die Null – 0 – der uralte circulus vitiosus.

Wir schaffen die Zeit nach unserem eigenen Bild. In diesem Fall sind wir eine zu kurzsichtige Kultur. Wir sind zu schnell, zu gierig, zu kurzsichtig und zu kurzatmig. Bei der Planung unseres Verschleißes werden wir zum Opfer unserer eigenen Klugheit, wenn die Technologie einmal nicht durch die verbesserte Version ersetzt wird. Wir haben das Script unserer Zeit stenographisch verfaßt. Buchstäblich. 00. Und uns mit dieser Kurzschrift kurzen Prozeß gemacht und uns selbst unter Marktwert verscherbelt.

Das Verhältnis zwischen der Menschheit und der Zeit ist kurvenförmig reflexiv. Der »eingebaute Bug« steckt in Wirklichkeit in uns selbst, es ist der Angst-Bug (den wir seit Jahrhunderten mit uns herumtragen), daß die Zivilisation ein Ende haben wird. Der Computer-»Virus« ist der Virus in uns selbst, die fieberhafte Jahrtausendwende-Hysterie, die uns zwischen grundloser und begründeter Panik hin und her flattern läßt. Irgendwie sind die Untergangsgesänge karnevalesk – aber erschreckend, horrorartig verändert. Der Karneval ist ursprünglich die Feier der Zeit, die in die natürliche Welt eingebettet ist. Aber diesen modernen Karneval hat die Technologie-Zeit geschaffen. Während der Karneval einen bestimmten Ort bevorzugt, ist diese Jahr-2000-Fete viel zu global in ihren Ausmaßen. Karnevalsfeste sind ahistorisch und sprechen von einer zyklischen Zeit, Jahr für Jahr wiederholen sich die Festlichkeiten. Die Jahrtausendwende ist der Inbegriff einer linearen, historischen, einmaligen, nicht wiederholbaren Zeit. Die Moderne hat sich dafür entschieden, die Zeit lieber zu zählen als zu genießen. Drei-zwei-eins-Feuer – es wird bis zum Abschuß gezählt wie bei einer Bombe. Die Experten haben es zwar weithin als unwahrscheinlich bezeichnet, aber bei den Leuten herrscht als schlimmste aller Ängste die Befürchtung vor, wenn man sie auf den Jahrtausend-Virus anspricht, daß es sich buchstäblich um den Countdown bis zum Abschuß der Atomraketen handeln könnte. Drei – zwei – eins. Wirklich ein einmaliges Ereignis.

Im Karneval ist der Geist der leichtfertigen sozialen Umwälzung enthalten. Was diesen globalen Karneval der Jahrtausendwende angeht, hat man Vorhersagen von sehr ernsten Umwälzungen, von gewalttätiger sozialer Unordnung gehört. Die ganze Geschichte hat eine gespenstische und glitzernde Faszination, eine lustige Morbidität haftet ihr an, der grinsende Totenschädel der Moderne dreht sich wie irre rasend in seinem Veitstanz des Todes, sturzbesoffen wirbelt er bis zum Rand und Abgrund der Zeit, den wir beschrieben haben, und die Tänzer sind von Trotz und Angst zugleich erfüllt. Hinter der allerschwärzesten, grausamsten aller Karnevalsmasken schreit eine Stimme, daß Angst ein Teil des Prozesses ist. Fürchte dich erst einmal, bevor du wieder frei werden kannst. Fühle die Panik einer Welt-Pause, bevor die Zeit wieder weitertaumelt.

Das Christentum steht zum Jahr 2000 in einer besonderen Beziehung. Was sind seine Vorschläge für das Jahr 2000? Man muß der Kirche zubilligen, daß einige christliche »Führer«, zusammen mit den Umweltschützern und Gruppen, die für soziale Gerechtigkeit eintreten, (alle unter einem Dach namens »Jubilee 2000«) das Schuldgefühl, das sie vorfinden, gut nutzen. Das Schuldgefühl, das die Durchschnittsbürger in diesem besudelten Jahrhundert Tag für Tag mißachten. »Jubilee 2000« fordert, das Jahr 2000 solle man mit einem noch nie zuvor erlebten Akt der Schönheit und Angemessenheit feiern. In Anlehnung an die weitverbreitete Ansicht, daß das neue Jahr der richtige Zeitpunkt zum Freilassen ist, sagen sie, man solle das Jahr 2000 mit der größten vorstellbaren Befreiung aus der modernen Sklaverei feiern – der »Dritten Welt« nämlich sämtliche Schulden erlassen –, was ein ebenso symbolischer wie überfälliger Akt wäre. In der jüdischen Tradition kennt man – alle fünfzig Jahre wiederkehrend – das »Jubeljahr« als Jahr der Emanzipation.

Aber manche Zweige der evangelischen Christenheit, mit mittelalterlicher Ignoranz geschlagen, sorgen sich vielmehr um einen Kreuzzug, der einen kulturellen Völkermord zum

Ziel hat. Matthäus 24,14 ist ihr Motto: »Und es wird gepredigt werden das Evangelium vom Reich in der ganzen Welt zu einem Zeugnis über alle Völker, und dann wird das Ende kommen.« Das Ende der Welt ist dann – ihrer Logik zufolge – der Anfang ihres ewigen Lebens. So daß sie durch ein verschärftes Predigen dieser hübschen Botschaft auf der ganzen Erde das Ende der Welt beschleunigen können – und natürlich sollten. Eine evangelische Initiative – »AD2000« – koordiniert ihre Missionsarbeit, indem sie das neue Jahrtausend im doppelten Sinn als »deadline« betrachtet. Das sich beschönigend und unaufrichtig so nennende »Summer Institute of Linguistics« ist eine christliche evangelische Gruppe, die man weithin des kulturellen Genozids beschuldigt, weil sie einige der gefährdetsten Stammesgesellschaften auf der Welt mit brutalen Bekehrungsversuchen gleichzuschalten versucht, indem sie unter ihnen Selbstzweifel, Angst und Panik in einem Ausmaß verbreitet, wie es diese Gesellschaften nie zuvor erlebt haben. Überzeugt, daß das Ende der Welt kommen wird, sobald das Evangelium in allen Sprachen der Welt gepredigt wird, beeilen sich die Linguisten des »Summer Institute«, die Bibel in jede Sprache zu übersetzen. Aber dadurch treiben sie nur die Vernichtung ebendieser Sprachen voran, indem sie den »Weltuntergang« der Kulturen, die sie so zynisch als heidnisch attackieren, beschleunigen.

Wie wird das neue Jahrtausend denn sonst gefeiert? Kommen Sie mit mir – dem endpunktartigen Charakter eines jeden neuen Jahres, vor allem diesem hier folgend – in eine Stadt am Meer. Gisborne an der Ostküste von Neuseeland wird die erste Stadt auf der Welt sein, die die Sonne des neuen Jahrtausends erblickt. (Passend für die moderne Raserei und die Besessenheit, andere zu überholen, fragt niemand, wo man sie als letzte aufgehen sehen wird.) Aber jetzt, hier in Gisborne, am Strand springt ein kleines Mädchen mit Beinen wie Gummi durch die Wellen, sie taucht in dem Kindheitsaugenblick am Küstenrand auf und lebt sowohl jetzt als auch in der Ewigkeit. Das Meer, blau wie eine Dame von Gainsborough, gestreift mit goldener Seide, ist voll von Zeit, Quelle der Zeit, wäscht einen alten Tag aus, wäscht einen neuen herein.

Für das Fremdenverkehrsbüro von Gisborne ist das neue Jahrtausend eine ganz große Sache. Sogar das Postfach des Büros trägt dort die Nummer 2000. Eine Dame mittleren Alters, herausgeputzt mit einem marineblauem Oberteil, aber vorsichtig in ihren Auskünften, koordiniert die Jahrtausendwendeereignisse – das erste wird eine christliche Versammlung namens »Servant 2000« sein. Was bedeutet das neue Jahrtausend für Gisborne? »Eine Zeit zum Vorwärtsgehen. Eine Zeit sowohl des Rückblicks als auch des positiven In-die-Zukunft-Schauens. Es ist ein Angelpunkt zwischen Vergangenheit und Zukunft. Es gibt uns einen Fokus, etwas, worüber man nachdenken muß.« Dann läßt ihre Wachsamkeit ein bißchen nach und sie trompetet fröhlich: »Auf einer anderen Ebene ist es eine wunderbare Vermarktungschance.«

Werden die Maori das neue Jahrtausend als etwas ansehen, das gefeiert zu werden verdient? Wegen des ihnen auferlegten christlichen Kalenders vielleicht? »Ah, die Maori. Die liebe ich.« Daß man ihre Zeit und ihr Land kolonisiert hat? »Den Maori ist alles Land wichtig. Also gehört ihnen ...« (sie legt eine Pause ein, seufzt, schaut mir nicht in die Augen, sondern tätschelt ihren marineblauen Busen und spricht wie eine Puderwolke) »*spirituell* alles Land, eine Menge verschiedener Dinge.« Ihre materielle Armut, ihre Armut an Land und ihre kulturelle Verelendung hängen als bitterer Beigeschmack an den Worten der Fremdenverkehrschefin. Die Bucht hier heißt Poverty Bay – Armutsbucht.

Und hier dämmert das Jahr 2000 herauf. Und hier in Gisborne geschah alles auch schon 1769. Denn hier tauchte Kapitän Cook zuerst auf, um Neuseeland für den Westen zu kartographieren und in Besitz zu nehmen. Es paßt sehr gut, daß das neue Jahrtausend hier so gefeiert werden wird: Der westliche Kalender der Zeit-Kolonialisierung trifft sich an einem wichtigen Punkt der westlichen Land-Kolonialisierung. Der Zeitimperialismus korrespondiert mit dem Ortsimperialismus – Land und Zeit, beide sind jetzt vollständig eingeschlossen.

Es ist kurz vor Sonnenaufgang. Um ihn zu sehen, steigt man hinter der Stadt einen Hügel hinauf, auf dem eine Statue von Kapitän Cook steht, der einen Degen trägt, vor ihm ein kleiner Platz, so als ob seine Landung, am 8. Oktober 1769, gerade gestern gewesen wäre. Cooks schmuckes Standbild ist von Graffiti bedeckt. Man hat sie inzwischen wohl hundertmal übermalt, aber sie kommen immer wieder. Jemand hat auf die Gedenktafel mit orangener Leuchtfarbe ein Hakenkreuz gespüht und in Leuchtschrift »Yo Fuck Yoza. M. M. M.« diese Botschaft vollendet. (M. M. M. ist »The Mighty Mongrel Mob«, die größte Motorradfahrer-Gang der Maori, die Gisborne als ihr Territorium beanspruchen.)

Weiter oben am Hügel steht das weißgekalkte James Cook Observatory, »das östlichste Observatorium der Welt«, Längen- und Breitengrade werden hier bestimmt. Es erinnert an das Greenwich Observatory mit seinen speziellen Verbindungen zur Zeit und zum Imperialismus. (In Gisborne steht auf den Schildern: »Gisborne, erste Stadt, auf die die Sonne scheint, 178 Grad östlicher Länge, 38 Grad südlicher Breite.«)

Die Morgensonne bescheint das Weiß des Observatoriums, Sinnbild für den Imperialismus der Weißen und die Zeit des Westens. Da passiert etwas Seltsames. Das ganze Getue um Gisborne, die östlichste Stadt, hilft nicht über die Tatsache hinweg, daß der Sonnenaufgang von dort aus sehr schwer zu beobachten ist, denn die Stadt krümmt sich (phantastisch geschickt, wenn man ihre Geschichte bedenkt) nach Westen, nicht nach Osten. Sie kehrt dem Sonnenaufgang gewissermaßen den Rücken zu. Selbst vom höchsten und östlichsten Punkt aus betrachtet ist der Blick nach Osten überall durch Kiefernanpflanzungen und Zäune verstellt. Auch hier wiederum Abzäunungen – von den Siedlern aus Europa errichtet, überall diese Zäune zwischen dem Volk, ihrem Land und ihrer Zeit.

Wie wird sonst noch die Jahrtausendwende gefeiert? Manchmal klug, manchmal gut – ein Kettengedicht aus tausend Versen geht um die Welt. Hundert Dichter schreiben jeweils zehn Zeilen. Das Gedicht besteht aus Versen in allen Sprachen. In Hannover empfängt uns die »Expo 2000« – eine Weltausstellung mit dem Thema »Mensch – Natur – Technik« und der speziellen Hoffnung, daß die Technologie in Zukunft für bessere Dinge genutzt wird als in der Vergangenheit. In Großbritannien, nahe Doncaster, wird das »Earth Centre«, ein engagiertes Umweltvorhaben, eröffnet. Und hier werden auch kilometerlange Fahrradwege geplant.

Passend zur christlichen Jahrtausendwende erwarten Rom und Israel einen Touristenstrom. Der Papst zelebriert in Rom das Hochamt. In Israel wird nach Jerusalem und Bethlehem gepilgert, und Megiddo taucht auch wieder auf der Landkarte auf. Megiddo? Das kennt man als »Armageddon«, so nannte sich Megiddo früher. Es gibt enorm viele Leute, die »die Apokalypse mit eigenen Augen erleben« wollen. Unternehmer möchten dort einen biblischen Themenpark errichten. Nur steht da zur Zeit noch ein Hochsicherheitsgefängnis. Die Geschäftsleute rechnen mit vier Millionen Touristen. (Satans Heere vermutlich nicht mitgezählt.)

In den USA findet am Times Square eine 24-Stunden-Party statt. Diverse große kommerzielle Unternehmungen stehen ins Haus. Tickets für eine Party an Bord eines Schiffs vor der kalifornischen Küste kosten zweitausend Dollar. Texanische Geschäftsleute mit dicken Schecks wollten die Filmrechte für das, was in den letzten fünfzehn Minuten in Greenwich passiert, erwerben. (Ihr Ansinnen wurde höflich abgelehnt.) In Lappland wird im Herbst 1999 ein Hotel aus Eis errichtet, in dem die Jahrtausendwendefeier stattfinden soll. Das bedeutet, Wodka trinken und auf Eisbetten schlafen, bevor das ganze Hotel im Frühjahr wegschmilzt.

Die Schweizer wollen nicht mitspielen. Als Verfechter der Genauigkeit bestehen sie darauf, daß das neue Jahrtausend erst dann beginnt, wenn ihre Uhren es verkünden. Also am 1. Januar 2001. (Stephen Jay Gould weist aber darauf hin, daß es dank der Übernahme des Gregorianischen Kalenders schon längst begonnen hat.)

In Frankreich verlautete gerüchteweise etwas Hübsches: Musiker würden sich auf Booten die Seine hinab treiben lassen und eine Melodie spielen, die den Fluß des Wassers, den Fluß der Musik und den Fluß der Zeit harmonisch miteinander verbindet. Es gibt aber auch präzisere Vorschläge: Eau de Toilette mit zweitausend Plastikfischen zusammen in die Seine zu schütten. (Es ist überflüssig zu sagen, daß die ganze

Welt permanent inoffiziell ihre Flüsse feiert, indem sie immer wieder giftige Chemikalien hineinkippt. Das übliche Geschäft.) Manche der französischen Vorschläge sind ein bißchen halbherzig: Bäume pflanzen ist eine gute Idee. Aber nicht wie geplant den Meridian von Paris entlang in schnurgerader Linie. Paris, das Zeuge solcher weltweit Aufmerksamkeit heischender Ereignisse anno 1913 war, soll erleben, daß der Eiffelturm ein Ei »gebiert« und eine riesige Illumination die Place Charles de Gaulle in ein mächtiges Zifferblatt verwandelt. Ein Riesenrad namens »Le Chronos« wie ein gigantischer durchsichtiger Wecker wird errichtet. Angesichts der Rivalitäten zwischen Frankreich und England, die beide seit Jahrhunderten aufrechterhalten, bekommt letzteres auch sein Riesenrad, in London.

In Gisborne springt eine Millennium-Uhr im Augenblick der Jahrtausendwende zurück auf das, was man »eine volle Nullen-Anzeige« nennt. Obwohl eine »leere Anzeige von Nullen« zweifellos passender wäre. Aber Gisborne steht nicht allein. Auch die Behörden von Dublin kamen, als sie ihre Digitaluhr in den Liffey-Fluß versenkten, auf die Idee, einen Countdown bis zum Garnichts zu veranstalten. Am 4. April 1997 wurde am Nullmeridian in Greenwich, im sogenannten »Centre of Time«, dem Old Royal Observatory eine Uhr installiert, die die letzten tausend Tage zählen sollte. Die Uhrmacher behaupten, es sei der »bedeutendste« Zeitmesser der Welt, weil er bis auf eine Millionstelsekunde genau ist. Aber diese Bedeutung ist völlig bedeutungslos. Die Zeit wird ja gerade jeglicher Bedeutung beraubt, wenn jede Minute mit sechzig Sekunden (und 60 000 000 Millionsteln) in diesem digitalen Langstreckenlauf gefüllt wird.

Und was ist das Allerhohlste in dieser ganzen Zeit-Leere? Der in Greenwich geplante »Millennium Dome«. Es begann buchstäblich als »Leerstelle«. Es gab ein Grundstück, Platz für nichts Bestimmtes. Ein Stück »wasteland« – eine brachliegende Fläche in Greenwich. Der Entwurf, ein zeltartiges Dach aus teflonbeschichtetem Fiberglas, wurde gemacht, bevor irgend jemand Pläne hatte, was man damit oder darin anstellen könnte. Der »Dome« wurde in einer Art Benutzungs-Vakuum erbaut. Der erste, der die vorwiegend männliche Mannschaft anführte, war ein Minister, der durch eine Hohlheit definiert war. Kein Minister mit einer, sagen wir mal, Verantwortung für das »Millennium«, sondern einer ohne Geschäftsbereich. Er trat zurück und hinterließ eine weitere Leerstelle. Das Ding soll nur fünfundzwanzig Jahre da stehen. Ein teurer Wegwerfdom.

Der Dom soll Hologramme und virtuelle Displays aufbewahren. Während ich dies schreibe, sind die genauen Aufgaben des Doms noch unklar. Es gibt schon vage Vorstellungen für Ausstellungs-»Räume«, die zu füllen sind. »Wer wir sind« (Geist. Körper. Seele.). – »Wo wir leben« (lokal. national. global.). – »Was wir tun« (arbeiten. ausruhen. spielen.). In der »Körper«-Sektion soll unter anderem ein riesiges Modell des menschlichen Körpers zu sehen sein. Hohler Kopf und hohler Körper. Man wird hinein- und hinausgehen können, aber nicht durch die normalen Körperöffnungen, sondern durch die hohle Ferse. Passend zu dieser Art Raumqualität – diesem »Ohne-Sein« – soll der Körper auch keine Genitalien haben. Hier wird die Moderne noch einmal grausamer und wahrer dargestellt, als sie je gedacht war. Denn die Moderne lebt ohne erotische Empfindung, und die von Menschen erzeugte Umweltvergiftung setzt langfristig unsere Fortpflanzung aufs Spiel.

Ein Inventarstück für den Dome ist schon da, obwohl die Organisatoren es verschweigen. Durch den Blackwall Tunnel darunter donnert der Verkehr, und ein riesiges Entlüftungsrohr leitet die Abgase genau mitten durch den Dome.

Der Dome soll mit atemberaubenden Erfahrungen vollgestopft werden und von speziellen Effekten überquellen. Und kann doch der Wüstenei, aus der er wächst, nicht entrinnen. Das Festival of Britain 1951 wurde auch von der Bevölkerung verdammt, bevor es eröffnet wurde, und als es soweit war, gefiel es den Leuten. Aber es war damals ein Genie daran beteiligt. T. S. Eliot saß im Beraterteam – der Dichter des *Wasteland*. Jetzt ist nur noch das *waste land* da. Am Anfang der Debatte gab es ernsthafte Vorschläge, gar nichts in den Dome zu stellen. Stephen Bayley, der damalige Creative Director, sagte: Ihn leer zu lassen wäre »Ehrfurcht einflößend«. (Und eine weitere Leere tat sich auf: Bayley warf den Job hin.) Die »Inhalte« des Domes sind allerdings faszinierend: Wir sind diese hohlen Menschen, die dann vollgestopft mit lauter dummem Zeugs in unserer selbsterzeugten Wüstenei leben.

Gewisse Dinge waren von Anfang an als »Schwerpunkte« für die Präsentation der Zeit in dem Millennium Dome vorgesehen: Geschäft, Kommerz, Handel, Industrie und finanzielle Interessen. (Überall wird mit dieser nervtötenden Lüge hausieren gegangen: »Zeit ist Geld.«) Bei der Suche nach Sponsoren wird auf Supermarktketten und Autohersteller besonders gierig Jagd gemacht. Denn das sind ja die Industrien, die die Moderne mehr als alle anderen bis zur Unkenntlichkeit verschmutzt haben. Ein Teil der Ausstellung ist der »Mobilität« gewidmet. Gehen, schwimmen, segeln, radeln, hopsen? Züge, Ruderboote, Kanus? Nein, der Autoproduzent Ford ist für diesen Teil verantwortlich, das heißt, den Wolf zum Schafshirten machen. Die »Zone der Bildung« wird von der Firma Tescos gesponsert. Die »Zone des Bewußtseins« wurde einem Waffenproduzenten anvertraut. Und für die »Lokale Kultur« ist McDonalds zuständig. Ausgerechnet der Konzern, der mit seiner Politik der rasanten globalen Homogenisierung allenthalben die lokalen Kulturen zerstört.

Dem Hohlheitscharakter des Dome entsprechend heißt die Kapelle darin: »Space« (Platz, Raum). Die National Secular Society verlangt, die Abteilung Christentum solle dessen »jahrhundertelange Grausamkeit, Unmenschlichkeit und Unterdrückung« darstellen. Die »spirituelle Zone« fördert eine wohlhabende indische Familie, ein Beweis der liebevollen kulturellen Toleranz des Hinduismus, wenn auch nicht seines guten Geschmacks.

Eigentlich möchte niemand den Dome haben. Nur zwei Prozent aller Eltern unterstützen das Projekt. Die Begeisterung will sich, vor allem außerhalb Londons, nicht so recht einstellen. Die »große Spitze« dieses Zirkuszelts entspricht nämlich genau der Herrschaftspyramide in der Hauptstadt, deren Politiker, so der Dramatiker David Hare, den Leuten »dieses wahnsinnige Ungetüm staatlicher Angeberei« aufs Auge drücken wollen. Bei einer Umfrage erklärten kürzlich zwei Drittel der britischen Öffentlichkeit, die ganze Idee der Jahrtausendfeiern langweile sie. Einige Aktivisten, die darin eine Verschwendung von Ressourcen erblicken, boykottierten die Arbeiten. Die Kunst-Terroristen Jimmy Cauty und Bill Drummond, ehemals KLF (dadurch bekannt, daß sie eine Million Pfund verbrannt haben), richteten einen Telefonservice unter dem Motto »Fuck The Millennium Yes/No« ein, bei dem man seine Meinung zur Sache sagen kann. Das Ergebnis der Abstimmung: 90 Prozent der Leute – 18500 Personen – sagten: Ja, Fuck It. Statt des Domes schlagen Cauty und Drummond eine »People's Pyramid« (Volkspyramide) vor. Während der Dome wie jeder staatliche Pomp Abzäunung und Eingrenzung betont, richtet sich der Karnevalsgeist der Pyramide gegen das Absperren und steht für die gemeinsame Nutzung von Zeit und Raum. Die Pyramide wird so beschrieben: »Sie wird kostenlos rund um die Uhr und ganzjährig geöffnet ein. Jeder kann damit tun, was er will. Draufklettern, anmalen, abschmirgeln oder Butterbrote drauf essen. Sie wird so lange stehen, wie etwas von ihr übrig ist. Sie soll nichts verkaufen, sie wird von niemandem gesponsert und sie gehört allen.«

Nicht der Dome ist schuld. Nicht die unseligen Organisatoren sind es. Nicht die Regierung. Wir alle sind schuld. Denn es ist ein Sinnbild der modernen Kultur – ein grauenhaft, lächerlich treffendes Selbstporträt dieses Zeitalters, das in der Kategorie »Zeit ist Geld« denkt, das sich mit verdreckter Luft vergiftet und Waffenhändler hofiert. Das leer und vollgestopft zugleich ist mit übermäßigem Konsum. Der Dome stellt besonders gut dar, wie die Zeit und speziell die Festzeit von der Gesellschaft behandelt wird.

Der Dome wurde nicht an einem Tag errichtet, sondern heimlich, fast unsichtbar, schleichend, durch diverse anonyme Aktionen konstruiert. Jedesmal, wenn jemand glaubt, die Zeit stecke in Uhren oder ließe sich am besten durch eine leere Reihe von Nullen darstellen, dann wächst der Dome ein Stückchen. Jedesmal, wenn jemand Gemüse im Supermarkt kauft, das nicht der Jahreszeit entspricht, schiebt sich das Zeltdach in Teflonzeit höher hinauf. Jedesmal, wenn die Läden am Sonntag öffnen und Tescos Rund-um-die-Uhr-

Gesellschaft die Wochenenden ruiniert und die Leute vergessen, Gesichter aus Kürbissen zu schnitzen, jedesmal, wenn am 1. Mai gearbeitet wird, wächst der Dome höher. Jedesmal, wenn McZeits Hecken vor weggeworfenem Müll starren, erhebt sich der Millennium Dome höher, der auch zum Wegwerfen gemacht ist. Und jedesmal, wenn ein Auto aufheult, hustet der riesige Auspuff im Dome eine dreckige, giftige Rauchwolke.

Die Gesellschaft ist schuld, wenn sie das Festefeiern vom Historisch-Protzen-Müssen überwuchern läßt. Wenn sie den Kommerz diktieren läßt, was die Kommune vergessen hat. Wenn sie monolithische globale Interessen die besonderen lokalen Interessen überholen läßt. Wenn sie zuläßt, daß die lineare Zeit die zyklische Zeit verdrängt. Daß die kühle Indifferenz der Supermarktzeit die Zeit der Lustbarkeiten killt. Diese fast schon verlorene Zeit des Rülpsens, Schunkelns, Fähnchen-Wehen-Lassens, die transformative Karnevalszeit der Karussells, der Transvestiten, des Kitzelns und des Bummelns, des Bällewerfens und des Troddelschwenkens, der Geilheit und der betrunkenen, gammligen, vulgären Unanständigkeit.

5

Im Einklang mit Mond und Meer

Die zyklische Zeit der Frauen

> »Wir sind Vulkane. Wenn wir Frauen unsere Erfahrung als unsere Wahrheit, als menschliche Wahrheit anbieten, sieht alles anders aus.«
>
> *Ursula Le Guin*

Im hell strahlenden Licht des Operationssaals greifen die Finger eines Mannes unter die Gesichtshaut einer Frau und fetzen durch Muskeln und Fettgewebe, bis dicke Fleischknoten wie rohes Gemüse platzen. Nase und Mund dienen als Klammern, um die Haut gerade noch am Gesicht hängen zu lassen, aber wo die Wangen noch haften, arbeiten die Chirurgenhände und stechen in die festeren Teile bis alles locker genug schlabbert, so daß die Messer anfangen können.

So genau sieht man es nicht in den Heftchen über kosmetische Chirurgie. Dort ist nur ganz zart von »Einschnitten« die Rede, die das »überflüssige Fett entfernen« und »die Haut wieder festnähen«. »Sich unter das Messer zu begeben ist ziemlich grauenhaft«, sagt Peter Smith, Sprecher einer Praxis für kosmetische Operationen. »Aber die Leute wollen nichts von blutigen Einzelheiten wissen.« Warum lassen sie sich operieren? Um jung zu wirken. »Es ist ein Verjüngungsprozeß«, säuselt Smith. »Wir legen mehr Wert auf Jugendlichkeit als frühere Kulturen ... Frauen möchten jünger aussehen, wenn sie ins 21. Jahrhundert kommen«, sagt er, als ob das nächste Jahrtausend ein Paar Schuhe wäre, in das man hinein will, das aber zwei Nummern zu klein ist.

In einer anderen Praxis für kosmetische Operationen vermittelt Karen, eine Kundenberaterin unbestimmbaren Alters, vielleicht so um die Fünfzig, eine puppenhafte Empfängerin von silikonenen Aufmerksamkeiten und Lifting, einen Einblick in die Art und Weise, wie die plastische Chirurgie sie »jung« erhalten hat. Ihr Aussehen ist so gestaltet, daß ihre

Brust-Blasen fast bis zu ihren Schultern aufragen. Sie hat das fixierte, unnatürliche Lächeln einer gelifteten Visage. Sie sieht nicht jung aus, sondern wie aus Plastik. Man sieht nicht, wie alt sie ist, das stimmt, aber sie sieht nach überhaupt gar keinem Alter aus.

Sieben Alter hat der Mensch, sagt man, die Frau in der heutigen westlichen Gesellschaft hat nur eines. Ein junges. Ein festgelegtes. Die Zeit muß bei den Frauen mit plastischer Chirurgie angehalten werden. Damit sie Plastik werden. Während Männer bis ins reife Alter hinein als attraktiv gelten – »distinguiert, mit grauen Schläfen« –, können Frauen nur anziehend sein, wenn sie jung sind – oder so aussehen. Frauen, alte Schachteln, alte Hexen mit ihren faltigen Hälsen und schlabbrigen Brüsten sollte man an den Hälsen aufhängen wie früher die Hexen, die Schönheitsschlinge um ihre Hälse raffen, um sie zu straffen. Die kosmetische Chirurgie hat sich immer die »älteren« Frauen vorgeknöpft, aber die Patientinnen werden immer jünger – in den Vereinigten Staaten empfiehlt man die »Chirurgie gegen das Altern« bereits für Dreißigjährige. Es hat alles seinen Preis. Eine Gesichtsstraffung kostet etwa 5500 Pfund, heißt es in einer Londoner Praxis, in anderen ist es teurer. Aber es ist noch ein anderer Preis zu zahlen. Helen Bransford, die Frau des Autors Jay McInerney, erinnert sich, daß bei ihr die postoperative Übelkeit dazu führte, daß sie sich erbrechen mußte. Dadurch drohten die Fäden ihrer Gesichtsnähte auszureißen. Die Chirurgen warnen vor »Infektionen und Narben«. Die Stiche, Schwellungen und Wunden schmerzen allesamt scheußlich, und das zwei Wochen lang. Eine volle Erholung setzt erst drei bis sechs Monate danach ein, und die Wirkung hält nur fünf bis zehn Jahre lang an. (Helen Bransford freute sich über die Straffung ihres Gesichts, aber die Fotos »vorher« und »nachher« beschreiben auch einen furchtbaren Verlust. »Vorher« sieht sie gewiß älter aus. Aber es ist das Gesicht einer energischen, hochintelligenten Frau. *Ihr* Gesicht. »Nachher« ist es ein leeres Durchschnittsgesicht.)

Der weibliche Körper hat lange als mangelhaft und unzulänglich gegolten. Im Denken des Aristoteles war der männliche Körper vollkommen und der weibliche unvollkommen. Leonardo da Vinci zeigt in seinen »Proportionen des menschlichen Körpers« einen männlichen – und relativ alten – Körper, um dessen angebliche mathematische Vollkommenheit zu illustrieren. Was »perfekt« ist, ist erstarrt in der Zeit, unbeweglich und statuenhaft, und die »unvollkommenen« Körper der Frauen müssen heute durch Operationen künstlich vervollkommnet und in jene erstarrte Statue der Jugendlichkeit verwandelt werden – viele Werbebroschüren der Schönheitschirurgen bilden antike Statuen ab.

»Nach der Operation ist es wichtig, das Gesicht möglichst wenig zu bewegen«, heißt es in den Katalogen. Durch die Operation wird der Lauf der Zeit angehalten und sein Ausdruck im Gesicht der Frau zum Erstarren gebracht, so wie es die Absicht des Chirurgen ist, es in einem jugendlichen Alter zu fixieren. Das gestraffte Gesicht unterbindet Gefühlsregungen, so wie die Schönheit eines Models erstarrt und fixiert ist. Die Fotos auf den Titelblättern der Magazine zeigen sowohl ein fixiertes Alter, sechzehn bis vierundzwanzig, als auch einen fixierten Ausdruck – der allerdings wenig ausdrückt. (Auch das Wort »Model« sagt etwas über dessen leblose Unbeweglichkeit aus.) Ein Gesicht hat aber nur dann eine Bedeutung, wenn es eine Seite ist, auf die sich der Charakter einschreiben kann. Ein Gesicht wird lebendig, wenn es Gefühle und Bewegungen zeigen kann. Wenn man der Zeit aber nicht erlaubt, das Alter in ein Gesicht hineinzugraben, wenn ein Chirurg es mit einem Messer gestaltet, wenn die Zeit nicht mit Sonne und Schatten über einem Gesicht spielen darf, wenn die Patientin ihr Gesicht statt dessen erstarren lassen muß, ist das Ergebnis weder Schönheit noch Jugend, sondern die Fixiertheit einer Plastikvisage – Linolschnitt mit Lippenstift.

Mit Kosmetika läßt sich dieselbe Wirkung erzielen. Lippenstift beraubt einen der Freiheit, die Lippen zu bewegen. Man kann sie nicht nach Herzenslust lecken, nicht den Mund am Ärmel abwischen, nicht selbstvergessen Fratzen schneiden. Das Erfreuliche an Kosmetik ist allerdings, daß man sie benutzen kann, wann man will – oder es auch lassen kann. In allen Kulturen hat man Kosmetika benutzt, um die Natur einem Schönheitsideal anzupassen. Im 18. Jahrhundert benutzte man in England Mausefell, um die Augenbrauen dichter erscheinen zu lassen, schmierte sich das Haar mit Schweinefett ein und verwendete Bleiweiß und Quecksilber, um die Haut aufzuhellen – oft mit fatalen Folgen. In manchen Gesellschaften verlängert man sich mittels Ringen die Hälse auf giraffenartige Dimensionen, in anderen ist man auf winzige, verkrümmte zusammengebundene Füße stolz oder auf Lippen, die man mit Scheiben streckt, aber in unserer Gesellschaft ist es immer nur eins: Jugend, Jugend, Jugend!

»Wir haben ›von der NASA getestete‹ Feuchtigkeitscremes, die die Zeit anhalten, und ›Zeitkomplexkapseln‹, die alte Haut in jugendliche Haut verwandeln .... und eine ganze Industrie, die, um ihre überflüssige Existenz zu rechtfertigen, daran glauben muß, daß die ganze Welt voll von Frauen ist, die sich verzweifelt an ihre schwindende Jugend klammern.«

Und wir haben die einzigartige Anita Roddick, Gründerin des Body Shop, die der gesamten kostspieligen Kosmetikindustrie ein Dorn im Auge ist. Sie, fast einmalig in diesem Gewerbe, macht uns, was das Alter angeht, nichts vor. Sie betont, daß sie es unmoralisch findet, das Gesicht einer Sechzehnjährigen zu benutzen, um Vierzigjährigen Cremes gegen Faltenbildung zu verkaufen. Ihre Produkte, die sie älteren Frauen verkauft, sind ausdrücklich für ältere Frauen. Der Body Shop weigert sich, »Jugend« zu verkaufen, sagt sie. »Das ist unmöglich.«

Das Alter der Frauen läßt sich nicht nur von außen, durch kosmetische Chirurgie und Kosmetika, sondern auch von innen fixieren. Wenn eine Frau eine »Hormontherapie« verlangt, bietet man ihr zum Beispiel ein Steroid-Präparat namens »Progynova« an (was »neue Frau« bedeuten soll). Progynova ist ein schmieriges Wort mit einer zweifelhaften, falschen Hoffnung. Bleib neu, bleib jung. Ob diese »Hormontherapie« funktioniert, ist die falsche Frage, denn sie ist selbst weniger eine Behandlung als vielmehr das Symptom selbst. Symptom für die Verleugnung aller Lebensalter der

Frau, Verleugnung des weiblichen Lebenszyklus, zu dem der Herbst ebenso gehören muß wie der Frühling. Aber für die moderne Gesellschaft ist der Herbst im Leben einer Frau eine Krankheit, ein Verfall, hängende Brüste und Bäuche und Menopause. Durch Hormontherapie soll aus der Frau ein Supermarkt werden – auch bei ihr soll immer Mai sein, immer heller Vormittag.

Hormontherapie, Kosmetikindustrie und Schönheitschirurgie – alle arbeiten sie am weiblichen Körper, um die Zeit anzuhalten. Durch sie wird aber den Frauen die Position der Älteren versagt – und sie versagen sie sich selbst. Weisheit, Macht und Respekt wird ihnen somit vorenthalten. So hat ihr »neues« Alter weder den Zauber der Jugend noch die Würde des Alters. Für ihr Geld und für ihre Schmerzen bekommen sie nicht Jugend, sondern eine Illusion von Jugend, ein flüchtiges Versprechen, dem allein sie Glauben schenken. Es ist eine Zeit, in der die echte Frau gar nicht mehr vorkommt, eine Art temporäres Hahaha über einen Witz, der auf unsere Kosten geht.

Grau ist die Farbe, die am wenigsten auffällt. Grau ist die Un-Farbe, etwas Neutrales, woran man sich zuletzt erinnert und was man zuerst vergißt, was man als letztes einstellt und als erstes feuert. Grau ist der Himmel ohne Farbton, der nur als Hintergrund für Regenbogen dient, grau ist das dumpfe Gefühl der Langeweile, die Farbe der Depression, der Ton der Abwesenheit und Unsichtbarkeit. Während die meisten Farben etwas symbolisieren, ist grau die einzige Farbe, an der Symbole nicht haften. Werden Sie bloß nicht grau.

Vor allem nicht, wenn Sie eine Frau sind. Denn nicht länger als »Blondine« oder »Brünette« registriert, wird Ihre Identität in den Wechseljahren eine Grauzone. Graues Haar garantiert, daß man Sie ignoriert, übersieht, nicht mehr bemerkt. »Ältere Frauen sind immer noch unsichtbar«, sagt die Fotografin Melanie Manchot, »und das Alter wird tabuisiert, vor allem, wenn es darum geht, die Körper älterer Frauen zu zeigen.« Sie selbst hat kürzlich ihre 66jährige Mutter in riesigen Schwarzweißphotos nackt abgelichtet. Während die Macht des (männlichen) Beobachters traditionell ungeheuer viel größer als die Macht der (weiblichen) Beobachteten ist (der Mann der Künstler, die Frau das Modell) und während der Machtunterschied sich durch den des Alters noch verschärft (das Porno-»Mädchen« und der dirty »old« man), geschieht etwas sehr Interessantes, wenn wie in Manchots Bildern das betrachtete Wesen alt ist – der Betrachter wird gedemütigt, und das betrachtete Wesen, nicht das betrachtende, behält die Macht; einen solch altmodischen Respekt gegenüber der älteren Frau wecken diese Bilder im Betrachter.

Wenn Karen sich durch schmerzhafte und teure chirurgische Prozeduren zwanzig oder dreißig Jahre jünger zu machen versucht, kann sie einem nur leid tun. Wenn Frauen nur innerhalb eines bestimmten Altersbereichs als Ansagerinnen im Fernsehen zu gebrauchen sind, ist das ärgerlich. Wenn Mädchen aufgrund eines tiefgreifenden kulturell-physiologischen Prozesses immer früher menstruieren (das jüngste mit sieben), ist das besorgniserregend. Aber wenn die Gesellschaft kleinen Mädchen diktiert, sich zu schminken und hochhackige Schuhe anzuziehen, um in die Altersklasse der Verführung aufzusteigen, kann das tragisch sein.

Kelly ist eine Wucht. Massenhaft Locken, mit Haarspray fixiert. Bemalte Lippen in erstarrtem Lächeln, Augen starr vor Wimperntusche und mit dem lockenden Komm-doch-her-Blick. Und ihr Satinkleidchen ist sehr kurz und ihr Oberteil sehr reduziert. Auf dem einen Photo lehnt sie sich albern lächelnd in ihrer Spitzenwäsche zurück. Kelly hat den Mini-Miss-Wettbewerb gewonnen, in dem das hübscheste kleine Mädchen (und zugleich die blödeste Mutter) in Großbritannien gesucht wurde. Kelly war acht.

Schönheitswettbewerbe für Kinder haben in Amerika vor über dreißig Jahren begonnen. (Heute sollen übrigens auch Kinder unter das Messer von Schönheitschirurgen kommen, um ihre Chancen zu verbessern.) Der Gewinn aus diesem Geschäft ist vielleicht nur ein Übelkeit erregendes Posieren im Rampenlicht und die schrille Befriedigung elterlicher Eitelkeit. Der Schaden, der daraus entsteht, daß man kleine Mädchen in die Altersgruppe der Halbwüchsigen oder Erwachsenen preßt, ergibt sich aus dem Interesse, das die Magazine, die über diese Schönheitswettbewerbe für Kinder berichten, bei den Pädophilen finden: Sie penetrieren mit ihrem Blick diese hübschen, herausfordernd aufgemachten Sechsjährigen, die man auf Sechzehnjährige getrimmt hat. Sechs Jahre alt war auch die amerikanische Kinder-Schönheitskönigin JonBenet Ramsay, als man sie Ende 1996 ermordete. Spuren wiederholter Vergewaltigung fanden sich an ihrem Leichnam. Nachdem man sie zuerst gezwungen hatte, wie eine Erwachsene auszusehen, zwang man sie anschließend zu sexuellen Handlungen, die nicht ihrem Alter entsprachen. »Du mußt stillhalten, wenn du fotografiert wirst«, wird man ihr hundertmal befohlen haben, und als sie starb, wehrte sie sich nicht, sondern hielt still in der fürchterlichen Passivität der schon lange Mißbrauchten, bis sie zu einem beispielhaften Stillhalten erstarrte. Das »erwachsen gemachte« Kind war dem mörderischen Angriff erlegen.

Der Körper einer Frau macht größere Veränderungen durch als der eines Mannes. Einmal im Monat hat sie »ihre Tage«. Wenn ein Kind geboren wird, kommt »ihre Zeit«. In den »Wechseljahren« wird sie eine andere Person. Die »Wechseljahre« der Frau sind gewöhnlich dramatischer – entweder problematischer oder befreiender – als die des Mannes. Die Geburt eines Kindes wirkt sich von Natur aus stärker auf die Mutter als auf den Vater aus, und die Menarche bei den Mädchen ist plötzlicher und symbolhafter als der entsprechende Vorgang bei den Jungen.

In vielen Kulturen wird der Menstruation eine »geheiligte« Kraft zugeschrieben. Bei den Polynesiern und den Sioux ist das Wort für »tabu« oder »heilig« dasselbe wie für das Menstruieren. In der Sprache der Dakota-Indianer bedeutet »Wakan« zugleich »spirituell«, »wundervoll« und »menstruell«. In anderen Gesellschaften benutzen Schamaninnen und Medizinfrauen den Zustand während der Menstruation als Quelle ihrer Macht. In Westafrika besagt ein Mythos der Dogon folgendes: Eine Frau findet den Rock der Mutter Erde, der mit Menstruationsblut befleckt ist. Sie nimmt ihn, zieht ihn an, und er gibt ihr eine ungeheure Macht über die Männer. Aber schließlich stehlen die Männer den Rock und errichten dadurch ihre Herrschaft über die Frauen.

Während der Demonstrationen gegen die Stationierung der Atomraketen auf Greenham Common war am Zaun des Friedenscamps ein Slogan zu lesen: »Kriegführung ist getarnte Menstruation.« Was bedeuten sollte: Kulturen, die die Menstruation hassen, sind die kriegslüsternsten, blutgierigsten. Oder auch: Männer, deren Blut nicht so besonders wallt, müssen das äußerlich, durch Krieg kompensieren. Daß das Paramenstruum (die zwei Tage vor der Periode und die ersten beiden Tage der Menstruation) eine Zeit starken sexuellen Begehrens sein kann, zeigt die Forschung und das zeigen auch anekdotenhafte Beweise. (Fragen Sie Ihre Freunde, fragen Sie sich selbst, Affären und Liebesgeschichten beginnen oft in dieser Zeit.)

Die Kachin im Norden Burmas haben ein Wort – »Majan« –, das buchstäblich »Frauensache« heißt. Es wird in der Bedeutung »Liebeslied« und »Kriegsführung« und »Schußfäden am Webstuhl« gebraucht – der Gedanke der sexuellen und der kriegerischen Macht wird miteinander verbunden. Was bedeutet der Webstuhl? Er ist ein weitverbreitetes Sinnbild der Zeit im Zyklus der Frau und symbolisiert das Hin und Her, von der Menstruation zum Eisprung. Zum Teil ist es ein archetypisches Bild davon, wie Frauen ihre Tage zuzubringen pflegten – mit dem Weben, das sich ständig wiederholt. Aber es steckt noch etwas mehr dahinter. Bruno Bettelheim interpretiert den geringen, durch den Stich mit der Spindel in den Finger bewirkten Blutverlust Dornröschens (die Spinnrockenseite ist die weibliche Linie in einer Familie) als das von der Mutter ererbte Blut. Homers archetypische Penelope sitzt an ihrem Webstuhl, hin und her saust das Weberschiff, Liebe und Krieg, Krieg und Liebe, Menstruation und Eisprung, Eisprung und Menstruation. (Mit symbolischer Treffsicherheit lautete denn auch der Name einer der Autorinnen des umwerfenden Buches über die Menstruation »Penelope Shuttle« : »Penelope Weberschiff«.)

Weltweit ist die Menstruationszeit »der Mond« (oder Monat) oder »Augenblick des Mondes«. Die Maori nennen sie

»Mondkrankheit«. Das Wort »Menstruation« kommt vom lateinischen »mensis«, was »Monat« bzw. »Mond« bedeutet. Der Mondzyklus, 29,5 Tage lang, ist auch der durchschnittliche Menstruationszyklus. Der Vollmond oder Neumond zieht Zyklen, bewirkt Ebbe und Flut im Meer und auch in der Frau, Ebbe und Flut des Ozeans entsprechen dem Eisprung und dem Blutfluß der Frau. In allen Kulturen bedeutet der Mond sowohl magische Inspiration als auch Wahnsinn – genau wie beim Paramenstruum. Zauberinnen haben weltweit die Mondzeiten benutzt, um ihren Zyklus »mitzuziehen« – im Mondlicht liegend, wie sie es auf den Shetlandinseln tun. In Indien, so Mircea Eliade, wirken Zauberkräfte nur bei Mondlicht, und der Mond gelte dort sowohl als Ursache der Menstruation als auch der Zeit selbst.

In der Mythologie der Pirá-paraná heißt es, der Mond kopuliere mit menstruierenden Frauen. Bei diesem Volk ist die Menstruationsgeschichte eine Erzählung von »Romu Kumu«, der Schöpferin. Sie war eine unsterbliche Schamanin, weil sie einen heiligen »Flaschenkürbis« in sich hatte – den gebärmutterförmigen Flaschenkürbis der schamanischen Kraft, der, wie die Geschichte besagt, »nach ihrer Vagina stank«. Als sie ihre schamanische Kraft an die Männer verlor, wurde ihre Menstruation zu einer Strafe – nun hatte sie »Feuer« in ihrer Vagina und wurde zu einem menschenfressenden, sexuell unersättlichen Ungeheuer mit »Fischgift als Schamhaar«.

Wie der Mythos der Dogon scheint auch dieser hier die implizite Geschichte der weiblichen Erfahrung wiederzugeben: Wird das Paramenstruum respektiert, ist es eine Zeit außergewöhnlicher Macht, aber wenn man es unterdrückt, wird es zu einer Strafe, zum Fluch.

Die männliche Gesellschaft legt großen Wert darauf, daß die Menschen sich im Lauf der Zeit nicht verändern. Von den Angestellten wird »Zuverlässigkeit«, von den Eltern »Konsequenz« verlangt. Gelobt wird, wer »voll da« ist, wer »nicht ganz bei der Sache ist«, wird kritisiert. Aber dieses »da sein« impliziert, daß immer derselbe Mensch da ist. Frauen sind aber nicht immer dieselben. Es gibt sie in mindestens zwei verschiedenen Daseinsweisen, je nachdem was für eine Zeit es ist. Zur Zeit des Eisprungs ist man nicht dieselbe wie vor der Menstruation. Am einen Pol angelangt, kann man sehr wohl kooperativ, entspannt und nett sein. Am anderen Pol dann aber sehr eindringlich und schwierig, voller Kraft und unberechenbar. (Wahrscheinlich.) Die männliche Gesellschaft negiert oder bestraft diese Pluralität der Zeiten. Der menstruelle Zyklus, schreiben Shuttle und Redgrove in *Die weise Wunde Menstruation*, gilt als »eine periodische Krankheit, die nur als unangenehmer Zeitverlust von Bedeutung, für das richtig verbrachte, ordentliche Leben des Mannes aber unwesentlich ist«.

Die männliche Gesellschaft versucht die weibliche Zeit durch Spötteleien, Haß oder Mißachtung zu homogenisieren. Aber viele Frauen fühlen einen Drang, an diesen Tagen, wenn sie menstruieren, aus der »männlichen Zeit« wegzulaufen. Naturvölker hatten oft eine »Menstruationshütte« – in die die Frauen nicht gingen, weil die Männer sie dorthin »verbannten«, sondern weil sie an einem Ort unter sich sein wollten.

Wenn eine Frau ihren inneren Kalender dem männlichen anzupassen gezwungen wird, ruft das in ihr böse prämenstruelle Gefühle hervor, als wäre sie eine verwundete Katze, die von Läusen geplagt wird. Aber schlimmer noch: Es ist eine schreckliche Vergeudung ihrer stärksten Zeit, ihrer besten Zeit – besser ist es, sie folgt ihrem eigenen, mächtigen Rhythmus. C. G. Jung schlug vor, die Frauen sollten während der ersten drei Tage ihrer Periode von der Arbeit befreit werden, um dem männlichen Arbeitsrhythmus zu entrinnen. Havelock Ellis schrieb 1910:

»Vielleicht kommt einmal die Zeit, in der wir die Einteilungen des Jahres für die Frauen ändern müssen. Dem Mann würden wir dann die Arbeitswoche lassen und der Frau dieselbe Anzahl von freien Tagen pro Jahr geben, aber in Gruppen von je vier freien Tagen hintereinander pro Monat. Wenn die Frau ihre wahren physiologischen Rechte geltend macht, wird sie hier anfangen und ihren Stolz darauf konzentrieren, was der Mann in einem Zeitalter der Ignoranz als Schmach anzusehen sie gelehrt hat.«

Wieviele Monate hat ein Jahr? Das kommt darauf an, wer Sie sind. Das Jahr des Mannes wird von der Sonne bestimmt und zählt zwölf Monate. Das Jahr der Frau beherrscht der Mond, und wir haben dreizehn Monate im Jahr. Deshalb, meint Bruno Bettelheim, ist es die »dreizehnte Fee« im Märchen, die den »Fluch« ausspricht. (Aus diesem Grund hat dieses Buch, das zum Großteil in einem weiblichen Jahr geschrieben wurde, dreizehn Kapitel.)

Fast ausnahmslos erinnern sich Frauen an ihre erste Periode. Für manche ist es ein Initiationsritus, ein liebevolles, von Kerzen erleuchtetes Mondmysterium, das die modernen Zauberinnen vorbereiten, eine kritische Zeit für die ganz junge Frau. Aber den meisten Frauen stiehlt die übermäßig vermännlichte Gesellschaft die süße, spezielle Magie der ersten Menstruation und ersetzt sie durch einen Fleck – einen dunklen, schmierigen Fleck in der Unterhose und einen irritierenden Fleck im Bewußtsein. Es ist eine einsame, stille, antizeremonielle Demütigung, eine schmutzige Schande, die die Mädchen zu einem zweiten Sauberkeitstraining in die Toiletten zwingt. Wie dreht man sich am besten, um zu sehen, ob die Einlage zwischen den Beinen sich als Ausbeulung in den Jeans bemerkbar macht? Ob das Blut hinten in den Rock durchgesickert ist. Wie geht man zur Toilette und schmuggelt in der Socke die Tampons? Wie wickelt man einen gebrauchten Tampon ein? Oder soll man ihn ins Klo spülen? Wie wischt man das Blut von der Klosettbrille, bevor andere Leute es sehen? Wie stellt man es an, daß das rote Blut nicht in der weißen, sauberen Welt der Männer auftaucht?

In der Welt der Frau hat die Menarche, die erste Blutung, und haben auch alle folgenden Perioden einen zauberhaften, inspirierenden – und gemeinschaftlichen– Aspekt. Es gibt Rendezvous von Frauen miteinander und mit dem Mond. In der Welt des Mannes beginnt mit der Geschlechtsreife der einsame Wahnsinn und ein lebenslanges Rendezvous mit dem Porzellanmond im Klosett. Da die Bedeutung der Mensis als »Inspirationsquelle« unerkannt bleibt, weil das Patriarchat sie immer wieder so hartnäckig und vergeblich wegzuspülen unternimmt, muß sie zwangsläufig als scheußliche

Wiederkehr, als widerliche periodische Verrücktheit, als hartnäckiger roter schwimmender Tampon in der Toilette auftauchen.

Sogar heute noch wird die Menstruation als etwas Abstoßendes eingeordnet. In Großbritannien darf Werbung für den »sanitären Schutz« (was für ein blöder Ausdruck) erst nach neun Uhr im Fernsehen gezeigt werden – wie alles »Anzügliche«. Und außerdem darf in dieser Werbung nicht das Wörtchen »Blut« vorkommen. Eine blaue Flüssigkeit ist der Ersatz.

»Ein Schwert, Messer oder jedes Werkzeug mit einer scharfen, schneidenden Kante, mag es auch noch so strahlen, wird dunkel ... Eisen und Stahl rosten jetzt und Messing desgleichen und ein übler, starker, giftiger Gestank geht von ihnen aus ...«

So spricht Plinius in seiner *Naturgeschichte* über die Macht einer menstruierenden Frau: »Es läßt sich kaum etwas Ungeheuerlicheres finden als dieser Fluß und Verlauf bei ihnen.« Aber nicht doch. Es ist ein eher majestätischer als monströser, eher geheimnisvoller als widerlicher Vorgang, und seine brennende, vulkanische Energie ist mächtiger als Plinius ahnte. Daß Plinius dadurch umkam, daß er in die rote, feurige Hölle eines brennenden Vulkans stürzte, bereitet mir ein gewisses boshaftes Vergnügen.

Shuttle und Redgrove stellen zu Recht fest, daß der Haß auf die Hexen in Wirklichkeit ein Haß auf die Menstruation ist. Die den Hexen zugeschriebene Macht ist die der menstruierenden Frauen. Alle Bilder stimmen überein: das Blut, der Mond, die Macht, die Hitze, der Kessel – Gebärmutter oder Hexenkessel – und das Feuer. Die Männer, speziell die der christlichen Kirche, haben die menstruellen Zyklen der Frauen unablässig verteufelt, »weil die Frauen zur Macht gelangen könnten, sobald sie sie verständen«. Das spielt sich in einer Gesellschaft ab, in der das männliche Wissen und »die Wissenschaft« eine fürchterliche Angst vor und einen schrecklichen Haß auf das weibliche Wissen haben. Die traditionellen Hebammen wurden oft als Hexen verdammt – ein großer Teil der in den Hexenjagden des 16. und 17. Jahrhunderts angeklagten Frauen waren Hebammen. Die Hexenjagden fanden gleichzeitig mit der Übernahme der Hebammenarbeit durch die Männer statt, als die männliche Wissenschaft Hand in Hand mit dem patriarchalischen christlichen Staat die Kunst der »weisen Frauen« verfolgte, die eine tiefgreifende Kenntnis der Zeitrhythmen der Frauen, ihrer Zyklen, Monde, ihrer Empfängnis und ihrer Geburten voraussetzte.

Die Zeit der Frau in all ihren Bedeutungen wurde von den Männern verworfen und unterdrückt. Alte Frauen wurden gehaßt, und mit diesem Erbe haben wir heute noch zu tun, wenn der kosmetische Chirurg Silikonangst in die Seelen der Frauen pflanzt, während die Gesichter älterer Frauen mit Faceliftings in Plastiken verwandelt werden müssen. Die innere, menstruelle Zeit der Frau wird immer noch mit Abscheu und Ekel behandelt: Ihre glänzende, mächtige Mondzeit soll ein Objekt der schamhaften Verleugnung und des Hasses sein. Die Zeit der Frau während des Gebärens wurde von der männlichen Gynäkologie überholt, und die Kaiserschnitte aus Bequemlichkeit, die wir heute haben, bezeugen diese Usurpation.

»Jede Woche versuche ich das Everyman-Kreuzworträtsel zu lösen – und versage ganz erbärmlich«, schrieb neulich eine Frau an die Zeitung *The Observer*. »In den letzten beiden Jahren habe ich es nur zweimal geschafft. Und beide Male habe ich wenige Stunden später ein Kind zur Welt gebracht. Gibt es irgendwelche medizinischen Hinweise darauf, daß als Begleiterscheinung der einsetzenden Wehen der Intellekt geschärft wird?«

Wahrscheinlich nicht. Wenn Männer Kinder gebären würden, gäbe es mit Sicherheit eine Million derartiger Studien, aber lassen wir das. Der Brief dieser Frau ist ein scharfes Detail in einem größeren Bild. Schwangere Frauen haben einen mächtigen inneren Zeitrhythmus, vor allem während der Wehen. Daß Geburten mit Mondphasen zusammenhängen, ist den Hebammen seit langem bekannt. Die besten Ärzte erkennen an, daß der Zeitrhythmus etwas tief Idiosynkratisches ist. Aber die Zeit der Frauen beim Kindergebären wurde schon seit der Übernahme der Hebammenarbeit durch die

Männer deren zwangsweiser öffentlicher Zeit unterworfen, die diktiert, daß die Frauen sich dem Sonnenkalender, nicht dem des Mondes, und der öffentlichen Zeit anpassen sollen. Ihre innere, private Uhr darf seither nichts mehr bestimmen.

»Ihre Zeit ist gekommen« ist eine der vielsagendsten Redensarten, die vom Einsetzen der Wehen handeln. Wie die erste Blutung ist es eine kritische Zeit – aber diese »natürliche« und idiosynkratische Zeit, *ihre* Zeit, nicht die irgendeines anderen, wird in der vermännlichten Welt der Geburtshilfe oft der Bequemlichkeit der Ärzte und Kliniken und deren Planung geopfert. Wenn eine Frau beim Gebären langsamer ist, als es die öffentliche Uhrzeit gebietet, wird mit der Geburtszange nachgeholfen.

Vor hundert Jahren hieß es noch, die sicherste Behandlung lang dauernder Wehen sei »die Tinktur der Zeit«. Man sollte warten. Auch der Ausdruck »werdende Mutter« deutet auf dieses Warten hin. Aber heute läßt man das Warten nicht mehr zu. Für die Geburtshelfer sind die meisten Vorgänge beim Gebären zeitlich limitiert. Die Wehen werden eingeleitet. Vorzeitige Wehen werden gestoppt. Das Weiten des Gebärmutterhalses entspricht dem Zeitplan. Mit Saugglocke oder Kaiserschnitt beschleunigt man den Geburtsvorgang.

In ihrer Studie über Mutterschaft, *Forced Labor*, zeigt die Autorin Nancy Shaw, wie man die Frauen, die gebären wollen, sozusagen aufs Fließband packt, das der »industriellen Zeit« unterworfen ist. »Ein Hauptkennzeichen des industriellen Geburtenmanagements ist die Unterwerfung des Gebärens unter die industrielle oder Normaluhrzeit.« Hebammen in Irland berichten, daß die Geburtshelfer wie besessen die Zeit zu verringern suchen, die eine Geburt braucht, seit 1980 das Buch *Active Management of Labor* erschienen ist. Darin wird empfohlen, bei allen Frauen sofort nach Aufnahme in die Klinik das Fruchtwasser zu entfernen. Geburten sollten nicht länger als zwölf Stunden dauern. Langsame Wehen seien mit Medikamenten zu beschleunigen. Somit werde die Kapazität, der Durchlauf an Patientinnen gesteigert. Was bedeutet »Geburtshelfer« denn eigentlich? Jemand, der den Geburtsvorgang beschleunigt? Nein: Jemand, der der Frau beim Gebären hilft. Helfen kann nicht heißen, schnelle Geburten zu forcieren.

Daß ich das »Royal College of Midwives« nach der Zeit der Frauen während des Gebärens gefragt habe, war eindeutig ein großer Fehler. Daß ich vom Mond sprach, fanden sie lächerlich. Als ich sie um eine Äußerung über die Wichtigkeit, die eigene Zeit der Frau während des Gebärens zu respektieren, bat, sagten sie: Wenn ich ihnen einen Fragenkatalog zukommen ließe, würden die männlichen Leiter der PR-Abteilung vielleicht gegen eine Gebühr einen Geburtshelfer bitten, eine Stellungnahme abzugeben. Einen Geburtshelfer: einen Mann. Ihre Zeit sei Geld, sagten sie. Aha. Die von Männern beherrschte und geldorientierte Medikalisierung der Geburtshilfe macht in der Tat mit der Zeit der Frauen kurzen Prozeß.

»Die Zeit ist das Allerwichtigste bei der Geburt«, sagt Jan Tritten, Herausgeberin der amerikanischen Hebammen-Zeitschrift *Midwifery Today*. Sie hat zwölf Jahre lang als Hebamme gearbeitet und befürwortet die natürliche Geburt. »Ihre Zeit ist gekommen« – was bedeutet ihr diese Redewendung? Sie grübelt. »Wenn man diesen Satz hört, klingt er heute natürlich altmodisch. Heute würde man einer Frau nicht mehr erlauben, auf ihre Zeit zu warten. Was wir heute immerzu hören, ist: ›Es ist bei ihr nicht schnell genug gegangen. Es geht nicht schnell genug bei ihr, also machen Sie einen Kaiserschnitt‹.«

Die Ärzte, sagt sie, »geben der Frau nur eine bestimmte Zeit. Es wäre statt dessen besser, sie völlig ihrem eigenen Zeitplan zu überlassen. Zum Beispiel würde eine Frau in der zweiten Phase der Wehen oft ins Bett gehen, wenn man sie ließe.« Vom Royal College of Midwives in Großbritannien kann man nicht erwarten, daß sie sich eine Mondphasentabelle an die Wand hängen. Aber Jan Tritten sagt: Der Mond »*muß* wichtig sein.« Sie erzählt, daß sie einmal acht schwangere Frauen hatte, die im Zeitraum von fünf Wochen gebären sollten. Und dann fand plötzlich eine kleine Mondfinsternis statt, und innerhalb von dreißig Stunden, fünfzehn Stunden vor und fünfzehn nach der Mondfinsternis, waren alle acht Babys zur Welt gekommen.

Niemand weiß, wann ich geboren bin. Meine Mutter, die Gute, hat nicht auf die Zeit geachtet. Sie sagt, es sei völlig unwichtig, ob es ein Dienstag oder Sonntag, mittags oder nachts, Dezember oder Juni war – die objektive, öffentliche Uhr bedeutete ihr nichts, da ihre eigene, innere Zeit so mächtig war. Sie brachte mich zu Haus zur Welt. Keine künstliche Uhrzeit beschleunigte den Geburtsvorgang. Aber bei vielen Frauen stehen die beiden Zeitarten miteinander in einem starken Konflikt. Das unübertreffliche, archetypische Zeitgefühl der Frau trifft auf einen Ort, der mehr von der Uhr beherrscht wird als beinahe jeder andere – sie liegt auf einer Entbindungsstation.

Meg Fox, als Hebamme eine Laiin, außerdem Mutter und feministische Gelehrte, schreibt über die Zeit der Geburt: »Die Frau, die in den Wehen liegt, wird durch die Stärke der Kontraktionen gezwungen, sich ganz darauf zu konzentrieren. So verliert sie den Kontakt zur normalen Uhrzeit, den sie normalerweise hat. Ihrem Gefühl nach steht die Zeit still. Die Augenblicke fließen zusammen ... Statt einer Aufeinanderfolge und linearen Entwicklung zu gehorchen, wird sie von einer Fülle von Empfindungen überwältigt, die ihre Aufmerksamkeit von der äußeren Welt ablenken. Sie taucht in die Unmittelbarkeit ihrer Erfahrungen ein ... Vom Rhythmus der Wehen erfaßt, ist sie, während ihr Körper sich abmüht, in Berührung mit einer wahrhaft zeitlosen Gegenwart ... einem Bereich außerhalb der Zeit, einer Erfahrung der Unsterblichkeit.«

Frauen, die Kinder gebären, haben einen privilegierten Zugang zu einer Zeit, die sich auf unbeschreibliche Weise von der Standardzeit unterscheidet. Denn das Hervorbringen neuen Lebens ist auf eine gewisse Art »Zeitschöpfung«. Die Frauen kreieren dadurch, daß sie gebären, buchstäblich eine neue Zeit. Aber die Mutterschaft, dieses riesige, archetypische Schöpfungswerk, wird in der modernen Gesellschaft verunglimpft. Statt die Schönheit des schwangeren Körpers anzuerkennen, betrachtet man ihn als häßlich, und der Geburtsakt ist oft eine grausam würdelose ärztliche Prozedur. Und »Mutter sein« heißt, den niedrigsten sozialen Status einzunehmen.

Warum ist das so? Zum Teil erklärt es sich aus der geschlechtsspezifischen Haltung zur Zeit. Die traditionelle Arbeit der Frauen, auch die Arbeit der Mutterschaft, ist zyklisch, muß immer wieder getan werden, ist durch Wiederholung einfacher Tätigkeiten gekennzeichnet: Wasser holen (das verbraucht wird), Wäsche waschen (die wieder schmutzig wird), kochen (für Familien, die wieder hungrig werden) – eine sisyphosartige Quälerei, wie schon Simone de Beauvoir erkannte.

Frauenarbeit ist »vergängliche« Arbeit, einschließlich der Schaffung bloßer, nicht haltbarer menschlicher Wesen. Als viel wertvoller gilt Männerarbeit – lineare, »dauerhafte«, massive Entwicklungen, eher einmalige als regelmäßige Sachen. (Die Arbeit der Mütter gilt gar nichts. Hochgeschätzt ist die der Nuklearphysiker. Obwohl die einen Zeit und Leben schaffen, die anderen aber Vergiftung und Tod.) Der Unterschied ist subtilerer Art. Gleiche Bezahlung für Frauen und Männer, das ist zwar auch wichtig, aber der Unterschied liegt darin, daß die Zeit männlichen Stils privilegiert ist und einen hohen Status genießt, während die Zeit weiblichen Stils unterprivilegiert ist und einem niederen Status zugeordnet wird.

Auf englischen Spielplätzen herrscht ein Jargon, in dem man Kinder, die körperlich oder emotional nicht hart und abgebrüht sind, als »wet« (feucht) bezeichnet. Übertrieben mädchenhaft ist ein anderer Ausdruck dafür. Margaret Thatcher tat jene ihrer Kabinettsmitglieder als »wet« ab, die nicht so männlich hart wirkten, wie sie selbst es war. In den Ritualen der Tlingit-Völker in Alaska und British Columbia wird »Feuchtigkeit« mit »Unbeständigkeit« assoziiert, und beide stehen im krassen Gegensatz zur »Trockenheit«, die man mit dem »Ewigen« gleichsetzt. Auch in Kamerun unterscheidet man deutlich zwischen »feucht« und »trocken«: Frauen sind feucht, Männer trocken.

Nehmen wir eine Situation in Indien. Frauen holen Wasser. Dazu müssen sie manchmal meilenweit laufen. Es ist eine jahrhundertealte Arbeit, die unaufhörlich getan werden muß und den ganzen Fluß des Lebens im Gang hält. Es ist dort eine der wertvollsten Arbeiten, die es gibt. Aber nun ist ein riesiges, männliches Entwicklungsprojekt in Planung. Ein Damm, ein massiver, spektakulärer einmaliger Job. Durch ihn werden Tausende von Menschen vertrieben und heimatlos gemacht. Unter anderem werden die Frauen gezwungen sein, immer weitere Wege zurückzulegen, um Wasser herbeizuschaffen. Der Damm ist »spektakulär«, die zyklische Frauenarbeit hingegen »unsichtbar«. Die indische Feministin, Physikerin und Philosophin Vandana Shiva schreibt: »Je wirkungsvoller die Lebenszyklen – als wesentliche ökologische Prozesse – erhalten werden, um so unsichtbarer werden sie. Unterbrechungen sind gewaltsam und sichtbar. Gleichgewicht und Harmonie sind Erfahrungen, die unsichtbar bleiben. Die Bevorzugung des Sichtbaren durch die patriarchalische Fehlentwicklung führt zur Zerstörung der unsichtbaren Energien und der Arbeit der Frauen und der Natur. Statt dessen wird eine spektakuläre, zentralisierte Arbeit und ein spektakulärer, zentralisierter Reichtum geschaffen.« Vielleicht steckt alles in den Genen. Ein Mann sein heißt einen Damm bauen. Eine Frau sein heißt fließen. Frauen fließen in ihren Zyklen und schaffen im Zyklus des Kindergebärens Zeit. Zeit, die in der universellen Analogie wie ein Fluß durch die Welt rinnt. (»Alles fließt«, wie Heraklit erklärt hat.) Aber das Patriarchat dämmt den Fluß. Erzwingt Mega-Damm-Projekte in der »Dritten« Welt, dämmt den natürlichen Lauf der Flüsse ein. Frauen haben den Widerstand gegen den Dammbau angeführt. In einer gefeierten Vollmondnacht führten Frauen zehntausend Dorfbewohner an, um den Bau des Damms am Narmada-Fluß in Indien zu stoppen. Es ist ein Konflikt, der einen viel weitgehenderen Kampf beinhaltet, den zwischen dem Patriarchat und den Frauen, einen Konflikt zwischen dem Damm-Prinzip und dem Fluß-Prinzip.

Die Zeit fließt wie ein Fluß, aber die übermäßige Beachtung der Uhr in der Moderne (des Damms an der Wand) stoppt den Zeitfluß. Der natürliche Zeitfluß der Frauen wird durch den Damm der kosmetischen Chirurgie angehalten. Das Ergebnis ist ein verbrauchter, schaler Gesichtsausdruck der operierten Frauen. Nichts fließt mehr. Alles ist zu einem fixierten Lächeln in einem zurechtgeschnitzten Gesicht erstarrt. Die von Männern beherrschte Gesellschaft verdammt alte Frauen und die Zeit der ersten Blutung und dämmt die fließende Zeit des Kindergebärens ein, so daß sie in Kanälen dahinfließt. Sie verdammt und dämmt auch menstruierende Frauen ein. Die weibliche Zeit fließt flüssig, flutet überall. Laßt sie fließen.

6

Feucht und rund oder trocken und linear?

Zeitkonzepte in Religion und Wissenschaft

»Wenn du mit Zeit so vertraut wärst wie ich«, sagte der Hutmacher, »würdest du nicht davon sprechen sie zu verschwenden. Es muß ihn heißen.«

Lewis Carroll, Alice im Wunderland

Der mexikanische Tag der Toten ist eine Danse Macabre in voller Glorie. Ein fürchterliches Skelett, aus dem Blumen sprießen, Äpfel wachsen aus seinen Schulterblättern, Insekten schwirren in seinem Schädel, auf seinen Fingerknöcheln sitzen Vögel, Efeu wuchert aus seinen Schenkelknochen und Gänseblümchen nisten auf seinen Zehen, es tanzt einen fantastischen Fandango und wirkt wie die absurde Karikatur eines Hippies. Nichts illustriert so kraß und deutlich den positiven Glauben an die Reinkarnation und daran, daß die Zeit sich zyklisch bewegt. Aus dem Tod entsteht wieder Leben. Einige dieser Skelette sieht man buchstäblich radeln, munter durch Leben und Tod.

Ist die Zeit ein Pfeil oder ein Fahrrad, eine gerade Linie oder ein Kreis? Einst herrschte weithin der Glaube an ihre zyklische Natur. Die Hopi-Indianer stellen sich die Zeit als ein Rad vor, das sich einsam dreht. Die Gabra in Ostafrika glauben an »Finn«, was Fruchtbarkeit oder Reichtum in den Lebenszyklen bedeutet. Gemäß der Hindu-Philosophie bewegt sich die Zeit in den unermeßlich langen Zyklen, die sie Kalpas nennen. In der griechischen Philosophie waren es die Aionen, in denen die Zeit sich unaufhörlich drehte. Die Stoiker glaubten an eine ewige Regenerierung des Kosmos. Aristoteles sagte: »... denn die Zeit selbst wird als ein Kreis verstanden.« Platon: Die Zeit sei ein »sich bewegendes« oder

»drehendes« Abbild der Ewigkeit. Die ganze Menschheitsgeschichte hindurch scheint man die Zeit für etwas Kreisförmiges gehalten zu haben, da man sie von den kreisenden Bewegungen der Sonne, des Mondes und der Sterne nicht zu trennen vermochte.

Erst die westliche Moderne sieht die Zeit als etwas Lineares an, das sich schnurgerade aus der Vergangenheit in die Gegenwart und weiter in die Zukunft erstreckt. Eine höchst merkwürdige Vorstellung. G. J. Whitrow, Expertin in der Philosophie der Zeit, erklärt: »Unser Konzept von der Zeit ist ... außergewöhnlich ... Das ist eine der Sonderbarkeiten der modernen Welt.«

Dieses Kapitel ist keine »Kurze Geschichte der Zeit«. Es versucht nicht festzustellen, was die Zeit »ist« oder »nicht ist«, wie man das in der Religion oder Philosophie oder Wissenschaft vielleicht unternimmt. Sondern es untersucht, in welcher Weise Zeitkonzepte – speziell in der Religion und der Wissenschaft – ein Teil der ganzen kulturellen Landschaft sind. Speziell geht es darauf ein, was bisher selten beschrieben wurde, daß die Zeit immer ein höchst geschlechtsspezifisches Konzept ist. Die lineare Zeit ist phallisch, männlicher Gestalt. Die zyklische Zeit entspricht dem indischen Begriff der Yoni. (Die Yoni ist der äußere Teil des Shakti genannten weiblichen Geschlechtsorgans. Shakti ist Frau eines Gottes, speziell Shivas. Shakti ist auch das weibliche Prinzip oder die Kraft, Kinder zu gebären.)

Die zyklische Zeit ist weiblicher Gestalt. Genauso wie der weibliche Körper Zyklen unterworfen ist – Zyklen hat. Hinzu kommt: Wie die Zeit in einem Zeitalter der Menschheit jeweils dargestellt wird, ist ein ziemlich exakter Schlüssel zu der Art, wie dieses Zeitalter »das Weibliche« behandelt.

Es ist nicht leicht zu erforschen, ob in den allerersten menschlichen Gesellschaften, in denen die Zeit als etwas Zyklisches galt, Frauen Respekt entgegengebracht wurde, ob sie Gleichheit genossen und Macht hatten in den ersten Ackerbaugesellschaften zum Beispiel, in denen Zeit die durch die Landwirtschaft bestimmte Aufeinanderfolge der Jahreszeiten, Rad des Lebens war. Auch läßt sich in Indien heute schwerlich behaupten, daß die weitverbreiteten Abbildungen der zyklischen Zeit mit dem gebührenden Respekt gegenüber den Frauen verbunden sind. Wahrscheinlich ist es zu plump, die »Position der Frauen« als Kennzeichen für zyklische oder nichtzyklische Zeit zu nehmen. Das Geschlecht ist eine subtile Sache in einer Gesellschaft und deckt sich nicht unbedingt mit den Kategorien weiblich/männlich. Deutlich ist nur, daß mit dem Eintreffen der linearen, männlichen Zeit die Frauen in ihrer gesellschaftlichen Stellung in der Tat herabgestuft wurden und alles Weibliche verunglimpft wurde.

Die Zeit wird oft als etwas Weibliches gesehen – auf beiden Seiten des Lebens: vor der Geburt und nach dem Tod; im Mutterleib und bei der Beerdigung in der »Mutter Erde«. Traditionell waren die Wächter an diesen beiden Toren weiblichen Geschlechts.

Im Gegensatz zum modernen Westen, der die Sonne dem Mond als Zeitgeber bei weitem vorzieht, bedienten sich die frühen Gesellschaften auch des Mondes, mit all seinen weiblichen Assoziationen. Der Mond, der Zeit und Gezeiten bewegt, bewirkt die Flut des Meeres und die Blutflut der Gebärmutter. Die durchschnittliche Länge eines menstruellen Zyklus entspricht der des Mondzyklus. Die beiden Zeitcharaktere – die der Mond auf der einen und die Sonne auf der anderen Seite darstellt – sind geschlechtsspezifisch: Der Mond verändert sich im Laufe eines Monats vom »Vollmond« zum »leeren« Mond, entspricht also der Erfahrung, die eine Frau im Laufe eines Monats macht. Die Sonne hingegen behält immer dieselbe Gestalt, genauso wie es der Erfahrung des Mannes entspricht.

Weltweit wird der Mond als »weiblich« betrachtet (z. B. la lune im Französischen; *der* Mond im Deutschen ist eine Ausnahme). Und die Sonne gilt in den meisten Gesellschaften – z. B. le soleil im Französischen – wiewohl nicht in allen – z. B. *die* Sonne im Deutschen – als männlich. Als das Patriarchat das Matriarchat verdrängte, wurden die Mondkalender weniger wichtig, und die Sonnenkalender traten in den Vordergrund. »Mond«-Tag wich dem »Sonn«-Tag. Die indoeuropäischen Krieger der Erobervölker besiegten die mit dem Mondkalender lebenden, erdzentrierten Völker. Sie brachten Himmelsgötter, Kriegerkulte und eine patriarchalische Gesellschaftsordnung mit. Bei den Hunnen bedeutete »Tengri« sowohl »Gott« als auch »Himmel«. Ebenso bedeutet das Wort »Akuj« bei den Turkana in Nordwestkenia beides, »Gott« und »Himmel«. Das Nomadendasein, darauf weist George Monbiot hin, hat viel damit zu tun: Die Nomaden verehren normalerweise den Himmel und sind monotheistisch. Die alten Israeliten zum Beispiel glaubten daran, daß ein Gott in einem himmelblauen Zelt lebe. Ihr eigenes Leben war zwar nomadisch, aber ihr Gott war fixiert und statisch. Blau, weithin als Symbol der Ewigkeit angesehen, ist die Farbe, die diese Unveränderlichkeit der Zeit am besten darstellt.

Mithras war ein rindertötender Krieger. Als Sonnengott kletterte er in himmelhohe Erhabenheit hinauf und hatte mächtigen Einfluß auf die Römer – vor allem auf die römischen Soldaten. Im 3. Jahrhundert n. Chr. erreichte er seine größte Bedeutung. Und von da an war nicht mehr der Tag des Saturn (Saturday) der erste Tag der Woche. Nun war es der »Tag der Sonne« (dies solis), der Sonntag. Und diesen Sonntag wählten die Christen als ihren Tag des Herrn, dessen Nimbus die Sonnenstrahlen waren. 321 nannte Kaiser Konstantin den Sonntag den »Ehrentag der Sonne«. Im 4. Jahrhundert wurde Weihnachten (Christi Geburt) deshalb auf den 25. Dezember gelegt, weil die Sonne an diesem Tag ihr neues Leben nach der Wintersonnwende beginnt.

Nach der Entwertung des weiblichen Mondkalenders wurde die ganze Geschichte des Kalendermachens eine exklusive Männersache, die Zeitmessung wurde an die Macht des Patriarchats gekoppelt. Seitdem bestimmen die Männer über den Kalender: Julius Caesar fügt die Monate Juli und August dem Jahr hinzu; Papst Gregor XIII. führt 1582 den Gregorianischen Kalender ein.

Passend zur selben Matrix (oder Patrix) der Gedanken: Patriarchat plus Sonnenkalender plus Kriegergesellschaft. Ein zeitgenössisches Beispiel: Die Hersteller des Jagdfliegers MiG haben kürzlich ein russisches Kalendergirl – mit dem finsteren Njet-Blick, der nur russischen Modellen eigen ist –

als Werbeträgerin eingesetzt. »Unsere Marketing-Gurus sagen, durch den Anblick eines hübschen Mädchens steigern wir den Absatz«, erklärt der männliche Vertreter der Firma – in einem Code, für dessen Dekonstruktion man keinen Derrida braucht. »Darum dieser Kalender. Jeden Monat eine schöne Frau. Wir haben ihn auch im Westentaschen-Format.« (Daran zweifle ich keinen Augenblick.)

Die jüdische und christliche Religion haben einen starken Einfluß auf den Übergang von den uralten, weiblichen Zeit-Vorstellungen – Mondkalender und zyklische Form – zur modernen, eher solaren Kalenderform, linearen Zeitgestalt und ihrem männlichen Charakter gehabt. Die matriarchalischen Religionen hielten an dem Gedanken der »Wiedergeburt« fest. Das beginnende Patriarchat – mit seinen aufeinanderfolgenden Dynastien und Vater-Sohn-Genealogien (und Salma zeugte Boaz und Boaz zeugte Obed und Obed zeugte Jesse) – schließt eine Wiedergeburt aus und ersetzt die zyklische Zeit durch die lineare Zeit der linearen (patrilinearen) Abstammung.

Der mexikanische Tag der Toten, von scheinbar christlicher Art, ist in Wirklichkeit aber ein Überbleibsel des vorchristlichen Glaubens. Die Zeit radelt weiter, den einen Fuß auf dem Lebenspedal, den anderen auf dem des Todes, in einer Runde der Wiedergeburt, die, wie die meisten zyklischen Bilder der Zeit, einen erlösenden Schwung hat. Das Christentum wollte die Zeit anhalten und einen Stock zwischen die Speichen schieben. Ebenso wie die Zoroasteranhänger und die Juden verdammten auch die ersten Christen die zyklische Zeit mit aller Kraft. Der Hl. Augustinus schrieb in seinem *Gottesstaat*, daß die heidnischen Philosophen Zeitzyklen eingeführt, in denen dieselben Dinge von der Natur immer wieder hergestellt und wiederholt würden, und behauptet hätten, daß dieser Kreislauf vergangener und zukünftiger Zeitalter ohne Unterlaß so weitergehen würde. Aus seiner Sicht könne man diesen irreführenden Kreisläufen, die von falschen, betrügerischen Weisen erfunden wurden, nur durch die gesunde Lehre eines geradlinigen Verlaufs entkommen, denn die Geschichte des Universums sei einmalig, unumkehrbar, unwiederholbar und geradlinig. Sie entfalte sich als eindimensionale Zeitbewegung von der Erschaffung des Lebens bis zum Leben und Tod Jesu und dem Ende der Welt. Die Kreuzigung, ein einmaliges, historisches Ereignis, setze eine lineare Zeit voraus.

Religionen, die die Zeit linear – oder phallisch – sehen, sind ihrem Charakter nach patriarchalisch. Die Zoroasteranhänger hatten ihren männlichen Gott Mazda, hatten ihre Priesterkönige und Magier. Die jüdisch-christliche Bibel ist ein Handbuch des Patriarchats, und einen großen Teil des Neuen Testaments hat der Frauenhasser Paulus verfaßt. Im Talmud sind Frauen – zusammen mit Kindern und Sklaven – von den auf der Zeit beruhenden Geboten – »Du sollst ...« ausgenommen, weil sie keine freien Männer sind: Ihnen gehört die Zeit nicht, sie wird ihnen gegeben.

Jesus selbst war offenbar ein Mann mit einer netten Ausstrahlung, einer von der Sorte, neben die eine Frau sich gern an den Tisch setzt, nur entstammte er der Produktlinie des Patriarchats. Die christliche Troika – Gott-Vater, heiliger Geist und heiliger Paulus – ist exklusiv männlich. Alle Apostel, alle Jünger, alle Priester sind Männer. Für die »wiedergeborenen« Christen heute ist die »Wiedergeburt« in Christo wichtiger als die eigentliche weibliche Geburt aus dem Mutterleib. Selbst das Kreuz, das gültigste christliche Symbol, verwendet »männlich« gerade Linien im Gegensatz zu den yoni-artigen Kreisen der Erdreligionen. (In Somerset, England, haben Einwohner kürzlich einen »Kreiskalender« eingerichtet, um das sich drehende Rad der Jahreszeiten zu markieren. Wütend bauten Christen in der Nähe davon ein Kreuz auf, um »das Böse abzuwehren«, das sie in der zyklischen Ehrung der »Mutter Erde« erblickten.)

Im Christentum gibt es starke Parallelen zwischen der Vermännlichung der Zeit und der Unterdrückung des »Weiblichen« im weitesten Sinn durch die Kirche. Im 6. Jahrhundert war die Ordensregel von Sankt Benedikt grundlegend für der Veränderung des Zeitbegriffs. Der Technologie-Historiker Lewis Mumford schreibt darüber: »Unter diesen Ordensregeln kamen Überraschung, Zweifel, Laune und Unregelmäßigkeit in Verruf. Die eiserne Disziplin der Ordensregel war den erratischen Schwankungen und Vibrationen des weltlichen Lebens entgegengesetzt.« Man kann Mumfords Aussage noch etwas erweitern: Die männliche Kirche kämpfte genau gegen die Aspekte der Zeit an, die man generell als *weiblich* bezeichnen kann – gegen die »Fluktuationen«. Die launenhafte, elastische, veränderliche Zeit sollte zugunsten einer schnurgeraden »männlichen« Zeit ausradiert werden.

Diese beiden Ideen, die Beherrschung der Frauen durch die Männer und die männliche Linearität der Zeit, sind so erfolgreich geworden, haben die Weltanschauung der Gesellschaft so sehr durchdrungen, daß sie unvermeidlich erscheinen. Sie wirken selbstverständlich. Aber genauso wie die Unterwerfung der Frauen durch die Männer nicht kampflos geschah, genauso hat die lineare Idee der Zeit die zyklische nicht leicht überwunden.

Im Mittelalter gab es einen Konflikt zwischen der zyklischen und der linearen Zeit. Allmählich setzte sich die »männliche« Zeit durch. Wie lange zum Beispiel im 17. Jahrhundert eine Stunde dauerte, hing von der Jahreszeit ab. Im Sommer war eine Stunde träge und fast endlos lang. Im Winter nur ein knapper Moment. Aber sobald man die Zeit erst einmal in 24 streng gleichlange Stunden eingeteilt hatte, war die runde, variable, dehnbare Yoni-Stunde – zumindest in Großbritannien – nur noch eine wehmütige Erinnerung. Am 11. Juni 1594 heiratete der Dichter Edmund Spenser die in Kilcoran, Irland, geborene Elizabeth Boyle. In seinem für die Hochzeit geschriebenen Gedicht, »Epithalamion« beschreibt er den Tag: Den Vogelgesang am frühen Morgen, das Ankleiden der Braut, die Musikanten, die Menschenmengen auf den Straßen, den Altar, das Festessen danach:

»This day for ever to me holy is / Poure out the wine without restraint or stay / Poure not by cups, but by the belly full.«

(Dieser Tag ist mir für immer heilig / Schenk aus den Wein ohne Hemmung und ohne Zögern / Nicht becherweise, sondern bäuchevoll.)

Spenser war ja vielleicht wirklich von seiner Hochzeitsfeier so begeistert. Aber er zählte trotzdem die Stunden, sehnte sich nach der Abenddämmerung: »How slowly do the houres theyr numbers spend?« (Wie langsam vergeht die

Zahl der Stunden?) Weil er endlich seine elizabethanische Geliebte in seine Sonettdichterarme schließen und mit ihr in der wispernden Dunkelheit eines irischen Zwielichts zusammenkommen wollte.

Das ganze Gedicht ist ein atemberaubend raffiniertes Portrait der Zeit. In den letzten vier Stanzen ertönt das Wort »time« wie eine Klage: »Send us the timely fruit« (Schick uns die zeitige Frucht), »Our tymely loves to sing« (Unsere zeitigen Liebeslieder zu singen), »And for short time an endles moniment« (Und für kurze Zeit ein endloser Augenblick; »moniment« ist ein Phantasieausdruck, eine Zusammensetzung aus money und moment.)

Er beschreibt die Bewegung der Sonne und den Kreis des Jahres. Die 24 Stanzen stellen die Stunden dar. Aber die Zeilen können entweder als lang oder als kurz verstanden werden. Die langen stellen die Zeitdauer dar. Die kurzen die Zeiteinteilung. Und die Summe der langen Verse ist 365, gleich der Zahl der Tage eines Jahres. (Die achtzeilige italienische Stanze, die Spenser benutzt, besteht aus 8 fünffüßigen Jamben, worin zwei Reime dreimal miteinander wechseln und dann mit zwei gepaarten schließen.)

Es war in der Tat eine Hochzeit. Spenser verheiratet die zyklische mit der linearen Zeit. Die natürliche, zyklische Zeit der Jahreszeiten dreht sich wie ein Rad. Das Gedicht selbst hingegen stellt das Lineare dar. Denn die geschriebene Sprache ist linear. Das Gedicht enthält in sich die letzten Zeilen der vergangenen Zeit und schneidet eine erzählerische Linie aus der Welle der Erfahrungen heraus.

Spensers Timing war makellos. Denn er schrieb von der verschwindenden Welt der zyklischen Zeit gerade in dem Augenblick, als sich das starre, männliche Konzept von der absoluten Linearität der Zeit endgültig durchsetzte, das dem klassisch wissenschaftlichen männlichen Verständnis entsprach. Es war eine metaphorische »Heirat« der beiden Zeit-»Geschlechter«. Die letzte »Heirat« vor der schrecklichen »Scheidung« der Baconschen Idee, der »Spaltung« Descartes' und der »Trennung« Newtons (von der Natur). Da die Behandlung der Zeit und des »Weiblichen« kulturell so eng miteinander verknüpft ist, erscheint es als grausam passend, daß die endgültige Unterwerfung der »zyklischen« Zeit unter die klassische Wissenschaft sich in der schwärzesten Stunde der Frauen durch den christlichen Frauenhaß zutrug. Denn Frauen wurden gehaßt – ihr Wissen, ihre Macht, ihre Hebammenkunst, ihre Philosophie) und ihre zyklische Zeiterfahrung. Ein gewalttätiger, mörderischer Haß brach aus und dauerte von 1484 bis circa 1640. (1485 bestieg Henry VII. aus dem Haus Tudor den Thron; 1640 wurde das ›Lange Parlament‹ einberufen, 1642 brach die Glorious Revolution in England aus. Die Zeit der Hexenverfolgung war in England die Zeit von 1484 bis 1640.)

Die mit der Chronologie und dem Studium der Zeit befaßten historischen Gestalten sind durchweg Männer. Von dem mittelalterlichen Uhrmachermeister John de Dons, der sechzehn Jahre brauchte, um eine ganz bestimmte astronomische Uhr zu bauen (die nach seinem Tod niemand reparieren konnte) bis zu den außerordentlich geschickten Meistern dieser Zunft, Christiaan Huygens, John Harrison & Sohn, und den Astronomen und Uhrmachern Cassini, Vater, Sohn und Enkel. Wenige Frauen bauen Uhren, wenige Frauen philosophieren darüber. Erst kürzlich haben sich Frauen dem Zeit-Thema genähert. Die Soziologin Barbara Adam zum Beispiel sowie die feministischen Gelehrten Luce Irigaray, Frieda Forman und Caoran Sowton. Männer hingegen finden das Thema unwiderstehlich. Von Aristoteles (»Zeit ist die Zahl der Bewegung«) bis Einstein. Von der Frage des Augustinus, »Was ist Zeit?«, bis zur absoluten Sicherheit Newtons, die Antwort gefunden zu haben. Von Kant bis Kierkegaard, von Spinoza bis Leibniz, von Heraklit bis Hegel, Heidegger und Hawking. Aber selten war das Zeit-Thema dem männlichen Bewußtsein wichtiger als zur Zeit des Emporstrebens der klassischen Wissenschaft. In jener intellektuellen Periode, die sich selbstbewußt als männliches Zeitalter charakterisierte. In der das Frauenwissen als dunkel und gefährlich verschrien war. Das Mondwissen war tabu. Das männliche hingegen galt als von »Licht« erfüllt – deshalb auch »Enlightenment« (Aufklärung). Sie hatte mit dem Sonnenwissen zu tun. Es war eine Zeit, die in das Fleisch des menschlichen Körpers schnitt und kein Blut, keine Natur, sondern nur ein Uhrwerk vorfand. Und die das Universum selbst betrachtete und auch dort nur eine Uhr sah.

Die Herren der Wissenschaft suchten eine »männliche« Philosophie mit »virilen« Kräften – sprachlich explizite Statements männlicher Herrschaft. Francis Bacon (1561–1626), Wissenschaftler, Philosoph (und »eine etwas von Würmern zerfressene Persönlichkeit«, so der Menschenfreund Albert Schweitzer), verlangte, in seiner hundsgemeinen Ausdrucksweise, man solle »die Natur auf die Folter spannen und sie zwingen, ihre Geheimnisse zu verraten«. Die Wissenschaft sei fähig, »die Natur zur Dienerin, zur Sklavin des Menschen zu machen«. So steht es in seinem Buch von 1602 mit dem eindeutigen Titel *The Masculine Birth of Time* (Die männliche Geburt der Zeit) zu lesen. Wissenschaftliche Erfindungen »üben nicht nur eine sanfte Führung aus, was den Lauf der Natur betrifft, sie haben die Macht, sie zu erobern und zu unterwerfen und in ihren Fundamenten zu erschüttern.« Die gewalttätigsten Bilder im Werk Bacons und seiner Zeitgenossen stammen aus den Hexenprozessen: Folter, Tortur, das Herausquetschen von Geheimnissen. In seinem Essay *Of Marriage and the single life* (Über die Ehe und das Leben alleine) schreibt Bacon nebenbei: »Alleinstehende Männer ... sind grausamer und hartherziger (gute, strenge Inquisitoren).« Bacons Inspirationsquelle für seine harte Haltung war die Bibel.

Im Denken der Wissenschaftler vom 15. bis zum 17. Jahrhundert gibt es zwei auffallende Charakteristika: erstens ihre geschlechtsspezifische (männliche) Natur; zweitens ihre Betonung des Uhrwerkhaften – womit sie sagen wollten, daß das Universum sich aufgrund seiner Linearität »voraussagen« lasse. Der Punkt, an dem diese beiden Ideen zusammenkommen, ist höchst bedeutsam: Genauso wie die Frauen und ihr Wissen auf dem Gebiet brutal »erobert« wurden, so wurde auch die zyklische, variable Zeit erobert und der linearen, absoluten Zeit unterworfen. (Einigen Kommentatoren zufolge hat sich bis zum Erscheinen des Buches *Malleus Maleficarum* (Hexenhammer), 1487, noch ein Rest des einstigen Reinkarnationsglaubens erhalten.)

Das Bild des Universums als eines mechanischen Uhrwerks – das vorherrschende Gleichnis jener Zeit – soll zuerst der 1382 verstorbene Nicholas Oresmus verwendet haben, indem er Gott als einen Uhrmacher beschrieb. (Die erste Beschreibung der Natur als einer toten Maschine.) Der deutsche Astronom Johannes Kepler (1571–1630) sagte: »Das Universum ähnelt nicht einem göttlichen Lebewesen, sondern einem Uhrwerk.« Der französische Philosoph und Wissenschaftler René Descartes (1596–1650) verglich einen gesunden Menschen mit einer gut gebauten Uhr. Der Wissenschaftler der mechanischen Philosophie Robert Boyle (1627 bis 1691) schrieb, das Universum sei »ein großes Uhrwerk«, und Bacon brachte in seinem Buch *The Masculine Birth of Time* (1602) das neue Konzept des linearen intellektuellen Fortschritts auf den Weg. Dieses »lineare« Zeitkonzept wurde von Leibniz, Barrow und Locke unterstützt.

Kommt die Stunde, kommt auch der Mann.

Die Grabinschrift für Newton von Alexander Pope:

»Nature and Nature's law lay hid in Night
God said, Let Newton be! and All was Light.«
(Natur und Naturgesetz lagen in der Nacht
verborgen
Gott sprach: Es werde Newton! und Alles ward
Licht.)

Isaac Newton (1642–1727) sagte, das Universum sei ein Uhrwerk. Außerdem sah er die Zeit als etwas Absolutes und Einförmiges: »Die absolute, wahre und mathematische Zeit aus sich selbst und aus ihrer eigenen Natur fließt einförmig ohne Rücksicht auf irgend etwas außerhalb ihrer selbst.« Durch die Newtonsche Physik, die Wissenschaft des Mechanischen, wurde das »Geheimnis« der Natur in eine »Maschine« verwandelt, wie die indische Philosophin, Physikerin und Feministin Vandana Shiva schreibt: »Die Entstehung der patriarchalischen Naturwissenschaft ... im 15. und 17. Jahrhundert in Europa verwandelte die Natur von einer *terra mater* (Mutter Erde) in eine Maschine.« Zuvor war sie, wie Pope es ausdrückt, in der Nacht verborgen. Diese Nacht- und Mondzeit machte mit Newton endgültig der Sonnenzeit Platz. Shiva: »Die Hysterie der Hexenjagd zielte darauf ab, die Frauen in Europa als Wissende und Expertinnen auszuschalten. Sie spielte sich genau in den beiden Jahrhunderten der wissenschaftlichen Revolution ab. Ab circa 1500 waren die Frauen in Europa völlig aus der Praxis der Medizin und des Heilens ausgeschlossen, weil ›weise Frauen‹ nun Gefahr liefen, zu Hexen erklärt zu werden.«

Das Wort »weise« selbst hat eine zeitliche Qualität. Nur wer alt ist, kann weise sein. Die Jugend mag ja schlau sein – weise zu sein vermag nur das Alter. Newton hatte sein »annus mirabilis« (wunderbares Jahr), als er 24 war. Ein glänzender Intellekt – zweifellos. Aber weise? Wie Hegel sagt: »Die Eule der Minerva kommt in der Abenddämmerung.« Die Weisheit kommt, wenn der Lebtag zur Neige geht. Die ganze wissenschaftliche Revolution war eine Schlacht zwischen zwei verschiedenen Arten von Wissen: Die weibliche Weisheit wurde von dem *brillanten* männlichen *Intellekt* geschlagen. Die *Mysterien* (wie man sie nannte) des weiblichen Wissens, wie die Kräuterkunde und die Hebammenkunst, wurden von der männlichen *mechanischen* Wissenschaft unterjocht.

Das Zeitalter der »Aufklärung« (Enlightenment) sah sich im Gegensatz zu dem dunklen Aspekt des Mondes und suchte, von der Bibel darin in jeder Weise bestärkt, »das Licht«. Das Licht wurde über das Dunkle, das Sichtbare über das Unsichtbare gestellt. Weibliches Wissen – lästig, ärgerlich, subjektiv, dunkel – wurde verleugnet, weil es implizit, intuitiv und innerlich war, während die neue Wissenschaft als explizit, experimentell und nach außen gerichtet galt. Sichtbarkeit ist eine männliche Angelegenheit.

Die »Aufklärung« machte den dunkelsten Himmel durch Teleskope sichtbar. Die Natur des hellen, weißen Lichtes wurde von Newtons hellem Geist geprüft. Mit seinen brillanten optischen Experimenten zwang er die Elemente des weißen Lichtes ans Tageslicht. 1693 taucht erstmals in den medizinischen Wörterbüchern das Speculum als gynäkologisches Instrument auf. Dem Namen und der Natur nach ein Instrument zum Sehen. Das strahlende Licht der Gynäkologie als einer Wissenschaft des Mannes begann den dunkelsten Ort von allen, die Finsternis der dunkelroten Gebärmutter zu erhellen, den Mittelpunkt des Geheimnisses jeder Frau und zugleich der weiblichen Wissenschaft, der Hebammenkunst. Und dasselbe helle Licht strahlt immer noch auf das Gesicht der Frau und in ihre Augen, wenn über ihnen das Messer des Schönheitschirurgen lauert und sie in ein für Männeraugen geeignetes Objekt verwandelt. Damit sie so etwas wie das russische Kalendermädchen wird. Frauen sind dazu da, angeschaut zu werden. Sie selbst sind passiv, weil das Anschauen seit der Aufklärung ein Vorrecht des Mannes ist. Die während der Hexenverfolgung gefaßten weisen Frauen haßte man, wie Germaine Greer schreibt, wegen der »durchdringenden« Eigenschaft ihres Blicks, der wie der durchdringende Geist ein für die Männer reserviertes Vorrecht war.

Von der Aufklärung an genießt alles Sichtbare Privilegien. Wissenschaft, Technologie und Ingenieurswesen haben spektakuläre »Erektionen« gefördert – vom Eiffelturm bis zu Newtons Teleskopen. Zu Ehren der phallischen, durchdringenden Instrumente der Beobachtung erhielten 1750 zwei Sternbilder die Namen »Telescopium« und »Horologium«. Die Zeit selbst wurde – angeblich – durch die Teleskope sichtbar und durch die Uhren greifbar gemacht: Es begann mit der Sonnenuhr. Mit dem Zeiger, der den runden Kreis der Zeit auf dem Ziffernblatt durchdrang.

Durch die mechanischen Uhrwerke, die durchgehend funktionierten, wurden auch die unsichtbaren Stunden der Nacht sichtbar gemacht. Infolge der Faszination durch alles Sichtbare erhielt die Uhr, die objektive und sichtbare *Maschine* des Messens, eine privilegierte Stellung über das subjektive, unsichtbare Mysterium der Zeit selbst. So ist es heute noch. Die mechanische, lineare, phallische Zeit hat die Schlacht gewonnen. Die Uhrzeit – sichtbar und sehbar – gilt seither als »die« Zeit. Im Einklang mit diesen Überzeugungen wurde 1675 das »Observatorium« von Greenwich erstellt. Man wollte damit dem Zeitmessen (des Mannes) ein möglichst auffallendes, sichtbares Denkmal, einen Palast des Patriarchats errichten.

Die Wissenschaftler der Aufklärung sahen sich als objektive Beobachter. Aber was man sieht, hängt davon ab, wie man hinguckt. Das kann Ihnen jeder Professor für Quantentheorie oder Student der Humanwissenschaften bestätigen. Eine objektive Wissenschaft hat es niemals gegeben. Wenn die klassischen Physiker die Zeit beurteilten, sahen sie sie im Bilde ihres (männlichen) Bewußtseins – linear, phallisch, starr und absolut. Aber andere, die sie auf andere Weise betrachtet haben, haben etwas anderes gesehen. Die »Astronomen« der Maya gruben tiefe Löcher in die »Mutter Erde« ähnlich einem umgedrehten Teleskop, um den Nachthimmel zu beobachten. Und ebenso wie die Teleskope der Aufklärung phallisch waren und phallische, lineare Zeit sahen, ließe sich da nicht auch behaupten, daß die Maya durch ihre tief gegrabenen Löcher die zyklische Zeit gesehen hätten?

Für die Wissenschaftler des 17. und 18. Jahrhunderts war die Zeit absolut und deterministisch. Zufall und Laune waren ausgeschlossen. Auf der ganzen Welt brachte es die zunehmende Exaktheit des Uhrwerks mit sich, daß die Zeit, aus immer mehr Uhren tickend, zerstückelt und den Uhren angepaßt wurde. So waren schließlich auch die letzten Sekunden der Ungenauigkeit bis zum letzten Schnitzelchen verplant. Vorhersagbar muß die Zeit sein, man muß wissen, wie spät es ist, und man muß es sehen. Daß »Zeit« synonym mit »Uhrwerk« wurde, setzt sich leider bis heute fort.

Infolge all dieser Faktoren wurde die Zeit ihrer »weiblichen« Natur entkleidet. Am deutlichsten wird dies in dem Widerwillen gegen die »Zyklen« der Zeit. Aber auch überall dort, wo es um die Zeit als Zufall, Chance und das Vorhersagbare geht – was man alles, ob im Guten oder im Schlechten, mit dem »Weiblichen« in Zusammenhang gebracht hat. (Aristoteles hatte die Begriffe »männlich« und »weiblich« benutzt, um verschiedene Konzepte von Zeit im Kosmos zu beschreiben. Er bezeichnete den Himmel als männlich, weil er ihn für ewig und unwandelbar hielt. Die Erde, weil sie veränderlich ist, nannte er weiblich.) Die Zeit wurde also in dieser Geschichtsperiode nicht nur als linear betrachtet, sondern man glaubte in ihr auch die männlichen Charakteristiken wiederzuerkennen (deren die Wissenschaftler selbst sich rühmten): Starrheit, Unveränderlichkeit, Absolutheit. Keine Phasen wie beim weiblichen Mond, sondern Beständigkeit wie bei der männlichen Sonne.

Daß ihnen die *Zeit selbst* völlig aus den ausgestreckten Klauen geglitten ist – wie die kühle Vollmondscheibe in dem Mythos aus Neuguinea den schmutzigen Fingern der Jungen entgleitet und lächelnd über den Himmel hinweg weiterwandert –, ist die Geschichte der Physik im 20. Jahrhundert, die Erlösung der Wissenschaft.

Was hat sich abgespielt?

Die Subjektivität kam wie eine Sphinx mit einer Bananenschale vorbei und brachte den Wissenschaftler auf seinem Weg ins Licht zu Fall. Gestürzt, mit schmerzendem Ellbogen, Knie und Ego, fragt schmollend der Wissenschaftler die Sphinx: »Wer bist du überhaupt?« »Kommt ganz auf dich an«, antwortet die Sphinx als Teilchen. »Ich verstehe! Du bist ein Teilchen!« schreit der Wissenschaftler. »Was du siehst, hängt davon ab, wie du guckst«, murmelt die Sphinx als Welle (die eben noch ein Teilchen war). Der Wissenschaftler rieb sich die Augen und – ja, wie durch irgendeine geheimnisvolle Zauberei war die Sphinx jetzt wieder ein Teilchen – eine kleine Spielerei, um die dreihundert Jahre alte Selbstsicherheit der Wissenschaft(ler) bis ins Mark zu erschüttern.

Die Welt der Wissenschaft hat sich verändert. Relativität. Quantenmechanik. Chaostheorie. Nichtlineare Gleichungen. Dissipative Strukturen. Heisenbergs Unschärferelation und die Quantentheorie setzten die Erkenntnisrevolution in Gang: Ob etwas eine Welle oder ein Teilchen ist, hängt davon ab, wie man es betrachtet. Die »männliche« Objektivität brach zusammen.

Die Wissenschaft hat sich im Lauf dieses Jahrhunderts auf verhexte Weise verändert. Sie ist reicher, seltsamer und unendlich *zarter* als die starre mechanistische Wissenschaft der klassischen Naturwissenschaft geworden. All ihre Schlagworte haben sich gewandelt. Aus Newtons »Absolutum« wird Einsteins »Relativität«. Bacons radikale Selbstsicherheit und »Gewißheit« wird Heisenbergs »Unschärfe«. Der klassische »Determinismus« wird im 20. Jahrhundert zum »Chaos«. »Notwendigkeit« weicht dem »Zufall«, der »Chance«, dem, was man im 18. Jahrhundert »Fortuna« nannte. Lineare Gleichungen sind nachweislich nicht komplex genug. Man braucht nichtlineare Gleichungen, die sich in einer Kurve ausdrücken. Die »Vorhersehbarkeit« der Zeit wird Unvorhersehbarkeit. Während Kepler noch behauptet hat, das Universum sei »nicht einem göttlichen Lebewesen, sondern vielmehr einem Uhrwerk ähnlich«, geht die »Gaia-Theorie« von Lovelock und Margulis auf den Kern dessen ein, was es bedeutet, daß unsere Erde lebendig ist – auf ihre warmen und feuchten lebenspendenden Eigenschaften. Disziplinen, die früher bewußt männlich waren, umarmen jetzt schüchtern das Weibliche. Bacons Standpunkt des zwanghaft seine Materie folternden Wissenschaftlers verwandelt sich in den Standpunkt zögernder Feinfühligkeit, der heute die theoretische Physik auszeichnet. Demut angesichts alles Unbekannten. Was einstmals Geheimnis war und Maschine wurde, wird jetzt wieder Geheimnis. Das Rad hat sich einmal herumgedreht. Es ist, um diese Formulierung zu benutzen, eine Geschichte der »Feminisierung« der Wissenschaft.

Eine Bemerkung ist hier noch angebracht: Ich betrachte »männlich« nicht unbedingt als Eigenschaft von »Männern« und »weiblich« nicht unbedingt als Eigenschaft von »Frauen«. Es handelt sich nur um kulturelle Kürzel für Ansammlungen von Begriffen. Wie sehr beides auseinanderfallen kann, sieht man zum Beispiel an Fritjof Capra, dem sensiblen, komplexen, ganzheitlichen, ökologischen und tief vom Weiblichen beeinflußten Mann – einerseits, und andererseits an Margaret Thatcher, einer starrsinnigen, patriarchalischen, grausamen, hierarchischen, kriegslüsternen und männlichen Frau. »Männlich« und »weiblich« sind Raster für eine ganze Matrix von Tendenzen – dem Yin und Yang der chinesischen Philosophie entsprechend.

In allen Kulturen gibt es sowohl »Männliches« als auch »Weibliches«. In der modernen Gesellschaft allerdings wird die männliche Seite schon viel zu lange und viel zu sehr privilegiert. Die chinesische Philosophie lehrt: Sobald die eine Tendenz zu radikal ausschwingt, enthält sie bereits den Impuls der Umkehr in die entgegengesetzte Richtung. Gerade jetzt, da die »männliche« Wissenschaft ihre Raketen-, Bomben-, Biotechnologie- und Dammbau-Erektionen hat, produziert die Physik die »feminisierte« Wissenschaft von Fritjof

Capra, James Lovelocks und Lynn Margulis' »Gaia-Theorie« sowie Ilya Prigogines theoretische Arbeiten über die Zeit.

Die »Feminisierung« der Wissenschaft war auf keinem Gebiet faszinierender zu beobachten als auf dem der Zeit. Ilya Prigogine schreibt im Hinblick auf die Physik des 20. Jahrhunderts – Relativität, Quantenmechanik, evolutionäre Kosmologie, nicht im Gleichgewicht befindliche Strukturen und deterministisches Chaos: »Bemerkenswert ist, daß das alles die Rolle der Zeit betont.« Ein großer Teil der bahnbrechenden Arbeiten Prigogines stammt aus den 70er Jahren des 20. Jahrhunderts. Das war auch die Zeit, in der eine nie zuvor gesehene Menge von feministischen Texten der Frauenbewegung erschienen ist. 1971 begann es mit *The Female Eunuch*. Und genau in der Mitte des Jahrzehnts, 1975, kamen zwei klassische Bücher heraus: Eines, von Capra, war *Das Tao der Physik*. Das andere, von dem Linguisten George Steiner, hieß *Nach Babel*.

Diese beiden wundervollen Denker, die an zwei durch Welten getrennten Themen arbeiteten, enthüllten dennoch etwas ganz Ähnliches. Capra schreibt über die Quantentheorie: »Auf subatomarer Ebene existiert die Materie an bestimmten Stellen nicht mit Sicherheit, sondern zeigt vielmehr nur ›Tendenzen zu existieren‹, und atomare Ereignisse spielen sich nicht mit Sicherheit zu bestimmten Zeiten und auf bestimmte Arten ab, sondern zeigen vielmehr nur ›Tendenzen, sich abzuspielen‹.«

Vergleichen wir das mit George Steiner. Er schreibt in der Sprache einer Frau über die Zeit: »Die Sprache der Frauen ist reicher als die der Männer, wenn es um die Schattierungen von Sehnsucht und Zukunft geht, die im Griechischen und Sanskrit als Optativ bekannt sind. Frauen scheinen ein breiteres Spektrum von modifizierten Entschlüssen und Versprechen zu verbalisieren.« (Man vergleiche das auch mit der Zeit-Philosophie der Hopi-Indianer, bei denen zwischen der »manifesten« Zeit, die sich in die Vergangenheit zurückkrümmt, und der »gerade manifest werdenden« unterschieden wird, die in die Zukunft reicht.)

Das Bild der Zeit, das Capras Physik und Steiners Linguistik enthüllen, könnte gar nicht verschiedener sein von

Newtons starrer, absoluter Zeit, und was enthüllt wird, ist *weiblichen* Charakters. Es ist die schräge Kurve des aufblitzend Vergänglichen; ähnlich einem unsichtbaren seidenen Netz, das pfeilschnell vorbeirutscht, von der Hand des Jetzt in die unerreichten Gewässer des Zukünftigen und Möglichen geworfen, und wenn man zusieht, wie der Bogen den Augenblick auftauchen läßt, kann man fast die Zeit – die subtile Zeit – atmen hören.

Das patriarchalische Denken hat, mit den die Sonne anbetenden Soldaten des Dies Solis (Sonnentags) beginnend, jetzt den Gipfel im übersolaren Dies Irae (Tag des Zorns, d. h. Tag des Gerichts) erreicht, und das hellste, grausamste weiße Licht des Atomkriegs überstrahlt dasjenige der Sonne. Die schlimmste der männlichen Wissenschaften hat die Welt verraten, mit ihrer tödlichen Weigerung gesellschaftliche Verantwortung auf sich zu nehmen. Statt dessen entwickelt sie Bomben und Biotechnologie, und ihre phallischen Raketen drängen sich in der ewigen Laufbahn des Planeten. Die beste Wissenschaft aber ist die Leidenschaft für das Leben. Die Gaia-Theorie verkörpert die riesige Vitalität, das »überschwengliche Ungleichgewicht der Erde«, wie Lovelock es nannte. Das Wörtchen »Leben« zieht sich wie ein Jazz-Motiv durch Lovelocks Werk – Leben, lebendig, Anima.

Die »Wissenschaften vom Leben« sind, wie Lovelock zeigt, sowohl als Disziplin wie auch als Politik von überragender Bedeutung. Seine Bücher enthalten leidenschaftliche umweltpolitische Aufrufe. Eine Tendenz läßt sich bereits ablesen – wenn sie auch vorerst nur eine Minderheit von Wissenschaftlern betrifft –, sich eines multidisziplinären Denkens zu bedienen, das nicht vor Bewertungen und politischen Stellungnahmen zurückschreckt. In *Lebensnetze* schreibt Capra, daß die neuen Konzepte in der Physik unsere Weltanschauung tiefgreifend verändert hätten – von der mechanistischen Weltsicht Descartes' und Newtons zu einer ganzheitlichen und ökologischen. Die Soziologin Barbara Adam und der Anthropologe Alan Tormaid Campbell nehmen in ihren Arbeiten einen moralischen Standpunkt ein. Das von Tom Wakeford und Martin Walters herausgegebene *Science for the Earth* ist ein Kompendium der Gedanken von Wissenschaftlern, die eine neue Sicht auf die Welt entwickeln, die Verbindungen knüpfen und mit beiden Hälften ihres Gehirns denken.

Dem Feminismus sei Dank, daß es jetzt wieder die neue (und sehr alte) Erkenntnis darüber gibt, daß Wissen im Körper verwurzelt sein kann. Daß das Persönliche nicht nur politisch, sondern auch intellektuell ist – und daß der Körper nicht der Gegensatz des Bewußtseins, sondern selbst ein Weg ist, der zum Wissen führen kann. Die Mutter, Physikerin und Autorin des Buches *Through the Time Barrier* Danah Zohar beschreibt ihre Erfahrung der Mutterschaft wie die Zeit in der Quantenphysik: »Diese Erfahrungen der Zeit – im Träumen, Reflektieren, Muttersein – lassen sich nicht so leicht strukturieren. Während meiner Schwangerschaft paßten mir Zeitpläne überhaupt nicht in den Kram. Wenn ich den Fluß meiner Erfahrung in eine newtonsche Zeitfolge zu pressen versuchte, bekam ich Kopfschmerzen.«

Bei den besten Wissenschaftlern von heute – verzweifelt einerseits angesichts der Schmalspurigkeit der Fachidioten-Akademiker, andererseits übersprudelnd von der freudigen Erregung des breiten Gedankenstroms – hat die neue Philosophie bereits Fuß gefaßt. Der Maler Friedensreich Hundertwasser zeichnet diese wunderbare Gedankenlinie auf, die vom neuen wissenschaftlichen Konzept geradewegs zu dessen gesellschaftlicher Wirkung überspringt. Er spricht davon, daß die gerade Linie zum Untergang der Menschheit führe. Sie sei zu einer absoluten Tyrannei geworden, zu etwas, das feige, ohne Gedanken und ohne Gefühl, mit einem Lineal gezogen werde. Und diese Linie, die es in der Natur nicht gäbe, sei die durch und durch verkommene Linie unserer zum Untergang bestimmten Zivilisation.

Dieser geraden Linie entgegengesetzt ist das Kreisprinzip einer Weltanschauung, in der Ökologie und Feminismus sich miteinander verbinden: Ökofeministinnen zeigen, wie die Behandlung der Natur die Behandlung der Frauen widerspiegelt – und stellen nebenbei fest, wie sehr der patriarchalische Kapitalismus das Konzept des »Recycling« mit all seinen weiblichen Untertönen haßt.

Und was ist mit der Zeit? In der klassischen Physik galt sie als eine separate Dimension, absolut und unabhängig von der materiellen Welt. Einstein erkannte, daß die Zeit relativ und abhängig vom Betrachter ist. In der klassischen Physik hatten Raum und Zeit als zwei miteinander in keiner Weise verbundene Kategorien gegolten. In der modernen Physik wurden sie miteinander vereinigt. Einsteins Relativitätstheorie zufolge wirkt sich die Schwerkraft so auf Raum und Zeit aus, daß sie sie »krümmt«. Und Stephen Hawking zeigt in seinen Arbeiten die starke »Krümmung« von Raum-Zeit um die schwarzen Löcher herum und die endlos über den Ereignishorizont sich erstreckende Zeit. Das Bild von der Zeit als etwas Starrem, Linearem, Striktem wich dem einer Elastizität, Dehnbarkeit und Gekrümmtheit. Das Denken selbst mußte es reflektieren. Wenn wir im Englischen sagen, daß wir uns auf eine Sache konzentrieren, heißt das, »we bend our mind to it« – wir biegen unser Bewußtsein also, wenn wir uns einer Sache widmen. Das Gehirn wird gekrümmt und halbmondförmig gemacht. Die Zeit, einstmals steif vom phallischen Prinzip, begann sich in diesem Jahrhundert in das Yoni-Prinzip zu krümmen.

Lovelocks »Daisyworld«-(Gänseblümchenwelt-)Modell mit all seinen inneren Zyklen und Schleifen ähnelt sehr dem weiblichen Menstruationszyklus, wo der Eisprung die Menstruation in Gang bringt und die Menstruation wiederum den nächsten Eisprung »bewirkt«. Ein auffallendes Kennzeichen der Feedback-Schleifen der Gaia-Theorie ist die Art, wie sie Verbindungen zwischen »lebendigen« und »nichtlebendigen« Systemen aufweist – daß sie Beziehungen zwischen der Pflanzenwelt und der Atmosphäre oder auch zwischen Tieren und Steinen herstellt. Die Frauen, die man zwar nie danach gefragt hat, haben trotzdem immer gewußt, daß eine solche Beziehung zwischen ihnen und dem Mond besteht.

Und jetzt haben wir nichtlineare Gleichungen. Der britische Mathematiker Ian Stewart schreibt: »So wie die Welt für das 18. Jahrhundert ein Uhrwerk war, so ist sie für das 19. und den größten Teil des 20. Jahrhunderts etwas Lineares gewesen.« Aber eine entscheidende Veränderung habe stattgefunden, als man gesehen habe, daß die Natur »erbarmungslos nichtlinear« sei. Mit den Augen der Chaostheorie betrachtet, ist die Welt alles andere als ein Uhrwerk. Vielmehr eine zufällige – auch chancenreiche, auch vielleicht glückliche – Angelegenheit: Ein dynamisches Chaos lacht wie eine Hyäne Newton und den Determinismus und die angebliche Vorhersagbarkeit der klassisch zeitsymmetrischen Physik aus. Chaos ist die Regel – nicht die Ausnahme. Das Chaos regiert. Der Experte für amerikanische Indianerkulturen David Peat sagt: »Jetzt entdecken die Wissenschaftler, was die Eingeborenen schon seit langem lehren: Die Norm ist nicht Ordnung, sondern Chaos.«

Das mechanistische Paradigma sah Zeit als etwas Reversibles an. Aber obwohl der gemeine Menschenverstand es anders sah, ließ sich doch kein Modell finden, das ihre Unumkehrbarkeit hätte illustrieren können. Außerdem konnte das mechanistische Denken sich nichts vorstellen, das sowohl eine Bewegung enthielt als auch bewegungslos in der Zeit verharrte. Dann kam Ilya Prigogine. Strudel, Strömungen und Kerzenflammen seien, so sagte er, Beispiele für Dinge, die sowohl eine Struktur als auch einen Fluß enthielten. Er ließ sich den Ausdruck »dissipative Strukturen« einfallen, um die Gegenwart von Ideen, Form und Flüssen zu beschreiben – die als inhärente Gegensätze gegolten hatten. In Isabelle Stengers' Arbeiten, die von Prigogine beeinflußt waren, sah man dann, wie in lebenden Systemen die Unumkehrbarkeit herrschte. Es war der Mechanismus, der aus dem Chaos eine Ordnung herausarbeitete, und heraus kam ein Bild der Zeit, das zugleich Ruhe und Bewegung, festgehaltene Zeit und vergehende Zeit enthielt. (Das Leben selbst ist ein Beispiel für dissipative Strukturen.) Fritjof Capra erklärte, daß man zum Verständnis dissipativer Strukturen begreifen müsse, daß sie sich in einem stabilen Zustand halten, jedoch von einem Gleichgewicht weit entfernt seien. Diese Situation unterscheide sich so sehr von den Phänomenen, die die klassische Wissenschaft beschreibt, daß wir Schwierigkeiten mit der konventionellen Sprache bekämen. Im Wörterbuch werde »stabil« unter anderem als »fixiert«, »nicht schwankend« und »unveränderlich« definiert, was aber alles nicht auf dissipative Strukturen zuträfe.

Die klassische Physik konnte zwar die Struktur, aber nicht zugleich auch die Zeit als Fluß erkennen. Sie sah die Gestalt und Form, aber nicht im Zeitfluß. Diese Unfähigkeit, beides zugleich zu sehen, war ein Teil der Betriebsblindheit der klassischen Wissenschaftler gegenüber allem, was »weiblich« ist, vor allem im Bereich der »Zeit«. Keine Wissenschaft ist frei von kultureller Konditionierung, und die Hardliner der klassischen Physik verbündeten sich mit den klassischen Frauenfeinden, mit ihrem harten Kern, um ihren Abscheu gegenüber dem bloßen Gedanken eines »Flusses« zum Ausdruck zu bringen. Die Periode, in der die klassische Physik zur Macht gelangte, war auch eine Zeit, in der sich ein bemerkenswerter Haß auf die Menstruation entwickelte – der »Fluß« der einzelnen Frau wurde ein Gegenstand des Ekels. In der Mode des 19. Jahrhunderts wurde die äußere Bewegung der Frauen durch enge Röcke, die zum Humpeln zwangen, behindert und verlangsamt. Und selbst ihre innerliche Bewegung wurde verdammt: Mieder, die zu eng geschnürt wurden, wie es oft geschah, konnten buchstäblich den »Fluß« der »Regel« einer Frau – den inneren Fluß ihrer Menstruation – aufhalten. Bis weit in dieses Jahrhundert hinein ist der Haß auf den »Fluß« der Frauen immer noch spürbar in dem Schweigen und in der Scham, mit der das Thema behandelt wird. In der Werbung für Damenbinden, die die Saugfähigkeit des Materials zeigen soll, darf das Blut nicht als rote Flüssigkeit präsentiert werden. Die Werbung ist gezwungen, die entgegengesetzte Farbe, blau, zu benutzen. (Rot ist die Farbe des Lebens im *Fluß*. Blau ist die Farbe der Stasis – Stauung. Eine bewegungslose *Struktur*. Blau wie der patriarchalische Gott der alten Israeliten, blau wie der Gott der Hunnen.

Vielleicht hat es nicht allein der »Feminisierung« der Wissenschaft, sondern des gesamten kulturellen Wiederauftauchens des Weiblichen in diesem Jahrhundert bedurft – das sich am deutlichsten in der Frauen-»Bewegung« (noch ein Fluß) zeigt –, damit wissenschaftliche Durchbrüche wie derjenige Prigogines in den 70er und 80er Jahren möglich wurden und die Zeit endlich wieder sowohl als Fluß wie auch als Struktur sichtbar wird.

Der radikale Ansatz von Prigogine, schreibt Capra, werde klar, wenn man bedenkt, daß diese fundamentalen Ideen in der traditionellen Wissenschaft nur selten diskutiert und oft negativ dargestellt würden. Das spüre man schon in der Sprache: Ungleichgewicht, Nichtlinearität, Instabilität, Unbestimmtheit usw. seien sämtlich negative Formulierungen. Viele der entscheidend wichtigen Charakteristika der dissipativen Strukturen seien vom Standpunkt der klassischen Wissenschaft aus betrachtet zwar revolutionäre Konzepte, andererseits aber integraler Bestandteil der menschlichen Erfahrung. Die Natur als Ganzes genommen erweise sich als etwas der menschlichen Natur Ähnliches: unvorhersehbar, empfindlich für die umgebende Welt, von geringen Schwankungen beeinflußt.

Aber ich möchte diese Beobachtung noch einen Schritt weiter vorantreiben – nicht nur aus einer bloßen Laune heraus: Die Schattierungen des Charakters der Zeit, wie er in dem Modell der dissipativen Strukturen auftaucht, besitzen all die Eigenschaften, die das Patriarchat den *Frauen* zuschreibt, weshalb es sie natürlich auch so lange abgewertet hat. Es ist die *weibliche* menschliche Natur, die man so lange Zeit nur negativ ausgedrückt hat. Wo Fritjof Capra etwa von »Ungleichgewicht« spricht, verwendet das kulturelle Wörterbuch in Bezug auf Frauen das Wörtchen »labil« oder »unausgeglichen«. Was »Nichtlinearität« angeht, so nennt man das bei den Frauen »unlogisch«, »Instabilität« ist bei den Frauen »Unbeständigkeit«, und »Unbestimmtheit« wird, wenn man von Frauen spricht, zu »Unentschlossenheit«.

Gewisse Aspekte der Zeit – wie der »Zufall« etwa – haben jetzt einen neuen Status bekommen. Und faszinierend ist es festzustellen, daß all diese neuerdings respektierten und neu gefundenen Schattierungen des Charakters der Zeit weibliche Aspekte sind. Der Zufall – la chance, Fortuna – ist immer als etwas Weibliches empfunden worden: Lady Luck. Im Launischsein sind die Frauen am besten. Die Laune ist eine Frau. Genau wie das Vorhersehbare ein Mann ist.

Letzte Nacht habe ich von dissipativen Strukturen geträumt. Als ich aufwachte, dachte ich über das nach, was man den Punkt der Gabelung nennt. Der Gabelungspunkt einer dissipativen Struktur ist laut Capra eine Schwelle der Stabilität, an der die dissipative Struktur entweder zusammenbricht oder in einen neuen Zustand oder mehrere neue Zustände der Ordnung durchbricht.

(Sie können eine Skizze versuchen: Zeichnen Sie eine Linie quer über die Seite, halten Sie an einem Punkt, dem Gabelungspunkt, an. Und dann kritzeln Sie die Myriaden von Möglichkeiten ein. Sie erhalten eine gezackte Gestalt ähnlich einem Löwenzahn, der zauberhaftesten Uhr der Kindheit.)

Was genau an diesem kritischen Punkt geschieht, hängt von der Vorgeschichte des Systems ab. Am Gabelungspunkt zeigt die dissipative Struktur auch eine außerordentliche Empfindlichkeit gegenüber geringen Fluktuationen in ihrer Umgebung. An diesem Punkt, der weit entfernt vom Gleichgewicht ist, tanzt der Zufall (chance, Fortuna) mit der Notwendigkeit, walzt die Fluktuation mit dem Determinismus.

Um das Ganze noch mal zusammenzufassen: Dissipative Strukturen enthüllen den bedeutsamen Stellenwert »weiblicher« Zeit-Aspekte. Am Gabelungspunkt sind diese »weiblichen« Charakteristiken am stärksten. Und was ist mit den Frauen selbst? An den Punkten maximaler Weiblichkeit, wie der Menstruation, ist die dissipative Struktur – das bin ich und das bist du – an ihrem Gabelungspunkt. »Empfindlichkeit gegenüber geringen Veränderungen in der Umgebung«, »Unberechenbarkeit« und »beeinflußbar von kleinen Schwankungen« sind Redewendungen, die Wissenschaftler gebrauchen, um diesen Punkt der dissipativen Strukturen zu beschreiben. Erinnert Sie das an etwas? »Offen und weit entfernt vom Gleichgewicht« sein? Dieses Gefühl, sich in einer kritischen Zeit zu befinden: Schmerzempfindlich, launenhaft, veränderlich, labil, mächtig, glücklich, unsicher, fließend, unvorhersagbar und so weiter – in diesem Zustand ist eine Frau genau vor der Menstruation. In der Tat weit vom Gleichgewicht entfernt – Chaostheorie in Aktion. Wenn das soziale Äquivalent dessen, daß ein Schmetterlingsflügel einmal zuviel flattert, das emotionale Äquivalent eines Vulkanausbruchs zur Folge hat. Wenn eine winzige Temperaturveränderung Hitzeflut auslöst, die völlig außer Kontrolle gerät. Und gemäß der Chaostheorie entwickelt sich ja aus der völlig chaotischen Turbulenz selbst – dem Fluß der »Regeln« natürlich – eine neue »Ordnung«.

Die Frauen haben das Modell der Chaostheorie und der dissipativen Strukturen die ganze Zeit versteckt unter ihren Röcken herumgetragen. All diese Männer – was haben sie sich angestrengt! Und nachgedacht! All die Nächte hindurch und all die nichtlinearen Gleichungen, Himmel Herrgott, warum hat *uns* denn keiner gefragt?

Denn wir sind linear, und wir sind zyklisch. Unser Leben bewegt sich in einer Linie: Kind, Mädchen, junge Frau, Mutter, Greisin. Dennoch dreht sich die Zeit einen großen Teil unseres Lebens hindurch in einem Kreis in uns herum. Die neue Wissenschaft konfrontiert uns jetzt mit einem Zeitmodell, das mit dieser sehr weiblichen Erfahrung nahtlos übereinstimmt. Coveney und Highfield kommen in ihrem akribischen Buch über die Zeit zu diesem Ergebnis: »Was sich aus der nichtlinearen Dynamik und der Thermodynamik ergibt ... bietet uns eine neue Einschätzung des Zeitbegriffs auf höherem Niveau. Nichtlineare Gleichungen zeigen, daß die Thermodynamik sowohl für die lineare als auch die zyklische Zeit verantwortlich gemacht werden kann.«

Eine Hochzeit zwischen den beiden Zeiten, der linearen und der zyklischen, wird angekündigt, und Spensers Sonne läuft endlich rund. Manchmal braucht man einen Dichter, um festzustellen, was ein Wissenschaftler braucht, um etwas zu beweisen. Damit, was einmal Poesie des Bildes war, Poesie der Tatsache werden kann.

Spenser schrieb in seinem *Epithalamion*:

> »Ah, when will this long weary day have end
> And lend me leave to come unto my love?«

> »Ach, wann wird dieser lange, müde Tag enden
> Und mir erlauben, daß ich zu meiner Liebsten
> komme?«

Es ist eine Frage des Liebhabers an seine Geliebte und gleichermaßen eine Frage der Zeit an ihr komplementäres Gegenstück. Denn die Zeit, die einen Tag lang, der dreihundert Jahre dauerte, gezwungen war, schnurgerade durch einen kalten, steinernen, allzu männlichen Gedanken-Korridor zu marschieren, sehnt sich seither nach ihrem Gegensatz: nach der draußen im halben Licht des Mondes wartenden, gemiedenen und verunglimpften zyklischen Zeit. Die moderne Wissenschaft erlaubt nun gerade in diesem Augenblick der Abenddämmerung, daß die zyklische und die lineare Zeit einander begegnen – eine der Erfüllungen des tief erotischen Prinzips im Herzen der Zeit.

7

Die Herrschaft des Kalenders

Zeit als Instrument des Kolonialismus und des Machterhalts

> »Was macht denn das fleißige Bienchen jeden Tag zu seinem Ruhme und sammelt fleißig Honig von jeder Blume? Ach, es tut's ja gar nicht. Es brummt ja nur den größten Teil des Tages sinnlos akrobatisch umher und kriegt nur ungefähr ein Fünftel des Honigs herein, den es einsammeln könnte, wenn es besser organisiert wäre.«
>
> *Heneage Ogilvie*

Wer zuletzt lacht, lacht am besten. »Komm mir ja nicht mit Widerworten!« sagen Erwachsene zu Kindern und reservieren für sich immer das letzte Wort.

Normale menschliche Beziehungen sind der Formel Zeit gleich Macht unterworfen. Wer kennt nicht das wunderbare Gefühl, als erster aus dem Bett zu springen? Jemanden warten zu lassen, gilt im Westen als grobe Unhöflichkeit – weil die Zeit ein Index für Macht ist. Im Englischen ist der *waiter* (Kellner) jemand, der wartet. Die Zeit der *waiters* steht anderen zur Verfügung. Schlangestehen und Warten ist für die Machtlosen. Wer wichtig ist – oder sich dafür hält –, reiht sich nicht in eine Schlange ein. Als Robinson Crusoe sein Leben in den Griff bekommen will, fertigt er einen Kalender an. In einer berühmten Szene findet er einen Diener, den er zu seiner Musik tanzen läßt und den er zwingt, einen Namen aus seinem Kalender – *Freitag* – anzunehmen.

Niemand möchte »der letzte, der es erfährt« sein, worum es sich auch immer handeln mag. Aber die Menge der Informationen, die man erhält, ist vom Status abhängig, wichtige Personen müssen also andauernd über die neuesten Neuigkeiten unterrichtet werden. Wenn ein Leichenwagen vorbeikommt, bleibt der Fußgänger vielleicht stehen und erweist dem Toten mit einer kurzen Pause seinen Respekt. Wenn wir unsere eigene Zeit unterbrechen, geschieht das oft, um jemandem unseren Respekt zu erweisen. Jemand anderen zu unterbrechen gilt als respektlos. Kinder lehrt man, daß es unhöflich ist, jemanden zu unterbrechen. Aber es gibt ein Machtgefälle in der Hackordnung des sich Einmischen-dürfens, das alters- und geschlechtsabhängig ist. Kinder, die einen niedrigen Status haben, dürfen natürlich unterbrochen werden. Untersuchungen zeigen, daß hauptsächlich Frauen von Männern unterbrochen werden, einander unterbrechen Männer hingegen höchst selten. Das beweist, daß Unterbrechungen nichts mit der Sprechweise der Männer an sich zu tun haben, sondern vielmehr ein Charakteristikum sozialer Macht sind. Eine solche Studie aus dem Jahr 1975 wird in dem Bericht *Language and Sex: Difference and Dominance* (Sprache und Geschlecht: Differenz und Herrschaft) erläutert. Eine andere Studie aus dem Jahr 1980 zeigte, daß Eltern Töchter viel häufiger als Söhne unterbrechen.

In einem viel größeren Ausmaß ist die Zeit auf Machtinteressen ausgerichtet. Herrscher und Könige, Regierungen und Priesterschaften haben sich also immer der Zeit bedient, um ihre Macht zu manifestieren. Von den Druiden und Julius Cäsar und Papst Gregor bis zu den Legionen missionierender Jesuiten, von den chinesischen Mandarinen, den britischen Kolonialisten und Stalin bis zu den Urhebern der Französischen Revolution: Der Kalender ist immer eine ideologische, politische oder religiöse Waffe. Potentaten, Fürsten und Priester sind stets vom Traum, die Vorherrschaft zu gewinnen (oder zu erhalten), hypnotisiert. Sie stehen seit jeher an der Grenze zum Weltraum und blicken hinaus in die Zeit. Sie sind schon immer gekommen, haben gesehen und gesiegt – veni, vidi, vici, sprach Julius Cäsar es deutlich aus. Denn die Zeit ist ein Königreich, Macht und Ruhm zugleich.

Ein Druidenpriester, der die Sonnwende falsch ausgerechnet hätte, wäre mit Gelächter aus Stonehenge vertrieben worden. Die Macht dieser Leute – falls es tatsächlich so etwas wie ein Druidenpriestertum gegeben hat – beruhte auf solchen Vorhersagen. Denn von dem geheimen Wissen, wann etwas geschehen wird, bis zu dem Mythos, der Betreffende habe dieses Ereignis verursacht, ist es nur ein winziger Schritt. Die Druidenpriester bedienten sich also der Zeit, um ihre Macht dem Volk und den Königen gegenüber unter Beweis zu stellen. Fast sah es dann so aus, als bewirkten sie es selbst, daß sich in dem angekündigten Augenblick die Sonne über einem ganz bestimmten Stein erhob, und so schienen sie den Augenblick und die Jahreszeiten zu beherrschen.

Soweit man in die Geschichte zurückzublicken vermag, immer haben Priester die Herrschaft über die Zeit für sich gepachtet. In Babylonien führten Priester-Könige auf der Erde dieselben Zeremonien aus, die ihr Gott am Himmel vollbrachte. Das Timing des priesterlichen Rituals mußte mit dem des Gottes übereinstimmen. Weltweit hätten die schamanischen Schüttler von Kieselsteinen (damit ein paar Regentropfen fallen) oder Felsenschleuderer (für einen Gewittersturm) sehr wenig Beifall erhalten, wenn sie nur den Regen herbeizwingen, nicht aber den Zeitpunkt des Regengusses hätten bestimmen können. Die Maya-Priester in Mittelamerika haben ihre berühmten Denkmäler errichtet, um die Zeit hindurchzulassen. Als Joshua im Alten Testament seine Macht demonstrieren wollte, ließ er Sonne und Mond stillstehen, während Jesaja den Schatten am Sonnenzeiger zurückstellte: »Und die Sonne lief zehn Stufen zurück am Zeiger, über welche sie gelaufen war.« (Jesaja 38, 8).

Als 664 in Whitby die Synode stattfand, wurde viel über das richtige Osterdatum diskutiert – ein scheinbar banales, aber in Wirklichkeit höchst bedeutsames Thema. Sollte man das Datum auf den Osterfeiertag der keltischen britischen Kirche oder sollte man es auf den der Römischen Kirche legen? Man entschied sich für das von römischer Seite vorgegebene Datum und verband sich infolgedessen mit der Macht und Autorität der römischen Kirche.

Der Kalender wird von alters her als Quelle der Macht benutzt. Der traditionelle Kalender in Simbo auf den Salomon-Inseln ist ein Kerbholz, in das die Monde eingeritzt sind. Das Ding heißt »Pepapopu« – ein komisch geisterhaftes Wort, mit dem man etwas heraufbeschwören kann. Etwas Magisches wenn nicht sogar Göttliches ist darin enthalten.

Das Kalenderwissen galt in der Tat als so mächtig, daß die Rivalen des mythischen Kalenderbesitzers ihn aus Eifersucht umgebracht haben sollen, nachdem er das Kerbholz mit den Monden erfunden hatte. (Ihre Vermutung, der Kalenderbesitzer herrsche über die Bewegung der Zeit, wurde ihm zum Verhängnis.) In etlichen Gesellschaften entstammt die Macht der Priester ihrem Wissen um die Bewegungen und Veränderungen des Mondes. Chinua Achebe beschreibt, wie man sich in seinem Ibo-Dorf in Nigeria des Mondkalenders bedient, um wichtige Daten – von den Kürbisfesten bis hin zu den Yam-Ernten – anzuzeigen. (Nach dem kolonialen Konflikt verstummte der Priester und das Dorf fing an zu hungern.)

Die Römer benutzten den ägyptischen »wandernden Kalender«, der 365 Tage hatte, der aber alle vier Jahre den Jahreszeiten um einen Tag vorausgeeilt war, so daß die römische Verwaltung in immer größere Unordnung geriet. Im Jahr 46 v. Chr. entschloß sich Julius Cäsar zu der Verordnung, es müsse von nun alle vier Jahre ein Tag dem Jahreslauf hinzugefügt werden. Aber der eine Tag reichte nicht. Man schenke ihm einen Tag, und er nimmt sich einen ganzen Monat: Die Cäsaren (Julius und Augustus) ergriffen symbolisch die Zeit-Macht. Sich selbst zu ehren, benannten sie zwei Monate neu, denen sie ihre eigenen Namen – Juli und August – gaben. Und wunderbar sonnig klingen sie uns seither in den Ohren.

Aber so einfach war es nicht. Mit jedem Schaltjahrtag (dem 29. Februar), den man hinzufügte, verlor man pro Jahr 0,0078 Tage gegenüber dem Sonnenjahr. Im März 1582 setzte Papst Gregor XIII. sich hin und arbeitete etwas aus, wie man den Kalender von dem einen verflixten Schaltjahr, das zuviel war, befreien konnte. Sein Ziel war ein Kalender, der die folgenden 3000 Jahre lang nicht mehr korrigiert werden müßte. Um den damaligen Kalender dem tatsächlichen Sonnenjahr anzugleichen, ließ er auf einen Schlag zehn Tage ausfallen. Das heißt, auf den 4. Oktober 1582 folgte sogleich der 15. Oktober. Und alles war wieder o. k. Und die Macht gesichert. Das Ändern eines Kalenders ist ein allmächtiger Akt. Wie reagierte man darauf? Die Engländer – viel emotionaler, als sie es sich eingestehen – bekamen einen fürchterlichen Wutanfall. Der Papst war ja natürlich ein *Katholik* und hatte seine päpstlichen Pranken auf dem Kalender des reformierten England. Die Protestanten protestierten. Erst 1752 fanden die Engländer sich bereit, den Gregorianischen Kalender zu übernehmen. Fast zweihundert Jahre lang hatten sie es verdrängt und verschlafen, daß eine Änderung nötig war. Im September 1752 geschah es also, daß elf Tage spurlos verschwanden. Unruhen brachen aus. Die Leute glaubten, sie verlören elf Tage ihres Lebens und elf Tagelöhne. 1873 übernahm Japan, 1875 Ägypten den Gregorianischen Kalender – den ersten fast in der ganzen Welt geltenden Kalender in der gesamten Geschichte menschlicher Zivilisation.

Im Kampf zwischen Christentum und Mithrasglaube um die Weltherrschaft spielt der »Strom der Zeit«, Okeanos, eine besondere Rolle. Okeanos hatte einst eine stolze Position in der Ikonographie eingenommen. Er hatte Mithras aus seinen Wassern der Zeit »gezeugt«. Als das Christentum das Rennen gewann, veränderte sich das Bild ein wenig, aber signifikant: Okeanos wurde nun Christus zu Füßen sitzend dargestellt. Er war nicht mehr Vater des Gottes (Mithras), sondern Christus unterworfen. Die Zeit wurde vom Christentum zermalmt, wie es immer wieder geschehen ist.

»Anno Domini« wurde 525 von Dionysius Exiguus erfunden. Ein kleiner Schritt für Dionysos, aber ein großer für die machthungrige Kirche, denn dieser erste Grundstein zu einer globalen Zeit wurde vom Christentum gelegt. Etwa fünf Jahre später, um 530 kam eine ungeheuer einflußreiche und neue Haltung gegenüber der Zeit, die Regel des Heiligen Benedikt, auf.

Nacht. Von Sünden schwarze Nacht des 6. Jahrhunderts. Mit der benediktinischen Ordensregel wurde die Nacht eingeteilt, unterworfen und in eine weiße Zeitordnung verwandelt. Glocken läuteten nun alle Nächte und Tage hindurch und gaben die Stunden an, von der Frühmette um etwa halb vier Uhr morgens, bis zur Komplet, dem letzten Gottesdienst des Tages, gegen acht Uhr abends. Die ersten »Wecker« waren

Kirchenglocken. Mit dem Glockenschlag holte man die Mönche aus den Betten – und es folgten Jahrhunderte schwer gestörten Schlafs. Kirchen und Klöster begannen den Tag einzuteilen und die Nacht zu verkürzen, den »Tempus Nullius« (die niemand gehörende Zeit) galt es zu beherrschen. Vom »Wache« halten des Nachts zu den vom Christentum so geliebten Uhren und Glocken kamen die Vorschriften der Kirche: Wache und arbeite. (Bei den sogenannten Apostel-Uhren stellten die Apostel die Stunden dar, und wenn die zwölfte Stunde schlug, marschierten die Zwölf Apostel an der Figur Christi, des »Hüters der Zeit«, vorbei.) Das Christentum wollte sich der Zeit bemächtigen.

Es gab jährliche, wöchentliche und tägliche Zeitpläne für Gebet, Arbeit und Schlaf, für das Baden, den Aderlaß und das Füllen der Matratzen. Diese zwanghafte Zeit-Disziplin übte eine Macht auf die menschliche Natur aus und hinderte sie, sich im Nichtstun und in Spielereien zu ergehen. Dieser lustige, schelmische Geist wurde mit dem Bann der »Seelenfeindschaft« belegt. Die Klöster verkörperten eine Zeit im Rhythmus einer Maschine. Die christliche Kirche setzte ihre Domestizierung der Zeit fort, sie wurde auf Tafeln festgehalten, eingezäunt, in ihrer Wildheit gebannt. Gottes-»Dienste« zu bestimmten Stunden wurden im 12. Jahrhundert üblich, und die Kirchen errichteten Glockentürme und Campaniles.

Mit der Machtausübung über die eigenen Gläubigen noch nicht zufrieden, erlegte das missionierende Christentum vom frühen Mittelalter an auch anderen seinen Rhythmus der Feier- und Arbeitstage auf und benutzte weltweit das Uhrwerk als Zeichen seiner spirituellen Macht. Dem Jesuiten-Missionar Matteo Ricci gelang es in den 1580er Jahren, sich durch Uhren Zugang zum Hof des chinesischen Kaisers zu verschaffen, denn sein Kalender war präziser als der chinesische und sein Uhrwerk bemerkenswert. Mit seinen »von selbst läutenden Glocken« faszinierte er die Chinesen, und in dieser quasi universellen Sprache von Zeit und Macht bedeutete »mein Zeitmesser ist besser als deiner« automatisch, daß »mein Gott mächtiger als deiner« war. Denn damals stand »Gott der Uhrmacher« im Mittelpunkt der spirituellen

Bilderwelt, und wenn seine Arbeit Uhrwerksarbeit war, dann stellte die aktive Mechanik der Uhren wohl den funktionierenden Geist Gottes selbst dar.

Bevor der Kolonialismus sie überrannte, besaßen die Tewa im heutigen US-Bundesstaat New Mexico einen Kalender der Rituale, die im Laufe des Jahres ausgeführt werden mußten. Die Sonnwendfeiern zum Beispiel oder das Knospenfest. Nach der spanischen Invasion lokalisierte die katholische Kirche diesen Kalender als Sitz der Macht, unterdrückte die Durchführung der religiösen Aktivitäten der Eingeborenen und setzte den christlichen Kalender durch, so wie es überall auf der Welt geschah.

Ungefähr hundert Seemeilen westlich von Schottland liegt die Insel St. Kilda, die auch »die letzte und äußerste Insel« Großbritanniens genannt wird. Dort hat es Hunderte von Jahren eine blühende Eingeborenenkultur gegeben, die buchstäblich von der Zeit der christlichen Kirche »auf die Knie« gezwungen wurde. Deren Einfluß machte sich besonders unangenehm durch den verbissenen »Sabbatarianismus« (die Lehre der Sabbatarier, die die strikte Heiligung des Sonntags verlangten) der Missionare des 19. Jahrhunderts, insbesondere des Reverend John Mackay, bemerkbar. Mackay verbrachte 24 Jahre auf der Insel. Es gelang ihm, dort die Arbeit – das Fischen und die Vogeljagd, wovon das Überleben der Bewohner abhing – vom Samstag bis zum Montag und oft sogar auch noch am Dienstag und Mittwoch effektiv zu unterbinden. Die Folgen waren katastrophal. Mackay besaß die einzige Uhr auf der Insel.

Als bei den Algonquin-Indianern in Nordamerika die Missionare ankamen, nannten die Algonquin die Uhrzeit »Captain Clock«, weil sie alle Taten der Christen zu befehligen schien. Missionare haben immer darauf bestanden, denen, die sie zu bekehren suchten, ihren Gebrauch der Zeit aufzuerlegen. Sie tun es heute noch. In den Missionsschulen wird den Kindern eingetrichtert, wie sie ihre Zeit zu planen haben. Der Experte zur Geschichte des Jesuitenordens, Richard Gott, erklärt: »Religiöse Orden waren, was Zeit anging, ausgesprochen streng. Die Jesuiten brachten anderen Völkern die Zeit. Sie stellten Glockentürme auf und läuteten die Glocken, was für die Eingeborenen eine völlig neue Sache war. Es gelang den Jesuiten mühelos, die Leute einzufangen – sie schienen sich gern in die westliche Zeit und deren Ordnung des Tagesablaufs hineinziehen zu lassen.«

Die Zeit, jenes einstmals wilde, unerforschte Territorium, wurde vom Christentum »eingesperrt«, die Leute wurden »hineingezogen.« Ein anderes Beispiel ist der Tikopia-Stamm in Polynesien, der 1928 zum Christentum bekehrt wurde. Bis dahin hatte er in seiner »eigenen« Zeit gelebt und einen rituellen Zyklus, einen »Kreislauf des Heiligen im Laufe einer Runde von Zeremonien«, wie ein Anthropologe es beschrieb, praktiziert. Dieser rituelle Zyklus wurde 1956 aufgegeben; inzwischen war die ganze Zirkularität mit all ihren »Zyklen«, »Zirkulierungen«, »Verläufen« und »Runden« dahin, eingezäunt und erledigt durch die erobernden, linearen Sperren der mächtigeren christlichen Zeit.

So geschieht es natürlich noch heute. Wer Vertreter der Guarani-Kaiowa-Indianer aus Mato Grosso do Sul in Brasilien trifft, merkt sofort, wie wichtig für sie das Gefühl ihres Kalenders ist und wie traurig sie über dessen Verlust sind. Wie so oft, spiegelt die Behandlung des Landes die der Zeit wider. Ihr Land wird ihnen von Viehzüchtern gestohlen, die Burger produzieren. Ihren Kalender stehlen ihnen die Missionare aus dem Westen, um ihre Zeit zu burgerisieren. »Neue Religionen haben unsere Dörfer überschwemmt. Es ist eine kulturelle Vernichtungsaktion. Man sagt uns, unsere Riten kämen vom Teufel. So haben wir uns nach dem Kalender der Weißen gerichtet. Und jetzt sind wir traurig, ihn übernommen zu haben, weil das heißt, daß wir in der modernen Welt leben. Früher war ein Jahr noch eine sehr lange Zeit für uns.«

Ein Kran, eine Zugbrücke, Fähnchen, Türme und Ölfässer. Aus Schrott, Witz und Anarchie erbaut ist dieser Ort des entschlossenen Widerstands. Willkommen in Fort Trollheim. Ein kleine »Festung« dieses Namens wurde Mitte der 90er Jahre bei Fairmile in Devon als Ausdruck des Protests gegen den Straßenbau errichtet – und dann wieder zerstört. Solange es stand, war es eine der aufsehenerregendsten Schöpfungen der britischen »direct action«-Bewegung. Und das Manifest dieser »Festung« lautete:

»Dies ist der unabhängige Freistaat von Trollheim. Wir erklären, daß wir als Freistaat dem Vereinigten Königreich und seiner Umgebung keine Treue schulden, außer Essex, Glasgow, Brixton, Teilen von Hackney und einigen wenigen Einsprengseln in Devon. Wir erkennen die Herrschaft der Regierung oder der Monarchie über uns nicht an, abgesehen von Sozialhilfe und Armenrecht ... Wir erkennen die Geschichtsschreibung, das Patriarchat, das Matriarchat, die Politik, die Kommunisten, die Faschisten ... nicht an ... Unsere Hierarchie basiert auf der Anbetung von Hunden. Unsere Währung wird auf dem Tauschhandel beruhen. *Wir erkennen den Gregorianischen Kalender nicht an. Indem wir uns weigern, wird dieser Tag als Eins oder erster Tag bekannt werden ...* Fürchtet euch, fürchtet euch alle, die ihr dies hört. Dieser Staat fordert Respekt.«

Mit der Wahl eines Kalenders entscheidet man sich zugleich für eine bestimmte politische Richtung. Bei den aktiven Trollen in Trollheim genauso wie bei der Französischen Revolution. Die Beziehung zwischen der Zeit und der politischen Macht ist so eng, daß Lewis Mumford 1967 in *Mythos der Maschine* schreibt: Die erste Faszination durch die Zeit, die sich in der Astrologie bemerkbar machte, »fiel genau mit der Entstehung des Königtums zusammen«.

Im Jahr 807 brachte eine Gesandtschaft Harun al Raschids eine Wasseruhr an den Hof Karls des Großen mit, die dort allgemein bewundert wurde. Mittelalterliche Herzöge und Fürsten protzten mit ihren teuren und deshalb prestigeträchtigen mechanischen Uhren, aber auch die uralte Macht der Zeitgestaltung selbst machte Eindruck: Wer die Zeit mißt, hat Macht über sie.

Das Prestige – und die Macht – der ersten Uhren wird aus einer Geschichte deutlich: In Prag gibt es eine berühmte, zu Beginn des 15. Jahrhunderts gebaute astronomische Uhr. Mechanische Glockenspielfiguren – darunter: Christus und die Apostel, der Tod, die Habsucht, die Eitelkeit und ein

Türke – wurden von einem hochbegabten Uhrenmechaniker später hinzugefügt, so daß ein einmaliges Wunderwerk entstand. Der Stadtrat war so über alle Maßen zufrieden mit dieser Arbeit, daß er die Blendung des Uhrmachers anordnete, damit dieser nicht noch eine zweite derartige Uhr für irgendeine andere Stadt bauen konnte. Aus Rache zerbrach der blinde Uhrmacher in Wut das Werk, das er angefertigt hatte – und so blieb es zerbrochen bis in die Mitte des 16. Jahrhunderts.

Jemandem eine andere Uhrzeit und einen anderen Kalender beizubringen ist einer der subtilsten und auch tiefreichendsten Eingriffe der imperialistischen Macht in das Leben anderer Leute. Es ist ein Kolonialismus des Bewußtseins. Wenn das alte China irgendeine neue Region kolonisiert hatte, beschrieb man diesen Vorgang gewöhnlich mit den Worten, die Bevölkerung in dem neuen Gebiet habe »den Kalender« erhalten. Für die alten chinesischen Kaiser bedeutete der »himmlische Auftrag« (den sie zu erfüllen meinten) auch ein Steuern der Zeit: Der Herrscher, der als allerhöchstes Zeichen der Zeit galt, war für die Zeit verantwortlich. Kam eine neue Dynastie an die Macht, dann änderte sie den Kalender der vorherigen, und der Beginn der neuen Herrschaft wurde als erster Tag des folgenden neuen Jahres datiert. Rituell erschuf der neue Herrscher die Zeit neu.

Genau wie die Römer ihre Zeit »ab urbe condita« (seit Gründung der Stadt) berechneten, womit sie die Kalenderzeit mit ihrem eigenen Prestige verknüpften, so geschah es auch in der Französischen Revolution, die das Jahr 1792 zu ihrem Jahr Eins erklärte. Die Macht war in andere Hände geraten, mit ihr die Zeitordnung, und jede Beziehung zur Kirche, die den Kalender jahrhundertelang beherrscht hatte, wurde verworfen. Die Vergangenheit mußte per Guillotine von der Gegenwart getrennt werden. Es wurden Zehntagewochen angeordnet. Jeder Tag hatte nun nur noch zehn Stunden, die in je hundert Minuten aufgeteilt waren. Alles begann am ersten Tag der Römischen Republik, dem 22. September 1792 christlicher Zeit. Dieser Tag sollte von nun an als der Neujahrstag gelten. »Die Zeit öffnet ein neues Geschichtsbuch«, sagten die Kalenderreformer. Die Tage bekamen neue

Namen: Primidi (erster Tag), Duodi (zweiter Tag) und so weiter. Die Monatsnamen wurden so geändert, daß sie zu den Jahreszeiten paßten: Vendemiaire (Weinmonat) war September, Brumaire (Nebelmonat) Oktober, gefolgt vom Frimaire (Kalter Nebelmonat), Nivose (Schneemonat), Pluviose (Regenmonat), Ventose (Windmonat), Germinal (Keimmonat), Floreal (Blütenmonat), Prairial (Grasmonat), Messidor (Erntemonat), Thermidor (Hitzemonat) und Fructidor (Früchtemonat). Der im 19. Jahrhundert lebende »Messias« Zion Ward lehrte seine Schüler, die Zeit von seiner Erleuchtung im Jahr 1826 an zu zählen, weil das das »erste Jahr der neuen Datierung« sei.

»... Britannia, rule the waves ...« Als es noch ein Imperium war und die Weltmeere beherrschte, besaß Großbritannien Macht. Wodurch? Durch Uhren. 1714 wurde ein Gesuch an das Parlament in London eingereicht. Es solle doch bitte einen Preis für denjenigen aussetzen, der eine Lösung für das Problem der richtigen Bestimmung des Längengrades anbieten könne. »Die sichere Bestimmung des Längengrades ist für die Verbesserung des britischen Handels von erheblicher Bedeutung ... Die Ehre der britischen Nation steht auf dem Spiel.« Das Geheimnis der präzisen Längengradbestimmung und damit der genauen Position (eines jeden Schiffs auf See) wurde durch immer bessere Uhren gelöst. So wurde die geregelte Schiffahrt auf allen Weltmeeren möglich, und die Briten eroberten die Weltmeere und damit die Macht, das Prestige und den Profit. Der Chronometer war ein Instrument zur Erhaltung der erlangten politischen Macht, einer Macht des Imperiums – und die Handschellen für den Sklaven, der die harte Arbeit tun mußte.

Die präzisesten Uhren gehörten dem englischen König, der sie in seinem Royal Observatory in Greenwich aufbewahrte, als Greenwich noch das Zentrum der seefahrenden Nation und Zentrum seines Weltreiches war. In der Sprache des Imperialismus – und wissend, daß Zeit Macht ist – nannte man die Hauptuhr in Greenwich die »Meister«-Uhr. Von ihr aus wurden Signale an »Sklaven«-Uhren in Greenwich gesandt. Sie sandten weitere Signale an andere »Sklaven«-Uhren an der London Bridge. Heute findet man in Greenwich eine Schrifttafel, auf der in aller Stille des Sklavenhandels mit Menschen aus Afrika gedacht wird: »Er hat England jahrhundertelang reich und Afrika dementsprechend arm gemacht und destabilisiert.«

Zeitzonen wurden 1883 in den USA eingeführt. 1884 einigte man sich in Washington, die Welt in 24 Zeitzonen einzuteilen, die mit der Greenwich Mean Time (GMT) beginnen. Passend für eine Nation von Ladenbesitzern, die Handel und Uhr schon lange miteinander verknüpft hatten, bestand ihr erster globaler Export der Briten überhaupt in der Zeit: Greenwich Mean Time – die Zeit-Null, mit der alles Zählen der Zeit anfängt. Da sie zum universalen Zeitmaß wurde, bewirkte sie den Untergang der anderen Arten, die Zeit zu zählen, und die Vorherrschaft der einen, westlichen, speziell britischen Methode. Die britische imperiale Macht diktierte das Geschehen, denn 75 Prozent der Handelsschiffe hatten bereits die Greenwich Mean Time eingeführt. Die stets eifersüchtigen Franzosen standen sofort auf den Barrikaden. Und bis 1978 nannten sie die Greenwich Mean Time per Gesetz: »Pariser Zeit minus neun Minuten und einundzwanzig Sekunden.« (Die imperialistischen Konzepte erstrecken sich bis in den Weltraum. Auch dort benutzen die Astronomen die GMT für ihre Berechnungen, obgleich sie sie UT – Universal Time – Universelle Zeit oder Weltzeit nennen.)

Die in den 40er und 50er Jahren des 19. Jahrhunderts, am Höhepunkt des Weltreichs, gegossenen Glocken von Big Ben verkünden, wenn sie läuten, die Botschaft: Zeit ist Macht. Mit den Glockenschlägen werden Nachrichtensendungen angekündigt, und die Nähe des Senders zu den Houses of Parliament gibt ihnen ein zusätzliches Prestige: Es steht die politische Macht dahinter, und sie schlägt die Stunden der Londoner Zeit in die ganze Welt hinaus, erinnert damit zugleich – mit jedem Schlag – an ihre imperiale Vergangenheit, ihre Handelsgeschichte, ihren Sklavenimport und ihren Export der Weltzeit. (Der Entwurf der Parlamentsgebäude selbst stellt eine subtile zeitliche Manipulation dar. Man erbaute sie in einem pseudo-gotischen Stil. Sie sollten älter wirken, als sie in Wirklichkeit waren. So legte man sich eine scheinbar noch ehrwürdigere Vergangenheit zu. Eric Hobsbawm beschreibt in *The Invention of Tradition* dieses öfter zu beobachtende Verfahren: Man stattet politische Strukturen mit einer Vergangenheit aus, die sie überhaupt nicht besitzen.

Pol Pot erklärte das Jahr 1975 zum Jahr Null. Hitler definierte seine politischen Ambitionen zeitlich: Das Dritte Reich solle tausend Jahre bestehen. Stalin strich den Sonntag. Zwischen 1929 und 1940 führte er zuerst die Fünftagewoche, dann die Sechstagewoche ein. Um Moskaus Macht auch in den anderen Teilen des Sowjetimperiums zu demonstrieren, wurde die Moskauer Zeit zur »kommunistischen Standardzeit« erklärt, mit der ein jeder seine Zeit synchronisieren müsse. Diese Synchronisierung ist eine eminent politische. Autoritäre Staaten sind immer für Synchronisation, von der massenhaften synchronisierten Gymnastik faschistischer Länder bis zum synchronen Hitlergruß. Die Synchronität ist der totalitäre Wunsch, die Individuen der »Masse« unterzuordnen. Außerdem sollen natürlich die spezifischen, unterschiedlichen Zeiten zu einer globalen Einheitszeit verwischt werden.

Vom militärischen Befehl »Stellen Sie Ihre Uhren!« bis zu den Konflikten am Persischen Golf: Die Zeit spielt immer eine Rolle als Kriegswaffe und als Machtinstrument. In der zweiten Hälfte des 13. Jahrhunderts wurden mechanische Uhren zusammen mit den ersten Kanonen gebaut. Im 15. Jahrhundert nahmen die Soldaten ihre eigenen Hähne mit in den Krieg, damit sie sie morgens aufweckten. Wer Befehle erteilt, muß sich auf die Ausführung verlassen können. 1708 wurde der große alte englische Uhrmacher Henry Sully für den Flandernfeldzug angeworben, um mit Prinz Eugen von Savoyen und dem Herzog von Aremberg in den Krieg zu ziehen. Im Golfkrieg 1991 wurde der Faktor Zeit in den blitzschnellen Bombardierungen irakischer Ziele und der Direktübertragung per Fernsehen eingesetzt, um die Zustimmung des Publikums zu gewinnen. Das gezielte Timing des Konflikts mit dem Irak hielt die flüchtige – und deshalb auch leicht manipulierbare – Aufmerksamkeit der Öffentlichkeit bei der Stange.

Die politische Manipulation der Zeit und des Gedächtnisses ist immer Bestandteil des Kolonialismus gewesen. Der Führer von Sinn Fein, Eamon de Valera, soll 1916, nach dem Osteraufstand gegen die Briten, gesagt haben: Der Unterschied zwischen den beiden Ländern sei, daß »die Briten sich nicht an ihre Geschichte erinnern und die Iren sie nicht vergessen können«. Das ist typisch für jede Form des Kolonialismus: Die Eroberer können sich irgendwie nicht so genau erinnern, welches ihr Weg der Eroberung war, während die Besiegten ihre Demütigung und ihre Toten nicht vergessen können.

Bei manchen späten Kolonialherren kann man noch immer abschätzige Redewendungen wie »working on Indian time« oder »on Maori time« vernehmen. Gemeint ist, daß faule und respektlose Unpünktlichkeit herrscht. Der Anthropologe Edward T. Hall schreibt über die Kolonialisierung der Lakota-Indianer: Sie hatten kein Wort für »spät« oder »zu spät« oder »warten«. Das erste, was der Aufseher des Reservats tat, war »sie zu zwingen, daß sie lernen, was Zeit ist«. Da es sich ja um die eine, die einzige, die westliche Monozeit handelte, zwang man sie, sich mit dieser häßlichen, geschredderten Zeit anzufreunden. Der gemessenen Uhrzeit und ihrer Sprache der Gewalt mußten sie sich beugen. Effizienz. Pünktlichkeit. Arbeitsdisziplin.

Bevor die Europäer kamen, benutzten die Navajo die »Sonnenzeit«. Die Stunde war die Sonne. Und Zeit war nicht Geld. Nach dem Kontakt mit der Zeit der Weißen versuchten die Navajo sich anzupassen: Sie lernten, willkürliche, abstrakte Stunden zu zählen, und zum erstenmal setzten sie Zeit mit Geld gleich.

Die Geschichte des Kalenders der Trobriand-Insulaner ist ein Schlüssel für jeden, der die Zeit, die Macht und den Kolonialismus verstehen will. Traditionell war die Verantwortung für den Kalender zwischen vier Gebieten aufgeteilt. Das eine, Kiriwina, hatte die Vorherrschaft und nützte seine Macht über den Kalender insofern aus, als es gewisse Monate genau dann zwischenschaltete, wenn sich dadurch eine reiche Yam-Wurzel-Ernte und dergleichen für Kiriwina ergab. In den 1930er Jahren tauchte dort als Verwalter der Trobriand-Inseln Leo Austen auf, stolzgeschwellt von seiner

Arbeitsethik und übersprudelnd vor industriellen Kapitalismusgedanken. Er kam, sah und – ja, er änderte den Kalender, denn, so stellte er mit protestantischer Entrüstung fest, ganze drei Monate im Jahr gingen den Leuten wegen ihres verrückten Kalenders für die Arbeit verloren. Freizeit war ja nur ein anderer Ausdruck für Faulheit. Also tat er in die Arbeitssaison noch ein paar zusätzliche Monate hinein. (Sein Kalender wurde dann allerdings durch den dominanten gregorianischen wieder weggefegt.)

Aus unserer Zeit ist zu berichten, daß die Führer des zapatistischen Bauernaufstandes in der Provinz Chiapas in Mexiko erklärt haben, »ihre« Zeit sei nicht die der verwestlichten, mexikanischen Regierung. Die Führer der Zapatistas nahmen ihre Befehle von den Bauern entgegen, und das war ein sehr langsamer und schwer vorhersagbarer Prozeß. Mitte der 90er Jahre, während ihrer Verhandlungen, sagten die Zapatista-Führer: »Wir verwenden Zeit, aber nicht die Uhr. Das ist es, was die Regierung nicht versteht.«

Die Mächtigen ketten die Zeit der anderen fest, und nie ist das so augenfällig wie in der Sklaverei. Die Memoiren der Kolonialisten wimmeln von »faulen« Sklaven und »untätigen« Arbeitern, von Befehlen, daß »mit doppelter Kraft« zu arbeiten sei. Für die Sklaven selbst wirkte sich ihr Zustand immer als eine tiefe Sehnsucht nach einer abstrakten Freiheit und Würde durch das Wiedergewinnen der eigenen Zeit aus. Wenn Sklaven protestierten, dann arbeiteten sie langsamer und untergruben die Autorität durch Pausen und Bummelei. Sie streckten die Zeit durch ihr Schweigen in die Länge, sie verkürzten sie durch das Singen von Liedern, fanden Freiheit der Zeit in unvorhersehbarer Abwesenheit, vorübergehendem Verschwinden und in plötzlichem Wiederauftauchen.

Eine kleine Abschweifung. In seinem Roman *The Four-Dimensional Nightmare* beschreibt J. G. Ballard, wie eine übermäßig von Uhren bestimmte Welt dazu führt, daß die Würde der Menschen und ihr Gefühl für Freiheit untergraben wird. Es kommt zu einem Aufstand gegen die Uhren, so daß Uhren verboten werden und das Aufziehen einer Uhr ein »Zeitverbrechen« darstellt, das mit Gefängnis bestraft wird. 1791 schrieb Jeremy Bentham *Panopticon*, worin er ein von ihm ausgedachtes rundes Gefängnis zu bauen vorschlug. Es sollte um einen zentralen Turm errichtet werden, von dem aus die Wächter ihre Gefangenen Tag und Nacht auf das Schärfste beobachten könnten. So eine Überwachung von Gefangenen hat etwas Tückisches, denn es wird nicht nur genau beobachtet, was jemand tut, sondern auch wann er es tut, und so wird seine zeitliche Unversehrtheit ebenfalls versklavt. (Diese Freiheit ist die metaphysischste aller Freiheiten.) Der Gefangene muß nicht nur seine Zeit »absitzen«, er muß auch noch dabei beobachtet werden, wie er es tut.

Eine Art zeitlicher Überwachung breitet sich heute heimtückisch aus. In der Wochenzeitschrift *Time* wurde neulich behauptet, der durchschnittliche New Yorker werde bis zu zwanzigmal am Tag von Videokameras und Überwachungsfernsehkameras »erfaßt«. Zeit des Überwachtwerdens. Große Unternehmen installieren versteckte Kameras, um ihre Mitarbeiter zu kontrollieren. Bei einer bestimmten Computerfirma tragen die Leute elektronische Identifizierungsmarken, damit die Chefs sie jederzeit verfolgen können, um zu verhindern, daß die Leute *Zeit vergeuden*. Dadurch, daß man sich selbst beobachten muß, wird die eigene Freiheit untergraben. Ein Schuldgefühl schleicht sich ein. Man ist bemüht, Vergehen gegen die Uhr zu vermeiden. Es entsteht eine Art Chronokriminalität.

In *Panopticon* wird Überwachung mit Schuld und dem »Absitzen von Strafe« verknüpft. Diese Matrix ist das Gegenteil von Unschuld – die keine Zeit und keine Überwachung kennt. Man stelle sich etwa ein Kind vor, das unbewacht, unschuldig und ohne zeitliches Kommando spielt. Diese Unschuld wird verdorben, wenn man sie überwacht. Wer ein Kind beobachtet, macht es auf sich selbst aufmerksam. Es wird ihm dann bewußt, daß die Zeit der Erwachsenen vergeht. Unschuldig sein heißt, nicht von der Uhrzeit oder einer Beobachtung zu wissen.

»Observatorium« ist ein abscheulich präziser Ausdruck. Die Zeit zu observieren ist ein Instrument der Macht – von

Newtons Observatorium bis zu Cooks Observatorium in Neuseeland bis zu Benthams Gefängnis-Observatorium und Gradgrinds Observatorium in *Harte Zeiten* von Charles Dickens:

»Ein strenger Raum mit einer tödlich statistischen Uhr darin, die mit einem Schlag, der an das Klopfen auf einen Sargdeckel erinnerte, jede einzelne Sekunde maß.«

Und Observatorien werden gehaßt. Gradgrinds Kinder hassen das Observatorium ihres Vaters. 1894 versuchte ein Anarchist, das Observatorium in Greenwich in die Luft zu sprengen. Heute spielen sich dort die Proteste gegen die Millennium-Feier ab. Das Cook Observatory in Neuseeland wird immer wieder von den politischen Graffiti der Maori-Jugendlichen verunstaltet.

Falls je ein Zeitalter Ketten geschmiedet hat, um Zeit und Macht aneinander zu fesseln, falls je ein Zeitalter die Zeit beobachtet und versklavt hat, dann das der industriellen Revolution. In diesem Zeitalter hat sich die Zeit-Erfahrung dramatischer verändert als je zuvor. Arbeit, Arbeit, Arbeit war die Peitsche, mit der man alles vorantrieb. Die an ihre Uhren geketteten Viktorianer verlangten, die Zeit müsse restlos für den Aufbau wirtschaftlicher oder geistiger Macht verwendet werden. Es schwebte ihnen ein System »geistiger Buchhaltung« vor, durch das die mit Arbeit oder Gebet verbrachten Stunden sich in Gestalt eines Bonus ansammelten, während einen die mit Spielen, Gammeln, Wackelpeter-Zubereiten, Glücksspiel oder Kichern verbrachte Zeit – diese schlimm vergeudeten Stunden – teuer zu stehen kommen konnten, nach dem Tode.

John Wesley, der Methodist. Dieses Wort selbst klingt schon wie eine Fessel der persönlichen Freiheit. (1819, in einer methodistischen Sonntagsschule in York, wurden Lehrer wegen Unpünktlichkeit bestraft.) Methodistisch: Eine derartige Strenge, daß keine trübe Morgenstunde mit einem Nickerchen oder auf lustige Weise vertan werden darf. Hier schreibt Mr. Wesley 1786 in seinem Traktat »Die Pflicht und der Vorteil frühen Aufstehens«:

»Indem das Fleisch so lange zwischen den warmen Betttüchern schwitzt, wird es gleichsam überhitzt und weich und schlaff. Die Nerven hängen durch wie die entspannten Saiten eines Instruments.«

Schon 1755 hatte der Reverend J. Clayton in einer Flugschrift mit dem Titel »Freundlicher Rat an die Armen« über »das faule Verbringen des Morgens im Bett geklagt: Die Notwendigkeit des frühen Aufstehens würde die Armen zwingen, beizeiten zu Bett zu gehen – und dadurch die Gefahr mitternächtlichen Lärmens beheben.

Der aufstrebende Mittelstand, der für den Kolonialismus und die eisernen Durchhalteparolen, den Kapitalismus und den Verlust des Spielerischen verantwortlich ist, war in einer Sache wirklich gut: Er wußte, wie man aus den Federn kommt. Früh aufstehen, ach, das ist das Schwerste, das man am ganzen Tag zu vollbringen hat, und zwar als *erstes*. Aber mit dem eigenen Frühaufstehen war er nicht zufrieden, seine eigene nützlich produktive Zeit genügte ihm nicht. Er blickte nach unten und sah die *Armen*. Was trieben diese Armen den lieben langen Tag? Sie schliefen hier, sie schliefen dort, sie schliefen herum und schliefen rund um die Uhr. Sie faulenzten, sie summten, sie quatschten, sie tranken. Sie ehrten den heiligen Blauen Montag vom Dienstag bis zum Sonntag, sie hatten andauernd Feiertage und Ferien, sie ergaben sich der Schlenderei und dem Glücksspiel. Der Mittelstand wurde purpurrot vor Zorn. In der 1821 in London veröffentlichten Untersuchung »An Essay on the Evils of Popular Ignorance« (Versuch über die Gefahren des Unwissens im Volk) seufzt John Foster über die Tatsache, daß die Arbeiter nach der Arbeit immer noch »mehrere Stunden pro Tag« hatten, die sie »fast ganz nach eigenem Belieben zubringen« konnten. Fast ganz *nach eigenem Belieben*! Als ob die Zeit ihnen gehörte. Diese Anmaßung!

Bei dem produktiven Gebrauch der Zeit, den der Mittelstand propagierte, ging es zwar angeblich um die Moral, in Wirklichkeit aber um Klassenpolitik und Klassenmacht – es war das Zeitalter der Macht – der Handelsmacht und der Kolonialmacht. Denn der Mittelstand machte sein Geld mit der Zeit anderer Leute – es paßte den herrschenden Klassen sehr gut in den Kram, daß die unter ihnen ihre Zeit mit

Arbeit verbrachten, um die Gewinne und die Macht der Kapitalisten des Mittelstands zu stärken und zu steigern. Genauso wie die Landbesitzer mit ihren Einzäunungen das Land der gemeinen Leute an sich rissen, so nahmen auch die neuen kapitalistischen Zeitbesitzer den gemeinen Leuten etwas weg – ihre Zeit, indem sie sie in ihre Fabriken pferchten.

In einer außerordentlichen Verschmelzung von Ideen wurde die Zeit für immer verändert. Die kapitalistische Ökonomie verbündete sich mit der protestantischen Arbeitsethik, dem sauren Snobismus der Klassenstruktur, der moralischen Enge des Puritanismus, dem Kolonialismus, der neuen Verstädterung, dem christlichen »Hell now, heaven later«-Ethos. Mit dem Aufkommen der synchronisierten Arbeit in den Werken, um die Maschinenlaufzeiten zu erhöhen. Wenn Lewis Mumford in *Technics and Civilisation* schreibt: »Die Uhr, nicht die Dampfmaschine ist die für das moderne Zeitalter entscheidende Maschine«, dann liegt die Betonung auf dem Wort Maschine. Die meisten frühen Maschinen in den Fabriken waren tatsächlich von Uhrmachern konstruiert. Die maschinelle Herstellung in Fabriken verlangte eine Mechanisierung der Zeit *der Leute*, sie mußten zu Uhrwerken werden. Die Ära wurde von neuen Formen von Energie vorangetrieben – Dampf, Wasser, Kohle –, und dazu muß auch die Uhr gerechnet werden.

Und alledem zugrunde lagen die wissenschaftlichen Theorien – vor allem Newtons. Er, ein Misanthrop und Alchimist aus Grantham, hatte die intellektuelle Rechtfertigung für die mechanische Zeit geliefert, die die menschliche Zeit derart der Verachtung auslieferte. Er hatte erklärt, die Zeit sei absolut und gleichförmig, Fabrikzeit in Overalls. Die Zeit wurde granthamisiert. Die Viktorianer beteten Newton an. Auf Saint Peter's Hill in Grantham errichteten sie ihm 1858 ein Standbild: Zwei Tonnen Granthamschen Elends für zwei Jahrhunderte voller Entbehrungen und Härte.

Vier Jahre zuvor, 1854, war der Roman *Harte Zeiten* – ein phantastisch exaktes, eindringliches Porträt der Fabrikzeit, angesiedelt in einem Ort namens »Coketown« – veröffentlicht worden: »Jeder Tag war wie der gestrige und der morgige und jedes Jahr das Pendant zum letzten und zum nächsten ... Die Zeit verlief in Coketown maschinell: Soviel Material verarbeitet, soviel Kohle verbrannt, soviel Kraft erschöpft, soviel Geld gemacht.«

Was hatte man verloren? Die vielfältige, wellenförmige, elastische, farbige Zeit. Die flatterhafte, ausgelassene Ortszeit. Die Jahreszeiten hatten abgedankt. Aus ihrem Bett gescheucht worden war die Zeit. Eingeteilt, dem Produktionsprozeß unterworfen und kolonialisiert. Kartographiert. Eingeebnet. Privatisiert. Eingezäunt. Durchgerechnet und abgerechnet. Finanziert und ausbezahlt. Tage von gleichförmiger Länge, aus gleichförmig langen Stunden bestehend und ständig überwacht, traten an die Stelle der dehnbaren Stunden der Sonnenzeit und der jahreszeitlichen Variationen.

Fabrikdisziplin und Uhrmacht brauchten vorhersagbare und standardisierte Arbeitstage. Der von den Schustern, Bergleuten, Messerschmieden, Töpfern, Druckern und Picknickern bis dahin so heiß geliebte blaue Montag war dahin. In diesem Punkt waren sich Frankreich und England einig. 1946 schrieb der französische Historiker Duveau: »Le dimanche est le jour de la famille, le lundi celui de l'amitié.« (Der Sonntag ist der Tag der Familie, der Montag der Tag der Freundschaft.) Der heilige blaue Montag, Schutzheiliger der Verkaterten, wurde in den Traktaten der Viktorianer in Grund und Boden verdammt.

Auch die Zeit der Feste wurde Objekt im Machtkampf. Oft kam darin die Klassenpolitik des jeweiligen Ortes zum Ausdruck. Es ging um das Recht der Armen, milde Gaben zu erbetteln, Holz zu sammeln, die eigenen Tiere irgendwo weiden zu lassen oder nach der Ernte die übriggebliebenen Ähren zu sammeln. Der viktorianische Mittelstand verbot viele solcher Festlichkeiten. Natürlich geschah es erst unter Margaret Thatcher, einer legitimen Erbin der Newtonschen Fabrikzeit und Propagandistin viktorianischer Mittelklassenwerte, daß der traditionelle Feiertag der Arbeiter am 1. Mai abgeschafft werden sollte.

In *Harte Zeiten* ist von den Granthamschen Gradgrinds und Bounderbys, den Fabrikbesitzern und Politikern die Rede, die die Macht über das trostlose Leben der Arbeiterschaft ergreifen, aber es geht auch noch um etwas anderes. Es gibt dort eine dritte Klasse. Die »Zirkusleute«. Sie stehen für die vorindustrielle, unordentliche, kringelige, verlorene Zeit. Es sind die Leute, die viel zuviel trinken, sich viel zu sehr amüsieren und sich weigern, an das Prinzip »Zeit ist Geld« zu glauben, so daß Mr. Bounderby aus Coketown den Zirkusleuten ernsthaft ins Gewissen reden muß: »Wir gehören zu den Leuten, die den Wert der Zeit kennen, und ihr seid die, die ihn nicht kennen.« Coketowns Zeit ist so hart, wie der Titel *Hard Times* es ausdrückt. Die Zirkusleute sind die Vertreter der »sanften«, humanen, lustigen, launenhaften und unregelmäßigen Zeit, der Zeit, die Kindern und Tieren eigen ist. (Jedes Zeitkonzept läßt sich geschlechtlich interpretieren. In diesem Beispiel ist der Unterschied sehr auffällig. Die »Zirkuszeit«, rund wie das Zirkuszelt oder der Kreis, ist weibliche Zeit. Sie wird in *Harte Zeiten* von einem Zirkusmädchen namens Sissy repräsentiert, die eine so schwesterliche Natur ist, wie ihr Name es sagt (Sissy heißt Schwesterchen). Ihr Nachname lautet Jupe – wie das Französische »la jupe«, der Rock, den die Dame trägt. Die »harte Zeit« wird nur von Männern repräsentiert. Sie zwingen die Zeit, so gerade wie ein Lineal zu sein. In so einer Welt mag Gradgrind das Mädchen vom Zirkus nicht Sissy Jupe nennen. »Mädchen Nummer zwanzig« ist der Name, den er ihr gibt. Die Zahlenfolge repräsentiert die Linearität der Zeit und ein auswechselbares Kind für das auswechselbare, mechanische Zeitalter.)

Die Idee der Pünktlichkeit und Regelmäßigkeit in bezug auf die Arbeiterschaft wurden durch das Aufkommen der Uhren zuerst eine Möglichkeit und dann eine Notwendigkeit. Zwar hatten die Leute auch schon vor der industriellen Revolution gearbeitet, aber das »Arbeitsmuster« war, wie E. P. Thompson in seinem witzigen, exzellenten Essay »Time and Work Discipline« (Zeit und Arbeitsdisziplin) erklärt, das »eines abwechselnd heftigen Arbeitsfleißes und dann auch wieder stillen Faulenzens gewesen, wo auch immer die Menschen Herr über ihr eigenes Arbeitsleben waren.« Aber dann wurde den Menschen die Herrschaft über die eigene Zeit genommen und Fabrikbesitzern überlassen.

Josiah Wedgwood (der Porzellanhersteller) führte als erster die Stechuhren ein. Crowley ging noch einen Schritt weiter und schuf das »Gesetzbuch der Crowley-Eisenwerke«, ein 100 000 Worte umfassendes Donnergrollen voll Straftatbeständen, Zeitplänen, Anwesenheitslisten, Kontrolleuren, Informanten und Zeit-ist-Geld-Strafen. Die geleisteten Arbeitsstunden seiner Leute wurden berechnet: »Nach allen Abzügen für Aufenthalte in Tavernen, Bierhäusern, Kaffeehäusern, Frühstück, Mittagessen, Spiel, Schlaf, Rauchen, Singen, Lesen von Zeitungen, Streit, Zank, Disputen und allem, was meinem Geschäft fremd ist, und jeder Art von Bummeln.«

Diese Macht über die Zeit erzeugte bei der Arbeiterschaft einen tiefen Groll. 1830 schrieb ein Mann aus Yorkshire: Das Fabriksystem sei »ein Zustand der Sklaverei, der noch grauenhafter als ... das höllische System der ›kolonialen Sklaverei‹« sei. Im schottischen Dundee läßt sich im 19. Jahrhundert ein Textilarbeiter wie folgt über die Mißbräuche der Zeit-Macht aus: »In Wirklichkeit gab es keine regulären Arbeitsstunden ... Die Uhren in den Fabriken wurden – morgens und abends – vor- und zurückgestellt. Statt Instrumente zum Messen der Zeit zu sein, dienten sie als Vorwand für Betrug und Unterdrückung. Ein Arbeiter wagte es nicht, eine Uhr zu tragen. Denn es war nicht ungewöhnlich, daß man all jene, die zuviel von der Wissenschaft der Horologie verstanden, entließ.« (Der klassengebundene Charakter des Uhrenbesitzes zeigte sich 1797/98, als die Regierung eine Steuer für alle Uhren zu kassieren versuchte. Das Projekt scheiterte, weil es als Angriff auf den Mittelstand verstanden wurde.)

E. P. Thompson zitiert einen Fabrikarbeiter von 1857, dessen Worte zeigen, wie sehr die Uhr ein Machtsymbol darstellte: »Im Sommer arbeiteten wir so lange, wie wir etwas sehen konnten, und ich wüßte nicht zu sagen, um wieviel Uhr wir aufhörten. Es war niemand da als der Meister, und der Sohn des Meisters hatte eine Uhr, und wir wußten nicht, wie spät es war. Ein Mann war da, der hatte eine Uhr ... Sie wurde ihm weggenommen und dem Meister zur Aufbewahrung gegeben, weil er den Männern gesagt hatte, wie spät es war.«

Infolge der industriellen Revolution und der Fabrikarbeit ging den Leuten ihre »eigene« Zeit verloren. Die Arbeiterschaft mußte ihre Zeit einteilen und einen Teil an die Arbeitgeber abgeben. Die Zahl der Uhrenbesitzer nahm zu. Uhren waren nicht nur Prestigeobjekte, sie zeigten auch, daß man seine Zeit, obwohl sie einem nicht mehr gehörte, dennoch messen konnte. (Interessanterweise ist heute die Weigerung, eine Uhr zu tragen, auch wieder ein Statussymbol: »Meine Zeit gehört niemandem.«) Die ursprüngliche Freude über das Auftauchen der Uhren – und ihr inhärentes Prestige – hat selten jemand so herrlich ausgedrückt wie ein Mann in Sussex, der im Jahr 1688 in sein Tagebuch schrieb: »Ich kaufte ... eine Uhr in einem silbernen Gehäuse, die mich 31 Pfund ... kostete ... Diese Uhr zeigt die Stunde eines jeden Tages, eines jeden Monats, eines jeden Jahres, eines jeden Alters des Mondes, sowie das Ebben und Fluten des Wassers; und sie geht dreißig Stunden, ohne daß sie aufgezogen zu werden braucht.«

Was er erwarb, waren natürlich Status und Stolz, unschuldiger Prunk, wie die plumpe, runde Prosa nach so vielen Jahren noch so köstlich zeigt.

Eine solche Macht über die Leute konnte man nicht erreichen, ohne daß die Leute protestierten. Vor allem in Lancaster und anderen Textildistrikten zerschmetterten die Arbeiter in den 20er und 30er Jahren des 19. Jahrhunderts die Uhren, die über den Fabriktoren hingen, dieses verhaßte Symbol einer neuen Weltordnung, die ihnen die Macht über ihre Zeit gestohlen hatte. Gewerkschaften – die sehr schnell verboten wurden – nahmen sich zuerst des Mißbrauchs der Zeit an und suchten kürzere Arbeitszeiten durchzusetzen. Die ersten Gewerkschaften drohten mit »go slows« (langsamerem Arbeiten), bis sie den Fabrikbesitzern 1847 das Gesetz über den Zehnstundentag abgepreßt hatten. In der Revolution von 1848 ging es zum Teil um Zeit. Eine Sehnsucht nach den »drei Achten« (acht Stunden Arbeit, acht Stunden Schlaf und acht Stunden Freizeit) erwachte. Karl Marx betonte die Rolle der Zeit im Kapitalismus. Die Regulierung und Ausbeutung der Zeit der Arbeiter sei ein entscheidend wichtiger Aspekt der kapitalistischen Philosophie. Marx warnt vor dem übermäßigen Verbrauch der Zeit der Arbeiter.

Die »Ordnung« der Zeit ist ein häufiger Aspekt in der Geschichte der jeweiligen Macht. Der Uhr hat man die Fähigkeit zugeschrieben, das Leben zu ordnen. Zuerst ordneten natürlich die religiösen »Orden« die Unordnung der Zeit. Ihre Glocken »hoben alle Dinge in eine Sphäre der Ordnung«, sagt der Historiker Carlo Cipolla. 1481 wurde eine Petition an den Stadtrat von Lyon gerichtet: Die Stadt müsse eine große Uhr bekommen. Wenn eine solche Uhr gebaut würde, würden die Bürger »ein *ordentlicheres* Leben führen«.

1664 überließ Richard Palmer zu Wokingham einem Küster Land, damit dieser früh morgens um vier und abends um acht die Glocken läute, damit »Ordnung« in das Leben der Bewohner des Orts komme.

Und wessen natürlicher Zustand war die schillernde Unordnung? Wer war sogar noch unpünktlicher als die Armen? Wer lebte von Natur aus im Zustand einer derart schimpflichen Verzauberung, daß er oder sie die Stunde der Gegenwart für die einzig mögliche hielt? Wer verlangte – unverzeihlicherweise –, daß der Sinn des Lebens nicht die Arbeit, sondern das Spiel sein solle? Die Kinder.

Die Erwachsenen des Mittelstands sahen, was für eine Macht und was für ein Gewinn sich – in Bergwerken und in Fabrikhallen– aus der Kinderzeit pressen ließ. Sie begriffen vielleicht auch die große konzeptionelle Gefahr, die ihren »harten Zeiten« von seiten der Kindheit drohten. Die Kindheit ist grundsätzlich gegen die Planung, Pünktlichkeit und Einförmigkeit der Fabrikzeit. Kinder und Zirkuszeit sind nicht zu trennen, sie sind mit den Zirkusleuten bei Charles Dickens verwandt. Erwachsene kennen sich aus im Wert der Zeit, Kinder nicht.

Thomas Wedgwood, Sohn des Josiah, entwarf, wie E. P. Thompson schreibt, »einen Plan, die Zeit und Arbeitsdisziplin Etruriens bis in die Werkstätten des kindlichen formativen Bewußtseins zu tragen«. Er wollte ein strenges Erziehungssystem schaffen, mit dem sich aus den kindlich schmächtigen freien Geistern Minimaschinen für die Fabrikarbeit machen ließen, aus deren Zeit Wedgwood Geld machen konnte. Man schlug den Dichter William Wordsworth als Aufseher dieser Erziehungsanstalt des Thomas Wedgwood vor. Wütend und poetisch donnerte er 1805 seine Absage (*Prelude*, Buch 5) heraus:

»The guides, the wardens of our faculties
And stewards of our labour, watchful men
And skilful in the usury of time,
Sages, who in their prescience would controul
All accidents, and to the very road
Which they have fashion'd would confine us down,
Like engines ...«

»Die Führer und Wächter unserer Fähigkeiten
Und Steuermänner unserer Arbeit, aufmerksame
Männer
Und geschickt im Wuchern mit der Zeit,
Kluge Geister, die in ihrem Vorauswissen gern
Alle Unfälle meiden und uns auf dieser Straße,
Die sie gebaut, niederdrücken wollen
Wie Maschinen ...«

Es ist alles darin enthalten: Die »aufmerksamen Männer« beobachten, von all ihren Observatorien, »geschickt im Wuchern mit der Zeit«. Genauso tun sie es auch heute, machen aus Kindern Maschinen, halten sie fest. In dem Roman *Harte Zeiten* hat der Industrielle Thomas Gradgrind in Coketown (genauso wie im realen Leben Thomas Wedgwood) eine Schule, die das Modell einer Miniaturfabrik ist, in der alle Kinder mit Fakten angefüllt und in der alle Stunden zu Fleißübungen werden. Eine Schule, in der Bosse und Banker gedeihen und Kindheit verwelkt. Als aber seine eigene Tochter – »seine eigene metallurgische Louisa« – neugierig zu dem Zirkus hinüberblinzelt, der in die Stadt gekommen ist, zieht er sie mit verächtlichem Grinsen fort von dem interessanten Schauspiel: »Du bist kindisch!« Und als Louisa aufwächst, ist es ihr schlimmster Vorwurf gegen ihren Vater, daß seine erzieherischen Theorien sie die Erfahrung der Kindheit gekostet hätten.

So begann ein System, das dem Kind die Stunde stahl, das die Löwenzahnuhr zertrampelte. Auf einem Marsch, der die Kontrolle der wilden Kindheitszeit zum Ziel hatte. Es war ein Marsch, der heute um so wütender fortgesetzt wird – beispielsweise von Spielzeugläden, die sich »Early Learning Centers« (Zentren frühen Lernens) nennen – damit das Kind sich nicht *verspätet*.

Vielleicht kommt es von dem angeborenen Gefühl der Kinder für den Augenblick, für die wilde Zeit und die Ewigkeit, daß die Erwachsenen sich derart panisch gezwungen sehen, einen ungeheuren Aufwand damit zu treiben, die Kinder »die« Zeit zu lehren. Sie müssen lernen, wie spät es ist, die Namen der Wochentage und Monate lernen, müssen Stundenpläne und Fahrpläne lesen lernen, Spielzeit und Schulzeit auseinanderhalten können und sich Gründe ausdenken, warum es da einen Unterschied geben soll. Kinder lernen eine Hierarchie der Zeit kennen: Auf wen sie warten müssen und wen sie nicht unterbrechen dürfen. Sie lernen, der Uhr zu gehorchen.

In Tokio werden heute schon Zweijährige von Privatlehrern gedrillt, damit sie im Bildungswettbewerb bestehen können. Die Moderne scheint den Kindern die Zeit zu stehlen. In Großbritannien berichtet die Presse, die Kinder würden immer schüchterner, denn die Eltern verbrächten mit ihnen im Durchschnitt nur noch acht Minuten pro Tag, andere Statistiken zeigen, daß zwölf Prozent der Bevölkerung mehr Zeit im eigenen Auto als bei der eigenen Familie verbringt.

Man bringt den Kindern die Zeit der Erwachsenen bei. Aber eine Kinderstunde dauert viel länger als eine von uns Erwachsenen. (Der Unterschied rührt teilweise aus der Relation zur Lebensspanne. Im Verhältnis zu dem Leben eines Vierjährigen ist eine Stunde relativ lang, im Verhältnis zu dem Leben eines Achtzigjährigen ist sie eine relativ kurze Zeit. Zum einen liegt ein Unterschied darin, wie das Gehirn Informationen über die Zeit verarbeitet, zum anderen auch im körperlichen Verhalten: Kinder bewegen sich schnell, ihr Stoffwechsel funktioniert rascher als bei Erwachsenen. Die Zeit vergeht also langsamer, wenn wir Kinder sind. Vom Unterschied in der Zeitdauer abgesehen, gibt es auch einen Unterschied in der Richtung: Alte Leute »leben« in ihren Erinnerungen, sehen sich der Vergangenheit gegenüber, während junge Leute in ihren Hoffnungen »leben« und in die Zukunft blicken.)

Einer der stärksten Proteste gegen die brutale, zwangsweise Buchhalter-Zeit findet sich in dem Buch *Momo*, das für Kinder verfaßt, aber auch von Erwachsenen gelesen werden sollte. Michael Ende hat es 1973 geschrieben. Es erzählt die Geschichte eines kleinen Mädchens namens Momo. (»Wie alt bist du?« fragt man sie. Sie denkt einen Augenblick nach, dann antwortet sie zögernd: »Hundertzwei?« Denn – und das ist der entscheidende Punkt – niemand hat ihr das Zählen beigebracht.) Momo ist ein streunendes Elflein, ein herrenloses Kind, das in einem Städtchen auftaucht und allen Freude bereitet, die ihr begegnen. Sie ist schäbig und arm und hat nur eines reichlich: Zeit. Sie nutzt ihre Zeit, um Leuten zuzuhören, und die Leute lieben sie deswegen. Wenn man jemandem zuhört, schafft man natürlich Zeit für jemand anderen, während man den Leuten dadurch, daß man redet, die Zeit stiehlt.

Das Städtchen, in das sie kommt, ist ein Ort, an dem die Menschen ernstgenommen werden. Der Barbier spricht mit seinen Kunden, in der Kneipe des Städtchens – bei Nino – treffen sich die alten Männer, um ihre Nachmittage bei einem Glas Wein zu verbringen. Aber dann dringen, schleichend und kalt, eisige Männer in Grau von der »Zeitsparbank« ein, die die Zeit der Leute zu zählen beginnen und sie überreden, Zeit zu sparen, um Geld zu machen. Diese Männer in Grau stehlen den Leuten tatsächlich die Zeit, denn: »Je mehr die Leute sparten, um so weniger hatten sie.« Aus Ninos Gaststätte wird ein Fastfoodladen, ein McNinos, und die Leute werden überflüssig . Nur ein Kind – und eines, das nicht zählen kann – läßt sich nicht durch die Gleichung Zeit ist Geld betrügen. Momo allein kann die Stadt retten – mit Hilfe von »Professor Hora«, der ihr die »Zeitblumen« zeigt. »Zeit ist das Leben selbst, und das Leben wohnt im Herzen des Menschen.«

Nicht viele Schulkinder wissen, daß das Wort Schule von dem Altgriechischen scholé abstammt und ursprünglich »Muße« bedeutet. Es war die freie Zeit, die Spielzeit, die wilde Zeit, die den Forderungen des Staates und den Pflichten der Religion nicht unterworfen war – in der der Mensch, wie Aristoteles sagte, müßig sein und die unermeßlichen und angenehmen Schätze des Bewußtseins außerhalb der Zeit ergründen konnte. Fragt man heute irgendeinen Popularphilosophen, was Schule bedeutet, wird man das genaue Gegenteil hören. Die gemessene, unangenehme, nicht geschätzte Zeit wird von den Schuluhren markiert.

In Großbritannien schlug die Regierung Anfang 1997 eine neue Methode vor, die Zeit der Kinder durchzuplanen. Man sprach von Klassenräumen, die »rund um die Uhr geöffnet« sein sollen, von Unterricht für Babys und von Schulen, in denen den Sommer hindurch unterrichtet wird. In einem Teil des Landes wird eine fünfzigprozentige Verlängerung der Schultage geplant, während in einem anderen Teil ein Unterricht auch über das Wochenende zur Debatte steht. Soll es denn gar keine Freizeit mehr geben? Dürfen Kinder nicht mehr Kinder sein? Witze machen, in die Gegend starren, Wolken zählen, mit dem Mund Erdnüsse auffangen, sehen, wessen Knie knubbliger sind, hopsen, Sachen schnippen, feststellen, wer seine Zunge am weitesten ins Nasenloch schieben kann?

Aber am Ende wird der Geist der Kinder den Erwachsenen, die ihn ersticken wollen, immer eine lange Nase drehen. Zirkusklassen wird es immer geben, weil es immer Kinder geben wird, die nun mal in einer vorindustriellen, karussellartigen, löwenzahnhaften Tutti-Frutti-Zeit leben. Das ist eine Zeit, die nichts für die industrielle Revolution mit all ihren historischen und zeitgenössischen Manifestierungen übrig hat, denn Kinder, diese mehrjährigen Gewächse, verteidigen zäh etwas, das noch viel wertvoller ist und viel mehr Spaß macht: die Zeit der spielerischen Revolution.

8

Das Lbn ist zu krz

Warum durch Zeitsparen nichts gewonnen ist

»Guten Tag«, sagte der kleine Prinz.

»Guten Tag«, sagte der Händler.

Er handelte mit höchst wirksamen, durststillenden Pillen. Man schluckt jede Woche eine und spürt überhaupt kein Bedürfnis mehr, zu trinken.

»Warum verkaufst du das?« fragte der kleine Prinz.

»Das ist eine große Zeitersparnis«, sagte der Händler. »Die Sachverständigen haben Berechnungen angestellt. Man erspart dreiundfünfzig Minuten in der Woche.«

»Und was macht man mit diesen dreiundfünfzig Minuten?«

»Man macht damit, was man will ...«

»Wenn ich dreiundfünfzig Minuten übrig hätte«, sagte der kleine Prinz, »würde ich ganz gemächlich zu einem Brunnen laufen.«

Antoine de Saint-Exupéry, Der Kleine Prinz

Es findet heute eine sogenannte soziale Revolution statt – im Hinblick auf die Zeit. Die »24-Stunden-Gesellschaft« ist da, in der die Leute arbeiten, einkaufen, schlafen und Freizeit haben, ohne dem »traditionellen« Rhythmus von Tag und Nacht zu folgen. Ein Bericht der Future Foundation zeigte kürzlich, daß diese 24-Stunden-Gesellschaft Arztpraxen, Buchläden, Banken und Schulen fordern wird, die rund um die Uhr geöffnet sind. All das, um mehr Geld aus der Zeit zu machen. In der Zeitschrift *The Futurist* sprach sich der Autor L. Michael Hager für diese 24-Stunden-Gesellschaft aus. Die Zeit sei »als eine ökonomische Ressource« zu verstehen. Er schlägt vor, sich auf Time-Sharing-Basis Häuser, Wohnungen und sogar Betten zu teilen. Genau wie beim »Hot-desking«, wo Angestellte zeitversetzt dieselben Büros, Schreibtische und Computer benutzen, so findet im Fall des »Hot-bedding« (nicht seine Terminologie) ein wechselweises Schlafen der Armen in denselben Betten statt. Mexico City 2002: Hager stellt sich einen typischen armen Menschen »Anna Gomez«, eine Fließbandarbeiterin in einer Tortillafabrik, vor, die ihre Arbeit um 6 Uhr abends beginnt – für ihre Kinder fängt dann ein typischer Schul-»Tag« an. »In der Wohnung der Familie legen sich jetzt Annas Eltern und ihre Schwiegermutter in die gerade von den jüngeren Familienmitgliedern verlassenen Betten.« Sie wachen um 2 Uhr früh auf und stehen auf, weil nun Annas Bruder und dessen Frau zu Bett gehen. Wenn sie wiederum um 10 Uhr früh aufwachen, ist Anna wieder mit Schlafen an der Reihe.

Irgendwie fällt die Vorstellung schwer, daß L. Michael Hager, Direktor eines »Law Institute«, eisengraues Haar und Denkerstirn, mit seinen Schwiegereltern »Hot-bedding« betreibt, aber er gehört ja auch nicht zu den »Armen«. Was ihm entgeht, ist, daß viele arme Leute sich schon jetzt die Betten teilen – weil sie es müssen –, und es ist ihnen äußerst zuwider. Außerdem hat er noch nicht gemerkt, daß der Körper des Menschen über eine komplizierte innere Uhr verfügt, die in Tausenden von Jahren nächtliches Schlafen und tägliches Wachsein hervorgebracht hat. Wenn man diese verschiedenen Phasen durcheinanderbringt, setzt man den Körper Krankheiten und Unwohlsein aus, denn der Körper ist, was Zeit angeht, ungeheuer empfindlich. Gewisse Krankheiten treffen ihn zu bestimmten Tageszeiten. Herzanfälle und Schlaganfälle häufen sich gegen neun Uhr früh, Asthmaanfälle gegen Mitternacht, während andere Leiden von der Jahreszeit abhängen – von der Frühjahrsmüdigkeit bis zum Heuschnupfen. Der Körper wird von den Mondzeiten gesteuert, die Gebärmutter und Bewußtsein beeinflussen. Und die Sonnenzeiten wirken auf die Augen und die Haut. Sogar unsere Kniekehlen sind lichtempfindlich und deshalb zeitempfindlich.

Befürworter der 24-Stunden-Gesellschaft sind die Erben von Newtons und Franklins eisernem, unveränderlichem mechanischen Denken. Sie glauben, alle Stunden seien einander gleich, am Fließband hergestellt, und könnten allesamt fürs

Geldmachen genutzt werden. Sie sind auch die Erben der Fabrikbesitzer der viktorianischen Ära, der Zeit-Tyrannen, die »Zeit ist Geld« wiederholen, ohne jemals die Frage zu beantworten, *wessen* Geld aus *wessen* Zeit hergestellt wird. (Charlie Chaplin hätte es ihnen sagen können. In *Modern Times* ist die Uhr der Feind des Fabrikarbeiters.) Passenderweise ist »Anna Gomez« (selbst ein Fabrik-Prototyp) eine Fabrikarbeiterin, deren Zeit in ein Fließband von Stunden verwandelt ist, um für jemand anderen Geld und Gewinn abzuwerfen.

Die Verbindung zwischen Geld und Zeit hat eine lange Tradition. Die Stunden zählen und das Geld zählen scheint für die Menschen unauflösbar zusammenzugehören. Im kaiserlichen Rom hieß der Gott Saturn (der mit der Zeit assoziiert wurde) auch »Geldsack« und »Gott der Münze«, weil die römische Staatskasse an seinen Tempel angeschlossen war. Zeit ist Geld.

Im 3. Jahrhundert zählte der lateinische Kirchenvater, Heidenhasser und frühe Puritaner Tertullian – Quintus Septimius Tertullianus, sein ganzer Name ist Berechnung – die Stunden, befürwortete das pünktliche Beten jeweils in der dritten, der sechsten und der neunten Stunde und behauptete, diese Stunden seien auf der ganzen Welt anerkannt: »Sie dienen der Festlegung der Geschäftszeiten.« Die »Büro«-Zeiten der Kirche waren mit den Geschäftszeiten kombiniert.

Im 13. Jahrhundert wurden Uhren für den Handel wichtig, und die städtische Bevölkerung lernte das Geldzählen oft dadurch, daß sie die Glockenschläge mitzählte und dieses arithmetische Können dann in den Läden und bei den ersten geschäftlichen Unternehmungen anwandte. Der Feudalismus verband das Geld konzeptionell mit dem Land und dem Vieh. Der Wert des Landes beruht auf seiner Unbeweglichkeit, seiner Beständigkeit. Und da das Land eine stete Fülle ewiger Kreisläufe darstellte, galt auch die Zeit als reichlich in jenen immer gleichen Runden vorhanden. Aber der aufstrebende Kapitalismus verband das Geld mit der Zeit, und im Gegensatz zum Land entsteht der Wert des Geldes nicht dadurch, daß es gehortet wird, sondern dadurch, daß es zirkuliert. Der Wert jeder Währung hängt von der *Bewegung* ab, von ihrem »Umlauf«.

Aber was läuft, kann auch zu Ende gehen, und so können sowohl das Geld wie auch die Zeit rar werden. G. J. Whitrow schreibt in seinem Buch *What is Time?*: Mit dem Beginn der Urbanisierung und des Frühkapitalismus »nahm die Geschwindigkeit des Lebens zu, und die Zeit galt nun als etwas Wertvolles, das einem ständig zu entgleiten drohte: Vom 15. Jahrhundert an schlugen die öffentlichen Glocken in Italien alle vierundzwanzig Stunden. Die Leute fingen an zu glauben, daß ›Zeit Geld ist‹ und daß man sie möglichst ökonomisch nutzen müsse«. Wie der Historiker Jacques LeGoff sagt: Es fand eine Verschiebung von der »Zeit der Kirche« zur »Zeit des Händlers« statt. (Als 1481 in Lyon, wie im vorigen Kapitel erwähnt, ein Ersuchen an den Stadtrat gerichtet wurde, eine große Uhr anzuschaffen, wurde als einer der Gründe angeführt, daß man dadurch mehr Kaufleute in die Stadt locken würde.)

Vom 14. Jahrhundert an etwa begann die Zeit sich schneller zu bewegen, da das Geld mit der Zeit und beide mit dem Aufstieg der städtischen Wirtschaft verknüpft waren. (In der modernen Erfahrung schlägt sich das nieder: Die Zeit rennt nicht nur »schneller« in den urbanen Zentren als auf dem Lande, die »schnellsten« Plätze von allen sind die Börsen von Tokio, London oder New York, die von der Uhrzeit beherrscht werden. Eine Verzögerung von einem Sekundenbruchteil beim Kaufen oder Verkaufen kann Hunderttausende von Dollar, Yen oder Euro kosten – oder auch um soviel reicher machen. Zeit ist Geld.)

Im frühen Kapitalismus wurde wie alles andere auch die Zeit eingesetzt, um das Grundkapital aufzubauen. Aus Zeit ließ sich Geld machen. Die Idee kam bei den Scholastikern des Mittelalters auf. Sie, die Theologen und keine Ökonomen waren, erfanden den Gedanken der kapitalistischen Akkumulation: der »*Schatz* der Erlösung«, das Ansammeln von Verdiensten durch harte Arbeit und Opfer, um damit im Himmel einen phantastischen Gewinn zu erzielen, das war die zündende Idee. Der Puritaner R. Baxter gab in seinem 1673 in London veröffentlichten Büchlein *A Christian Directory* den

Rat zum besten: Zeit ist bare Münze, darum »nütze jede Minute wie die kostbarste Sache und verbringe sie ausschließlich in der Erfüllung deiner Pflichten«. (1699 wurde Newton, von dem man glaubte, er habe die Wissenschaft der Zeit »gemeistert«, zum »Master of the Mint« – Schatzmeister – gemacht: Der metaphorische Zeitmeister war nun ein buchstäblicher Geldmeister geworden.)

Die protestantische Kirche förderte den Gedanken »Zeit ist Geld«, und so überrascht es nicht, daß Calvins Genf zum Zentrum des Uhrmacherhandwerks und des Bank- und Leihwesens wurde. Genf ist historisch und durch allgemeine Übereinkunft die Stadt geblieben, in der die Formel »Zeit ist Geld und Geld ist Zeit« herrscht. Es gibt eine starke Beziehung zwischen dem Protestantismus und der wirtschaftlichen Entwicklung. In der Schweiz waren zum Beispiel die protestantischen Kantone Zentren der Industrie, während die katholischen von der Landwirtschaft bestimmt blieben, und einer der Gründe hierfür war die Besessenheit der Protestanten von dem Gedanken des »Zeitmanagements«.

Während der industriellen Revolution erfuhr die Gleichung Zeit = Geld mentalen Beistand durch die protestantische Kirche. Die Kirche, einstmals die »Braut Christi«, ließ sich während der industriellen Revolution blitzschnell scheiden und heiratete den Handelsvertreter. E. P. Thompson schreibt:

»Der Puritanismus wurde durch seine Vernunftehe mit dem Industriekapitalismus zu der bestimmenden Größe, die die Menschen zu einer neuen Bewertung der Zeit bekehrte. Selbst die Kinder lehrte er, die Zeit nützlich zu verbringen. Und den Geist der Menschen durchtränkte er mit der Gleichung: Zeit ist Geld.«

Wer den Leuten da etwas von dem Gleichnis, daß eher ein Kamel durch das Nadelöhr gehe, als daß ein Reicher in den Himmel kommt, erzählen wollte, war höchst unwillkommen.

Man kann den Reim hören, wie er durch die Jahrhunderte geflüstert wird, aber dann im 18. Jahrhundert trat der US-Staatsmann und Autor Benjamin Franklin auf den Plan, dessen Name schon wie eine angeknabberte Münze, ein Fränklein, klingt, und er sagte es 1748: »Time is Money.« Zeit ist Geld. Und die Münze der Zeit hatte einen neuen, metallischen Morgen geprägt.

1751 erklärt er: »Denken Sie daran: Zeit ist Geld. Wer müßig Zeit im Werte von fünf Schillingen verliert oder vergeudet, verliert fünf Schillinge und könnte ebensogut fünf Schillinge ins Meer werfen.« Das Meer ist für Franklin und seine Nachfolger natürlich eine Art Müllkippe. Für weise Menschen ist es immer das Sinnbild der Zeit und der Ewigkeit gewesen. Franklin weiter: »Da unsere Zeit auf einen Standard reduziert ist und das Gold des Tages in Stunden gemünzt wird, wissen die Fleißigen, wie sie jede Münze ihrer Zeit in ihren verschiedenen Berufen zu echtem Vorteil verwenden können. Und wer seine Stunden sinnlos verschwendet, ist wirklich ein Geldverschwender ... *Zeit ist Geld*.«

Ruskin, der Autor von *Time and Tide*, der im Alter von sieben Jahren ein Gedicht mit dem Titel »Time« verfaßt hatte, erzürnte ob dieser dürftigen Theorie und schimpfte: »›Zeit ist Geld‹, diese Worte klingen mir in den Ohren, so daß ich nicht mehr weiterschreiben kann. Ist sie wirklich nichts Besseres als das? Wenn wir doch richtig verstehen könnten, daß die Zeit – sie selbst ist!«

Aber Franklin hatte es geschafft, hatte die Geizhälse und Knauser seines Zeitalters und unseres, die Zeitbuchhalter und Standardisierer der Zeit entfesselt, damit aus diesem Zeitalter ein merkantiles, prozentuales, starres, striktes Newtonsches Absolutum, so einförmig wie die Münzen selbst, gemacht werden konnte. Franklins böse kleine Lüge, daß Zeit Geld sei, hat die Welt seither beschwindelt, so daß man Zeit jetzt kaufen, stehlen, verbrauchen und sparen und sich sogar seine eigene »Frei«-Zeit »kaufen« kann. Daß dieser Betrug gelungen ist, verrät ganz deutlich die Sprache, denn was zuerst nur eine Metapher war – Zeit ist Geld –, wird inzwischen bereits als bare Münze genommen: Zeit ist Geld.

Nur in der Prostitution stimmt der Ausdruck »Zeit ist Geld« fast. Eine Abschweifung: In seinem Roman *Tristram Shandy* schreibt Laurence Sterne: Tristrams Vater, der »regelmäßigste Mann von der Welt«, war am pünktlichsten beim Aufziehen der Uhr. Diese Aufgabe erledigte er am ersten

Sonntagabend eines jeden Monats. Und er hatte es »allmählich so eingerichtet, auch gewisse andere kleine Familiengeschäfte an dem gleichen Abend abzumachen, um sie ... alle auf einmal vom Hals zu kriegen«. Dieses hübsche Sätzchen beschreibt, wie Tristram den Zeitpunkt seiner Zeugung datiert. Als Sternes Roman so ungeheuer populär wurde, wurde das »Aufziehen der Uhr« zu einem Synonym für Sex. Uhrmacher haßten es. Gegen Sterne wurde *The Clockmaker's Outcry* (Der Aufschrei des Uhrmachers) auf den Markt geworfen. Und der anonyme Uhrmacher klagte: »Die Aufträge, die ich hatte, mehrere Uhren für das Land anzufertigen, wurden storniert, denn keine gesittete Dame wagt es jetzt, ein Wort über das Aufziehen von Uhren zu äußern, ohne sich anzüglichen Blicken und Witzen der Familie auszusetzen ... Von Prostituierten wird man auf der Straße mit den Worten angesprochen: ›Sir, möchten Sie, daß ich Ihnen Ihre Uhr aufziehe?‹«

Im November 1994 nahm der Rechtsanwalt Christopher Bryant in Birmingham einen Strick und hängte sich auf. Er litt an Überarbeitung.

Während in vielen Stammesgesellschaften nur etwa vier Stunden täglich gearbeitet wird und manche nicht einmal ein richtiges Wort für »Arbeit« haben, herrscht im Westen, wo Zeit Geld ist, der Workoholismus. Kürzlich fand ein neues Wort – »Presenteeism« – Anwesenheit am Arbeitsplatz – Aufnahme ins Wörterbuch, als Gegenstück zu dem bereits bekannten, »absenteeism«, der vielbeklagten Abwesenheit von demselben oder auch Blaumacherei. »Presenteeism« heißt, daß die davon Betroffenen neurotisch unfähig sind, ihren Arbeitsplatz zu verlassen. Eine Zeitung in Großbritannien, *Sunday Business*, empfahl sich neulich mit dieser Argumentation: »Sonntag, Ihr Ruhetag. Kostbare Zeit, um einmal Geschäfte, Politik, Wirtschaft, den Markt, Vorstandssitzungen zu vergessen. Wer braucht das alles? Vorhersagen, Analysen, Informationen, Kommentare. Das soll mal ruhig warten. Und wenn Sie das glauben, dann sind Sie schon einen Tag zurück. Sonntag heißt heute *Sunday Business* – Sonntagsgeschäft.« Die Zeitung verkauft sich mit dem Slogan, der Sonntag sei »der erste Tag der Arbeitswoche«. Die Wirkung ist grauenhaft: Kein freier Tag mehr, keine freie Zeit mehr, alle Tage werden angefressen und demselben grauen Angestelltenstreß unterworfen. Juliet Schor wies in ihrem Bestseller *The Overworked American* darauf hin, daß die Amerikaner heute viel länger als in den 40er Jahren arbeiten. Sie macht dafür den »ungezügelten Kapitalismus« verantwortlich. Die Folgen, die sie aufzählt, sind: Unzufriedenheit, Scheidungen, übermäßiger Konsum, Überbeschäftigung und Unterbeschäftigung zugleich und – wie bei Christopher Bryant – Selbstmorde.

Daß Zeit Geld sei, ist kein Geistesblitz. Der Vorstand eines großen Pharmakonzerns definiert Arbeitsproduktivität so: »Halb so viele Leute doppelt so gut bezahlt, die dreimal soviel produzieren, ist gleich Profit und Produktivität.« ½ x 2 x 3 = P. (Ecce Homo, he?) Es ist ein Glaube, der den Abgrund zwischen Arm und Reich vergrößert. Die, die mit maximaler »Produktivität« arbeiten, bezahlen andere, damit sie für sie kochen, die Kinder beaufsichtigen und sogar für sie Schlangestehen. Schor erklärt hierzu: »Die Kommensurabilität von Zeit und Geld ... verwandelt eine Ressource, die gleichmäßig verteilt ist (Zeit), in eine, die deutlich ungleich verteilt ist (Geld).«

Der Vorsitzende von Sony, Akio Morita, hat berechnet, daß im Jahr 1989 der durchschnittliche Japaner 2159 Arbeitsstunden geleistet hat, während der deutsche Durchschnitt aber nur 1546 beträgt. Lange Arbeitszeiten, fehlende Feiertagsruhe und das zwanghafte Verbringen der »Frei«-Zeit mit Geschäftsessen und Kundenbewirtungen hat zu der Entwicklung – wie Lewis Coser es nennt – »habgieriger Institutionen« geführt, die die Zeit ihrer Angestellten »auffressen«. In Japan, wo sich diese »zeitbindenden« Arbeitspraktiken mit wildem Konsum verbinden, sind Selbstmorde wegen Überarbeitung nicht selten. In Großbritannien arbeiten 57 Prozent aller Leute am Samstag und 37 Prozent am Sonntag. Das Resultat ist, wie viele Kommentare es genannt haben, das »verlorene Wochenende« mit verheerenden Folgen für Freundschaften, Privat- und Familienleben. Andere Gesellschaftsanalytiker meinen, die beiden Übel der Über- und der

Unterbeschäftigung teilten die Menschen in zwei Gruppen – die eine »reich an Zeit, aber arm an Arbeit«, die andere »reich an Arbeit, aber arm an Zeit«.

Überarbeitet? Nicht genug Zeit für sich selbst? Gestreßt? Gehetzt? Immer zu spät dran? Lassen Sie dauernd Leute im Stich, lassen Sie Termine platzen, weil Sie nicht alles schaffen, was Sie sich vorgenommen haben? Aber jeder hat pro Woche 168 Stunden. Trotzdem fühlen sich einige Leute immer unter unmäßigem Zeitdruck, gegen den sie ankämpfen, während andere ihre Arbeit ruhig und gelassen und rechtzeitig erledigen. Wie schafft man es also von der ersten in die zweite Kategorie?

Das späte 20. Jahrhundert, das so viele unangenehme Positionen gegenüber der Arbeit hervorgebracht hat, bietet auch einige Lösungen: Personal Time Managers. Leute, die Ihnen sagen, wie Sie Ihre Zeit besser einsetzen können – die Ihnen einen weisen Rat geben. Der beste lautet: Nehmen Sie sich nicht so viel vor, daß Sie sich ständig wegen Ungenügens geißeln müssen. Freuen Sie sich über das, was Sie geschafft haben, statt darunter, was Sie nicht geschafft haben, zu leiden. Gefährlich können für Sie werden: Mangel an Schlaf, ein chaotischer Arbeitsplatz und die Unfähigkeit, sich jeweils auf eine Sache zu konzentrieren. Und natürlich auch eine Arbeitslast, unter der einfach jeder Mensch zusammenbrechen muß.

Zeitmanager schlagen vor, eine Liste von den Dingen anzulegen, die man tun will. Die sehr großen Aufgaben sollte man in Arbeitseinheiten zerlegen, die jeweils nur ein paar Stunden in Anspruch nehmen. Auf gar keinen Fall sollte man seine ganze Zeit als lauter zähe, graue Arbeitszeit planen. Spaß muß auch auf der Liste stehen. Bewegung darf nicht fehlen. Für Vergnügen und banale, alltägliche Dinge im Leben muß auch Zeit sein. Beginnen Sie auf Ihrer Liste mit den wichtigen Dingen, und lassen Sie dann die unwichtigeren folgen – eine Abstufung – 1, 2, 3 – schlägt ein Zeitmanager vor. Und ab und zu streichen Sie mal alle drei durch. Versprechen Sie nicht, etwas zu tun, wenn Sie es nicht auch wirklich tun können, denn nicht gehaltene Versprechen verletzen den, der enttäuscht wird, und Sie bekommen Schuldgefühle. Seien Sie strategisch, wenn Sie Ihre Arbeit planen. Setzen Sie sich Ziele. Aber seien Sie bereit, sie zu verändern. Akzeptieren Sie, daß es da noch Unerledigtes gibt. Das ist normal. Lassen Sie sich dadurch nicht stressen, sondern nehmen Sie es als Zeichen, daß Sie sich zuviel vorgenommen haben. Reservieren Sie ein paar Stunden eines jeden Tages für sich selbst – kein Telefon, kein Fax, keine Besucher –, und ackern Sie dann mit voller Kraft Ihre Sachen durch. Manche Leute stehlen Ihnen nur die Zeit – lassen Sie es nicht zu. Planen Sie Ihre Arbeitsstunden. Nicht alle Tag- und Nachtstunden sind austauschbar, und was Sie morgens früh vielleicht in einer einzigen Stunde schaffen, kann Sie abends vier kosten.

Kurz gesagt, seien Sie nett zu sich selbst. Oder wie schrieb doch schon 1370 ein unbekannter Autor unter dem Titel *The Cloud of Unknowing*: »Es gibt nichts Kostbareres als Zeit. Die Zeit ist für den Menschen gemacht, nicht der Mensch für die Zeit.« Und denken Sie daran: In dieser Welt gnadenloser Effizienz ist 95 Prozent dessen, was ein Schmetterling tut, ineffizient. (Angeblich.)

In Christopher Bryants Geschichte gab es noch eine weitere Wendung: Nach seinem Tod schickte die Anwaltsfirma, für die er sich versklavt hatte, seiner Mutter eine Rechnung. Sie stellten ihr die Zeit in Rechnung, die sie brauchten, um ihr den Tod ihres Sohns mitzuteilen. Und mit welcher Rechtfertigung? Mit der die ganze Welt beherrschenden kleinkarierten Grausamkeit: »Zeit ist Geld.«

Sie paßt zu der Arbeit des amerikanischen Zeitplaners (dort »Industrial engineer« genannt), dessen Namen ein jeder kennt, des auch als »Speedy Tailor« bekannten Frederick Winslow Taylor, der den Taylorismus erfunden hat: Eine strikte Effizienz am Arbeitsplatz, die auch den Toilettenbesuch exakt einplant. Unter dem Motto »Spending a penny«, wurde dafür eine Gebühr erhoben, weil Zeit ja Geld war. Taylors *Principles of Scientific Management* (Prinzipien wissenschaftlichen Managements) kamen 1911 heraus. 1915 erkrankte Taylor. Man brachte ihn ins Krankenhaus nach Philadelphia. Am frühen Morgen seines neunundfünfzigsten Geburtstags hörte ihn die Krankenschwester, als er seine

Uhr aufzog. Als sie um halb fünf Uhr einen Blick in sein Zimmer warf, fand sie ihn tot, mit der Uhr in der Hand.

In der British Library hing kürzlich ein Memo an der Wand: »Bitte beginnen Sie nicht vor dem vorgeschriebenen Zeitpunkt – 8 Uhr 36 – mit der Arbeit.« Von vielen Beschäftigten verlangt man heute, daß sie alle fünfzehn Minuten Rechenschaft über das ablegen, was sie tun. Diese sklavische Konzentration auf die Minute fesselt die Freiheit des Bewußtseins mit Uhrketten und dem kleinen runden Ding, das man am Handgelenk trägt. »Minute« heißt ja »das Winzige«. Wer ahnt, daß auch eine Münze einmal »Minute« hieß? 1382 zeichnete der englische Theologe John Wycliffe auf, daß ein Viertelpenny zwei »Minutes« wert sei. Benjamin Franklin, du darfst dein herzloses Herz vor Gram verzehren.

Es gibt elektronische Arbeitspläne, die »Carpe Diem« oder »Tempo« heißen und im Computer installiert sind. Die Angestellten sollen sie ausfüllen, um zu zeigen, was sie in jeder einzelnen Minute getan haben. Ein Managementberater unterteilt den Tag in Einheiten von je sechs Minuten. Die Angestellten beginnen gegen den »Arbeitsplan-Mißbrauch« und den Streß, den er erzeugt, zu protestieren. Eine Schwester aus der Psychiatrie wurde dadurch in den Selbstmord getrieben.

In diesem Zeitalter der »Rechte« sollte es unbedingt auch ein »Recht auf Zeit« geben. Alle Versuche, die Zeit der Menschen metaphysisch zu versklaven, müssen entschieden bekämpft werden. Die menschliche Uhr, die Unverletzbarkeit der Zeit und die Achtung des individuellen Tagesablaufs müssen in den Vordergrund treten.

Franklin brachte seine kleinkarierte Lüge in seinem Büchlein *Advice to a Young Tradesman* an den Mann. Und mein Gott, was haben die jungen Handelsleute ihm geglaubt! Immer wütender wird dieser Slogan, »Zeit ist Geld«, im Geschäftsleben, lokalen und globalen Handel, Marketing, in der Werbung und im Konsum ausgebeutet.

Das Städtchen Oswestry liegt zur einen Hälfte in England und zur anderen in Wales. Einstmals gab es dort Fleischer und Bäcker und Kerzenmacher, und am Wochenende machten sie alle dicht, und mittags war eine Pause, und um halb fünf Uhr abends war Schluß, und Weihnachten war sowieso zu. Und dann kam 1997 der gigantische Supermarkt Sainsbury's und sah, daß eine Zeiteroberung anstand, und lachte den wursthirnigen Fleischer, den mehligen Pfannkuchenbäcker und den wachsohrigen Kerzenmacher schallend aus und kündigte an, daß er bis abends spät und auch an Sonntagen öffnen werde. So wurden alle ortsansässigen Läden gezwungen, es auch zu tun. Und dann, als das erste Weihnachten in Oswestry für Sainsbury's kam, riß es seinen Schlund auf, so weit es konnte, und hielt ihn fast das ganze Weihnachtsfest hindurch geöffnet. So verschlang es das Weihnachtsfest, und der Fleischer, Bäcker, Kerzenmacher mußten mithalten oder pleite gehen. Der gigantische Supermarkt Sainsbury machte zwar aus Zeit Geld, gab der Gemeinde aber nur eine arme, jeden Tag dieselbe Supermarkt-Zeit im düsteren McWinter zurück.

Wenn die räumliche Ausdehnung ausgeschöpft ist, verlegt sich der Geschäftsmann auf zeitliche Expansionen. Immer ist jetzt McMarkttag, die Läden sind durchgehend geöffnet, Fest- und Feiertage dito, McTime wird geschaffen, eine permanente Gegenwart, Zeitunterschiede werden abgeschafft, geschlossen wird nicht mehr, die Nacht ist überwunden, Arbeit ist immer, es wird nicht mehr eingenickt. Überall bewegt sich schleichend die Sprache der Gewalt. Die Dunkelheit gilt es stets zu besiegen. Geschäftsleute sprechen von einer »Eroberung« der Nacht, die nötig sei, von einer »Grenze« der Dunkelheit, gegen die es vorzurücken gelte.

Supermärkte sind ein Symbol dieser Zeit – und der Ort, an dem sie stattfindet. Unter Margaret Thatcher wurden die Supermärkte von der Gesetzgebung ermuntert, die tiefe, dunkle Schatzkammer der Nacht als potentielle neue Bargeldmaschine zu testen.

»Absolute, wahre und mathematische Zeit, die aus sich selbst und aus ihrer eigenen Natur kommt und gleichmäßig fließt, ohne Beziehung zu irgend etwas anderem … Alle Bewegungen können beschleunigt oder verlangsamt werden, aber der Fluß der absoluten Zeit ist unveränderbar …« Das ist eine wunderbare Supermarkt-Philosophie – schon lange vor dem Aufkommen der Supermärkte entstanden. Isaac Newton stapelt darin seine Zeit-Ware grau in grau übereinander, und seither ist die ehedem vielfarbige Schönheit der Zeit ausgeblichen. Newton stammte wie Thatcher aus der Gegend von Grantham, und mit entlarvender Treffsicherheit ehrte das Städtchen in den 80er Jahren seinen heuchlerischsten Sohn Sir Isaac, indem es nach ihm seinen neuen Sir Isaac Newton Supermarket benannte.

Firmen verschmutzen Zeit, zerstören die besonderen Zeiten eines Wochenendrhythmus oder beuten globale Zeitzonen aus, wie das bei einer großen US-Firma der Fall ist, in der fast durchgehend gearbeitet wird. Ihre Datenverarbeitung wird in Nordirland erledigt, die Computer-Software stammt aus Delhi, in beiden Fällen werden Lohnkosten eingespart, und man ist so um acht Stunden »voraus«.

Die Globalisierung der Zeit hat denselben Effekt wie jede Globalisierung: Es wird sowohl die *Vielfalt* wie auch die *Anzahl* der verschiedenen Zeiten verringert. Ursprünglich gab es Tausende und Abertausende von Zeitzonen – so viele und so verschiedene, wie es Gemeinden gab, die sich ihre eigenen Stunden wählten, manche auf Festspielen beruhend, andere den Mondphasen folgend, und wieder andere nach finanziellen Gesichtspunkten sich orientierend. 1884 beschloß man, es solle nur noch 24 Zonen geben. Heute sind vor allem drei Zeitzonen entscheidend, und alle drei sind finanziell orientiert. Es sind die der drei großen Handelsblöcke: Vereinigte Staaten, Europa und Japan. (Und ein mächtiger kommerzieller Druck lastet auf anderen Ländern, sich diesen Zeitzonen anzuschließen, um neue Machtgefüge auszubeuten, Zeitvorteile und -nachteile zu erkunden.) Falls diese Tendenz sich fortsetzt, werden wir am Ende nur noch ein einziges monolithisches Zeitzentrum haben, dem alle anderen »natürlichen« Zonen sich anschließen müssen?

Je näher man von London zum Flugplatz Heathrow kommt, desto größer wird die Dichte an Firmenuhren. 13 Uhr 36 zeigt eine digitale Neonuhr an. Eine andere sagt, es ist 13 Uhr 32. Data General hat eine Uhr, eine Mobiltelefonfirma ebenso, und der Büroturm von Polygram grüßt – dort ist es schon

13 Uhr 48. Überall sind sie »auf die Minute genau« – damit locken sie die gutbetuchten Heathrow-Kunden an. Sie schmeicheln ihnen mit dem »Wert« ihrer Zeit, indem sie jede einzelne ihrer Sekunden messen.

»Zeit ist Geld« durchdringt die Werbestrategien und Absatzkriege. »Weil das Leben kurz ist ...« wirbt die Telefonfirma AT & T. So werden imaginäre »Zeitknappheiten« erzeugt. Kaufleute haben ihre Waren ja schon immer gern verknappt. Wie geht die Werbung mit der Zeit um? Die schicke Schweizer Uhr zeigt einen Mann und eine Frau im Bett. »Immer zu früh« steht da, und er ist gemeint. »Immer zu spät«, das ist ihr Problem.

Das Marketing arbeitet mit der Zeit. Auf den Spülmitteln steht: »Neu!«, und es ist immer das Zweitneueste nach dem Allerletzten und vor dem Allerneuesten. Supermärkte werden nach dem Prinzip »Just in time« (immer gerade rechtzeitig) beliefert. Es wird nichts »auf Halde«, sondern direkt für den Verkauf produziert. In Japan heißt das zum Beispiel, daß die Waren in all den Lastwagen die Autobahnen verstopfen. Manchmal ist »Zeit« nur ein geheimnisvolles Wort, mit dem man zuerst Neugier erzeugen – und dann an das Portemonnaie will. Der Britische Königliche Automobilclub ließ kürzlich in der Untergrundbahn ein Werbeplakat anschlagen: »Wenn die Zeit das kostbarste Gut des Lebens ist, wem gehört sie dann?« Eine Telefonnummer steht dabei, die man anrufen kann. Einfach köstlich.

Brrrrring brrrrring. Brrrring brrrring. Klick.

»Okay, wem gehört also die Zeit?«

Mann vom Königlichen Automobilklub: »Ich habe überhaupt keine Ahnung.«

(Beiderseitiges Gelächter.)

»Was soll die Anzeige denn bedeuten?«

»Oh, da bin ich auch ratlos.«

»Ich schreibe ein Buch über Zeit, verstehen Sie?«

»Ach, Zeit – ist Geld. Oder?«

Hhmmm.

Wenn Sie die Zeitansage anrufen, stellen Sie fest, daß sie als Werbeträger für eine Uhrenfirma dient. »Beim dritten Zeitzeichen ist es ... gesponsert von Werweißwiewowas ...« Für »FutureVision«, die Generalversammlung der World Futures Society in Washington, ist die Zukunft ein Markt, und die Firmen lernen, sich auf dessen künftige Ausbeutung vorzubereiten. Es ist das große Geschäft: Das nächste Jahrhundert steht zum Verkauf. »Zeit ist Macht«, droht Unheil verkündend ein Schreibwarenhersteller. »Behalten Sie die Kontrolle mit Ihrem Day-Timer« – dem persönlichen Planungssystem. Weiter heißt es: »Wenn Sie Ihre Zeit nicht im Griff haben, dann haben Sie auch Ihr Leben nicht im Griff.«

Die Konsumindustrie verachtet alles, was veraltet ist. Vor allem natürlich die Damen- und Herrenkonfektion, wo die Zeitsignale – »modisch, Trend, brandaktuell« – nicht fehlen dürfen. Sogar die in der Mode gebrauchten Vokabeln – »hip«, »trendy«, »groovy« – veralten umgehend. (Natürlich sind Behauptungen der Modeindustrie, daß etwas neu sei, immer fragwürdig. Die Zeitgenossen Jakobs I. waren die ersten Punks und Heraklit war *eindeutig* ein Hippy.) In Kleiderläden ist die Zeit zu einem Modeaccessoire verkommen. »Die neue Kollektion« verleiht Anziehsachen eine Bedeutung, mit der sich die Konsumenten schmücken, zumal in einer Epoche, in der so etwas wie Jahreszeiten für viele klimaanlagenverwöhnte Städter ein Ding der Vergangenheit sind. Durch saisonales Variieren der Mode appelliert man an verdrängte saisonale Veränderungswünsche – echte Veränderungen im Kalender – und schraubt diese Bedürfnisse auf ein Minimum der Oberflächlichkeit herunter.

»Zeit ist Geld« unterstützt die ganze Konsum-Philosophie mit einer allgegenwärtigen Lüge: Die Gegenwart wird betrogen und verdüstert, indem man sich heute unablässig mit den Käufen von morgen beschäftigt und in der Hoffnung auf künftiges Glück ständig spart und zugleich ausgibt. In der Zukunft, denkt man, wird man alles haben, was man sich wünscht, aber die Zukunft ist immer außer Reichweite, das Geld wird die Zeit nie ganz einholen.

In den 50er Jahren schrieb der amerikanische Marketingberater Victor Lebow:

»Unsere enorm produktive Wirtschaft verlangt, daß wir den Konsum zu einer Lebensweise entwickeln. Das Kaufen und Verbrauchen von Waren gilt es, in Rituale zu verwandeln. Unsere geistige Befriedigung finden wir dann im Konsum ... Wir müssen die Dinge verbrauchen, verbrennen, verschleißen, ersetzen und wegwerfen – und zwar immer schneller.«

Ein durchschnittlicher Amerikaner erzeugt in seinem Leben durchschnittlich 52 Tonnen Abfall. Die zwischen 1950 und 1990 lebenden Menschen haben mehr Güter und Energie verbraucht als alle vorherigen Generationen in der Geschichte der Menschheit zusammen. In der Konsumgesellschaft häufen sich Eßstörungen und Übergewicht. (Diana, die Prinzessin des Konsums, war auch Prinzessin des Kauf- und Eßzwangs.) Übermäßiges Konsumieren gehört mit übermäßigem Essen zusammen. Der durchschnittliche Amerikaner kauft mehr, als in das durchschnittliche amerikanische Haus hineinpaßt (daher der starke Aufschwung der Möbelindustrie). Er ißt auch mehr, als in seinen Bauch paßt (daher der immer größere Bedarf an Übergrößen).

Das Wort »corporation« (Firma) kommt von lateinisch corpus, Körper. Die korpulenten Bäuche der Konsumenten sind heute persönlicher Ausdruck der politischen Tatsache, daß die »Corporations«, diese gigantischen »Körper«, »gigantenhaften« Firmen, übermäßigen Konsum und geplanten Verschleiß verlangen. Wenn er seine künftigen Mahlzeiten plant, ist eine rasche Verdauung der vorherigen Mahlzeiten des korpulenten zwanghaften Essers von Vorteil, durch blitzschnelle Ausscheidung wächst der Appetit. Genauso ist bei der Planung der künftigen Märkte die Geschwindigkeit des Zerfalls der Produkte für die Firma von Vorteil. Was die Haltbarkeit der Waren angeht, den Gedanken kann man vergessen. In dem Wort »Erwerb« steckt etwas Schales, leicht Angestaubtes. Es ist gerade dabei, sein linguistisches Verfallsdatum zu passieren. Warum? Weil es etwas altmodisch Dauerhaft-Robustes hat, das nicht mehr erwünscht ist.

Das Reparieren von Dingen ist ein Protest gegen solche Firmen. Das Stopfen von Socken ein subversiver Akt. Eine Naht im Gesicht des Konsums, der verlangt, daß man nicht mehr flickt, sondern neu kauft und ersetzt. Veränderbarkeit beruht auf dem Anderssein der zutreffend »alternativ« genannten Gesellschaft, und die Hippiemode des Flickens und Mixens der Kleidung ist an sich ein politisches Statement. Organische Objekte sind viel leichter zu verändern als solche aus Plastik oder Synthetik, organische Dinge repräsentieren die Kontinuität des Lebens, sie können sich genauso wie Gesichter im Lauf der Zeit verändern. Alte Tische aus Eichen- oder Ulmenholz zum Beispiel verziehen sich mit den Jahren, sie wachsen und dehnen sich aus oder schrumpfen. »Neue« Gegenstände, aus Plastik oder Synthetik, lassen sich nicht reparieren, verändern sich nicht und verziehen sich nicht. Sie zerbrechen oder bleiben ganz. Sie haben eine Art »binäres« Leben, existieren in einer binären Zeit. Entweder tot oder lebendig, und dazwischen gibt es nichts. Anders als natürliche Objekte, die zur Unordnung neigen, tendieren die Artefakte des modernen Konsums gewöhnlich zur Ordnung – zur trügerischen Ordnung des »Hinein-in-die-Mülltonne-damit« – das Binäre hat einen Hang zum Abfallberg. Immer hübsch die Dinge wegschmeißen, das ist ein Beweis der Macht, die jemand über die Zeit und die Gezeiten hat. Durch dieses Streben nach Aufgeräumtheit, Sauberkeit und Ordnung erobern wir die Zeit.

Hongkong ist ein Sinnbild der Haltung der westlichen Moderne gegenüber der Zeit und das berühmteste Beispiel der Welt für das Geldmachen. In Hongkong wird die Zeit in Sekundenbruchteilen gehetzt, an öffentlichen Orten wachen überall Uhren über den Zeitdruck. Eine wütende Ausbeutung des Zeit-ist-Geld-Prinzips findet hier statt. Jede Sekunde wird zur Verantwortung gezogen, Banken, Firmen, Fabriken arbeiten Tag und Nacht, pressen Geld aus der Zeit heraus. Und von allen Seiten leckt das Meer, der große Zeitgeber, an der Stadt. Aber es ist eigentlich ein »totes« Meer, voll von Koli-Bakterien und Hepatitis, eine Kloake für die industriellen und häuslichen Abwässer, die in einer solchen Menge und Geschwindigkeit hineingekippt werden, daß das Meer einfach nicht überlebt. Die Moderne tötet ganze Meere, Ozeane sind dem Untergang preisgegeben, bis in die Tiefen werden sie verwüstet.

Von den Tagen des Frühkapitalismus bis zur heutigen

Konsumgesellschaft– immer ist es ein höchst politischer Gedanke gewesen, daß Zeit Geld ist: Wessen Zeit macht wessen Geld, und wem gehört wessen Zeit? Vor über 500 Jahren kämpfte die katholische Kirche erbittert gegen Bankiers und Händler um die Frage des Geldverleihs – sie argumentierte, niemand dürfe auf Darlehen hohe Zinsen nehmen, weil die Zeit ihm nicht gehöre. Der mittelalterliche Theologe Thomas Chobham schrieb: »Der Wucherer verkauft dem Darlehensnehmer nichts, was ihm gehört. Er verkauft nur Zeit, die Gott gehört. Er kann deshalb keinen Gewinn damit erzielen, daß er jemandes Eigentum verkauft.«

Heute tritt der Kredithai, die Weltbank, die Dritte-Welt-Schuld an den armen Kunden heran. Die Zinszahlungen übertreffen schon längst die ursprünglichen Kreditbeträge. Es bezahlen also die Länder des Südens für den zunehmenden Wohlstand und die Macht des Westens. Das bettelarme Afrika südlich der Sahara kratzt pro Monat eine Milliarde Dollar zusammen, um Kredite abzustottern. Das fruchtbare Land muß der Erzeugung von Nahrung für den überfütterten Westen dienen. Abends bleibt dann noch der vertrocknete Rest für die eigene mangelhafte Ernährung, der dreckige Rest. Alle fünf Sekunden stirbt ein Kind unter diesem Schuldenberg. Interessant ist, daß die Kirchen wieder einmal gegen die Unmoral des Wuchers und die Verschuldung der Dritten Welt zu Felde ziehen.

Die »realen Auslandsschulden« – das ist ein Ausdruck der Kolonisierten, die Kehrseite der Medaille. Denn von der Zeit der »Entdeckung« Amerikas an, allein zwischen 1503 und 1660, hat sich Europa Tausende von Kilo Gold und Millionen von Kilo Silber als »Kredite« von der damaligen Bevölkerung Amerikas geliehen. »Diese fabelhaften Kapitalexporte waren nichts anderes als ein Marshallplan zur Garantie des Wiederaufbaus eines barbarischen Europas ...« schreibt der Indianerhäuptling Guaicaipuro Cuautemoc in einem offenen Brief an alle europäischen Regierungen, in dem er sie auffordert, diese Schuld zurückzuzahlen. Es heißt darin weiter, man wolle »unseren europäischen Brüdern den verabscheuenswürdigen und blutdürstigen variablen Zinssatz von zwanzig und sogar dreißig Prozent ersparen, den sie von Ländern der Dritten Welt verlangen.« Nur die Rückerstattung aller vorgeschossenen kostbaren Metalle verlange man, zuzüglich moderater Zinsen für die vergangenen über dreihundert Jahre. »Wir teilen unseren Entdeckern mit, daß sie uns, als erste Zahlung für diese Schuld, eine Menge von 185 000 Kilo Gold und 16 Millionen Kilo Silber schulden, die beide mit 300 zu potenzieren sind.« Was einen Betrag ergebe, »dessen Gewicht den des Planeten Erde deutlich übertrifft.«

Der Begriff, den sich eine Epoche von der »Zeit« macht, hat etwas von einem Selbstporträt. Zeit ist der Spiegel, den die menschliche Natur sich selbst vors Gesicht hält. Mit diesem Gedanken vertraut, schrieb Jorge Luis Borges 1964 in seinen Labyrinthen: »Zeit ist die Substanz, aus der ich bestehe. Zeit ist ein Fluß, der mich dahinträgt, aber ich bin der Fluß. Sie ist ein Tiger, der mich verschlingt, aber ich bin der Tiger. Sie ist ein Feuer, das mich verzehrt, aber ich bin das Feuer.«

Oswald Spengler schrieb über die Zeit in seinem Buch *Der Untergang des Abendlandes*, daß wir sie als eine Idee oder einen Begriff schaffen und erst viel später vermuten, daß wir selbst die Zeit sind, solange wir leben.

Der strenge Orden der Benediktiner bestimmte im 6. Jahrhundert, die Zeit müsse streng geordnet werden. Vor dem 12. Jahrhundert, vor dem Aufkommen des modernen »Individualismus«, als die Leute noch nicht voneinander getrennt, auf Bänken saßen, war die Zeit ebenfalls noch ungeteilt, der Tag eine lange Zeitbank. Dann begann die Individualisierung, trennte die Personen voneinander (man saß nicht mehr auf Bänken, sondern auf Stühlen), und die Glocken teilten den Tag immer mehr in einzelne Stunden ein.

Für den Dichter Chaucer oder die Autoren der Stundenbücher im 14. Jahrhundert war die Zeit von der riesigen ländlichen Geduld gekennzeichnet, mit der sie ihr eigenes Leben beschrieben, genauso wie heute eingeborene Gesellschaften die Zeit als etwas Anhaltendes begreifen. Wenn es so etwas wie die »Entdeckung der Zeit in der Renaissance« gegeben hat, wie manche Historiker sagen, als Jedermanns alles verzeihende Zeit sich in die ängstliche, von schlechtem

Gewissen gepeinigte Zeit des Doktor Faustus verwandelte, dann haben die Männer und Frauen der Renaissance damals vor allem anderem sich selbst entdeckt – die Drohung, der sie sich seitens des Saturn ausgesetzt sahen, war die Bedrohung durch sie selbst. Als Sir Walter Raleigh seiner Königin, Elizabeth I., schmeicheln wollte, nannte er sie »die Dame, die die Zeit vergessen hat«, denn die Zeit war für die Elizabethaner etwas Grausames, das einen verschlang, Zerstörerin der Jugend und der Schönheit, Sensenmann, Krankheit und Verfall – aber die Grausamkeit und die »Syphilisierung«, die die Jugend und Schönheit überbetonte, während sie sie vergiftete, das waren sie selbst. Sie interessierten sich für Gebeinhäuser und Totenschädel, und ihre Sonnenuhren waren mit den spöttischen »Memento mori« (Gedenke des Todes) geschmückt, was mehr über sie selbst als über die Zeit aussagt.

In Shakespeares *Richard II.* behandelt die Zeit den Menschen so, wie der Mensch die Zeit behandelt: »Wie so sauer wird Musik, so süß sonst, wenn die Zeit verletzt und das Verhältnis nicht geachtet wird! So ist's mit der Musik des Menschenlebens ... Die Zeit verdarb ich, nun verderbt sie mich, denn ihre Uhr hat sie aus mir gemacht; Gedanken sind Minuten ...«

Für die Protestanten im 17. Jahrhundert war die Zeit genauso trist wie sie selbst. Sie kleideten den Kalender schwarz ein und verboten Spaß und Festlichkeiten. Newton, der die Zeit als etwas Starres, Absolutes und männlich Lineares darstellte, beschrieb sein eigenes Zeitalter und sein eigenes Bewußtsein. In der Zeit des britischen Weltreichs, als der Westen der Welt seine Zeitpolitik aufzwang, behauptete er, *seine* Zeit sei *die* Zeit schlechthin. Die einzige, absolute, tyrannische Zeit. Es war ein Selbstporträt der Kolonisatoren, absolutistischer Tyrannen, die mit dem Pluralismus Schwierigkeiten hatten.

Jetzt ist die herrschende Metapher für Zeit: Geld. Und wie immer ist das Verhältnis der Menschheit zur Zeit ein kompliziertes, weil es eine Reflexion enthält. Die Zeit wird als ein Buchhalter dargestellt, der schäbig jede Minute zählt. Oder global als multinationales Unternehmen, atemlos, gierig in seinem Drang nach Ausbeutung. Die Zeit ist ein *Konsument*, der die Leute verschlingt. Die Zeit wird knapp. Die Zeit ist der Kredithai, der dir das Messer an die Gurgel hält. Wir alle leben am »Ende der Zeit« und am »Ende der Geschichte«, wie all diese Endzeitbücher so unehrlich verkünden.

Aber wie immer beschreiben wir auch jetzt uns selbst, wenn wir die Zeit zu beschreiben glauben. Denn nicht die Zeit ist der Kunde, sondern wir sind es, die alles verbrauchen – auch die Zeit. Wir sind üble Kunden in unserer Hast. Das Ende steckt in uns selbst drin. Wir sind die seelenlosen Buchhalter, die bösen Geldverleiher, die arme Völker zum Dreckessen verdammen. Es ist nicht die Zeit – wir selbst sind daran schuld. Die Zeit frißt uns nicht auf, läßt uns nicht »ausgebrannt« zurück, wie wir behaupten, sondern wir selbst verbrennen die Zeit der Erde, wir sind die chronisch Übergewichtigen, weil wir zuviel in uns hineinschlingen, wir sind die Konsumenten. Die »gierigen Institutionen« gehorchen nicht den Anordnungen der Zeit, sondern wir selbst haben sie erzeugt. Unser Bild von der Zeit ist totalitär. Denn der Totalitarismus steckt in uns. Aber ein so groß geschriebener Totalitarismus, daß wir ihn kaum lesen können. Es ist der Totalitarismus der multinationalen Firmen mit ihrer zügellosen freien Marktwirtschaft. Noam Chomsky sagte einmal: »Wenn man heute die Nürnberger Gesetze anwenden würde, dann müßte man die Direktoren aller multinationalen Firmen hängen.« Die Firma, unsterblich, unsichtbar, unzerstörbar, unverantwortlich wie eine Maschine, die nur ununterbrochen »Zeit ist Geld, Zeit ist Geld« sagt, spricht implizit die Sprache eines wirtschaftlichen Faschismus: Ein Bewußtsein ohne Moral, Geld um jeden Preis, der Markt über alles.

Zeit ist Geld – das ist eine Lüge. Kauf sie niemandem ab.

9

Nichts ist so rückschrittlich wie der Fortschritt

Über die Naturverbundenheit der Zeit

nothing regresses like progress

ee cummings

Eine Postkarte aus Neuseeland. Es gibt hier einen riesigen See, Lake Waikaremoana, der für das Volk der Maori von großer Bedeutung ist. Auf der einen Seite des Sees stehen moosbedeckte, knorrige, uralte Bäume, und auf der anderen Seite sorgen die Vögel für eine Geräuschkulisse wie im Zirkus. Viele Touristen nehmen sich drei oder vier Tage Zeit, um einmal herumzuwandern. Maori leben hier heute keine mehr.

Es sei denn. Falls Sie Glück haben und eine Nacht über am See bleiben, dann könnte es sein, daß Sie ein Motorboot namens *Outlaw* zu Ihnen herüber über das Wasser flitzen sehen, das Trainer Tate mit wildem Haarschopf und breitem Lächeln zu Ihnen bringt, einen Maori-Freiheitskämpfer, der zur Begrüßung seinen Pullover hebt und Ihnen das Logo seines schwarzroten T-Shirts zeigt – die Fahne der Unabhängigkeitsbewegung der Maori, die auf seinem wunderbar großen Bauch flattert. Sie weht auch über seiner Hütte am See, in der seine Familie seit Generationen lebt. »Ich habe dieses Land besetzt, weil es mein Land ist und weil ich hierher gehöre.« Die Regierung will ihn loswerden – er verdirbt den Touristen die Aussicht auf den See, wenn er mit seinem Boot das Wasser aufwühlt, um den gelegentlichen Wanderer zu erreichen und ihm von der kulturellen Selbstachtung der Maori zu erzählen. Während einige Neuseeländer immer noch sagen, die Maori sollten endlich den »Anschluß« an die Weißen schaffen, sie seien »rückständig und immer noch weit abgeschlagen« auf dem Marsch zum Fortschritt, sieht Trainer Tate es anders. Vom Außenbordmotor abgesehen, meidet er die moderne Technik. »Euer Fortschritt ist technischer Fortschritt, für uns war das keiner.« Nur ein Mann, aber seine Botschaft wird mit dem gleichen Trotz auf der ganzen Welt verkündet. »Mein Land gehört euch nicht. Und euer Fortschritt ist nicht meiner.«

Eine Postkarte aus Kolumbien. Trällern, Zwitschern, Gurren, Flöten, Krächzen und Trompeten, der Himmel ist voll Vogelgesang, die Wolken werfen das Pfeifkonzert zur Erde zurück. Wenn die Vögel den Himmel von Kolumbien entlangsegeln, singen sie die Namen der Gegenden, über die sie fliegen, und indem sie das tun, schaffen sie die Orte. Das glaubt jedenfalls der Stamm der U'wa, der in den Ausläufern und Regenwäldern der Anden im Nordosten Kolumbiens lebt. Die U'wa selbst erschaffen die Welt täglich durch ihren Gesang, mit dem sie ihre Mythen und Ortsnamen rezitieren. Dadurch – so geht der Glaube –, daß sie die Natur erhalten, erhalten sie die Zeit selbst. (Und wer kann das beurteilen: Da der Tag auf den morgendlichen Chor der Vögel folgt, glauben vielleicht die Vögel auf der ganzen Welt, daß nur *wegen* ihres Gesangs der Tag in der Morgendämmerung hereinbricht.)

Als die Spanier kamen, dachten die U'wa, ihre endlosen, gesungenen Stunden wären zu Ende. Bericha, ein Führer der U'wa, trägt in der Tasche ein »Uhr«-Insekt, das zur U'wa-Stunde zirpt. »Wir hatten eine Menge Stunden, bevor die Spanier kamen.« Heute findet eine zweite Invasion der alten U'wa-Territorien statt. Moderne Konquistadoren – Gesellschaften, die Öl suchen, damit der Westen seine Autos auftanken kann, diese Symbole und Motoren des westlichen Fortschritts. In einem Bericht für die Zeitung *The Guardian* zitiert John Vidal den Indianer Bericha: »Für uns ist die Erde heilig; sie darf nicht verletzt, ausgebeutet oder verkauft werden; man muß für sie sorgen und sie bewahren.« Eine katholische Nonne, die fünfzehn Jahre bei den U'wa gelebt hat, sagt: »Ich glaube, die traditionellen U'wa werden sterben, wenn das Öl kommt. Das Ende ihres Landes würde sie mit großer Trauer erfüllen. Sie werden vor Traurigkeit sterben.«

Das Ende ihres Landes ist das Ende ihrer Zeit. Am »Ende« ihres Landes befindet sich eine steile Klippe, buchstäblich und metaphorisch, die so heilig ist, daß man keinen Schritt auf sie wagen kann – außer den allerletzten. Denn im 16. Jahrhundert suchte eine Gemeinde der U'wa diese Felswand bei ihrem Rückzug vor den Spaniern auf. Die Stammesmitglieder setzten ihre Kinder in Tongefäße, warfen sie als erste von den Felsen und sprangen dann hinterher, es war ein kollektiver ritueller Selbstmord. Zu diesem letzten Felsen wollen die U'wa vielleicht getrieben von der zweiten Invasion zurückkehren. Das ist der Fortschritt des zweiten Weltreichs, des Kolonialismus der Großkonzerne.

In Peru haben Ölprospektoren von Shell in den 80er Jahren Krankheiten wie die Grippe verbreitet, gegen die die Einheimischen keine Abwehrkräfte hatten. In einem einzigen Fall sind deshalb allein fünfzig Einheimische gestorben. Diese Geschichte wiederholt sich in der ganzen Welt. Die Surui-Indianer im Amazonasgebiet Brasiliens mußten nach Auskunft des Fotografen Mark Edwards ihre Bäume fällen und verkaufen, um von dem Geld Medizin gegen die Tuberkulose zu bezahlen, die durch den Straßenbau eingeschleppt worden war. »Das ist ein Vorgang«, sagt Edwards, »den Historiker gern als Fortschritt bezeichnen.« Edwards hat auch dort gestanden, wo einst Kolumbus stand, als er die Insel Hispaniola betrachtete und eine wundervolle Landschaft erblickte mit Wäldern, deren Blätter den Himmel berührten. Edwards hat sie in ihrem heutigen Zustand fotografiert, eine trostlose Gegend, verbrannte Wüste, in der nur mehr verkohlte Stümpfe von den ehemaligen Wäldern zeugen. »Keine Landschaft, sondern Mann-schaft«, sagt Edwards. »Ein gesamtes Land wurde für den wirtschaftlichen Fortschritt *ganz woanders* verfeuert.«

Die westliche Idee des Fortschritts, der schnurgerade wie eine römische Landstraße von der Vergangenheit in die Zukunft führt, ist so fest in der Psyche der Moderne verankert, daß sie das einzig mögliche Zeitmodell zu sein scheint. Aber das ist sie nicht. Es ist nur eine Idee unter vielen, vielen anderen, und ebenso ungewöhnlich wie neuartig. Für die Maori liegt die Vergangenheit *vor* ihnen, sie gehen also »rückwärts in die Zukunft, das Gesicht der Vergangenheit zugewandt«, wie der Maori-Autor Witi Ihimaera sagt. Der Islam schaut ebenfalls zurück auf ein goldenes Zeitalter und eine ideale Gesellschaft. Im Koran findet sich der Gedanke, daß alles, was geschieht, schon einmal erzählt worden ist. Die Araber, heißt es, »blicken zurück, um nach vorne zu sehen.« Sie nutzen die Geschichte, sowohl um in die Zukunft zu sehen als auch als moralische Rechtfertigung. Die Hopi-Indianer erkennen die westliche, scheinbar unvermeidliche Trennung der Zeit in Vergangenheit, Gegenwart und Zukunft nicht an. Sie teilen die Zeit statt dessen in »das, was manifest ist« (das eher Objektive) und »das, was sich zu manifestieren beginnt« (das eher Subjektive) ein. Reale Dinge tendieren, weil sie manifest sind, zur Vergangenheit, während zum Beispiel Gefühle und Wünsche Dinge sind, die manifest werden und deshalb in die Zukunft weisen. Bei den Inuit auf Baffin Island im Norden Kanadas bedeutet derselbe Ausdruck – *uvatiarru* – sowohl »vor langer Zeit in der Vergangenheit« und »fern in der Zukunft«. Im Hindi ist die Gegenwart ähnlich zentral: *Kal* heißt morgen und gestern – ein anderer Tag als heute. Die Mayas wiederum begriffen die Zeit als zyklisch. Alles, was jemals geschehen war, sollte sich in kreisförmiger Abfolge ereignen, so daß sich die Geschichte alle 260 Jahre wiederholte.

In vielen Kulturen ist die Zeit so zyklisch wie der fundamentale Geist der Natur. Hehaka Sapa, der Schwarze Elch, ein Häuptling der Oglala-Sioux-Indianer, erklärt, wie in seiner Weltsicht alles in einem Kreislauf geschieht: »Der Wind, wenn er sehr stark ist, wirbelt. Die Vögel bauen ihre Nester in Kreisen, denn sie haben dieselbe Religion wie wir. Die Sonne geht in einem Kreis auf und wieder unter. Der Mond ebenso, und beide sind rund ... Sogar die Jahreszeiten bilden einen großen Kreis in ihrem Ablauf und kehren immer wieder. Das Leben des Menschen ist ein Kreis von Kindheit zu Kindheit, und so ist es in allem, in dem die Kraft sich bewegt.« Ein alter Lakota-Schamane läßt seine Pfeife in Richtung der vier Winde kreisen und erklärt: Der Kreis ist das Symbol der Zeit, denn die Sonne, der Mond und die Jahreszeiten umkreisen die Welt. Das Jahr wird als Kreis um den

Rand der Welt definiert. Dagegen ist die Vorstellung der westlichen Moderne von der Zeit als einer Linie des Fortschritts theoretisch wie praktisch den Zyklen der Natur eher entgegengesetzt als an ihnen ausgerichtet.

Zwar sind viele Formen der Zeit geometrisch – der Kreis und die Linie ganz offensichtlich –, doch nicht alle. Der Islam beschreibt »Pakete« aus Zeit, und die Navajo (die traditionell nicht an die Zukunft »glauben«, weil sie nicht existiert) kennen Zeit-»Pulse«. Hier klingt eine zyklische Dimension zumindest an. Die »Sonnenzeit« der Navajo beruht auf der Wiederholung wiederkehrender Ereignisse, die alle Zeiten im Ritual austauschbar machen könnten.

»Fortschritt« ist nur ein Gedanke, eine mentale Konstruktion. Es wird jedoch so getan, als handele es sich dabei um eine Tatsache, als ob der Marsch des Fortschritts absolut unvermeidlich, eine vorherbestimmte Gewißheit wäre. Die Idee ist spezifisch westlich, geldorientiert, technologiebesessen, rassistisch in ihrer Geschichte und in ihren Wirkungen. Aber sie strebt nach Allgemeingültigkeit, so daß alle Völker dazu gebracht werden müßten, diesen Fortschritt auf genau dieselbe Weise zu definieren und gutzuheißen. Die U'wa tun es nicht. Sie wissen, daß es ihrem Fortschritt nicht dient, wenn Ölgesellschaften das Land der U'wa dem westlichen Fortschritt zuliebe zerstören. Euer Fortschritt ist nicht der unsrige, wie Trainer Tate sagt.

Der Fortschritt gibt vor, etwas absolut »Gutes« zu sein, weil er von denen definiert wird, denen er dient – den Reichen, den politisch Mächtigen, allen Arten von Kolonialisten und Ideologen. Fragen Sie jene Leute, denen er gar nicht gut tut, und sie werden Ihnen erklären, daß die Maschinen des »Fortschritts« die Zerstörung von Ländern und Völkern gerechtfertigt haben, daß die Palette des Fortschritts vom Rassismus bis zum Landraub und von der Umweltvergiftung bis zum Völkermord reicht.

Fortschritt ist eine Ideologie, die aus nur einem Wort besteht. Aber weil deren Zulieferer behaupten, es handele sich um eine neutrale, eine »unumgängliche« Tatsache, wird deren höchst politischer Charakter totgeschwiegen. Nicht überraschend für eine ungeprüfte Ideologie, paßt sie sowohl der extremen Rechten als auch der extremen Linken ins Programm. Infolge der Tabuisierung oder Unsichtbarkeit ihres ideologischen Charakters dürfen deren Verehrer voller Verachtung über jeden herfallen, der diesen Fortschritt anzweifelt. Wer dem Fortschritt im Weg steht, wird als lächerlich, rückschrittlich und reaktionär bezeichnet. Dieses Kapitel will einige Gründe dafür nennen, sich gegen den sogenannten Fortschritt zu stemmen, ihn als zerstörerische Ideologie zu erkennen und sich die Frage zu stellen, wem er nützt.

In der Vorstellung ist der Fortschritt ein Marsch auf einer Straße, die von der Vergangenheit in die Zukunft führt, ein Weggehen von einem Ort. Das ist das Entscheidende. Denn die abstrakte Idee des Fortschritts beruht darauf und hat immer darauf beruht, daß man einen Ort zuerst ablehnt und dann zerstört. Die wichtigsten Erfindungen des technischen Fortschritts sind – zumindest nach Ansicht eines Historikers – das Rad, der Steigbügel, die portugiesische Karavelle und der Verbrennungsmotor –, sie alle dienten dazu, Entfernungen schrumpfen zu lassen und Orte möglichst schnell zu verlassen. (In den 50er Jahren des 19. Jahrhunderts bemerkte ein schwedischer Besucher des US-Patentamts: Die meisten registrierten Maschinen, fast 15000, waren Erfindungen »für die Beschleunigung der Geschwindigkeit und die Ersparnis von Zeit und Arbeit«.) Das Wort »Fortschritt« hat einen nomadischen Anstrich. Es impliziert eine Reise, und darin liegt vielleicht sein unterschwelliger Reiz, denn selbst in einer seßhaften Gesellschaft wie der unsrigen steckt in uns allen noch immer dieser Wandertrieb, Freund und Feind zugleich, der hungrige Geselle, der zu immer neuen Horizonten aufbrechen will. Da wir aber keine Nomaden mehr sind, bleibt nur mehr der Drang, neue Territorien der Zeit zu entdecken, wenn sich der Mensch schon im Raum nicht mehr fortbewegen kann.

Der Begriff des Fortschritts existiert vage schon seit Jahrhunderten, aber den westlichen Geist hat er erst in der Ära der industriellen Revolution richtig gepackt. So äußerte sich der britische Politiker Macaulay 1835: »Wir sind auf der Seite des Fortschritts … Die Geschichte Englands ist ganz entschieden die Geschichte des Fortschritts.« Und in den Jahren, als der Marsch des Fortschritts sich durch Dampfmaschinen und Verbrennungsmotoren sprunghaft beschleunigte, singt Macaulay ein emphatisches Hohelied: »Die Bewegung ist beschleunigt, die Entfernung zusammengeschmolzen. Alle Geschäfte sind jetzt leichter abzuwickeln. Der Mensch kann in die Tiefen des Meeres vordringen und sich in die Lüfte erheben, gefahrlos in die unheilvollen Schlünde der Erde eindringen, das Land in Wagen durchqueren, die ohne Pferde dahinwirbeln, und den Ozean in Schiffen mit zehn Knoten gegen den Wind durchpflügen … Es ist eine Philosophie, die niemals ruht, die niemals ankommt, die niemals perfekt ist. Ihr Gesetz ist der Fortschritt.«

Darwins *Entstehung der Arten* ließ ebenfalls nicht mehr lange auf sich warten. 1859 veröffentlicht, endete das Werk mit dem berühmten Satz: »Da die natürliche Auslese sich einzig und allein durch jedes Lebewesen und zu seinem Vorteil vollzieht, werden alle körperlichen und geistigen Gaben dazu neigen, in Richtung auf ihre Vervollkommnung fortzuschreiten.«

Was den Glauben an das unvermeidlich Gute des Fortschritts anging, war Darwins Haltung ambivalent. Mal hieß er ihn willkommen, mal verachtete er ihn, und soziale Anwendungen seiner Theorie waren ihm zuwider. Trotzdem dienten seine Ideen weithin der Lehre, daß es sich beim Fortschritt um eine Verbesserung handele: Was später kommt, ist besser; in der Folge liegt der Erfolg. Dies zeitigte einige besonders unangenehme Konsequenzen: Von nun an galt der Homo sapiens als den anderen Lebewesen überlegen, genau wie jetzt die weiße Rasse alle anderen Rassen übertraf.

Der Glaube der Menschheit an ihre Überlegenheit hat eine lange Geschichte. Die alten Griechen glaubten, dem Universum wohne ein fortschrittliches Prinzip inne, in dem alles, was nicht menschlich sei, zum Vorteil der Menschen da sei. Von der Genesis an lehrte die jüdisch-christliche Tradition, daß die Menschheit die Natur unterwerfen solle. Thomas von Aquin nahm an, die Pflanzen seien für die Tiere, die

Tiere für die Menschen geschaffen. Laut Freud konnte menschlicher Fortschritt nur durch den Sieg über die Natur errungen werden: »... indem man zum Angriff auf die Natur übergeht und sie dem Willen des Menschen unterwirft.« Der Biologe und stille Humorist Marshall Sahlins stellt fest: »Wir sind die einzige Gesellschaft auf der Erde, die von sich glaubt, sie hätte sich aus einem wilden, rohen Zustand emporentwickelt, aus der grausamen und unbarmherzigen Natur. Alle anderen glauben, sie stammten von Göttern ab ... Dem sozialen Verhalten nach zu urteilen, mag dies eine sehr zutreffende Feststellung sein, was den Unterschied zwischen uns und dem Rest der Welt angeht.«

Fortschrittstheorien scheinen immer solchen Gesellschaften gefallen zu haben, die auf Herrschaft – über die Natur und andere Völker – aus waren. Besonders die Vereinnahmung des Fortschrittsgedankens durch die europäischen Imperialisten verdeutlicht dies. Darwins Evolutionstheorie versorgte sie sowohl mit einem mörderischen Motiv als auch mit einem eiskalt reinen Gewissen. In seinem Buch *Die Abstammung des Menschen* von 1871 schreibt er: »Die zivilisierten Rassen ... werden fast mit Sicherheit ... die wilden Rassen ausrotten.« Der Völkermord begann in der modernen Geschichte nicht mit den Nazis, sondern mit den Kolonialisten und der Ideologie des Fortschritts.

Der Autor Sven Lindqvist schreibt in seinem kürzlich erschienenen Buch *Durch das Herz der Finsternis* mit wildem Zorn über den »Fortschritt«, der zu Rassismus und Mord in Afrika geführt hat. Es war »ein Fortschritt, der den Völkermord in Kauf nahm«. 1838 hielt der Anthropologe J. C. Prichard einen Vortrag »Über das Aussterben menschlicher Rassen«. Dieser Fortschritt sei unvermeidlich. Die »wilden Rassen«, sagte er, könnten nicht gerettet werden. Das Ziel müsse ganz einfach sein, im Interesse der Wissenschaft so viele Informationen wie möglich über sie zu sammeln. (Ein Gedanke, der immer noch herumspukt, zum Beispiel in Form des Human Genome Project, das die Auslöschung der eingeborenen Stämme ignoriert und sich nur darauf konzentriert, ihnen genetisches Material zu entnehmen – für den wissenschaftlichen Fortschritt.)

»Nach Darwin«, schreibt Lindqvist, »wurde es akzeptabel, angesichts von Völkermord die Schultern zu zucken. Wer sich darüber aufregte, bewies damit nur seine mangelnde Bildung.« Und Ausrottung war nicht nur ein Resultat, sie war ein Vergnügen. Und für die Viktorianer war sie eine Pflicht – etwas noch Erfreulicheres als ein Vergnügen. Der deutsche Philosoph Eduard von Hartmann sprach von dem »Todeskampf der Wilden, die am Rande der Auslöschung sind«, und fährt fort: »Der wahre Philanthrop, wenn er das natürliche Gesetz der anthropologischen Entwicklung verstanden hat, kommt nicht umhin, eine Beschleunigung der letzten Konvulsionen herbeizusehnen und dafür zu arbeiten.« 1864 schreibt W. Winwood Reade in seinem Buch *Savage Africa* über das wahrscheinliche Aussterben der Afrikaner: »Wir müssen lernen, dieses Ergebnis gefaßt zu betrachten. Es illustriert das wohltuende Gesetz der Natur, daß die Schwachen von den Starken verschlungen werden müssen.«

Als Beweis für die Ermordung der Menschen im Kongo und als Zeichen des Sieges des westlichen Fortschritts übergab man dem Kommissar Körbe voll mit Händen.

Fortschritt. Im Namen des Fortschritts war Mord Philanthropie. »Wir wissen doch Bescheid«, sagt Lindqvist. »Es fehlt uns nicht an Wissen.« Wir haben immer gewußt, »welche Greueltaten im Namen des Fortschritts begangen wurden und immer noch begangen werden. Es fehlt uns nicht an Kenntnissen. Es fehlt uns am Mut zu begreifen, was wir wissen, und die Folgerungen daraus zu ziehen«.

Der technische Fortschritt hat unser Zeitalter zu dem des Amplified Man, des Verstärkten Menschen, gemacht, der immer schneller von einem Ort wegstrebt. Der Filmemacher und Autor Herbert Girardet, der den Ausdruck geprägt hat, stellt sich das »Verstärkte Wir« vor: »Statt Muskeln anzuspannen, benutzen wir Motoren; statt Beinen haben wir uns Räder angeschafft. Unsere Hände sind Baggerschaufeln geworden. So sind wir Mensch und Maschine zugleich ... Jedes Jahr verschluckt ein jeder von uns viele Tonnen Kohle und Öl. Unser Atem ist nicht länger nur das, was wir aus unserem Mund ausatmen, sondern besteht auch aus den Abgasen, die unsere Autos, Fabriken und Haushalte ausspucken. Wir scheiden sowohl die Abfälle unseres Körpers wie auch die giftigen Absonderungen der Maschinen aus, mit denen wir verschmolzen sind.«

Der Fortschritt vollzieht sich, indem er die Entfernungen vernichtet, und die Verkehrspolitik drückt diese Politik des »Fortschritts« aus. Nehmen Sie das Auto, weltweites Symbol des heutigen »Fortschritts«. Aber wessen »Fortschritt« ist das? Die U'wa werden sterben, damit die Ölgesellschaften dem Westen Treibstoff liefern können. Ken Saro-Wiwa und andere Ogoni in Nigeria wurden dafür getötet. Sogar innerhalb ein und desselben Landes ist der Fortschritt des Autos politisch, indem er die Ungleichheit steigert. Der rasche Fortschritt der Autos bringt Radfahrer und Fußgänger in Verzug. Die meisten Verkehrssysteme dienen dem Fortschritt der Wohlhabenden auf Kosten der Armen, der sehr Jungen oder der sehr Alten, die unter dem schlechten öffentlichen Verkehrswesen, unter Unfällen und Umweltvergiftung leiden. Der Fortschritt hat ein doppeltes Gesicht. Für die Mächtigen hat er ein freundliches Lächeln, für die Armen und Unterprivilegierten nur ein höhnisches Grinsen übrig.

Eine Postkarte aus Twyford Down, wo der Fortschritt des Autos sich auf Kosten der Landschaft vollzieht. Und was für einer Landschaft. Twyford Down war einst für seine natürliche Schönheit berühmt – bis es zerstückelt wurde, um eine Straße zu bauen, die dem Fahrer eine Zeitersparnis von drei Minuten einbringt. Twyford Down ist jetzt ein Niemandsland, nur noch eine Abkürzung zwischen zwei Orten. Der Fortschritt des Autos war das einzige, was zählte – nicht der Fortschritt von Spaziergängern oder Leuten, die Drachen fliegen lassen, von Liebenden oder Kindern. Demonstranten hatten sich vor die Bagger gestellt. Eine ähnliche Gruppe, »Reclaim The Streets«, eine ebenso spielerische wie politische Bewegung, organisiert Straßenpartys, um Straßen aufzuhalten. Sie unterzieht den automobilen Fortschritt einer karnevalesken Analyse. Während ihrer Feste verweigert sie Autos den Zugang und zeigt dabei, daß die Straße nicht nur ein Durchgangsort ist, sondern auch ein Ort, an dem man sich aufhält, an dem man feiert, ein Ort für Menschen, für Sandkästen, für Leute auf Stelzen und für Pantomimen.

Eine Postkarte von einer anderen Straße: dem Panamerican Highway, der für den Fortschritt von Autos das Land des Embera-Stammes in Kolumbien verwüsten und zerstückeln wird. Für Straßenbauer, die heutigen Kolonialisten, ist dieser Highway der Fortschritt. Für die Embera, deren Wälder er bedroht, ist diese Straße der kulturelle Genozid. Sie bringt Krankheiten und Zerstörung.

Wenn Sie etwas über den Marsch des Fortschritts wissen wollen, fragen Sie einen Mann, der zu Fuß geht. Satish Kumar, jetzt Herausgeber der internationalen Zeitschrift *Resurgence* war in seiner Kindheit in Indien ein Mönch der Jain-Sekte, die alles Lebende verehrt. Eines der Prinzipien seiner ersten Berufung bestand darin, kein Gerät zu benutzen, das er nicht mit seinen eigenen Händen herstellen konnte. Sich in die Luft zu erheben, in die Erde einzudringen, das Land in Autos zu durchqueren – das alles war für ihn tabu. Er war ein unverstärkter Mönch. Als junger Mann begann er zu wandern. Er wanderte von Gandhis Grab in Delhi nach Moskau, Paris, London und schließlich Washington.

Er sagt, er habe seine Wanderung für den Weltfrieden – im weitesten Sinne von »Welt« – unternommen. Für den Frieden zwischen den Nationen und »um Frieden mit der Natur zu schließen, mit der der technologische Fortschritt einen Krieg angefangen hat«. Während der technische Fortschritt unser Leben zerstört, verstärkt Kumars Fortschritt – die Pilgerreise – *das Gefühl* für diesen Ort. »Ich *war* an jedem Ort. Mein Fortschritt war nicht dazu da, um irgendwohin zu kommen, sondern um dort zu sein. Es hat damit zu tun, daß man den Ort genießt, an dem man ist. Der technische Fortschritt vermittelt immer, daß man nicht wirklich *da* ist, wo man ist. Darum ist zu Fuß gehen so wichtig. Orte sind sinnlich. Man spürt die Luft. Man hört etwas. Die Geschwindigkeit des technischen Fortschritts zerstört die Sinnlichkeit.« Im Gegensatz zu dieser »Sinnlichkeit« eignet der Fortbewegung im Auto eine schmutzige »Promiskuität«. Die Mobilität wird mühe- und emotionslos erreicht. Kein Gefühl und keine Beziehung verbinden einen mit dem Ort, an dem man sich befindet, weder Engagement noch Verantwortung oder Liebe.

Wenn Fortschritt schon immer bedeutet hat, einen Ort oder ein Land abzulehnen, überrascht es nicht, daß einige der grausamsten Schäden – von der Umweltvergiftung über globale Erwärmung bis zum Waldsterben – der Natur zugefügt worden sind. Während durch die Zersetzung organischen Abfalls »Zeit« entsteht – der entstehende Dünger fördert den Kreislauf der Reproduktion, indem er aufschießende junge Triebe kräftigt –, schneidet die von den Motoren des Fortschritts erzeugte anorganische Umweltvergiftung der Zeit den regenerativen Faden in der Keimzelle ab. Synthetischer Abfall, den die Natur nicht wieder absorbieren kann, erzeugt keine Zeit, sondern Toxizität.

Die globale Erwärmung – zum großen Teil Folge der fortschrittlichen Verkehrsentwicklung – hat die Zeit der Natur verändert, so daß der Frühling in den späten 90er Jahren eine Woche früher anbricht als noch in den 70ern. Der Fortschritt der Menschheit könnte auch den der Glockenblumen provozieren, die vielleicht aus England werden verschwinden und nach Schottland auswandern müssen, um dort ein ihnen gemäßeres Klima zu finden. (Vielleicht verdient nur Schottland diese Blumen.)

Das sich ändernde, unbeständige Wetter setzt den Bäumen wohl am schlimmsten zu. Sie können sich schließlich nicht einfach an einen für sie angemesseneren Ort begeben. Gewisse Baumarten entlang der Grenze zwischen Kanada und den USA etwa sind zwar seit Tausenden von Jahren langsam gewandert, indem sie den allmählich sich verschiebenden Temperaturzonen folgten, werden nun aber von der »globalen Erwärmung« schlichtweg überholt. Ein Temperaturanstieg um ein oder zwei Grad innerhalb von dreißig Jahren würde von ihnen eine »Fortbewegung« von fünf Kilometern jährlich verlangen. Bäume können nicht laufen. Aber Angst haben sie. Deutsche Forstleute haben den Begriff »Angsttriebe« für Bäume geprägt, die durch Luftverschmutzung geschädigt wurden und dies durch das Austreiben frischer grüner Zweige aus dem Stamm kompensieren.

Im Denken der Inder waren Bäume die ältesten Philosophen. Der Kosmos ist im Hinduismus ein gewaltiger Baum. Die Achtung vor den Bäumen ist fast in allen Zeitaltern so etwas wie eine Universalreligion gewesen. Für die Buddhisten ist der Pipal-Baum das Symbol der Weisheit. Im chinesischen, ägyptischen, japanischen, skandinavischen und teutonischen Volksglauben wird der »Baum des Lebens« verehrt. Im Islam stellt der »Baum des Segens« Erleuchtung und Weisheit dar. Es ist, als ob es im Menschen, verwurzelt in seinem Körper, ein angeborenes Wissen gäbe, daß der Baum ein Freund der Menschheit ist. Die westliche Wissenschaft weiß, daß Wälder und Bäume die Sauerstoff produzierenden Lungen der Erde sind, lebenswichtig für das Ökosystem und Heimat von einer Million Arten. Bäume sind in der Tat Bäume des Lebens. Für Bäume schlägt die Zeit anders. Von manchen Bäumen heißt es, sie wären Hunderte, sogar Tausende, von Jahren alt – eine Baum-Geschichte, die die Menschen von heute bescheidener stimmen sollte. Und Bäume »dauern« nicht einfach passiv eine Zeit, sie »schaffen« Zeit, indem sie Luft erzeugen, die man atmen kann.

Aber Bäume stehen dem Fortschritt im Weg – genau wie die Chipko-Frauen, die Penan, die britischen Demonstranten gegen den Straßenbau, die Baumhäuser bauen und darin leben, um die Bäume zu schützen. Sie wissen, was der Verlust der Bäume kostet. Also los, werft die Kettensägen an und brennt die Wälder nieder, fällt die Bäume für den Straßenbau, zersägt sie, schält die Stämme, verkauft den Boden als Weideland für die Hamburger-Kultur. Lebende Bäume stehen dem Fortschritt im Weg, gefallene Bäume bringen den wirtschaftlichen Fortschritt voran. Und fragt nicht, warum ein giftiger Rauchnebel sechs Länder in Südostasien zum Ersticken bringt, und fragt nicht, warum es Feuer in den Wäldern von Indonesien gibt, die zehn Jahre lang brennen. Und fragt nicht, warum mit dem Verschwinden des Regenwaldes all die Lebewesen, die in diesen Wäldern immer gelebt haben, bedroht sind, all dies blinzelnde, wimmelnde, rülpsende, tollende, liebende, kletternde, krabbelnde, gackernde, schleimige, pelzige, saftige, glotzäugige, hundertbeinige Leben. Darwins »endlose

Formen von größter Schönheit und Wunderbarkeit« werden ausgerottet.

Niemand weiß, wieviele Arten es gibt, noch, wie schnell die Ausrottung fortschreitet. Aber die geschätzten Zahlen sind ein Geschwindigkeitsmesser für die menschliche Reise des technischen Fortschritts. Im ganzen 18. Jahrhundert – Homo Sapiens & Sohn wirbelten mit Fuß- und Pferdekraft gerade mal ein bißchen Staub entlang des Weges auf – sollen zwanzig Arten ausgestorben sein. Im 19. Jahrhundert wurden mit der Dampfmaschine des Fortschritts schätzungsweise 82 Arten ausgelöscht. Zu Beginn des 20. Jahrhunderts, als der technische Fortschritt mit dem Verbrennungsmotor in Schwung kam, starb bereits eine Art pro Jahr. 1990, im Zeitalter der Raketenkraft, gab es dies nun schon alle fünf Stunden zu beklagen. Und am Ende des Jahrhunderts stirbt vielleicht alle zwanzig Minuten eine Art endgültig aus.

Fragen Sie mal Umweltwissenschaftler nach dem »Fortschritt«, und sie werden kreidebleich werden und darum bitten, die Idee des Exponentials nebst Anwendungen erklären zu dürfen. Man nehme zwei Königinnen. Es waren einmal zwei Königinnen, die verbrachten ihre Nachmittage mit dem Schachspiel. Wenn die eine verlor, mußte sie der anderen einen Preis zahlen. Eines Tages forderte die Siegerin von der Verliererin folgenden Gewinn: Sie verlangte nur ein Reiskorn für das erste Feld auf dem Schachbrett, dann allerdings zwei Körner für das zweite, vier für das dritte, acht für das vierte, und bei jedem Feld die doppelte Zahl von Reiskörnern. Die Verliererin grinste einfältig und begann mit der Auszahlung der Reiskörner. Aber der furchtbare Geist des Exponentials (verkörpert in der Gewinnerin) hatte bereits zugeschlagen: Verdoppele konsequent deine Reiskörner und beim 64. Schachfeld ist dein Königreich pleite. Ökonomische Aktivität plus Umweltvergiftung plus Bevölkerungswachstum plus Ressourcenverbrauch der Erde nehmen exponentiell zu. E. F. Schumacher hat geschrieben: »Wir müssen die Ökonomie der Dauer studieren.« Wer würde da widersprechen wollen? Vor allem wohl Ökonomen mit ihrem (höchst politischen) Glauben an ungezügeltes Wirtschaftswachstum und ihrer nebelhaften Zuversicht, daß man auch ohne die Natur auskommen könnte.

Dezember 1987. Eine Postkarte aus Stockholm. Und der Nobelpreis für Wirtschaft geht an ... Pause ... Robert Solow vom Massachusetts Institute of Technology (MIT) für seine Theorie eines wirtschaftlichen Wachstums, das einer natürlichen Grundlage nicht mehr bedarf – die Natur ist demnach längst überflüssig. Das Fortschrittsdenken, schon immer auf dem Sprung, schüttelt hier nun endlich das letzte bißchen Erde von den Ingenieursstiefeln, und so erklärte Solow voller Ignoranz: »Die Welt kann ohne natürliche Ressourcen auskommen. Wenn sie erschöpft sind, ist das nur ein Ereignis, keine Katastrophe.« Und er bewies es mit seinem Taschenrechner. Eine Erwiderung auf Solow erfolgte erst ein paar Jahre später. Mit einem finanziellen Aufwand von 200 Millionen Dollar hatte man im Südwesten der USA ein sich selbst erhaltendes künstliches, geschlossenes Ökosystem – genannt Biosphere II – einzurichten versucht. Von Anfang an häuften sich die Probleme. Der Sauerstoffgehalt sank so stark ab, daß die Biosphäre geöffnet werden mußte. Paul Ehrlich von der Stanford University sagt: »Verrückte Ameisen drehten durch. Von 25 Wirbeltierarten starben 19 aus. Die Menschen überlebten so gerade eben ... Denn alle möglichen Dinge, die wir als selbstverständlich ansehen, werden uns problemlos von der Natur geliefert, aber wir wissen nicht, wie wir sie ersetzen sollen.«

Solows erzkonservative Wirtschaftstheorie beruht auf der Ideologie des sogenannten Fortschritts. Die extreme Linke hält es genauso. Unter Stalin wurden Schriftsteller beauftragt, den technischen Fortschritt als Sieg über die Natur zu preisen. Ein gewisser Wladimir Sasubrin schwelgte: »Möge die spröde, grüne Brust Sibiriens mit dem zementenen Panzer von Städten bekleidet werden, befestigt durch die steinernen Münder der Schornsteine und festgekettet mit Eisenbahnschienen! Möge die Taiga sich in Asche verwandeln, möge der Wald gerodet und die Tundra niedergetrampelt werden. So sei es, weil es unvermeidlich ist. Nur auf Betonfundamenten und Eisenträgern kann die Genossenschaft aller Menschen, die Bruderschaft der Humanität errichtet werden!«

Den Preis dieser Ideologie bezahlen die Unterprivilegierten. In Osteuropa gibt es heute schreckliche Umweltprobleme: geschädigte Böden, vergiftete Flüsse und verdreckte Luft. In den Industriezentren der ehemaligen Tschechoslowakei, Ostdeutschlands und Polens läßt sich die Umweltvergiftung an der Lebenszeit der Menschen messen. Sie sterben im Durchschnitt fünf Jahre früher als in Gegenden ohne Industrie.

Der »Fortschritt« übt eine magische Anziehungskraft auf linke wie rechte Ideologen aus. Sie alle benutzen dessen hochpolitischen Charakter, tun aber immer so, als wäre »Fortschritt« ein völlig unpolitischer Begriff. »So sei es, weil es unvermeidlich ist«, sagte schon Sasubrin. So sei es, weil es unvermeidlich ist, sagen die rechten Firmenchefs, während sie beim Massenselbstmord des U'wa-Stammes zuschauen. Und als sich in einem tristen, drangsalierten, unterprivilegierten walisischen Dorf, in das Monsanto eine riesige Fabrik gesetzt hatte, mysteriöse Krankheitsfälle und eine Umweltseuche ausbreiten, was sagen da die Firmenchefs? So sei es, weil es unvermeidlich ist. Aber trotzdem – es gibt etwas anderes. Der Fortschritt also, der als »unvermeidlich« dargestellte, wird nicht nur als unpolitische Kategorie behandelt, sondern wird auch als »lediglich naturhaft« abqualifiziert. Der sogenannte Fortschritt wird also als quasi naturgesetzlich vom Onkel Doktor verordnet dargestellt, was ziemlich pervers ist, wenn man bedenkt, wie sehr der moderne Fortschritt die Natur zerstört.

Der führende Gelehrte der Geschichte des modernen Tibet, Tsering Shakya, hat beschrieben, wie sehr die Chinesen, als sie sein Land besetzten, von der »marxistischen Ideologie, die den Gedanken des materiellen Fortschritts betont«, getrieben wurden. Das ganze chinesische System in Tibet »wurde im Namen des Fortschritts ... einem ›zurückgebliebenen‹ Volk aufgezwungen, das sich störrisch weigerte, sich dem Vormarsch des Fortschritts zu unterwerfen. Solche Völker sind leider die unvermeidlichen Opfer der Moderne.« Der tibetanische Mönch Palden Gyatso erinnert sich in seiner Autobiographie an ein Tibet ohne Maschinen. »Das Land der Schneeberge brauchte kein Rad.« Bezeichnenderweise bauten die Chinesen sofort nach der Besetzung Straßen für die Räder, Panzer und Maschinen des Fortschritts. Die Tibetaner hatten das Gebetsrad der Tradition.

Kürzlich verbreitete eine Fernsehserie des britischen Channel Four marxistische Fortschrittspropaganda, in dem sie das Projekt des Narmada-Damms in Indien vorstellte, der die Einheimischen endlich am Fortschritt teilhaben lasse. Es war von der »Zurückgebliebenheit« des Stammes die Rede: »Gerade deshalb, weil sie der Natur so nahe sind, leben diese Leute ein so schmutziges Leben ... und sterben so jung.« Das ist so rassistisch, wie die Fortschrittsparolen rechter Kolonialisten nur sein können. Und rechts wie links wird dieselbe Linie verfolgt, weil das Big Business nun mal den vereinten »Fortschritt« von Dammbau und anderen Großprojekten liebt. Schlußendlich: Die Einheimischen wollen den Staudamm, verkündete Channel Four. Zweifellos. Sie wünschen sich diesen Damm so sehr, daß Hunderttausende von Menschen in Indien dagegen protestieren, durch ihn vertrieben und heimatlos gemacht zu werden. Einige befinden sich bereits im Hungerstreik. Andere drohen damit, sich in dem Stausee zu ertränken, falls das Vorhaben fortgesetzt wird. Sie wollen diesen Damm genau so sehr wie die Tibetaner die chinesische Besatzung.

»Wenn ein Berg im Weg ist, räumen wir ihn weg. Fließt ein Fluß in die falsche Richtung, leiten wir ihn um.« Hier tönt Leo Trotzki der unreformierten Weltbank, dem Internationalen Währungsfond oder anderen totalitären Kapitalisten unheimlich ähnlich. (Oder dem Channel Four an einem schlechten, unehrlichen Tag.) Es erscheint angemessen, daß beim Narmada-Damm wie in der ganzen Welt die besten Kritiker des Fortschritts die Leute des Landes sind. Denn genau wie in der ersten Phase der Kolonisation die nichtweißen Rassen unter der europäischen Definition des Fortschritts qua Genozid gelitten haben, so leiden in dieser zweiten Phase des korporativen Kapitalismus oder marxistischen Kolonialismus die Leute des Landes unter dem modernen Fortschreiten weg von der Natur.

Zwei Kulturen, zwei Geisteshaltungen, stoßen hier aufeinander; die eine geprägt von abgehobenen Ideologien (eine

Mischung aus zügellosem Kapitalismus und Linksradikalismus und der Idee der Kurzzeitigkeit (die ostentative Mobilität westlicher Kulturen))– die andere fußend auf dauerhaften Bindungen und Heimatverbundenheit. »Das ganze Wissen unseres Volkes beruht auf einer traditionellen Beziehung zu den Orten, an denen wir leben. Die indianischen Gebiete haben nicht nur einen physischen, sondern auch einen kulturellen Sinn«, sagt der leidenschaftlich beredte Ailton Krenak, Präsident der UNI, der Vereinigung der Indianischen Nationen mit Sitz in Sao Paulo. »Das Blut des Waldes ist der Saft, er läuft durch den Baum bis in die Blätter. Zusammen mit dem Wind erzeugt er ein Lied. Ein Sohn des Waldes hört diese Dinge und prägt sie sich ein. Im Dorf singt er dann seinem Volk vor, und wenn das Lied seinem Volk gefällt, dann wird es in die musikalische Geschichte des Dorfes aufgenommen, wird zur Tradition. Man könnte zehntausend Jahre später in das Dorf kommen, und nach fünf oder zehn Tagen hören, wie die Nachfahren dasselbe Lied singen.«

Zehntausend Jahre später. Bis er mit Tennyson (dem seltenen Viktorianer, dem bei dem Wort Fortschritt nicht recht wohl war) sagen könnte: »Laßt uns jetzt diesen ›Vorwärts‹-Ruf unterdrücken, bis zehntausend Jahre vergangen sind.« (Im Westen dagegen ist das Musikgeschäft so kurzlebig, daß uns schon »Yesterday« vorkommt, als stamme es aus einem anderen Zeitalter. Ein zehntausend Jahre altes Lied ist nahezu unvorstellbar.)

Eine Postkarte aus Norwegen. Wir schreiben das Jahr 1981. Soeben hat die Regierung ihr größtes militärisches Aufgebot seit dem Zweiten Weltkrieg aufmarschieren lassen. Gegen wen? Die Sami (vulgo Lappen, wie sie sich nicht gerne nennen lassen) protestieren gegen das Projekt eines Wasserkraftwerks, dessen Wirkungen auf die Rentierherden der Sami unkalkulierbar wären. Das ist Fortschritt! donnerte ganz unnorwegisch die Regierung. Das ist *Entwicklung*.

Eine Postkarte von den Karen, einem Bergvolk in Nordthailand. Dort lehrt der Brite Jim die Karen-Frauen, schlabbrige, häßliche westliche Pullover stricken. Manche sind mit Fransen verziert, andere mit Pailletten. Die Frauen machen ihre Arbeit sehr, sehr schlecht. Ich wollte schon fast helfen –

aber ich hätte es noch schlechter gemacht. (Die Karen, das ist klar, tragen seit Jahrhunderten wunderschön gewebte Textilien.) Jim bringt ihnen bei, »wie sie etwas mit ihrer Zeit anfangen können«, womit er meint: Acht Stunden täglich stricken gegen Bares. Es befriedigt ihn, wenn die Frauen für ihren Lohn auf den Knien zu ihm kommen. »Das ist hier so üblich«, sagt er. Bevor dieser kleine Lord Jim bei den Karen auftauchte, haben sie kaum Geld gebraucht. Ihm schmeichelt, was er dort bewirkt hat. Er gestikuliert, um es zu erklären, seine Hand erstreckt sich abwärts zu einer imaginären Kette von Karen-Leuten, eine Stufe oder mehrere unter ihm: »Ich möchte ihnen aus ihrer Lage heraus und auf unser Niveau helfen.« Fortschritt heißt für ihn Bargeld. Er möchte die Karen auf den westlichen Pfad des wirtschaftlichen Fortschritts bringen, strickend bis zur Bank.

Eine Postkarte aus Sarawak in Malaysia, wo Datuk Amar James Wong Kim Min, ein »sehr bekannter und enthusiastischer Geschäftsmann und Politiker«, Präsident der Sarawak National Party ist, wie der Klappentext seines Gedichtbandes »Buy a Little Time« verrät, ein Buch, so lesen wir, das »vor Humanität vibriert und erfüllt ist vom Klang der angeschlagenen Saiten der Sentimentalität«. Er schreibt ein Gedicht an die eingeborenen Penan, in dem er sie auffordert, »den Rubikon zu überschreiten« in Richtung Fortschritt. »Schließt euch unserer Zivilisation an ... werft die primitive Tradition weg.« Genau wie Lord Jim möchte auch er gern behilflich sein, um sie auf seine, die höhere Ebene der Entwicklung zu stellen. Er ist ein begeisterter Golfer. Sollen die Penan doch aufgeben, »von Blasrohren zu leben« und sich ihm auf dem Golfplatz der Entwicklung anschließen.

Der kleine Lord Jim und der kleine Jim Wong möchten, daß die Karen und Penan sich »entwickeln«. Das ist der Schlüsselbegriff der gegenwärtigen Fortschrittstheorien, der den ganzen Rassismus beibehält, der in dem Ausdruck »evolutionäre Entwicklung« enthalten ist, all die trügerischen Annahmen einer abstrakten Unausweichlichkeit des Fortschritts, die ganze Einfalt des Westens, Wohlstand nur in Geld zu messen. Der Begriff »entwickelt« impliziert ein Primat der »ersten« Welt gegenüber der »dritten« Welt und

»fortgeschrittener« Wirtschaften gegenüber »stagnierenden« oder bargeldlosen Wirtschaften. Demnach sind die Länder des Nordens weiter »vorn« und deshalb den Ländern des Südens überlegen. Und es gibt demnach, gleichsam vom Schicksal verordnet, einen »Weg« des Fortschritts, auf dem man entweder »fortgeschritten« oder »rückständig und zurückgeblieben« ist. Ein »Wettlauf«, bei dem man der »erste« sein sollte, für die eingeborenen Völker gilt es also, »aufzuholen«.

Als Präsident Truman 1949 die Idee der »unterentwickelten« Welt durchsetzte, einer Welt, die industrialisiert, technologisiert und kapitalisiert, zu Konsumenten ausgebildet und westlichen Banken und Experten gegenüber in Schulden gestürzt werden müsse, da wußte er noch nicht, für wie unterentwickelt andere Völker die Amerikaner hielten, wie katastrophal unreif der Westen in ihren Augen war – in der Subtilität der Kommunikation, im gesellschaftlichen Leben, in der Erdverbundenheit. Wie unentwickelt in der Empfindsamkeit, in der Feinfühligkeit, in der Gegenseitigkeit, im Schenken, in der Freundlichkeit und im Mitleid.

Die Kogi-Indianer leben in großer Abgeschiedenheit in den Bergen der Sierra Nevada in Kolumbien. 1988/89 entschlossen sich deren »Mammas«, Priester und Richter, aus ihrer Isolation herauszutreten und vor dem Schaden zu warnen, den der sogenannte Fortschritt brachte: Das Klima ändere sich, und die Ernte leide unter der Dürre. Durch das Abholzen der Bäume und den Raubbau an Mineralien erhitze sich die Welt, und falls die Menschen des Westens, die sie als ihre »jüngeren Brüder« bezeichneten, ihr Verhalten nicht änderten, werde die Welt sterben.

Diese Sichtweise scheint sonderbarerweise weit verbreitet zu sein. Sowohl die Warnung vor dem Fortschritt, die die eingeborenen Völker äußern, als auch die Vorstellung von den Menschen des Westens als den »jüngeren Brüdern«. Auch die Hopi- und die Arhuaco-Indianer gebrauchen diese Metapher. Dem Karen-Mythos zufolge ist der »weiße Mann« der »jüngere Bruder« aller Rassen. Und diesem jüngeren Bruder schreibt man überall beunruhigend ähnliche Eigenschaften zu: brillant, aber gefährlich unreif, intelligent, aber arrogant, anpassungsfähig, aber grausam, kompetent, aber gierig, voller Selbstüberschätzung, der Zauberlehrling, der die Geister, die er rief, nicht mehr loswird.

Aber die Porträtierung – wie die Geschichtsschreibung – geben die Sieger in Auftrag. Der Westen hat sich ein schmeichelhafteres Selbstbildnis ausgesucht. Nicht das des jüngeren Bruders, sondern das der »fortgeschrittenen Kultur«, denn in der Chronopolitik des 20. Jahrhunderts zoomen die fortgeschrittenen Nationen – modernisiert, entwickelt und progressiv wie sie sind – voraus, während der Rest der Welt mit Schubkarre und Holzrad, zurückgeblieben, unentwickelt und stagnierend, hinterhertrottet.

Kardinal John Henry Newman hat einmal gesagt: »Fortschritt ist ein Slangwort.« Für viele ist es ein Schimpfwort. Vandana Shiva, indische Philosophin, Feministin und Physikerin, spuckt dem Fortschritt und der Entwicklung (nicht überraschend auch dem Narmada-Damm) vor die Füße: »Was sich heute Entwicklung nennt, ist im wesentlichen Fehlentwicklung. Beruhend auf der ... Herrschaft des Mannes über die Natur und über die Frauen. Das ökonomische ›Wachstum‹, das vom maskulinen Modell des Fortschritts verkauft wurde, war das Wachstum des Geldes und Kapitals, weil das auf der Zerstörung anderer Arten von Wohlstand beruhte, etwa dem von der Natur und von den Frauen geschaffenen.« Sie argumentiert dagegen: »Stetigkeit und Stabilität sind nicht Stagnation, und ein Gleichgewicht mit den wesentlichen natürlichen Prozessen ist keine technische Zurückgebliebenheit, sondern technische Kultiviertheit.« »Die Jagd nach der Fata Morgana des endlosen Wachstums durch die Verbreitung ressourcenvernichtender Technologien wird zu einer Hauptursache des Völkermords. Das Töten der Menschen durch die Ermordung der Natur ist ... heute die größte Bedrohung der Gerechtigkeit und des Friedens.«

Die Verbindung zwischen Ungerechtigkeit und »Fortschritt« hat eine lange, lange Geschichte. 1879 schrieb der amerikanische Ökonom, Henry George, *Progress and Poverty*, einen Text, der heute noch genauso relevant ist wie damals. Dort, wo der Fortschritt am offensichtlichsten ist, schreibt er, »finden wir die tiefste Armut, den schärfsten Kampf ums Überleben und die erzwungenste Untätigkeit ... Diese Verbindung zwischen Armut und Fortschritt ist das größte Rätsel unserer Zeit.« Heute braucht man sich nur anzuschauen, wie die »Entwicklungs«-Hilfe für den vermeintlichen Fortschritt von Ländern der »dritten« Welt nur den Wohlstand der Reichen erhöht hat, indem sie die Armen noch ärmer machte. Henry George schrieb: »Solange der moderne Fortschritt ... den Gegensatz zwischen dem Haus des Wohlstandes und dem Haus des Mangels verschärft, ist der Fortschritt nicht real und kann nicht dauerhaft sein.«

Heute ist der Akt des *Stehens* im Grunde genommen ein politisches Statement, ein politischer »Standpunkt«. Trainer Tate »steht seinen Mann« mit seiner Botschaft und indem er physisch sein Land besetzt hat. Die Chipko-Frauen stehen da und umarmen ihre Bäume. Wer in Großbritannien gegen den Straßenbau protestiert, steht aufrecht vor den Baggern. Und Ken Saro-Wiwa hat sich gegen Shell gestellt. Der »Fortschritt« wird repräsentiert durch Straßen, Macaulays Maschinen, die Panzer der Chinesen in Tibet und die Autos und die Erdölindustrie des Westens, die ganze Stämme umbringen wird. Zusammengenommen sind dies die Metaphern der Reise der Moderne, die ununterbrochen darauf aus ist, Land und die Bewohner des Landes zu vernichten. Die U'wa stehen am Rand ihres Felsens, damit Autofahrer ihre Tanks für eine Ideologie des Fortschritts füllen können, die so bösartig, wenn auch nicht so unmittelbar wie die der chinesischen Panzer in Tibet ist.

Ken Saro-Wiwa, der Führer der Ogoni in Nigeria, sagte über das Land der Ogoni, bevor er ermordet wurde: »Das Land ist ein Gott und wird als ein solcher verehrt.« Wie schade. Fortschritt heißt, daß die Maschine der Gott ist und als solcher verehrt wird und daß das Land ihr geopfert werden muß. Unter dem Ogoniland gab es große Ölvorkommen. Shell und Chevron holten für hundert Milliarden Dollar Öl heraus, um *ihren* ökonomischen Fortschritt zu sichern, nicht den der Ogoni. Und ließen das Ogoniland zerstört zurück. Die Öllecks vergifteten die Flüsse, aus denen die Ogoni tranken, und die Mangrovensümpfe, in denen sie fischten. »Wo sind die Krebse, Schnecken, Schlammbeißer, Herzmuscheln, Garnelen?« fragte Saro-Wiwa. Verschwunden. Das Land, sagte er, sei durch sauren Regen unfruchtbar geworden. Öl bedecke Dächer, Bäume und das Gras. Und Saro-Wiwa beschrieb, wie einmal das Geräusch des Wassers in den Bächen klang, das jetzt in das Schweigen von Öl verwandelt ist, das tonlos an den Felsen klebt. Man erhängte ihn mit einem Benzinschlauch von Shell, mit der Schlinge einer korrupten Regierung, bis eine neue Stille – die Stille des Öls, das tonlos am Tod klebt – hereinbrach.

Auftritt Daniel Zapata.

Zapata ist ein Sprecher der Navajo- und Hopi-Stämme (Chikano-Chichimeka). Er kommt zum Essen, ganz Tattoos und flatternde Stirnbänder, summend zum Walkman und unübersehbar in seinem berechtigten Zorn. Wir reden über »Fortschritt«. Im Mythos der Hopi, sagt Zapata, ist es die Pflicht der eingeborenen Völker, zu bewahren, während es die Pflicht der weißen Völker ist, schöpferisch und erfinderisch zu sein, aber der »kleine, verlorene weiße Bruder, der jüngste von allen« hat seine Macht benutzt, um die Erde mit seinem technischen Fortschritt zu zerstören. Zapata erklärt das unmittelbar mit dem Erfolg der Konzerne auf ihrem Marsch des politischen »Fortschritts«. »Es ist das Zeitalter der Firmenherrschaft und der Firmendemokratie. Die Idee einer Demokratie des Volkes zerfällt.«

Wenn er von der Natur und den eingeborenen Völkern redet, bewegen sich seine Hände in Achter-Figuren, der Figur der Unendlichkeit, und die Idee der »Erhaltung« läßt ihn Kreise auf die beschlagenen Fensterscheiben malen. Wenn er hingegen von der Gier der Firmen nach ökonomischem Fortschritt spricht, der in die Umweltkatastrophe führt, treffen sich seine Fingerspitzen wie zu einem spitzen Dach, entgegengesetzt und endlich. »Das Naturgesetz des Fortschritts ist wie die Unendlichkeit. Das Naturgesetz ist das völlige Gegenteil eines mechanischen Fortschrittsgesetzes oder des Fortschrittsgesetzes der Firmen.« Während wir sprechen, beutet die Peabody Coal Company den Berg Black Mesa aus, seine »traditionelle Heimat, die heilig und ewig ist«. Sein Land wird für Kohle untergraben, die – nur kurz – für jemandes anderen Fortschritt brennen wird.

Amilton Lopez (»den Namen haben sie mir in der Kirche gegeben, aber mein Eingeborenenname ist Ava Pykavera«) ist ein Kaiowa-Häuptling von den Guarani-Kaiowa-Stämmen in Mato Grosso do Sul, Brasilien. Er ist in London, um über »Fortschritt« zu reden, denn das Land, das seinem Volk gehört, wird ihm von Viehzüchtern für den Fortschritt der Hamburger-Kultur weggenommen. Der Stamm ist am Boden zerstört. Während wir reden, streckt er plötzlich die Hand aus und packt meinen Arm. Es kribbelt. Er hält mein Handgelenk fest. »Hätte ich Erde an den Fingern«, sagt er und reibt seine Finger hin und her auf meinem Unterarm, »und würde sie auf Ihren weißen Arm reiben, dann würden Sie sie sehen. Aber wenn ich sie auf meinen Arm riebe, sähe ich sie nicht.« Er kommt von der Erde, sagt er, das Land und die Bewohner des Landes lassen sich unmöglich voneinander trennen. Er blickt sich in dem Zimmer um, in dem wir sind – lauter graues Plastik und Computer: »All das, Akten und Papier und Teppich, ist für uns völlig sinnloses Zeug.« Und während ihnen das Land weggenommen wird, nehmen die Selbstmorde zu, vor allem unter jungen Mädchen. Allein 1995 gab es 43 Selbstmorde. »Die Leute bringen sich um, weil sie buchstäblich keinen Platz mehr zum Leben haben. Alles ist am Ende. Der Wald ist am Ende, also ist unsere Kultur am Ende, denn unsere Kultur ist der Wald, die Natur, die Umwelt.«

In einem Gebiet der Kaiowa haben die Leute, genau wie die U'wa, gedroht, kollektiven Selbstmord zu begehen, wenn man ihnen das Land wegnimmt. »Wir *sind* das Land«, sagt Amilton Lopez und möchte, daß ich diese schlichte, aber profunde Tatsache verstehe. Mehr kann er nicht sagen. Es bricht einem das Herz. Keiner von ihnen kann weit genug entfernt vom Fortschritt des Westens leben, denn es gibt keinen Ort mehr auf der Erde, über den der Fortschritt des Westens nicht seinen Schatten wirft. Dieser Fortschritt, der ein solcher Feind der Orte und des Landes und der Menschen des Landes ist. Nur indem sie sterben, kommen sie weit genug davon weg. Das ist der Schluß, und der Schluß ist traurig.

Eine Rodung – eine leblose Ebene. Vor dem Horizont könntest du, wenn du das Land gekannt hättest wie sie, imaginär die schwarze Silhouette sehen, wo früher Bäume standen. Eine Guave steht noch in der abgeholzten Wüste, und an einem Ast baumelt tot im Mondschein eine Zwölfjährige im Sommerkleid, sterbend in einer verschwindenden Zeit.

10

Die Teflon-Zukunft

Warum wir für Zeit und Natur Verantwortung haben

> »Du glaubst gar nicht, wie angenehm es ist, überhaupt keine Zukunft zu haben … Es ist so, als ob du ein völlig sicheres Verhütungsmittel hättest.«
>
> *Anthony Burgess, Honey for the Bears*

Wenn man die Zeit in Vergangenheit, Gegenwart und Zukunft einteilen kann, hat jedes von den dreien einen Ort. Die Vergangenheit ist im Untergrund, Begräbnisstätte, Ort der Erdgeschichte und der Archäologie. Die Gegenwart befindet sich zu ebener Erde, inklusive derer, die auf ihr wandeln. Und die Zukunft schwebt darüber, ihr Ort ist der Himmel mit seinen Luftschlössern. Auf das menschliche Bewußtsein übertragen ist die Vergangenheit der Ort der Erinnerung und die Gegenwart der Ort der Wahrnehmung. Die Zukunft ist der Ort der Imagination, der Gedanken und Träume. (Träume werden, wie die Anthropologen berichten, in vielen »prämodernen« Kulturen zur Interpretation der Zukunft herangezogen.)

Die Idee des Fortschritts verträgt sich gut mit dieser Ausrichtung an der Zukunft, Fortschritt, von jeher ein Feind des Ortes, strebt immer fort aus dem dreckigen, erdigen Heute einem Morgen im Himmel und in der Phantasie entgegen. Darum ist der Fortschritt noch immer so verlockend, selbst wenn die negativen Auswirkungen, vom Ogoniland über das Ozonloch bis zum Völkermord, überall spürbar sind. Weil der Fortschritt im Geist des Menschen haust, wo immer Geist ist. Der Fortschritt ist so reizvoll, weil er phantastisch ist. Seine Faszination liegt in der metaphysischen Welt, im Gegensatz zur physischen; nicht im Faktischen, sondern im Meta-Phantastischen, im Meta-Ort des Geistes, der Feuer will, nicht Erde. Im brennenden Ehrgeiz des Bewußtseins, das nach Welten strebt, in denen Materie keine Rolle mehr spielt, weil es nur noch um den Jammer des reinen Geistes geht, der am besten allein denkt. Die Abtrennung des Genies fasziniert, die Ortlosigkeit des glänzenden Geistes, der Glanz jedoch von beiden, Genie und Wahnsinn.

Der Fortschritt hat die unwiderstehliche Anziehungskraft des Feuers. Man kann bezweifeln, daß der Fortschritt positive Wirkungen hat. Man kann den »Nutzen« der Technologie bestreiten. Man kann all seine Ergebnisse anzweifeln, aber seinen »Sog« kann man nicht abstreiten. Es ist eine Flamme. Etwas Weißglühendes. Der Fortschritt der Technologie, der virtuellen Realität oder Weltraumforschung, der Wissenschaft um jeden Preis, das alles hat den Charakter einer allesverzehrenden Flamme. Dies ist der Gedanke, den wir verfolgen, und wenn wir dafür sterben müssen.

Aber die Anziehungskraft des Fortschritts ist trügerisch. Seine phantastische Erscheinung ist nicht die Realität. Denn für das weißglühende Feuer hat man Indonesien und Brasilien in Brand gesetzt. Auf der ganzen Welt brennen Wälder mit Feuern, die man vom Mond aus sehen kann, während der Mond, einst Symbol der Imagination, jetzt Symbol politischen und kommerziellen Ehrgeizes geworden ist und – wie sonst – mittels Feuer erreicht wird. Shell fackelt Ogoniland ab, bis es dort keine Nacht mehr gibt, und im Cyberspace lassen die User ihren Zorn in sogenannten »Flame-Wars« aneinander aus. Verzaubert vom schönsten Feuerbild des Geistes – Ideen verbreiten sich wie Lauffeuer – ist das Feuer für die Menschheit in diesem prometheischen Zeitalter erste und möglicherweise letzte Quelle der Faszination.

Zum Teil liegt die Anziehungskraft des Fortschritts schlicht in der Attraktion der Veränderung, diesem vibrierenden Prinzip. (Was die Raupe das Ende der Welt nennt, nennen wir Schmetterling.) Stimmungen haben mit Veränderung zu tun, mit dem unerwarteten Wechsel des Rhythmus von langsam-langsam zu schnell-schnell. Der Yakuten-Schamane in Sibirien trägt federbedeckte Gewänder, die die Verwandlung in einen Vogel symbolisieren. Die Kraft allen Formenwandels und die Verzauberung, die von Ovids *Metamorphosen* ausgeht, liegt in der Magie der Veränderung. Und diese Magie kommt auch in Märchen vor – Kürbisse verwandeln sich in Kutschen, Frösche in Prinzen. Im Tierreich wird die Kaulquappe zum Frosch, die Nymphe zur Libelle. Und die Kraft der Veränderung motiviert auch all die schleimigen, rülpsenden, röchelnden Wesen, die krötigen, die im Schlamm amphibienhafter Freude klucksen und gurgeln. Für die Algonquin in Nordamerika wie für viele eingeborenen Völker ist Veränderung und Austausch der fundamentale Lebensprozeß, das gegenseitige Beschenken, das Geben und Nehmen sogar zwischen Erde und Himmel, zwischen Flüssen und Regenfällen. Wenn du etwas erhältst, mußt du etwas hergeben, und wenn du etwas hergibst, mußt du etwas erhalten. Alles ist Austausch und Veränderung.

Verschiedene Lebensalter haben in den meisten Kulturen unterschiedliche Funktionen. In der Hindutradition sind verschiedene Lebensphasen an unterschiedliche Aufgaben gebunden. So gibt es den Schüler, den Erwachsenen und später den spirituellen Sucher, und es gilt als selbstverständlich, daß sich das Individuum verändert, während die Welt dieselbe bleibt. In unserer Ära verändert sich erstmalig die Welt schneller als das Individuum, eine Tatsache, die das Nervensystem einem ungeheuren Streß aussetzt. Eine Folge davon ist, von Alvin Toffler am Anfang seines Buches *Der Zukunftsschock* dramatisch beschrieben, daß ein Elfjähriger an Altersschwäche sterben kann. Wir leben im Zeitalter des Temporären, in dem alles, von Beziehungen bis zur Architektur, von Wohnungen und Jobs bis zur Kunst von einer fragilen Veränderlichkeit gekennzeichnet ist. Sogar die Sprache ist in Bewegung – so schnell, daß ich einen Zwölfjährigen fragen muß, was manche Worte bedeuten. (Er braucht mich natürlich nie etwas zu fragen. Ich sage immer noch »Oh abgefahren!« wenn ich meine »Oh, wie geil!« Und das, findet er, sagt alles über mich.) Im Westen sind Wohnungen etwas Vergängliches. Und je ökonomisch »fortgeschrittener« ein Land ist, um so höher ist die Zahl der gemieteten Wohnungen im Verhältnis zu den eigenen. In Deutschland zum Beispiel ist dieses Verhältnis eines der extremsten der Welt. Dies entspricht einer bestimmten Denkweise. Insofern Fortschritt immer bedeutet hat, daß man einen bestimmten Ort verläßt, liegt in dieser Vergänglichkeit ein dauernder Abschied, eine Mentalität der Vorläufigkeit, die Behelfswohnung der Seele.

Heute gibt es angeblich zwei »Seiten« in der Debatte über den Fortschritt der Gesellschaft in die Zukunft. Einmal jene, die für den Fortschritt sind und vorwärts in die Zukunft blicken, also die multinationalen Firmen, die Cyberspace-Jünger, Weltraumforscher, Genetiker und die Atomindustrie. Und dann angeblich jede, die zurück in die Vergangenheit blicken, wie die Umweltschützer und Befürworter der »Nachhaltigkeit«. (»Nachhaltigkeit« bedeutet, daß alle Generationen während ihres Daseins die gleichen Rechte haben, so daß also keine Generation auf Kosten der folgenden Generationen leben und deren Zukunft gefährden sollte.)

Das Problem an dieser Debatte ist, daß ihre Begriffe, die angebliche Wahlmöglichkeit zwischen Entweder-Oder und das zugrundeliegende lineare, pfeilartige Zeitmodell, eine höchst ideologische Wurzel haben. Die Diskussion hat den Anschein von Neutralität, ist aber bis in die Sprache hinein schwer belastet.

Der Fortschritt in die Zukunft ist so attraktiv, weil er für sich eine optimistische Mobilität beansprucht, während der ganze Gedanke der Erhaltung des natürlichen Gleichgewichts sich als Stillstand darstellen läßt, auch sprachlich. So wird der Glaube genährt, die Idee des »Vorwärts«-Strebens oder »Fortschritts« sei an sich wertvoll, während jene der Erhaltung grundsätzlich abstößt. Das ist nicht in allen Sprachen so. Das klassische Sanskrit bevorzugt ruhigere Beziehungen. So haben die meisten Substantive statischen Charakters eine positive Bedeutung, während dynamischen Nomen der Bewegung und Veränderung ein negativer Wert beigemessen wird. Im Balinesischen, Javanischen und Indonesischen gibt es keine verschiedenen Tempi, und jede Zeitbestimmung muß erst ausdrücklich hinzugefügt werden. Im Javanischen wird Zeit überhaupt nicht als linear oder progressiv verstanden. Wenn zwei Sätze gesagt werden – »Ich sehe einen Steuerfahnder« und »Ich laufe weg« – bedeutet das nicht, daß das zweite Ereignis nach dem oder wegen des ersten Ereignisses stattfindet; das Weglaufen könnte sogar stattfinden, bevor ich den Mann von der Steuerfahndung erblicke.

In unserer Sprache wird also mit dem Wort »Fortschritt« unverdienterweise Positives assoziiert, während der Begriff der Erhaltung mit seinen Konnotationen von Selbst-Erneuerung und Zyklizität unverdienterweise negative Assoziationen weckt. In dem Wort »Erhaltung« steckt die alte Litanei des Kampfes für einen guten Zweck, aber nichts von dem Dynamit des »Fortschritts« oder der »Veränderung«. Wer würde nicht lieber die Ewigkeit damit verbringen, unter spritzigen kleinen Teufeln mit Zündhölzern zu spielen, statt die nächsten zehntausend Jahre lang »Amazing Grace« zu einem Grundbaß zu summen? »Fortschritt« scheint eine Kraft der Bewegung, das Feuer des Lebens selbst, zu entfachen. Die Erhaltung natürlichen Gleichgewichts, Nachhaltigkeit, hingegen scheint die Last des Stillstandes zu tragen, ein halbes Leben nur und ein halber Tod. Das Gegenteil trifft zu. Fortschritt, auf der derzeitigen Umlaufbahn des Westens, ist eine Lüge. Er ist weder Reise noch Ankommen, sondern das ultimative Ende; nicht die Flamme des Gedankens, sondern das Fegefeuer der Menschheit. Das Feuer des menschlichen Geistes wird gebraucht, aber für Feuerwerke und Wärme, nicht für Brandstiftung, für den Bau von Pyramiden der Erhabenheit. Fortschritt sollte im Zeichen des myriadenhaften Glanzes verschiedener Kulturen und Arten stehen, das majestätische Brausen einer immer größeren, lärmenden Lebenskraft. Nachhaltigkeit ist flink, hoffnungsvoll, empfindsam und leidenschaftlich, eine Vision der Zukunft, die Hunderttausende von Jahren vorauszuschauen versucht. Natürliches Gleichgewicht ist kein »Thema«, sondern ein Synonym. Für Leben.

Wenn es Täuschungen in der Sprache gibt, dann gibt es Täuschungen im Charakter der Streitfrage selbst. Die angebotene Wahl ist entweder, »vorwärts« in die Zukunft zu schauen und sie als »Fortschritt« zu betrachten (wer könnte da Nein sagen?) oder »rückwärts« zu blicken, wie es nur »Zurückgebliebene« tun. Schon die Auswahl ist völlig falsch. Wer glaubt, er hätte nur die Wahl zwischen diesen beiden Möglichkeiten, macht sich zum Opfer einer bloßen Konstruktion. Der Konstruktion eines anderen natürlich. Hat man die Wahl zwischen zwei verschiedenen Wegen, rät eine alte Redensart, den dritten zu wählen. Der dritte Weg bedeutet in diesem Fall weder Fortschritt noch Rückblick, sondern sich umzusehen und die Behauptung, die Zeit sei zwangsläufig eine gerade Linie, nicht zu akzeptieren.

Das ist nicht so leicht. Die westliche Kultur ist von dem Gedanken durchdrungen, die Zeit laufe wie ein Handlungsfaden von der Vergangenheit in die Zukunft. Die Geschichten selbst durchwirken die gesellschaftlichen Vorstellungen von der Zeit, welche sich in den Erzählformen widerspiegeln – ob Science Fiction, historische Fiktion oder Armageddon-Fiktion, eine hübsche Trilogie aus Sci-Fi, Hi-Fi und Alles-ist-vorbei.

Die Zeit wird oft als eine dreiteilige Erzählung verstanden, die einen Anfang, eine Mitte und ein Ende hat. In den Mythen gibt es ein goldenes Zeitalter, ein silbernes Zeitalter und ein bronzenes Zeitalter. Die Geschichte selbst wird in Altertum, Mittelalter und Moderne aufgeteilt oder in Steinzeit, Eisenzeit und Bronzezeit. Marx unterteilte die Geschichte in ein Zeitalter des Urkommunismus gefolgt vom Zeitalter der Klassengesellschaft und schließlich einem kommunistischen Jahrtausend. Marshall McLuhan definierte drei Zeitalter – das der mündlichen Tradition, das des Buchdrucks und das der elektronischen Kommunikation.

Frank Kermode schreibt in *The Sense of an Ending*, »Ticktack« sei das Modell einer Handlung – jedes Tick ein winziges bißchen Genesis, jedes Tack eine kleine Apokalypse, aber wie bescheiden auch immer jedes Tick, es wird die Erwartung nach einem Tack wecken. Und deshalb, so schließt er, »ist die Zeit nicht frei, sondern Sklavin eines mythischen Endes«.

Allein die Tatsache eines Anfangs impliziert bereits das Bedürfnis nach einem Ende. Vom Alpha ihres Beginns an müssen Geschichten ein Ende so unvermeidlich wie Omega heraufbeschwören. Aber kopiert das Leben die Geschichten und imitiert deren Ende? (Wenn das Buch mit der Genesis eröffnet, muß es unweigerlich mit den Offenbarungen schließen.) Ronald Reagan, der die Sowjetunion bekanntlich ein Reich des Teufels nannte, lancierte seine »Strategische Verteidigungsinitiative« des Kriegs der Sterne und appellierte, indem er das tat, in bösartiger Weise an eine nationale Psyche, die mit dem Mythos eines allumfassenden Kampfes Christi gegen die Armeen Satans großgeworden ist.

Was wäre, wenn die Geschichte der Bibel mit Seuchen und blutroten Monden begonnen hätte und mit einem sonnigen Garten und verdammt gutem Sex endete? Denn die Zeit wird nur durch unsere eigenen Strukturen versklavt. Lineare Geschichten, die enden müssen, die ihr Ende finden müssen – und insbesondere diese pfeilartigen Vorstellungen von der Zeit, die ein Ziel der Vernichtung erreichen muß –, sind zerstörerische Zeitmodelle. Wäre die Gesellschaft eine andere, wenn ihre stärksten Einflüsse nicht durch eine Erzählung strukturiert worden wären, die von der Vergangenheit in die Zukunft führt? Wenn kein Pfeil die Richtung angäbe – wenn die Bibel mit der Rhapsodie eines Psalms begänne und sanft mit Salomons Lied aufhörte?

Unter den hitzigsten Verfechtern des Fortschritts befinden sich jene, die glauben, die Wissenschaft sei wertfrei. Wie die Flamme, so habe auch die Wissenschaft keinen moralischen Schatten, behaupten sie. Prometheus muß für immer entfesselt werden. Wenn sie den Pfeil ihrer Hypothesen abschießen, ist ihr Denken im Flug, das ist die atemlose Flugbahn des Genies in Bewegung, des losgelösten Genies, das sich über die bloße Moral erhebt, denn es ist die versengende Flamme des Gedankens selbst, unvergleichlich und unverwundbar, jenseits von Gut und Böse. So argumentiert die Nuklear- und die Biotechnik-Industrie.

Der Historiker der Technologie und große Analytiker des »Fortschritts« Lewis Mumford fürchtet vor allem eines: »Eine unbeherrschte Kreativität in der Wissenschaft und Erfindung hat unbewußte dämonische Triebe verstärkt, die unsere ganze Zivilisation in einen gefährlichen Zustand des Ungleichgewichts versetzt haben.« George Steiner, der den emotionalen Reiz des wissenschaftlichen Fortschritts so gut versteht (»Für den Wissenschaftler liegen Zeit und Licht vor dem Anfang ...«) und der keine Angst vor dem Neuen hat, rät jetzt stärker als je zuvor zur Behutsamkeit. Die genetische Forschung, sagt er, kann »moralische, politische und psychologische Folgen zeitigen, denen wir vielleicht nicht gewachsen sind. Es könnte sein, daß die Wahrheiten, die vor uns liegen, den Menschen von hinten überfallen.«

Wissenschaft ohne Moral ist auch Wissenschaft ohne Gesellschaft. Ihr isolierter Charakter spiegelt sich in der intellektuellen Isolation des Denkens in jeweils nur einer Disziplin wider. Das mag der Gesellschaft manchmal gedient haben, ist aber heute unzureichend und bloßes Stückwerk. Weisheit hingegen verlangt mehr Beziehungen. Und mehr Schönheit. Es muß ein neuer Ehrgeiz intellektuellen Fortschritts entwickelt werden, der sowohl die klassischen Naturwissenschaften als auch die Ethik und die Psychologie umfaßt. Der Wissen mit Moral, Scharfsinn mit Freundlichkeit, Intelligenz mit Eleganz, Politik mit Politesse verbindet. (Die Gaia-Theorie hätte James Lovelock zufolge »in den voneinander getrennten und isolierten Gebäuden einer Universität, in der Biologen, Geologen und Klimatologen einander wildfremde Stämme sind, niemals entstehen können«.)

Die Wissenschaft ist jedenfalls noch nie wertfrei gewesen. Die moderne Wissenschaft entstammt der Periode der Aufklärung, als der Nationalismus, der Nationalstaat und tiefgehender Frauenhaß tonangebend waren. Frau Thatcher erfand die Theorie vom »Egoismus-Gen« mit ihrer Überbewertung des Wettbewerbs und Unterbewertung der Kooperation. Heute ist die finanzielle Förderung der Wissenschaft eine hochpolitische Angelegenheit. Sie erreicht schwindelerregende Höhen bei Weltraumprojekten und der Entwicklung von Waffen, die eine Nation als politische Einheit voranbringen. (Die Idee einer Nation als geographisch-ökologische Einheit ist dagegen offenbar bisher noch weithin unbekannt.)

Aber im Grunde ist das Argument für den hemmungslosen Fortschritt der Wissenschaft ein ästhetisches. Es funktioniert nach demselben Paradigma wie die Pornographiediskussion. Einerseits ist da das blauäugige Verlangen nach freier Meinungsäußerung, ein glänzendes und berauschendes Versprechen. Andererseits das gedämpfte Grau der sich beklagenden Entwürdigung, die dumpfe, hartnäckige Beschwerde der Gedemütigten und Belästigten. Wer den Fortschritt der Wissenschaft (die so ätherisch, euphorisch und losgelöst ist) drosseln möchte, wer möchte, daß sie auf den Appell der Moral hört, nimmt eine ausgelaugte, farblose, flache und langweilige Position ein. Und solche Leute nennt man Maschinenstürmer.

Die Maschinenstürmer sind vielleicht eine der am verzerrtesten dargestellten Gruppen überhaupt. Zu Anfang des 19. Jahrhunderts zerstörten sie in den Fabriken die Maschinen, die ihnen ihren Lebensunterhalt raubten und ihre Gemeinden vernichteten. Sie waren keineswegs gegen jede Form von Technik, sondern speziell »gegen Maschinerie, die der Gemeinschaft schadete«. Sie waren nicht gegen den »Fortschritt«, aber entschieden anderer Meinung in der Frage, was echter Fortschritt sei. Es ging ihnen um demokratischen Fortschritt für das Allgemeinwohl statt eines Fortschritts nur für die Reichen und auf Kosten der Armen. Heute erheben sich diese »Maschinenstürmer« auf der ganzen Welt, unehrlicherweise als Feinde des Fortschritts bezeichnet, obwohl sie sich eigentlich für den echten Fortschritt einsetzen, der der ganzen Gesellschaft dienen soll. Der Autor Kirkpatrick Sale spricht in seinem Buch *Rebels Against the Future* für die alten und die neuen »Maschinenstürmer«. »Ausmaß und Geschwindigkeit der Technosphäre sind nicht zu stoppen, als ob sie einen eigenen Willen hätte, den keine Form öffentlichen Protests oder regulativer Einschränkung oder moralischen Einspruchs berühren kann.«

Die in New Mexico lebende Psychologin Chellis Glendinning erklärt in ihren *Notes toward a Neo-Luddite Manifesto*: »Die neuen Maschinenstürmer haben den Mut, die ganze Katastrophe unseres Jahrhunderts ins Auge zu fassen«, die darin bestehe, daß »die von den modernen westlichen Gesellschaften geschaffenen und weltweit verbreiteten Technologien außer Kontrolle geraten sind und das fragile Gewebe des Lebens auf der Erde schänden.« Einige der führenden Umweltschützer lassen sich heute gern »Maschinenstürmer« nennen, und da sich der technische Fortschritt schon immer auf Kosten der Erde vollzogen hat, ist es ganz angemessen, daß diese dreckigen Landschaftsschützer, diese schmierigen, wütenden, komischen Leute mit ihrem herausfordernden »Zuerst kommt die Erde!« ihre Bücher bei welchem Verlag drucken lassen? Ned Ludd Books, benannt nach einem englischen Maschinenstürmer des 18. Jahrhunderts.

Viele Leute stellen heute die Abgehobenheit des Fortschritts, seine Feindseligkeit gegenüber den Orten und seinen feurigen Charakter in Frage. Sie bieten statt dessen eine umfassende Sensibilität der Erde gegenüber an, in der Politik der Ökologen, in der Arbeit einiger Künstler, in subtilen Veränderungen, was das Gefühl für »Heimat« und »Zuhause« betrifft, und in den Philosophien eingeborener Völker, die im Westen immer mehr Respekt ernten.

Vor einem halben Jahrhundert schrieb der Indianer Luther Standing Bear: »Wir stammen vom Boden und der Boden stammt von uns ... Als wir das glaubten, war in unserem Herzen ein großer Frieden und eine willige Güte gegenüber allen lebenden, wachsenden Dingen.« Den Ausdruck »Biophilie«, den Edward Wilson prägte, hätten die eingeborenen Völker nicht zu erfinden brauchen, diese »angeborene emotionale Beziehung der Menschen zu anderen lebenden Wesen«. Luther Standing Bear teilt seine Sensibilität mit dem Häuptling des Guarani-Kaiowa-Stammes, der Erde auf seinen und meinen Arm rieb. Es ist die gleiche Sensibilität, die in vielen Ländern zu der Entstehung ökologischer Organisationen geführt hat. Dieselbe Sensibilität, aus der die Philosophie des Farmers, Autors und Verfechters der Verwurzeltheit, Wendell Berry, erwächst, der in Henry County, Kentucky, lebt und das Land bewirtschaftet, auf dem schon Generationen von Berrys gelebt haben, auch dies ein Insistieren auf der Bedeutung des Ortes.

Dieselbe Sensibilität verleiht der Arbeit amerikanischer Künstler Tiefe. In Alan Gussows Buch *A Sense of Place* zum Beispiel ist sie zu spüren. Auch bei britischen Künstlern wie Andy Goldsworthy oder Robert Maclaurin. Denn sie gehen über die Landschaft hinaus und auf die Erde selbst ein. Maclaurins Erde ist von Ehrfurcht einflößender Erhabenheit. Goldsworthy bringt den Boden, das Eis, das Blatt zum Sprechen. Es ist dieselbe erdnahe Sensibilität, von der in Nordamerika eine Bewegung namens »Reinhabitation« inspiriert wird, deren Idee laut David Abram darin besteht, daß sich Leute an ihren Lebensorten »in die Lehre begeben« und die ökologischen Regionen, die sie bewohnen, kennenlernen. Die Einfachheit dieser Idee – in der heutigen komplexen Gesellschaft – sticht hervor. Diese Menschen schauen weder zurück in die Vergangenheit, noch blicken sie in die Zukunft, sondern sie sehen sich um, sehen auch in die Tiefe, sehen einen Mangrovensumpf oder Steppen, Wiesen, Hecken oder Savannen. Sie sehen, daß Orte eine Rolle spielen.

Ein echter Fortschritt muß nicht nur in der Gegenwart, sondern auch hinsichtlich der Zukunft demokratisch sein. Manche Gruppen versuchen, so zu denken: Das »Forum 2000« zum Beispiel, zu dem Vaclav Havel, der Dalai Lama, Umberto Eco, Elie Wiesel, Fritjof Capra und andere gehören und das als Parlament von Denkern über das nächste Jahrhundert nachdenken soll. (Eine ihrer ökologischen Kommissionen kam zu dem Schluß, daß es für Politiker eine gewisse Unvermeidlichkeit gäbe, eine kurzfristige und die Umwelt schädigende Politik zu verfolgen. »Eine Folge der zeitlichen Grenzen, die der repräsentativen Demokratie auferlegt sind, in der durch kurze Amtszeiten der Anwendung langfristiger Maßnahmen Schranken gesetzt sind.«) In London gibt es einen »Rat der Nachkommenschaft«, der eine Erklärung der Rechte der Nachkommen verfaßt hat. Das Manifest zielt auf »einen Planeten, dessen künftige Generationen Rechte haben, die in den Entscheidungsgremien heutiger Generationen vertreten und geschützt werden«. In den Vereinigten Staaten wird nach einem »Dritten Kongreß« – einem »Haus für Sprecher der Zukunft« – verlangt, das die Rechte der Nachkommen verteidigen soll. Die in Maryland, USA, bestehende »World Future Society« lädt zu internationalen Generalversammlungen von »Futuristen« ein, zu denen Umweltschützer, Politiker, Geschäftsleute, Wissenschaftler, Informationstechniker und Wirtschaftsfachleute gehören. Ihre Sitzungen laufen unter Titeln wie: Ökonosphäre, Politisphäre, Biosphäre, Futursphäre, Technosphäre und Soziosphäre.

Manche dieser »Futuristen« sehen die Zukunft mit Großmut und Respekt. Für andere, Geschäftsleute und Weltraumingenieure, ist es ein Markt, den man durch kluge Positionierung an sich reißen kann. Und während die um die Zukunft Besorgten ein Gefühl für die Erde und eine Wertschätzung des Ortes eint, suchen die, die die Zukunft ausbeuten wollen, einen Fortschritt auf Kosten des Orts und begeistern sich für die Ortlosigkeit der Zukunftstechnologien (Raumfahrt zum Beispiel oder Cyberspace), denen eine seltsame Eigenschaft gemein ist: die Beschäftigung mit dem »Nirgendwo«, einem Konzept der Leere. Man liebt den »Raum« und nicht den Ort. Die Zukunft wird immer am Himmel verortet, die Zukunftstechnologie ist überirdisch und abgehoben vom menschlichen Wohnort insgesamt.

* * *

> »Das Dumme am Computer ist, daß nicht genug *Afrika* drinsteckt.«
>
> *Brian Eno*

Im Cyberspace gibt es keine Orte – kein Afrika ist dort, keine Erde, keine Perlen oder Brunnen oder Menschen. Kein Indien gibt es im Cyberspace, keinen Jasmin, keinen Kramladen, keinen Sari, keine Wüste. Es gibt dort kein morastiges, dreckiges, irdisches Zeugs, keine Kaulquappen, keine Eulen. Es gibt keine Natur im synthetischen Element, und die virtuelle Welt verachtet die reale Welt derartig, daß sie in den Computernetzen nur noch als armseliges Kürzel »RL« für »real life« vorkommt. Cyberspace-Fans sind Liebhaber des Romans *EREWHON oder jenseits der Berge* von Samuel Butler, in dem Erewhon für nowhere, also für nirgendwo steht. Genau wie Landstraßen und Autobahnen, die Symbole des Fortschritts, die Unterschiede der verschiedenen Orte verwischen und die kulturelle Vielfalt nivellieren, so geht auch auf der Datenautobahn die Besonderheit verloren: wir sind auf der Straße nach Erewhon, denn der Cyberspace, das virtuelle Überall, ist tatsächlich ein Nirgendwo. Es ist der Teflon-Ort, blankgewischt von der schmutzigen, irdischen Realität.

Mark Slouka, Autor eines Buchs über Cyberspace *War of the Worlds*, spricht von »Technoevangelisten«, die sich nach einer Welt sehnen, in der reale Orte und die Natur zerstört sind – was ein Technoevangelist »die irrationale, scheußliche Welt der Bäume, Vögel und Tiere« nennt. Slouka schreibt, daß Totalitaristen und Faschisten aller Schattierungen, zu denen er die Technoevangelisten zählt, Erde und Schmutz hassen. Sie »verabscheuen die Welt in ihrer ganzen alltäglichen Unsauberkeit«.

Das Internet ist ein glänzendes Werkzeug für Forschung und Kommunikation. Es ist wunderbar anarchisch, seine Kraftausdrücke werden von niemandem gelöscht. Anders als so viele Formen des Fortschritts ist es ungewöhnlich demokratisch, kann Anonymität sichern, vor allem in Ländern ohne Redefreiheit, da sich die Kommunikation im Internet nicht zurückverfolgen läßt.

Aber. Die Schaffung des Cyberspace sorgt auch für »Cybertime« – virtuelle Zeit, die selbst wie ein fünftes Element ist, Teflon-Zeit. Innerhalb dieses Elements kaufen die Leute virtuell ein, bauen Geschäfte auf und verlieben sich virtuell, und außerhalb dieses Elements würden sie virtuell aufhören, virtuell zu existieren. (Virtuelle Zeit wird allerdings mit ganz realem Geld gekauft – die digitale Revolution hat einen potentiellen Markt von 3,5 Billionen Dollar.)

Aber in dieser Imitationszeit können wir nur als Imitationen unserer selbst existieren und hoffen, daß es uns gelingt, die Natur zu betrügen. Man kann sich auf diese Weise um das Leben selbst betrügen. Für die Internet-Verehrer ist diese Form von Bewußtsein etwas sehr Anziehendes, wobei der Fortschritt hier einmal mehr die geistigen Bewegungen widerzuspiegeln scheint. Passend zu seinen »Meta«-Eigenschaften, dem metaphysischen Metaort des Cyberspace, ist dieses Bewußtsein der »Metamensch«. Und der Metamensch, so heißt es, sei die nächste große Stufe im evolutionären Prozeß. Aber der Metamensch ist gar kein Mensch, ist weder Mann noch Frau, sondern verlorene Individualität.

Jedes Klischee läßt einen einsam zurück, aber den Beziehungen im Internet eignet das Erzklischee, das *icon*, das einsamste Sprachzeichen, das je erfunden worden ist. Menschlichkeit kann es in dieser zeitlosen Zone nicht geben, weil Beziehungen von der Zeit durchzogen sind. Wie schnell errötest du? Hältst du inne, bevor du sprichst? Lachst du vor, nach oder bei deinen eigenen Witzen? Wie bald lächelst du, nachdem du geweint hast? Wenn du zögerst, tust du es aus Schläfrigkeit oder aus Schüchternheit? Kannst du dir auf deine virtuelle Zunge beißen? Gibt es so etwas wie virtuelle Spontaneität? Kannst du noch ein lebenslanger Hypochonder sein, wenn du einen virtuellen Arzt besuchst? Wenn es einen virtuellen Einkauf gibt, gibt es dann auch eine virtuelle Heimlichkeit für virtuellen Ladendiebstahl? »L'esprit d'escalier«, das wunderbare und merkwürdige Gefühl einer verlorenen Gelegenheit läßt sich nicht in die Teflon-Zeit übersetzen. Dort ist ein einzigartiger Augenblick nie vorbei, weil es ihn nie gegeben hat. Jeder Akt in der virtuellen Zeit ist endgültig, abgeschlossen, fertig. Ein menschlicher Akt ist es nie. Das ist das Jämmerliche: ein Akt ohne Konsequenz, Grausamkeit ohne Gewissensbisse, Sex ohne Hände und Witze ohne Gelächter.

Der Teflon-Effekt steckt in allen gesellschaftlichen Sichtweisen der Zukunft. Die multinationale Ölfirma Shell hat eine ganze Abteilung für »Zukunftsplanung«. Dort haben die Shell-Leute zwei »Stories« verfaßt, Szenarien, wie die Zukunft aussehen könne. »Barrikaden« ist die pessimistische Variante. In ihr wird eine »immer gespaltenere Welt von Reich gegen Arm« beschrieben, deren »vernachlässigte Probleme sich verschlimmern«. Ängstlich ist von einer »weltweiten revolutionären Veränderung« die Rede.

»Neue Grenzen« heißt die zweite Alternative. Die prächtige Geschichte »einer international verbundenen Welt«, die Interaktion internationaler Internachbarn »mit erhöhter gegenseitiger Verbundenheit und Interdependenz«. Das Präfix »inter« der Shellsprache ist die flotte Teflon-Sprache des ignoranten Optimismus. Broschürensprache, die von einem echten Konzept für die Zukunft nichts erkennen läßt. Nichthaftend und unvollständig. Eine interbunte Internettheit verwischt alles.

Shells Bemühungen, zu neuen Energietechniken überzugehen, sind von aalglatter Oberflächlichkeit und werden elegant vertagt. »Verschiebe nicht auf morgen, was du auf übermorgen verschieben kannst«, wäre ein Motto für Shell wie auch für die ganze Gesellschaft. Shells Zukunft liegt anderswo, typisch für alle Arten von Futurismus. Der Gottesstaat liegt immer anderswo. Cyberspace ist anderswo, Erewhon ist nirgendwo. Eine Moral wie im Comic: Erst wird die Erde geplündert, und dann macht man sich im globalen Fluchtwagen davon, um ein neues Anderswo zu finden, auf dem Mars, in Teflon-Zeit. (Teflon selbst ist ja ein Nebenprodukt der Raumfahrtindustrie.) Das spielt eine wichtige Rolle, denn durch »Dislozieren« der Zukunft bekommt sie diesen einzigartig ortlosen Charakter, der die Verantwortung schwinden läßt, sie ist ganz leich abwaschbar. In der Teflon-Zeit wird das Morgen nicht am Heute haften.

Die Raketenabschüsse ins Weltall gelingen nur deshalb, weil das Fett der zerquetschten Armen den Amerikanern als Treibstoff dient. Dieser Gedanke ist in Südamerika »Allgemeingut«, der Anthropologe Nigel Barley erklärt, wie er davon erfuhr: »Aus dem Ritualmord an den peruanischen Armen und der Verarbeitung ihrer Leichen gewannen die Amerikaner das ›Fett‹, das für die Metallurgie, die Pharmazeutik und das Schmieren der Mondraketen essentiell ist.« Buchstäblich stimmt das zwar nicht, aber figurativ trifft es den Kern, denn der Fortschritt des Westens wurde immer auf Kosten anderer erkauft. Heute werden die Abschüsse in den Weltraum im metaphorischen Sinne durch das Ausquetschen der Armen finanziert. Das Geld für die Billionen verschlingende Raumfahrtindustrie wird dadurch gewonnen, daß man sich weigert, Geld für Wohlfahrt und Gesundheit auszugeben, und aus den Ländern der Dritten Welt den Geldsaft der Schuldenzahlungen herauspreßt. Der Anthropologe Philippe Descola erzählt, es gebe in den Anden einen alten Glauben, der »einigen pervertierten Weißen einen unersättlichen Appetit auf das Fett der Einheimischen nachsagt«. Damit »werden die gigantischen Maschinen betrieben und geschmiert, dank denen die Weißen ihre Herrschaft über die Welt errichtet haben ... Diese Metapher der Raubgier hat sich mit den Jahren immer mehr zu etwas Buchstäblichem entwickelt.«

Fortschritt hat immer etwas mit der Flamme zu tun, und deshalb gewinnt er Schwung durch das Feuer; Ionen geben die Schubkraft, das Raumschiff feuert Xenon-Plasma. Der verstorbene LSD-Guru Timothy Leary wurde in den Weltraum geschossen und dort verbrannt. (Für 4800 Dollar schießen sie eine 7-Gramm-Probe Ihrer Asche mit einer »Pegasus«- oder »Taurus«-Rakete in den Weltraum. Für mehrere Jahre umkreisen Sie alle neunzig Minuten den Planeten, bis Sie schließlich zur Erde zurückfallen und bei Ihrem Wiedereintritt in die Erdatmosphäre ein zweites und letztes Mal verglühen.)

Im Namen des Fortschritts werden Vergnügungsreisen in den Weltraum für Touristen geplant. Pepsi- und Coca-Cola-Slogans umkreisen die Erde schon auf den Wänden der Raumstation Mir. Steinbrüche auf dem Mond und dem Mars sind in Planung. »Artemis« und »LunaCorp« beabsichtigen den Abbau der Mineralien und den Bau von Fabriken auf dem Mond. Die der Erde abgewandte Seite des Mondes, seit Jahrtausenden Thema großartiger Phantasien, gilt als geeignete Müllkippe für nuklearen Abfall.

Und heute wird der Mars nuklear bombardiert.

Feuer-Wissenschaftler überlegen, ob sie nicht zum »Terraforming« übergehen sollen, also dazu, einen Planeten so zu verändern, daß auf ihm Leben möglich wird, wobei Atombomben, atmosphärische Gase und Sonnenhitze zum Einsatz kämen. Man will auf dem Mars unterirdische Atomexplosionen auslösen, ihn mit atmosphärischen Gasen erhitzen oder hinter dem Mars riesige Spiegel fixieren, die das Sonnenlicht auf ihn zurückwerfen. Manche »Terraformer« schlagen vor, Asteroide einzufangen und so von ihrer Bahn abzubringen, daß sie in den Planeten hineinstürzen und durch den Aufprall Hitze erzeugen. Der Physiker Freeman Dyson von der Princeton University hält ein kontrolliertes Armageddon für eine gute Idee: Man zerschmettert einen der eisigen Monde des Saturn und schickt dessen Bruchstücke krachend in den Mars. Faszinierend ist natürlich die Frage, warum dieselbe Denkweise, die einen Planeten so zurichten will, daß dort unnatürlich Leben möglich wird, mit denselben Werkzeugen des Feuers einen anderen Planeten – unseren zufällig, unsere Heimat – in etwas zu verwandeln sich bemüht, das natürliches Leben unmöglich macht. Nun, wie auch immer. Es gibt Pläne, auf dem Mars eine Art falsches, synthetisches Leben anzusiedeln. Vorwärts und aufwärts. Per ardua ad astroturf.

Lernen Sie Rick Tumlinson kennen. Er ist der Präsident der Space Frontier Foundation, die in Los Angeles eine Weltraumkonferenz veranstaltet hat. Ein Mann mit einer Fortschrittsvision des Weltraumzeitalters. Er schlägt vor, im Weltraum ein Ding namens Alpha Town zu bauen. Es soll dazu dienen, die Denkweise der Menschen zu verändern. Tumlinson ist ein Mann, der wirklich versteht, daß der metaphysische Reiz des Fortschritts im wesentlichen die Bewegung des Denkens selbst ist. »Das Konzept von Alpha Town hat nichts mit Hardware zu tun. Es geht um eine Geisteshaltung. Es ist kein Ziel oder eine konkrete Einrichtung, sondern soll vielmehr den intellektuellen Rahmen vorgeben, in dem wir die Traumversionen menschlicher Weltraumsiedlungen errichten können statt langweiliger Stationen wie in der Antarktis am Rande von nirgendwo, auf dem Weg nach nirgendwo. (Hier hat er so recht und täuscht sich doch so gewaltig. Raumfahrt ist kein höheres Niveau des Denkens, sondern ein krudes Gedankenmodell. Verglichen mit dem echten Ding, dem menschlichen Geist, ist die Weltraumstation Mir ein bloßes Spielzeug.)

Aber was plant Tumlinson denn eigentlich genau? Was für ein Wunderwerk im Weltraum ist diese Alpha Town? Welche Architektur der reinen Imagination? Es ist »eine Art Industrieanlage und Schlafstadt«, die um die geplante internationale Weltraumstation herum entstehen soll. Eine aus acht Wörtern bestehende Definition moderner Langeweile. Nicht die Hölle auf Erden, sondern die Hölle fern der Erde, am intergalaktischen Parkplatz am Rande von Erewhon hängend. Etwas traurig Banales haftet diesem Denken an, etwas schwülstig Vorstädtisches steckt in diesem Mangel an Imagination. Als ob auf diesem Gebiet menschlichen Bemühens – das sich einer so himmelsstürmenden Vorstellungskraft rühmt – der Geist immer schlichter wird, je grandioser die Technologie erscheint.

Tumlinson ist kein Einzelfall. Einen großen Teil ihrer Aufmerksamkeit richten die Futuristen auf etwas so wenig Atemberaubendes wie das Wohnhaus. Geräte zur persönlichen Diagnose, die einem sagen, was man essen sollte; intelligente Kühlschränke, die sich automatisch von Supermärkten beliefern lassen; Küchenroboter, die die Nahrung aus den intelligenten Kühlschränken in die intelligenten Mikrowellen befördern. Die Zeitungen beschäftigen sich intensiv damit, wie die NASA im Weltraum das Essen zubereitet, und drucken Rezepte für Speisen auf dem Mars oder dem Mond – solar erzeugte Selleriestengel oder hydroponischer Salat. Die »japanische Raketengesellschaft«, eine Forschungsgruppe für den Weltraumtourismus, gibt eine Broschüre voll mit albernen Bildern einer Familie auf Weltraumurlaub heraus. Mami kümmert sich um das Kind. Mami guckt dem Kind beim Schwimmen zu. Mami hinter vereistem rundem Fenster macht für Papi Winkewinke, der gerade – boiing! – zu einem schwerelosen Bunjee-Sprung in den Weltraum abhebt. Und die Hotelkette Hilton, erfahren wir, plant den Bau eines Hotels auf dem Mond.

Als man kürzlich gefrorenes Wasser auf dem Mond entdeckte, waren zwei Reaktionen von Weltraumwissenschaftlern besonders interessant. Die eine, in der faden Tradition des Weltraumdenkens, lautete, daß diese Entdeckung den Mond »zu einer Art Tankstelle auf der Straße in den Weltraum mache« – wie die Titel-Story einer Zeitung atemlos berichtete, und ein Weltraumwissenschaftler sprach sodann: »Erstmals können wir zu einem planetaren Körper reisen und dort auftanken.« Die zweite Reaktion bellte, nun müsse der Mond »kolonialisiert« werden. Wissenschaftler und Politiker sprachen von neuen Horizonten des Fortschritts, von Siedlern und Pionieren an der Weltraumgrenze.

Eine der bizarrsten Ideen sieht die Plazierung »brandneuer Monde« am Himmel vor – metallene Spiegel, die zwischen zehn- und hundertmal so hell sind wie der Vollmond. Diese Spiegel sollen in einem bestimmten Winkel gekippt werden, damit sie Sonnenlicht auf die Erde zurückwerfen – auf wichtige Städte der nördlichen Hemisphäre (einschließlich Kiew, Brüssel, London, Quebec und Seattle) – und dort die Straßenbeleuchtung überflüssig machen. Stadtbewohner, die heute nur noch wenige kostbare Sterne erblicken, werden dann noch viel weniger sehen. Der Mond würde – ein grausames poetisches Bild – am Himmel verblassen. Für das Jahr 2000 ist geplant, solche Spiegel einzusetzen, um auf die Arktis Licht zu werfen, damit sie zu 24stündigem Sonnenschein pro Tag, 365 Tage im Jahr, kommt. Das ist ein Plan des »Space Regatta Consortium« unter Leitung der russischen Firma Energia, und im wesentlichen geht es darum, die Nacht abzuschaffen. Die wildlebenden Tiere, die über die Jahrtausende hinweg eine sehr hohe Sensibilität für Hell und Dunkel entwickelt haben, werden in ihrer Nahrungsaufnahme, ihrem Wanderungsverhalten und ihrem Sex gestört. Menschen in der arktischen Region würden nie wieder einen Stern oder den Mond erblicken.

Und niemand wagt zu sagen: »Hände weg, das gehört euch nicht!« Der Fortschritt ist wie immer hochpolitisch, und alles, was sich historisch auf der Erde zugetragen hat, soll sich offensichtlich auf dem Mond wiederholen – von dem berühmten »Fortschritt« durch die Privatisierung ehemals gemeinschaftlichen Landes bis zum völkermordenden Fortschritt des Imperialismus oder modernen Kapitalismus, die allesamt stehlen, was einmal allen gehört hat, und es an einige wenige weiterreichen.

Der Mond gehört dir. Und er gehört dem U'wa-Kind und den Hopi-Indianern, den Inuit und der Mexikanerin, die Wasser holt, und den Mönchen Tibets. Er gehört jeder Motte, die zu ihm hinfliegt, jedem Hund, der ihn anbellt, und jeder Katze, die mit gesträubtem Nackenfell im Mondschein lauert. Unberührt, ist er ein unvergleichlicher globaler Gemeinbesitz, denn er gehört dem *Geist* von Millionen und aber Millionen Menschen. Er ist ein Emblem der Reinheit oder der Frauen, der Phantasie oder der Zeit an sich, ein schöner Ort des Gedankens, der einer Million verschiedener

Geister eine Million verschiedene Dinge bedeuten kann – und das alles in ein und derselben Nacht. »The moon shines bright. In such a night«, wie Shakespeare sagte; er schien für Dido, Medea, Troilus und Cressida gleichermaßen. Aber ein paar hundert überprivilegierte weiße Männer planen Satelliten, Sonden und Mondkarten und sagen, die erdabgewandte Seite wäre für ein Observatorium geeignet. Dieser »Fortschritt« bedient sich genau wie schon auf der Erde aller Werkzeuge des Imperialismus – von Observatorien, Landkarten und Einzäunungen bis zur nackten politischen Gewalt – um Gemeinbesitz zu anektieren. Ihr Fortschritt ist nicht unserer. Den Mond zu verlieren und dafür eine Tankstelle, ein Hilton-Hotel, eine Industrieanlage, einen Steinbruch und eine nukleare Müllkippe zu bekommen, das ist kein guter Tausch, sondern ein schrecklicher Diebstahl, ein Diebstahl an der Seele der Menschheit. Und wir, die Millionen, die etwas so unendlich Kostbares verloren haben, wir sollen diesen Leuten applaudieren.

Goethes Faust ist dem Kritiker Marshall Berman zufolge ein erzählerisches Emblem der Moderne. Faust (auch so ein Feuer-Wissenschaftler der besonderen Art, der vor Mephistophelismus knistert) wird in seinem furiosen Fortschritt dargestellt – wie er das Dorf, in dem er geboren ist, verläßt, um sich anderswo ein neues Heim zu errichten. Aber das Neue aufbauen, heißt das Alte zerstören. Und als Faust – älter, weiser, netter – in das Dorf seiner Kindheit zurückkehrt, bricht ihm das Herz vor Sehnsucht nach der Welt, die er vernichtet hat, und er trauert um die Schönheit, für die er als junger Mann blind war. (»Lerne von mir«, sagt Frankenstein, »wieviel glücklicher der Mann ist, der seine Geburtsstadt für die Welt hält.« »Aller menschlicher Kummer rührt daher, daß wir dort, wo wir geboren sind, nicht bleiben wollen«, sagte Blaise Pascal.)

Wenn *Faust* ein erzählerisches Emblem ist, ist Henry Ford ein tatsächliches Emblem der Moderne. Angesichts seiner Verantwortung für den Fortschritt, der Autos, Orte und Vergangenheit zerstört, für die beschleunigten Fließbänder mit monotoner Arbeitsteilung, die die Zeit der Moderne so tiefgreifend beeinflußt haben, mutet das Ende seiner Geschichte seltsam an. Als alter Mann fing er an, sich leidenschaftlich für die Vergangenheit zu interessieren. Er baute Museen für Pferdewagen, Kutschen, Schlitten und Pflüge. Als er in Massachusetts ein Gasthaus erwarb, befahl er, die neue Straße aufzureißen und durch einen Feldweg zu ersetzen. Die Farm seines Vaters versetzte er in den Zustand seiner Kindertage zurück.

Der sogenannte Fortschritt der Moderne durchläuft immer wieder dieselbe Reise. Er wird auf Kosten nicht nur irgendeines Orts, sondern des Paradieses gewonnen. Und einer Heimat. Des kostbaren ganz Gewöhnlichen. Des sich absetzenden Besonderen. Der süßen, süßen Überraschung des Vertrauten und Bekannten. Des intensiv bewohnten und kunstlos geliebten Zuhause.

Astronauten sehen diese Vision immer wieder, die Schönheit der Erde und ihren unbeschreiblichen Wert. Wichtig ist nicht die Schaffung von überflüssigen Zweithäusern in der Weltraum-Zukunft, sondern die herzliche Wertschätzung unseres ersten Hauses in der Gegenwart. Juri Gagarins erstes Gefühl im Weltraum war die Überraschung, als er sah, wie schön die Erde war. Der US-Astronaut Edgar Mitchell beschrieb einen »Erdaufgang«: »Plötzlich erhebt sich hinter dem Rand des Mondes in langen, langsamen Bewegungen von ungeheurer Majestät ein funkelndes blaues und weißes Juwel, eine helle, zarte, himmelblaue Sphäre, die von langsam wirbelnden weißen Schleiern überzogen ist, und steigt allmählich wie eine kleine Perle in einem dichten Meer des schwarzen Geheimnisses auf. Man braucht länger als einen Augenblick, um ganz zu begreifen, daß das die Erde ... die Heimat ist.« Aleksej Leonow, der russische Astronaut, sagte: »Die Erde war klein, hellblau und so rührend einsam ... unsere Heimat, die wie eine heilige Reliquie verteidigt werden muß. Die Erde war völlig rund. Ich glaube, ich habe nicht gewußt, was das Wort rund bedeutete, bevor ich die Erde vom Weltraum aus sah.«

Seit 1961 und Juri Gagarins Erdumkreisung hat die Menschheit mehr von dieser runden, kostbaren Sphäre, der Erde, verbrannt, als es in der ganzen menschlichen Geschichte zuvor der Fall gewesen ist. Und zwar für die lineare

Zeit des sogenannten Fortschritts. Das perfekte Rund der zyklischen Zeit ist zerbrochen. Wir begreifen nicht, daß wir nicht auf der Höhe der Imagination, sondern an ihrer Grenze angelangt sind. Wir befinden uns nicht auf einem Weg des Fortschritts, sondern im Exil.

Die Eingeborenen leisten sich auf Kosten der NASA einen kleinen Witz. Sie sagen, sie reisten seit Tausenden von Jahren zum Mond, in Trance und in Ritualen der Schamanen. Von den Schamanen in Nord- und Mittelasien und in Südamerika bis zu den Inuit von Baffin Island an der Nordostküste Kanadas. Über die Kosten der NASA können sie nur lachen. Die NASA kostet den Westen Billionen. Schamanen tun es umsonst – mit Pilzen. Gute Reise. Der Schamane des Westens, Timothy Leary, hätte es besser wissen sollen. Er war schon lange vor seinem Tod auf seiner Umlaufbahn. Pause. Leg mal die alte Beatles-Platte auf. Alles singt. Leary in the Sky with Diamonds.

Die Beatles haben diese Himmelsträumerei 1967 geschrieben. Die angesehenste und einsichtigste Geschichte des Fortschritts und der Technik, *Mythos der Maschine* von Lewis Mumford, kam im selben Jahr heraus. Der Schluß lautet: »Der Mensch hat ein sonderbar verzerrtes Bild seiner selbst geschaffen. Er hat seine Frühgeschichte in den Begriffen seiner gegenwärtigen Interessen interpretiert, die darin bestehen, Maschinen zu bauen und die Natur zu erobern.« Nicht Werkzeuge und Techniken, sondern »Rituale und Sprache und soziale Organisation waren wahrscheinlich des Menschen wichtigste Artefakte. Sie gaben dem menschlichen Ich eine Form, indem sie als ›Werkzeuge‹ darauf zurückgingen, was der Mensch aus den Ressourcen seines eigenen Körpers herstellen konnte: Träume, Bilder und Töne.« Die Menschheit, sagt Lewis Mumford, hat so lange gebraucht, um wirkliche Werkzeuge herzustellen, weil sie sich »zuerst auf die größte ihrer Fähigkeiten« konzentriert hat, die Sprache. »Die Suche nach Sinn und Bedeutung krönt alle anderen menschlichen Errungenschaften.« Der wirkliche Fortschritt findet im Geist statt. Ob es sich nun um eine schamanistische Vision handelt oder um die Zauberkraft von Metaphern und das Wunder der Sprache, die so ausgesprochen und unaussprechlich großartig ist. Mary Shelleys sanftmütiges sogenanntes Monster (das zufällig viel netter ist als sein Schöpfer Dr. Frankenstein, nur allerdings auch viel unglücklicher) sagt, seine größte Entdeckung sei gewesen, daß die Leute »Sprache sprächen«. »*Das* war in der Tat eine gottähnliche Wissenschaft«, erklärt das Ungeheuer seinem Schöpfer, dem Wissenschaftler.

Und der Sprache sollte die Moderne einmal lauschen. Wenn man wissen will, wie es um den richtigen Fortschritt – den des menschlichen Geistes – bestellt ist, dann frage man einfach nur, wie es den Sprachen der Menschheit ergeht, ihren vielfältigen und herrlichen, verschwenderischen und vielgeistigen Ausdrucksweisen.

Nicht gut.

Rund sechstausend Sprachen existieren auf der Erde. Im nächsten Jahrhundert, prophezeien einige Experten, werden zwischen fünf und zehn Prozent dieser Sprachen aussterben. Andere behaupten, innerhalb eines Jahrhunderts wären neunzig Prozent der jetzt noch vorhandenen Sprachen zum Untergang verurteilt. Zwischen zwanzig und fünfzig Prozent der heute noch existierenden Sprachen werden nicht mehr von Kindern erlernt.

Rund 2,09 Milliarden Menschen, also mehr als ein Drittel der Weltbevölkerung, sind dauerhaft dem Englischen ausgesetzt. Linguisten wie David Crystal glauben, daß die Welt in ein paar Jahrhunderten möglicherweise nur noch eine einzige Sprache sprechen wird. Das wäre, sagt er »das größte intellektuelle Desaster, das der Planet je erlebt hat«. Andere Sprachexperten behaupten, Chinesisch, Hindi, Spanisch oder Arabisch könnten die Stellung, die das Englische jetzt innehat, übernehmen. Aber auch sie geben zu, daß der gegenwärtig noch herrschende Reichtum an Sprachen verlorengehen wird. Wenn nicht eine einzige, werden es einige wenige Sprachen sein, die die Weltkommunikation bestimmen.

Der größte Anteil an gefährdeten Sprachen findet sich in einer der Gegenden der Welt, die am rasantesten abgeholzt wird – in Ostasien und am Pazifik. Stirbt eine Sprache, dann fällt ein Blatt vom Baum des menschlichen Geistes zu Boden. Die Wälder sind wie uralte Bibliotheken; sie enthalten eine ungeheure Masse an botanischem Wissen. Aber so schnell, wie sie abgebrannt werden, kann man sie gar nicht lesen. Wenn Wälder verschwinden und Arten aussterben, wird die Biodiversität – die Vielfalt des Lebens – bedroht und die Gesundheit des Ökosystems untergraben. Aus ähnlichen Gründen ist die Vielfalt der Sprachen wichtig. Denn die Art der möglichen Gedanken hängt von der Sprache ab, in denen sie ausgedrückt werden können. Insofern bedarf die geistige Gesundheit des menschlichen Geistes einer möglichst großen Vielfalt von Sprachen. Wenn die Biodiversität der Sprachen verlorengeht, gehen ungezählte Denkweisen und Gedankenspielarten verloren, die Biodiversität des menschlichen Geistes.

Das ist wichtig, weil die Existenz vieler Sprachen eine gewisse Sicherheit bietet. Wenn es nur eine Sprache gibt und diese deformiert und beschädigt wird, dann wird der menschliche Geist selbst erniedrigt. Wenn diese eine Sprache übersimplifiziert wird, um sie zweckdienlicher zu machen, dann verliert das Denken selbst seine Subtilität.

Auf der Welt halten insgesamt rund fünftausend Eingeborenen-Gruppen ihre Sprache, ihre Kultur, ihr Land und ihr Leben für durch die Moderne bedroht. Wenn man bedenkt, daß jede dieser Eingeborenengruppen abgesehen von der eigenen Sprache auch ein eigenes Wissenssystem, eine ortsspezifische Wissenschaft, eine medizinische Überlieferung und eine Philosophie besitzt, gibt es Grund zu der Annahme, daß an diesem Punkt erstmalig in der Geschichte der Menschheit die Summe des menschlichen Wissens abnimmt.

Ob die Chinesen die Tibetaner schlagen, weil sie ihre eigene Sprache zu sprechen wagen, ob die Engländer das Irische und das Walisische zu zerstören versuchen, ob die neuseeländischen Siedler die Maori-Sprache aus dem Maori-Kind herauspeitschen – die Sprache war immer ein Herrschaftsinstrument. Mehr noch, der Typ der herrschenden Sprache reflektiert auch den Geist der Herrschenden. Heute ist die herrschende Sprache das Englisch der Computer-Programme, Computer-Englisch, Computenglisch: Übersimplifiziert aus

Gründen der Effizienz, mit Bedeutungen, die von oben diktiert werden, und unfähig, Dissens oder Pluralismus zu dulden. Es ist eine auf Befehlen beruhende Sprache, die den Benutzer an den Imperativ gewöhnt: Programmiere und werde programmiert. Gehorsam ist alles. Befehlsstrukturen werden überbewertet, während die spielerischen, verführerischen und widersprechenden Subtilitäten der Sprache, ihre Vieldeutigkeiten und Nuancen, ihre Kritik und ihr Ungehorsam unterbewertet werden.

Natürliche Sprachen sind voller Zeit – in ihren Zeitformen und in ihrer Etymologie. Computenglisch ist eine ewig dauernde Gegenwart. Natürliche Sprachen »leben« in ihrer klebrigen Art, Wort und Bedeutung mit der Zeit immer reicher zu verbinden. Computenglisch benutzt Teflon: kein Punkt Wort Punkt klebt Punkt an keinem anderen. Natürliche Sprachen haben eine zeitliche Resonanz und sind deshalb voller Leben. Computenglisch ist hypertot, weil es nie gelebt hat, ein künstlicher Verkehr. Die beherrschende Sprache der Moderne ist eine tote Sprache, und das beeinflußt die tiefsten Gedankensysteme der Gesellschaft. Sie sind dadurch weniger mit der Natur kompatibel als mit der Künstlichkeit. Weniger am Leben interessiert als am Tod. Lebende Sprachen pflanzen sich von selbst fort, setzen Silben in die Welt, strecken den Satzbau, sind vieldeutig, diffus und suggestiv wie Sex; reich, vieltönend, verschwenderisch, vokativ, evokativ und provokativ. Mal schlüpfrig vor fiktiver Faszination, mal steif vor strenger Wahrheit, mal von beißender Absurdität gekitzelt – die Sprache schwelgt und gedeiht in einem sorglosen, glänzenden, ineffizienten Aufschrei: Ich lebe! Computerenglisch ist eine Sprache, so steril und bedürfnislos wie ein Tod in einem Krankenhaus.

Von der Sprach-Dominanz und dem Computerenglisch abgesehen, auf welche Weise sind die Ideen »Fortschritt« und »Sprache« sonst noch verwandt? Sprache hängt direkt von der Natur ab, von den Geräuschen im Wald, von Vogelrufen. Die Sprache begann damit, so glauben Linguisten, daß die Menschen Tiere nachahmten. Wörter entstanden, die wie Eulen riefen und wie Hunde bellten, wie der Wind murmelten und wie Krähen krächzten. Keine Gesellschaft von Jägern konnte es sich leisten, die Rufe der Tiere, die sie jagt, nicht verstehen und nachahmen zu können. In den Eingeborenen-Kulturen ist diese Beziehung noch immer intakt. Die Swampy Cree in Manitoba, Kanada, sagen, sie hätten ihre Sprache von den Tieren bekommen. Die Inuit und viele andere glauben, Menschen und Tiere hätten einstmals dieselbe Sprache gesprochen. (In der westlichen Kultur wird so eine Idee mit dem Infantilismus eines Doktor Doolittle, der mit den Tieren redet, lächerlich gemacht.)

Die Koyukon-Indianer im Nordwesten Alaskas lauschen dem Lied des Seetauchers (der Seetaucher, ein hübscher Vogel, ein seidenweiches, gefiedertes Kreuzworträtsel im Flug), um ihre melodischen Lieder zu produzieren, und die Vogelnamen der Koyukon sind Lautmalereien – wer sie ruft, der imitiert sie. (Die große Horneule nennen die Koyukon-Völker »Nodneeya«, was »erzählt-dir-was« heißt.) Wer den Lebensraum der Vögel zerstört, bringt die Vögel zum Schweigen, was auf eine subtile Art und Weise die Menschen selbst auch zum Schweigen zu bringen heißt, da die menschliche Sprache eine weitere Saite ihres Bogens der Nachahmungsfähigkeit verliert.

Westliche Maschinen des »Fortschritts« zerstören den natürlichen Lebensraum für das Erewhon endloser Vorstädte und Autobahnen nach Irgendwo. Sie zerstören dabei die spezifische Sprache des Ortes. Im Niemandsland wird eine Niemandssprache gesprochen. Wenn Kulturen hingegen die Beziehung zwischen der Sprache und dem Ort bewahren, werden beide dadurch bereichert – es lebt dann das Land und spricht. Apache-Indianer haben Ortsnamen, die die Besonderheit der Lokalität ausdrücken: »Große-Pappeln-stehen-sich-nach-hier-und-dort-ausbreitend« oder auch »Oben-liegen-rauhe-Felsen-eng-zusammen«. Man vergleiche das mit einem künstlich geschaffenen Ortsnamen wie »Surbiton«. Wer das Land zerstört, zerstört die Sprache. »Nur dort, wo Sprache ist, ist Welt«, wie Adrienne Rich schrieb.

Wenn der Fortschritt des Westens die Landschaft zerstört, zerstört er die Sprache so direkt, wie er Bäume fällt. Bringt man die Vögel zum Verstummen, bringt man auch einen Teil der menschlichen Sprache zum Verstummen. Indem man eine Art ausrottet, wird der Vergleich mit ihr unmöglich. Auch die englische oder die deutsche Sprache ist tief in die natürliche Welt getaucht. Im Deutschen sagt man: Frechdachs; schlau sein wie ein Fuchs, eben ausgefuchst; heulen wie ein Wolf; bockspringen; eine Nachteule sein; Adler- oder Rehaugen haben; etwas hamstern; wie ein Löwe kämpfen; störrisch wie ein Esel sein oder jemanden übertölpeln.

Und Sie können ein solches Gleichnis auf halbem Wege erwischen. So wie Tiere, auch die Vögel, immer seltener werden, werden auch einige Tiermethaphern immer seltener gebraucht. » To skylark around« – wie eine Feldlerche herumtollen – war einst ein so häufig gebrauchter Ausdruck wie das Herumtollen der Feldlerche selbst oben am Himmel. Jetzt klingt dieser Ausdruck antiquarisch, weil der Vogel selten geworden ist. Drei Millionen Feldlerchen hat Großbritannien die Industrialisierung der Landwirtschaft in einer einzigen Generation gekostet. Der Hänfling und der Feldsperling sind in 25 Jahren in ihrer Verbreitung um mehr als die Hälfte zurückgegangen. Gefährdet sind auch die Singdrossel, der Dompfaff, die Wiesenknarre, die Turteltaube und das graue Rebhuhn. (Innerhalb einer Sprache gehen Dialekte verloren, so daß der Vogel, der im Mittelalter wahlweise *yaffle, rainbird, heigh-ho, stockeagle, popinjay* genannt wurde, heute fast überall nur noch Grünspecht heißt und die Varianten verschwinden.) Den Otter sieht man heute fast gar nicht mehr in England, und auch in der Sprache ist er selten geworden; bei Shakespeare jedoch plantscht er noch tüchtig herum: Nachdem Falstaff Mistress Quickly mit allen möglichen Vergleichen – geschmorte Pflaumen, ausgeweidete Füchse – traktiert hat, nennt er sie einen Otter, weder Fisch noch Fleisch.

Shakespeares Schauplatz wimmelt von Arten, die heute selten geworden sind, und ebenso wimmelt sein Vokabular von der Vielfalt der natürlichen Welt. (Seine Werke hat man passenderweise mit »Werken der Natur« verglichen.) Nehmen Sie die Szene in der Schenke »Zum wilden Schweinskopf«, in der Falstaff (der sich gerade noch gerühmt hat: »... wenn ich nicht mit ein funfzigen gefochten habe, so will ich ein Bündel Radiese sein«) sagt: »Ich bin so welk wie ein gebratner Apfel... so bin ich ein Pfefferkorn, ein Brauerpferd« und »Du bist ein beständiger Fackelzug, ein unauslöschliches Freudenfeuer ... diesen Euren Salamander ...« Der dickbäuchige Prahlhans Falstaff, voll naturhafter Bilder, schließt: »Schön Reden! Wackre Welt! Wirtin, mein Frühstück her! Oh, daß die Schenke meine Trommel wär'!« Und dann trommelt er glorios wie eine Ein-Mann-Band für die Artenvielfalt, diese allumfassende Vitalität von Immergrün und Papaya, diese überquellende Sprache, die Rettich und Rentiere regnet. Lebte Shakespeare heute, dann wäre seine Sprache durch Artenverlust und Seltenheit des natürlichen Vorkommens so ausgesiebt, daß nur noch eine ärmliche Spielart übrigbliebe.

Der Rest ist Schweigen. Landschaften sind voller Geräusche. Aber wenn sie, infolge des Fortschritts, zerstört werden, bleibt nur noch eine trostlose Stille. Der wilde, weithin hallende Schrei der Eule wird nicht mehr vernommen. Feldlerche und Ziegenmelker sind verstummt. Es herrscht auch noch ein anderes Schweigen. Das Schweigen der Bildschirmsprachen, das laute lebende Sprachen auslöscht. Und ein ethisches Schweigen laborweißer, isolierter Wissenschaft. Das Schweigen des getöteten Saro-Wiwa. Das Schweigen von Alpha Town, das in der Stille aufgehängt ist. Völker, Stämme und Kulturen werden zum Schweigen gebracht, verlieren ihre Stimme. Verstummt die U'wa. Die U'wa, die die Welt durch ihr Singen am Leben erhielten, stehen stumm auf einem Felsen des stummen Falls. Die U'wa-Vögel, die die Orte dadurch schaffen, daß sie darüber hinwegfliegen und singen, werden durch ein Wort namens Fortschritt getötet. Und es gibt kein Flöten, kein Trompeten, kein Quaken, auch kein Krächzen, kein Geschnatter und kein Gurren, kein Piepsen und keine Melodien mehr. Der Himmel ist leer. Die Stille fällt herab wie saurer Regen.

Man stelle sich vor. Eine Menschenmenge versammelt sich, um eine Rakete aus strahlendem Licht im Bogen über den Himmel ziehen zu sehen. Im ägyptischen Mythos schafft der sterbende Pharao die künftigen Generationen, indem er seinen Samen in einem Bogen astraler Projektion himmelwärts schießt. Er will damit die Sternengöttin Isis befruchten, die seinen Sohn zur Welt bringen soll. Für die Pharaonen, die ersten Cybergeister, war die Zukunft ein fruchtbares Konzept. Die alten Ägypter »empfingen« die Zukunft in zweierlei Weise. Sie stellten sie sich als jenen strahlenden Licht-Bogen vor, der über den Himmel schießt (der Himmel ist auch bei ihnen der Ort der Zukunft). Außerdem »empfingen« sie die Zukunft sexuell: Die Gegenwart schafft – empfängt – die Zukunft durch die Zeugung von Kindern.

»Wir haben die Erde nicht von unseren Eltern geerbt, wir haben sie nur von unseren Kindern geborgt«, wie der nordamerikanische Indianerhäuptling Seattl gesagt haben soll. Viele Kulturen verstehen und planen die Zukunft, indem sie sieben Generationen vorausschauen. Wie die aus sieben Stämmen bestehende Irokesenföderation zum Beispiel, die in dem lebt, was in Kanada und den Vereinigten Staaten vom Land ihrer Vorfahren übrig ist, betrachtet die Wirkungen einer jeden Entscheidung, die sie trifft, »bis zur siebten Generation«. Auch afrikanische und polynesische Stämme haben, wie es heißt, traditionell mindestens sieben Generationen vorausgeschaut. (Sieben Generationen deshalb, so meint man, weil das die größte Anzahl von Generationen war, die man in seinem Leben kennenzulernen hoffen konnte: Urgroßmutter, Großmutter, Mutter, Schwester, Tochter, Enkelin und Urenkelin.)

Westliche Politiker haben kein solches Konzept. Der ehemalige US-Innenminister James Watt, Befürworter der »Kurzfristigkeit«, sagte, wenn das Ende der Welt nahe sei, mache es keinen Sinn, noch irgend etwas für nichtexistente Erben zu bewahren. Teflon-Politik für Teflon-Zeit. Und natürlich ist die Macht der amerikanischen Regierung, Hunderte von Generationen in der Zukunft zu vergiften, viel größer als die Macht der Irokesen, ihre sieben Generationen zu bewahren.

Sieben Generationen – sagen wir: 175 Jahre – in die Zukunft zu sehen scheint der Moderne unmöglich. Aber für viele westliche Führer ist das nicht einmal erstrebenswert. Ökonomen wie Robert Solow argumentieren, die Gegenwart *solle* der Zukunft die nicht erneuerbaren Ressourcen entziehen. Er nimmt an, daß Natur durch Finanzkapital ersetzbar ist. Wenn wir also heute natürliche Ressourcen in Kapital verwandeln, ist morgen mehr Kapital da. Der politische Analytiker für Umweltfragen bei der rechtslastigen Heritage Foundation, John Shanahan, erklärt: »Indem wir uns heute Wohlstand versagen, indem wir die Akkumulation des Wohlstandes verlangsamen, versagen wir ihn unseren Kindern. Wir versagen uns die Zukunft, wenn wir die Ressourcen nicht jetzt nutzen.«

Gut in der Breite, aber schlecht in der Länge, versucht die westliche Gesellschaft, etwas für die eigenen Zeitgenossen zu tun. Aber was die langfristige Verantwortung für kommende Generationen angeht, versagt sie. Ähnlich ist es mit der westlichen »Zeit«: In die Breite wird die Zeit der Gegenwart bis ins letzte verplant, während eine Planung der Zukunft so gut wie nicht stattfindet.

Edmund Burke schrieb, als er sich mit der Französischen Revolution befaßte: »Die Gesellschaft ist in der Tat ein Kontrakt ... nicht nur zwischen denen, die leben, sondern zwischen denen, die leben, denen, die tot sind, und denen, die später geboren werden.« Wer einen solchen Kontrakt erfüllen will, muß zuerst ein Bild von der Zukunft haben.

Aber hat die Moderne wirklich ein Bild von der Zukunft? Die Sprache bezweifelt die Realität des Morgen. Man betrachte die Worte, die die Gesellschaft in der Zeit beschreiben: post-industriell, post-modern, post-kommunistisch. Wo sind die Prä-Worte – prä-zufrieden; prä-vergnügt – oder prästrittig? Das Vokabular bietet Postskripta, aber keine Präskripta an, es weigert sich, die Zukunft der Gesellschaft zu prädiktieren, sondern zieht es vor, ihr Urteil zu postponieren. Filme sehen die Zukunft der Menschheit voller Angst. *Bladerunner* von 1982 zum Beispiel, mit seinen furchteinflößenden Unterwelten, oder die »post-humanen« Cyborgs des *Terminator* von 1984.

Der Nirgends- oder Anderswo-Charakter der Zukunft kündet von derselben irrealen Vorstellung. Man spürt es, wenn die Leute darüber reden. Auch wenn Shell eine Zukunfts-Abteilung hat, auch wenn alle Cyberspace-Fans von

Cyber-Zukünften reden, auch wenn die Sprecher der Weltraumindustrie wie verrückt von Alpha Town und der Kolonisierung des Mondes schwärmen und die World Future Society versucht, ihn zu kartographieren, liegt über allem eine staubartige Patina der Irrelevanz, verglichen mit der tatsächlichen Behandlung der Zukunft durch die Gesellschaft. Die Handlungen der Moderne verraten ihre völlige Unfähigkeit, ein Konzept von Zukunft zu entwerfen.

Ohne eine Vorstellung ihrer zukünftigen Wirkungen pumpt man synthetische Chemikalien und genetisch veränderte Organismen in die Umwelt. Luftverschmutzung und Wasservergiftung sind die Folgen des modernen Lebensstils, und die Zukunft wird daran ersticken. Der geistige Horizont der Menschen reicht gewöhnlich nur ein paar Jahre weit in die Zukunft, sowohl im Privatleben (kaum jemand plant schon Termine für übernächstes Jahr) als auch im gesellschaftlichen Bereich. Die Computerprobleme, die mit der Umstellung auf das Jahr 2000 erwartet werden, zeigen das sehr deutlich: Zwar hätte man schon vor Jahrzehnten daran denken können, aber erst ungefähr ein Jahr vor der Jahrtausendwende fiel dieser globale Planungsfehler den Leuten auf. Dieser beschränkte zeitliche Horizont ist wahrscheinlich ein Teil unseres »genetischen« Erbes. In einer natürlichen Umgebung brauchen die Menschen nur selten weiter in die Zukunft zu blicken als im Zeitraum eines Jahres – markiert durch Aussaat bis Ernte oder die einmal jährlich stattfindende Wanderung mit den Herden. Heute ist der »beschränkte« Zeithorizont ja auch nur deshalb so problematisch, weil die Macht der Moderne, die Zukunft zu beeinflussen, viel größer ist als ihre Kraft, sich die Zukunft vorzustellen.

Die falschen Dinge verdorren, und die falschen Dinge sind unverwüstlich. Zeitkapseln sind eine beliebte Methode der Gegenwart, sich mit der Zukunft zu verbinden. Beschreibungen aus dem eigenen Leben, Selbstdarstellungen in Gestalt von Tagebüchern, Fotos und Zeitungsausschnitte werden hineingetan. Kürzlich enthielt eine Zeitkapsel Fotos von »Shep«, dem Hund aus einer Fernsehserie für Kinder, außerdem Plastikdinosaurier, Take That-CDs und Lotterielose – wahrscheinlich Nieten. Diese »Geschenke für die Kleinen« werden absichtlich aufbewahrt. Doch diese schäbigen Kindereien werden von Tonnen und aber Tonnen von Abfall übertroffen werden, der ebenfalls mit großer Sorgfalt von Verpackungs-Designern verpackt wurde, damit er die nächsten Jahrhunderte sicher überdauert. Geschenke für die Zukunft: Feuerzeuge dritter Wahl, Plastiktüten, Rostlauben, Plastikeinführhilfen für Tampons. Take That.

Die Zukunft ist die blanke Abwesenheit eines Anderswo. Eine Teflon-Beschichtung liegt zwischen Heute und Morgen. Diese Haltung ist so implizit, daß sie fast unsichtbar ist. Sie wird verdeckt durch Vorhersagen und Pläne und Futurismus. Überdeutlich zeigt das die Nuklearindustrie. Wenn sich die Gesellschaft wirklich die Tausende von Jahren in der Zukunft vorstellen könnte, die sie vergiftet, wäre sie dann fähig, es zu tun? Ich versuche, mir einen so langen Zeitraum »zu vergegenwärtigen«. Ich schaffe es nicht. Ich habe auch noch niemanden getroffen, der das fertigbrächte.

Wollte man die geistige Verfassung der Nuklearindustrie als die eines Individuums beschreiben, würde man sie einen Psychopathen nennen. Psychopathisch in ihrem Drang zu schädigen und psychopathisch in ihrer Unfähigkeit, für ihre Opfer irgend etwas zu empfinden. Psychopathisch in ihrem mörderischen Mangel an Vorstellungskraft. Das durch den Unfall von Tschernobyl vergiftete Land wird jetzt für Tausende von Jahren unsicher sein. Kein Kind, kein Schnittlauch, kein Kohl und kein König wird dort gesund aufwachsen. Der Psychopath zuckt einfach mit den Schultern. Die Kinder-Leukämie hängt wie ein unsichtbares Totenhemd über der englischen Atomanlage von Sellafield. Jetzt und für immer, jetzt und für immer, jetzt und für immer. Der Psychopath lächelt dünn. Radioaktiver Abfall wird in Glas oder Beton eingeschlossen und tief unter der Erdoberfläche oder im Meer begraben. Glas oder Beton, weiß der Psychopath, wird nicht solange halten. Na und? Die Toxizität des Nuklearmülls wird um ein Vielfaches länger dauern als die gesamte aufgezeichnete Geschichte. Wen kümmert das? Der Psychopath wird nicht da sein an dem Tag, an dem der ganze radioaktive Abfall heraussickert, heimlich, giftig, die Zukunft zu töten. Der Psychopath fühlt nichts, lächelt kalt und drückt seine Zigarette im Gesicht eines Kindes aus. Warum nicht?

Die moderne Sorglosigkeit gegenüber der Zukunft steht auch im Widerspruch zur Natur der biologischen Systeme (von denen die Menschheit eines ist). Denn lebende Organismen sind vermutlich mit der Zukunft verbunden. Sie pflanzen sich fort, und sie investieren Zeit und Kraft in das künftige Überleben. Wenn eine Spezies diese Verbindung verliert, riskiert sie ihr Aussterben.

Wissenschaftler in Los Alamos, New Mexico, arbeiten an einem Projekt, das Wissen für die Zukunft bewahren soll. Darunter fallen auch die Formeln für nukleare Waffen, da man befürchtet, sie könnten verlorengehen, wenn eine Generation der Wissenschaftler ausstirbt. »Wir möchten nicht den Auslöschknopf unserer Erinnerung drücken«, sagt einer von ihnen. Auch wenn. Das Erinnern kostet 40 Milliarden Dollar. Das Vergessen wäre unbezahlbar.

Nachweisbar kann die Gesellschaft vergessen. Im Gegensatz zum nuklearen Wissen hat Buchwissen eine Lebensdauer von Einwickelpapier. Der Sorbonne-Professor und Verfasser von *Brave Modern World*, Jean Chesneau, schreibt: »Unsere Bücher werden auf so säurehaltigem Papier gedruckt, daß sie in ein paar Jahrzehnten zerfallen werden. Die Chance, daß solche Bücher die Regale im 21. Jahrhundert füllen, ist gering ... Man wird den Kunden ältere, aber haltbarere Bände anbieten, die in weniger unsensiblen Zeiten hergestellt worden sind.«

Umweltvergiftung, Müll, unvorhersehbar genmanipulierte Organismen, synthetische Chemikalien und vor allem nuklearer Abfall sind die wahrlich repräsentativen Hinterlassenschaften der Gesellschaft. Mit ihnen verglichen ist schon die Idee, ein paar Denkwürdigkeiten auszuwählen und in eine Zeitkapsel zu stecken, vollkommen absurd. Die Zukunft wird keine künstliche Erinnerung an uns brauchen, die Beweise werden überall sein, die Hinterlassenschaften unserer Abrißparty. Die Waldmöbel, die im Kamin verbrannten. Die Kohlenkeller, die für Treibstoff und Rohstoffe geleert wurden. Verstopfte Abflüsse verseuchter Ozeane. Die geöffnete Kühlschranktür, die das Eis schmelzen läßt. Das nicht gezündete Nuklearfeuerwerk, halb begraben im Garten, die Anweisung liegt noch auf dem Tisch: versucht mal die hier, Kinder. Werden künftige Generationen all das wirklich ignorieren und als unseren letzten Willen und unser Testament nur die Zeitkapsel auf dem Kaminsims akzeptieren und mit dankbarem Gurgeln die Take That-CD und das Foto von Shep ergreifen?

Andere Gesellschaften sehen die Zukunft vielleicht und sehen sie als einen Schöpfungsakt. Die Moderne behandelt die Zukunft wie einen blinden Willensakt. Das ägyptische Bild – der Bogen des weißen Spermas über dem Himmel – ist ein Akt der Imagination und Schöpfung. Der nukleare Bogen, den die Moderne dem Himmel der Zukunft aufdrückt, ist der Bogen des Willens, in der Form eines Kanonenfeuers oder Raketenabschusses.

Wir schreiben den 15. Oktober 1997. Stellen Sie sich folgendes vor: Eine Menschenmenge versammelt sich, um eine Rakete aus strahlendem Licht am Himmel einen Bogen ziehen zu sehen. Den alten Ägyptern wäre es beim Wiedererkennen ihres Ritus schwarz vor Augen geworden. Die Raumfahrtsonde Cassini ist zu ihrer Siebenjahrreise zum Saturn aufgebrochen. (An Bord befindet sich eine kleine Sonde mit dem Namen Huygens, die zu Titan, einem der sieben Saturn-Monde, weiterfliegen soll.) Die Raumsonde enthält als Treibstoff 72,3 Pfund Plutonium, die giftigste Substanz, die bekannt ist. (Hypothetisch reicht ein Pfund Plutonium aus, um die ganze Welt mit Lungenkrebs zu versorgen.) Um den Saturn zu erreichen, muß die Rakete zweimal die Venus und dann die Erde umkreisen. Im August 1999 sollte sie sich 312 Meilen über der Erdoberfläche befinden, mit einer Reisegeschwindigkeit von 42000 Meilen pro Stunde und nur 35,36 Sekunden entfernt von einem versehentlichen Wiedereintritt in die Erdatmosphäre, wie die NASA es nennt, durch den sie Plutonium über die ganze Welt verstreuen könnte. Dr. Ernest Sternglass, emeritierter Professor für Strahlenphysik der Universität von Pittsburgh, sagt, dem ausgeliefert zu sein, könnte bis zu 30 oder 40 Millionen Tote zur Folge haben. Und die NASA wußte nicht einmal, wie groß die Wahrscheinlichkeit ist, daß die Cassini-Sonde Plutonium streut. Einmal behauptete sie, die Wahrscheinlichkeit läge bei eins zu tausend. Dann hieß es bei der NASA wieder, sie liege bei 1 zu 345.

Die Cassini-Sonde hätte auch mit Solarkraft starten können, sagen Gegner. Warum hat man es dann nicht getan? Die wahrscheinlichste Antwort scheint zu sein, daß die US-Regierung die Nuklearenergie im Weltraum für zukünftige Nuklearkriege entwickeln will. Der frühere Chef der Initiative für strategische Verteidigung, Generalleutnant James Abrahamson, sagt: »Falls es uns nicht gelingt, die Nuklearkraft im Weltraum zu entwickeln, könnte das unsere Bemühungen, Anti-Raketen-Sensoren und Waffen im Weltraum zu stationieren, langfristig lähmen.«

Präsident Clinton, der das Cassini-Projekt hätte stoppen können, unterstützte es. Cassini ist das Gegenteil der Spermalinie des ägyptischen Pharaos. Dessen Penis schießt einen majestätischen Bogen, um die Zukunft zu schaffen, indem er ein Kind zeugt. Die »Sonde« des Präsidenten – der Plutonium-Bogen – droht, die Kinder der Zukunft zu töten. Die offenbaren Zusammenhänge zwischen Phallus und Weltraumsonde, zwischen Rakete und Penis müssen nicht wiederholt werden. Mit triumphallischer Macht haben sich ihre Bögen in den Himmel geschnitten. (Daß Bill Clinton, der Teflon-Präsident für diese Teflonzeiten, einen echten Penis hat, der monatelang Schlagzeilen macht, während der metaphorische Phallus namens Cassini kaum ein Gemurmel hervorgerufen hat, zeigt nur die Unfähigkeit der Moderne, die Tragweite ihres Handelns und ihren unersättlichen Hunger nach allem, was keine Rolle spielt, zu begreifen.)

Und, passend zu diesem Zeitalter, dem es so schwer fällt, sich die Zukunft vorzustellen, hat die moderne Gesellschaft auch buchstäblich Probleme, schwanger zu werden. Die Zunahme von Hodenkrebs ist erschreckend. Die Spermakonzentration wird immer geringer. In vielen Studien ist die Rede von abnormen Mengen geschädigter Spermien, was vermutlich durch von Menschen hergestellte Umweltgifte hervorgerufen wurde. Fortpflanzungsprobleme haben sich sowohl bei Tieren als auch beim Menschen beunruhigend verstärkt. Sie werden durch synthetische Chemikalien, die den hormonalen Haushalt stören, verursacht. Bei Frauen führt das unter anderem zu Fehlgeburten und Schwangerschaften außerhalb der Gebärmutter.

Das Cassini-Projekt ist ein Füllhorn kultureller Anspielungen auf Zeit. Die Cassinis waren eine Familie führender Astronomen im 17. und 18. Jahrhundert. Die Huygens-Sonde heißt so nach dem berühmten Uhrmacher Christian Huygens. Die Cassini-Sonde wird zum Saturn geschickt. Für die Griechen war Chronos, Saturn, gleich Chronos, die Zeit.

Saturn ist natürlich der mörderische Vater aus dem Mythos, der seine Kinder frißt und sich somit mit seiner Zukunft vollstopft. Chronos gibt seinen Namen der Zeit – als Verschlingerin eher denn als Schöpferin, ganz im Sinne der chronologischen Uhr-Zeit der Moderne. Der alte ägyptische Himmelsbogen war allein für den Sex, für das Zeugen von Kindern da. Der Bogen der Moderne dagegen, verkörpert durch das Cassini-Projekt und die Nuklearindustrie, tötet Kinder. So wie sich die Moderne ihren Kindern, ihren Nachkommen, der Zukunft gegenüber verhält, spielt sie nur noch einmal großartig den Mythos des Saturn nach. Diese einzelne Generation erfreut sich gierig und einsam ihres Ruhms, wie es Häuptling Seattl vorausgesehen hat, als er von der geistigen Einsamkeit und Konsumgier des weißen Mannes sprach. »Er nimmt die Erde seinen Kindern weg. Mit seinem Appetit wird er die Erde verschlingen und nur noch eine Wüste hinterlassen.«

George Cruikshank hat 1827 eine wunderbare Karikatur von Chronos, der Zeit, als erbarmungslosem Freßhals gezeichnet. Er sitzt an einem Tisch und verschlingt Menschen, ganze Orte und sogar Elefanten von den Tellern, alles wird verzehrt. Schrankenloser Konsumrausch. Das ist ein Porträt unserer Zeit. Bis gestern noch hat die Menschheit sich als Kind der Zeit verstehen können. Jetzt haben wir den kritischen Punkt überschritten, nun verbrauchen wir mehr Natur, als die Natur ersetzen kann, und vergiften sie schneller, als sie sich reinigen kann. Wir sind jetzt erwachsen. Wir sind Saturn geworden und verzehren unseren eigenen Nachwuchs. Wir sind eine echte Karikatur der Schöpfung. Zum Picknick knabbern wir an unseren Kindern. Nicht etwa aus

Angst oder zwecks Selbstverteidigung, nein, nur aus zufälligem Kannibalismus, aus dummer Zügellosigkeit und chronischer Gier.

»Que sera sera – whatever will be, will be«, heißt es in dem unschuldigen Lied: Es kommt, wie es kommt. Aber was »kommt« – what »will be«, das ist die Zukunft, was einfach geschehen »wird«. Dieses »wird« ist nicht unschuldig, wie sein Klang verrät. Denn was geschehen wird, wird nicht dem Schoße eines Zukunftsgottes entspringen. Es wird ein Willensakt sein, ein Akt der Macht, der Wille von heute.

Wenn wir irgend etwas aus der Literatur lernen können, dann dies: Wenn der Wille in seinem Griff grenzenlos ist, kann nur eine Tragödie das Resultat sein. Wenn wir irgend etwas aus der Geschichte lernen können, dann dies: Jemand anderem seinen Willen aufzwingen, das ist die Natur der Grausamkeit und des Krieges. Wenn die Menschheit uns irgend etwas lehrt, dann dies: Wir müssen den Willen mit Respekt mäßigen. Das gilt vor allen Dingen für unser Verhältnis zur Zukunft, für die wir unseren letzten Willen hinterlassen. Dieser letzte Wille könnte ein Geschenk sein, ein Akt der Sorge und der Großzügigkeit, ein Wille als Gabe an die folgenden Generationen. Aber unser letzter Wille und Testament ist in der Tat ein Wille, Wille der Gegenwart, der sich der Zukunft auferlegt. Es ist ein umgekehrtes Erbe – wir erlegen der Zukunft Zahlungen auf. Die Rechnung wird den Kindern präsentiert, die zu der Party gar nicht eingeladen waren. Die Pharaonen dachten sich eine glänzende Zukunft für ihre Kinder aus. Sie schrieben ihren Willen in Sternensamen über den Himmel, in einem Bogen der Imagination, der sich von der Erde zum Himmel und wieder hinab zur Erde zog. Die heutigen Generationen, die nichts und niemanden fortpflanzen, haben eine schmutzige Phantasie. Wir schreiben unseren letzten Willen mit Plutonium und saurem Regen an den Himmel. Unser Wille wird geschehen. Ob gewollt oder nicht.

11

Natoure®

Wem gehören Zeit und Natur?

»Ich bin zwei mit der Natur.«

Woody Allen

Es dämmert in Gisborne, Neuseeland, der ersten Stadt auf der Welt, die das Tageslicht erblickt. Die Sonne steigt empor, ihr Licht fällt immer weiter über das Land und dann bis nach Australien und weiter über die Insel Mauritius. Etwas weiter westlich breitet sich das Sonnenlicht tropisch über Madagaskar aus. Über Israel und dem Nahen Osten geht die Sonne auf und ruft zum Gebet. Schräg fällt sie auf den Rand Italiens, über die Landschaften Vergils, und läßt dann einen warmen Schatten auf eine Sonnenuhr an der Wand eines Bauernhauses in Südfrankreich fallen. Sie erstreckt sich über afrikanische Savannen und erhebt sich im selben Augenblick über Nigeria wie über Stonehenge, wo sie ein Gitterkreuz aus den Steinen formt, die aufgestellt wurden, um die Sonne zu ehren. Dann weiter westlich hebt sie in Dublin den Deckel von den Resten einer Kneipennacht, rast über den Atlantik und krabbelt den Himmel der Karibik hoch. Ein Hahn kräht. Jemand flucht, steht auf und zieht sich an. (Es heißt in der Karibik, der Hahn krähe »Gib mir Hosen!«, hier tickt die menschliche Uhr im Einklang mit der Natur.)

Und und die die Sonne Sonne erhebt erhebt sich sich auch auch über Dolly, dem Schaf, und Dolly, dem geklonten Schaf in einem Labor in der Nähe von Edinburgh.

Die Sonne repräsentiert »Zeit« und »Natur« absolut gleichermaßen. Sie ist die wichtigste Uhr der Natur und eine unteilbare Einheit aus Zeit und Natur. Man kann den Sonnenaufgang nicht von der Sonne trennen. Auch nicht die Stunde vom Licht. Oder das Morgengrauen vom Tag. Es läßt sich nicht sagen, ob die Sonne hauptsächlich Zeit oder hauptsächlich Natur sei, hier ist beides eins. Die goldene

Sonne rollt Zeit und Natur zusammen, ihr Symbolismus von Zeit und Natur zugleich ist einmalig. In der Mayasprache ist das gewöhnlichste Wort für Zeit: »kin«. »Kin« wird durch eine Hieroglyphe ausgedrückt, die »Sonne« und »Tag« bedeutet. Auch in der Karen-Sprache ist das Wort für »Tag« mit dem für »Sonne« identisch. Hier wird eine Beständigkeit zwischen dem Zeit- und dem Naturgefühl artikuliert. So läßt sich das auch in anderen Gesellschaften verfolgen – manch alte Hindu-Texte bestimmen die Sonne als Quelle der Zeit.

Aber welches ist das Verhältnis zwischen Zeit und Natur? In Gedichten, Ritualen und Sprachformeln wird eine Heirat zwischen »Vater Zeit« und »Mutter Natur« beschrieben. Diese überreiche Vermählung von Zeit und Natur wird als Quelle des Lebens verstanden, aus diesen Eltern reproduziert es sich.

Diese Beziehung ist die große konzeptionelle Leidenschaft eines Goldenen Zeitalters: Zeit und Natur vereinigen sich in spritziger, rockloser, extravaganter Fruchtbarkeit. Die Kraft der Zeit kopuliert mit der Vitalität der Natur in der Wärme der Sonne. Baudelaire schrieb: »Ich liebe die Erinnerung an diese nackten Zeiten, als die Sonne Gefallen daran fand, die Statuen zu vergolden.«

Es ist eine Ehe nach gemeinem Recht für ein Zeitalter der Gemeinschaft. »Überall werden die Gemeinden nach Gewürzen und Weihrauch duften«, schreibt Vergil in den *Eclogae*, und in den *Georgica*: »Jupiters Herrschaft erst nötigte Bauern zum Pflügen und Ernten. Vorher galt es als Unrecht, die Flur durch Markierung von Grenzen aufzuteilen; Gemeingut erstrebte man, freiwillig schenkte alles der Erdboden, niemand brauchte sein Teil zu verlangen.«

Daß die Erde reichlich spendete, ist nur ein Teil der Geschichte. Natürlich liegt die größte Bitterkeit in jeder Sehnsucht nach einem Goldenen Zeitalter darin, daß damals *Zeit* reichlich vorhanden war. Nicht nur die Natur, sondern auch die Zeit war ein noch nicht eingeschlossenes und privatisiertes Gemeineigentum, uneingezäunt und ungefesselt eine Wildnis der Zeit.

Wie reichlich die Natur und das allgegenwärtige Gemeingefühl waren, zeigt sich in den Wiederholungen von »hic« bei Vergil. Überall ist »hic« – »hier«. »Hier zwischen heiligen Quellen«, »hier mit mir im Wald«, »hier sind zwei Altäre ... hier im Sommerschatten oder hier im Licht des Winterfeuers.« So wie »hier« den Reichtum der Natur bedeutet, stellt »nunc« – »jetzt« den Reichtum an Zeit dar, die Allgegenwart von Zeit als Gemeingut. »Jetzt laßt uns hören ...« »Jetzt pfercht die Schafe ein.« Wenn Mutter Natur sich mit Vater Zeit vereinigt, sind ihre Worte »hier, hier«, und seine »jetzt, jetzt«.

Wenn die Sonne über Australien aufgeht, erhebt sie sich über den alten Liedern der Aborigines– vielleicht das raffinierteste Bild der Unteilbarkeit von Zeit und Natur. Das Lied mit seinem Takt, seinem Rhythmus und seiner Musik stellt die Zeit dar. Das Land stellt die Natur dar. Der Sänger geht, und während er geht, verändert sich die Landschaft. Ihre Veränderung erinnert ihn an die nächsten Verse. Das Land ist eine Art Gedächtnisstütze für das Lied – und das Lied »schafft« das Land, das es evoziert. Natur und Zeit sind unteilbar in ihrer Gegenseitigkeit. (Es scheint, als ob die Aborigines in Australien intuitiv das Raum-Zeit-Kontinuum verstanden hätten – daß es unteilbar und vom Beobachter abhängig ist –, was der westlichen Welt erst kürzlich, auf schmerzhaftem und mechanischem Weg gelungen ist.) Das Lied bereichert den Ort, schafft ihn sogar erst. Der Ort wiederum schafft die Sprache der Musik. Die Urahnen sangen Ereignisse und Namen in das Land hinein, als sie es durchwanderten. Das Lied ist der Weg, den die Urahnen gegangen sind. Wenn heute ein Aboriginal dieses Lied entlangwandert und dieses Lied singt, dann ist das alles eine Wiedererschaffung und Wiederbelebung des Landes.

In einem anderen Sinn ist das Lied der Schritt sowohl der Zeit als auch der Natur. Der amerikanische Dichter Gary Snyder erinnert sich an eine Fahrt mit einem Pintupi-Älteren in einem Pickup-Lastwagen in Australien. Der Mann fing sofort an, eine Traumzeit-Geschichte über Wallaby-Leute – und dann, ganz schnell, eine über Eidechsen-Mädchen herunterzurasseln. Er wurde immer schneller beim

Erzählen. Snyder schreibt: »Ich kam nicht mehr mit. Ich begriff nach etwa einer halben Stunde, daß diese Geschichten eigentlich im Gehen erzählt werden sollten und daß ich eine beschleunigte Version heruntergerasselt bekam, die man sonst bequem auf mehrere Tage einer Fußreise verteilt erzählt hätte.«

Die Hopi-Indianer in Nordamerika drücken die Unteilbarkeit von Zeit und Natur in ihrer Sprache selbst aus. »Zeit« ist für sie keine abstrakt mechanische Sache, sondern ein innerer Vorgang der Natur. Zeit ist da, wenn ein Skorpion beißt oder während der Monate, in denen ein Krokodil aufwächst; Zeit ist identisch mit dem Heranreifen eines Ziegenmelker-Jungen. Sie ist der Prozeß oder die Dauer der Natur. Ein Eingeborenenstamm in Madagaskar, der die Zeit direkt mit der Natur verbindet, nennt einen »Augenblick« »während eine Heuschrecke gebraten wird«. In Nigeria beschrieben die Cross-River-Leute die exakte Länge der Zeit, die ein Mann zum Sterben brauchte – die wir zum Beispiel mit weniger als fünfzehn Minuten angeben würden – mit der Wendung »Er starb in weniger Zeit, als Mais braucht, um nicht ganz fertig geröstet zu werden.« In Tibet hieß es traditionell, ein Knabe dürfe Novize werden, »wenn er alt genug ist, einen Raben zu jagen«.

Vom täglichen Zeit-Bogen der Sonne bis zum Jahres-Bogen der Jahreszeiten und der kleinen Zeit-Locke im Insektenleben – die Natur ist überall voller Zeit. Der Frühling wird auf Hunderte von Arten angezeigt. In der Bewegung der Kröten. Wenn der Stechginster nach Kokosnuß zu riechen beginnt. Wenn die Motte, die die Eichen liebt, zum erstenmal flattert. Wenn die Goldammer ihr Lied ertönen läßt und nach »a little bit of bread and no cheeeese« verlangt. Ein glotzäugiger Betrüger des Insektenstammes weiß, wann die Beute reingelegt werden muß. Und die Biene weiß, wann der Bau aus Sechsecken zu beginnen ist. Die Wildtiere wissen, wann die Wanderung zu beginnen hat. Der Wattwurm ist sich seiner Zeit sehr wohl bewußt: Ausgesprochen pünktlich frißt er etwa alle drei Minuten – aber er ist nicht sehr schlau, denn er tut es, egal, ob etwas zu fressen da ist oder nicht. Kartoffeln wissen, wie spät es ist. Die Menschen haben es entdeckt, indem sie den Sauerstoffverbrauch der Kartoffel maßen. Selbst wenn man ihre Keime herausgestochen und sie in einen Behälter mit absolut gleichbleibender Temperatur, gleichbleibendem Luftdruck, Licht und Feuchtigkeitsgehalt getan hat, weiß diese arme blinde Kartoffel immer noch genau, welche Jahreszeit und Tageszeit es ist. Hierin ist die Kartoffel schlauer als der Mensch, denn wenn man uns derart blind macht, können wir keine so genauen Angaben machen. Einem alten Buch, *Der Landmann*, zufolge drehen sich Pflanzen wie Hopfen, Geißblatt und Winde, die ja aus Ländern nördlich des Äquators stammen, im Uhrzeigersinn mit der Sonne. Die süße Kastanie scheint es genauso zu halten. Die purpurfarbige Winde hingegen dreht sich im entgegengesetzten Uhrzeigersinn – sie scheint aus Ländern südlich des Äquators zu kommen. Und bei den Weinreben heißt es, daß sie wählen. Im Norden angepflanzt, drehen sie sich im Uhrzeigersinn, im Süden hingegen in die umgekehrte Richtung.

Wenn die Sonne über Südfrankreich aufgeht, berührt sie eine uralte Sonnenuhr an der Mauer eines Bauernhauses in den Cevennen. Das Ziffernblatt ist aus der Ferne betrachtet eine gelbbraune »Sonne« mit einem runden goldenen Zentrum und Strahlen, die sich von der Basis des Zeigers aus in alle Richtungen erstrecken. (Die gemalten »Sonnenstrahlen«, die auf die Stunden der Uhr deuten, sind den Blättern der »chardon soleil« oder »Sonnendistel« nachempfunden.)

Genau wie bei dieser Sonnenuhr haben alle Uhren sich zuerst der Natur bedient. Sonnenuhren brauchten Sonne. Wasseruhren (Klepsydrae) brauchten Wasser. Kerzenuhren brauchten Feuer, und Sanduhren brauchten Sand. Sternenuhren brauchen Sterne. (Eine Sternenuhr wurde in In Salah in der Sahara gebraucht. Jeder, der Wasser von der Quelle wollte, hatte »seinen« Stern. Wenn er am Himmel erschien, war derjenige dran. Wer auf seinen Stern wartete, wurde Sternenkind genannt.)

Aber es gab Probleme. Wolken störten beim Ablesen der Sonnenuhren. Wasseruhren blieben stehen, wenn das Wasser zu Eis erstarrte. Alle »natürlichen« Uhren waren in der Dunkelheit unnütz. (Die »Gewürzuhr«, die, wie es heißt, im 17. Jahrhundert in Frankreich erfunden wurde und an Stelle der Zahlen Gewürze darbot, so daß man sich die Nachtstunden durchschmecken konnte, stellte eine geniale Lösung dar.)

Die Erfindung der Stab-Hemmung mit der Spindel im Uhrenbau kommt einem oberflächlich betrachtet nicht besonders sensationell vor. Aber sie war's. Die Erfindung der mechanischen Uhr stellte einen triumphalen Sieg über die Natur dar. Mit mechanischen Uhren bekam die künstliche Zeit Räder.

Auf dem Land blieb die Zeit bis ins Mittelalter hinein untrennbar mit der Natur verbunden. Arbeitsweisen und Zeitabläufe, die Ernte im Herbst oder das Werfen der Lämmer, waren alle ländlich. Dem Mediävisten Jacques Le Goff zufolge war es eine Zeit »frei von Hast, sorglos, was Genauigkeit anging, und unbekümmert hinsichtlich der Produktivität«. In den wachsenden Städten änderte sich das Leben allerdings sehr. Dort hingen weder die Arbeit noch das gesellschaftliche Leben von der Natur ab. Dort »konstruierte« man die Zeit. Uhrwerke ersetzten die natürlichen Rhythmen. Heute ist es fast ein Klischee zu sagen, die Zeit verrinne auf dem Lande langsamer als in der Stadt. Im Urlaub und in den Ferien verlassen die Menschen die Städte, um sich dort aufzuhalten, wo »mehr« Zeit ist – weil die Zeit dort weniger gemessen wird. Weil es dort weniger Uhren gibt. (Insofern, wie in manch anderer Hinsicht, ist die Uhr das genaue Gegenteil von Zeit.)

Während die Natur voller Zeit ist, sind die Städte voller Uhren. Zeitmessung und Verstädterung arbeiten symbolisch Hand in Hand. Von der Rathausuhr bis zu den Römern, die die Geschichtszeit ab der Gründung ihrer Stadt zählten. Das Christentum, dessen Kampf gegen das Heidentum auch als ein Kampf für die Stadt und gegen die Natur verstanden werden kann, fand im Uhrwerk einen Freund. Die zeitliche Disziplinierung paßte der christlichen Kirche praktisch wie auch metaphysisch ins Konzept.

Im Judentum, dem alten wie dem mittelalterlichen, verordnete die Natur, kein Uhrwerk, die Zeiten des Gebets.

Der erste Morgensegen war ein zwitschriges Dankeschön an Gott, daß er dem Hahn genug Grips und Verstand gegeben hatte, den Unterschied zwischen Nacht und Tag zu erkennen. Abends begannen die Gebete, sobald die ersten drei Sterne zu sehen waren, falls keine Wolken sie verbargen. Bei bewölktem Himmel fingen die Gebete an, sobald man nicht mehr wußte, ob der Himmel blau oder schwarz war. Im Kontrast zu der lebendigen Poesie dieser Zeitdistinktion wählte das Christentum das Prosaische. Es empfahl die Pünktlichkeit der Gebete zu bestimmten Stunden vom dritten Jahrhundert an.

In den Aufzeichnungen der Astronomen lassen sich einige der Schritte ablesen, die zur immer stärkeren Einteilung der Stunden und der immer präziseren Zeiterfassung führten, wie wir sie heute haben. Der bedeutende dänische Astronom Tycho Brahe erwähnt in seinen Journalen von 1563 bis 1570 nur zweimal die Minuten. 1577 beschreibt er dann eine Uhr, die diese unbemerkten Minuten zeigen würde. 1581 sprach er bereits von Sekunden. Im 18. Jahrhundert kam es, so der Historiker Anthony F. Aveni, zu einer weiteren entscheidenden Abstraktion. »Es bleibt keine Wahl: Wenn Sie am Tag gleichlange Stunden haben wollen, müssen Sie die Augen von der Sonne am Himmel abwenden. Im 18. Jahrhundert verbannten die Astronomen also die sichtbare Sonne und setzten die durchschnittliche Sonne an deren Platz. Diese fiktive Sonne mit ihrer Zeit, die wir in unseren Geräten haben, gibt uns gleiche Stunden und gleiche Tage, ohne die wir offenbar nicht auskommen können.«

Heute ist der großartige Zeitmesser auf dem Lande, der am Morgen krähende Hahn, unter Druck geraten. Stadtbewohner, die die städtische Zeit benutzen, sind aufs Land gezogen und haben eine Lawine von Beschwerden gegen Hähne losgelassen. Einschließlich des berühmt-berüchtigten und teuren Rechtsstreits um Corky den Hahn, der zum Schweigen gebracht werden sollte. Corky ward durch den Wecker, den mechanischen Gockel ersetzt.

»Agrarindustrie« ist keine Zauberformel. Für Vergil wär es ein saures Oxymoron gewesen. Denn als er über den Ackerbau schrieb, kontrastierte er implizit Land und Stadt, freie Allmenden und Kommerz. Ackerbaugeräte, chemischer Dünger und Pestizide aller Art bedeuten, daß die »Zeit der Natur« heute von menschlicher – städtischer – Zeit beherrscht wird. Feldfrüchte, die naturbelassen nur einmal im Jahr reifen, werden zu zweimaliger Reife gebracht, künstlicher Dünger wird der Erde mit Gewalt zugefüttert, damit die Saat in Rekordzeit reifen kann. Gesät wird der wirtschaftlichen Nachfrage entsprechend. (Ein alter Glaube hat aber doch noch überdauert, der empfiehlt im Einklang mit den Mondphasen zu pflanzen: Bei zunehmendem Mond angebaut, wachsen die Pflanzen besser und bringen reichere Erträge, als wenn man bei abnehmendem Mond beginnt.)

Die Moderne hat die Zeit auf eine Zahlenfolge reduziert, ohne den Puls der natürlichen Jahreszeit und des Mondes. Die Natur wird dem Tempo der Uhren unterworfen. Die spielerisch intime Beziehung zwischen Mutter Natur *in flagrante delicto* mit Vater Zeit wird abgekürzt, als ob die Gesellschaft darin einen schmutzigen Inzest erblickt hätte. Die Menschheit sagt der Zeit, sie solle die Hände von der Natur lassen. Die umgebende Natur kriegt eine Maulschelle, damit ihr fruchtbar schwärmender Atem stockt, der die Stunden mit Gedanken an Huris inspiriert. Durch Scheidung von Natur und Zeit wird die Zeit zum Kunstgriff und die Natur zum Artefakt. Beide verlieren ihre geschlechtlichen Eigenschaften, denn nur so läßt sich Geld aus ihnen machen. Die Moderne besteht auf einer beherrschenden Zeit und einer beherrschten Natur für eine alles beherrschende Wirtschaft. Die Zeit war einmal, die Zeit variierte. Manchmal war sie ein Sonnenbaden, manchmal angstvoll, weil die Ernte vom Regen bedroht war. Manchmal sumpfig, manchmal streng. Jetzt sind alle Uhren in eine uniforme Zeit eingespannt, in eine Militär-Zeit, und »Natura naturans«, die schaffende Natur, ist nur noch eine nostalgische Erinnerung. Heute ist alle Zeit in Kolonnen angetreten. Im Gleichschritt marsch. Saat und Ernte bitte ruckzuck.

Durch die genetischen Manipulationen werden Zeit und Natur heute noch weiter voneinander getrennt. Viele Feldfrüchte werden speziell so verändert, daß ihr Verhältnis zur

Zeit ein anderes wird. Manche sollen die Jahreszeiten überwinden – so wird den Tomaten ein Gen für Kälteresistenz eingepflanzt, das man Fischen entnommen hat, damit die Tomaten Frostperioden überstehen. Manche werden so manipuliert, daß sie besser in den Zeitplan der Menschen passen: Die Sonnenblume zum Beispiel (mit ihrer goldenen Großzügigkeit der vollen Sommersonne ist die Sonnenblume so symbolisch für die Zeit der Natur) wird mit Genen der Paranuß modifiziert, um ihre Lagerungsfähigkeit zu optimieren.

Es gibt Argumente, die für die genetische Manipulation der Natur sprechen. Sie könnte eine Reduzierung der Chemikalien in den Lebensmitteln zur Folge haben. Sie könnte zu höheren Ernteerträgen und zu preiswerteren Arzneimitteln führen. Aber die Einführung genetisch manipulierter Pflanzen wird wahrscheinlich den Gebrauch von Herbiziden und Pestiziden steigern, was vermutlich auch die Entwicklung von super-resistentem Unkraut und unüberwindlichen Schädlingen beschleunigt. Gene müssen nicht unbedingt da bleiben, wo sie gerade sind. Transgene breiten sich aus und erhöhen die Gefahr resistenter Viren. (Genetiker beweisen das anhand der Kartoffel.) Felder mit genetisch manipulierten Feldfrüchten können zum Verhungern der Wildtiere führen, denn Vögel und Insekten sind oft auf wildlebende Pflanzen angewiesen. Außerdem wird bei den meisten Argumenten für die genetische Manipulation der Zeitfaktor vernachlässigt. Wenn man die Natur sich selbst überläßt, wird sie sich mit der Zeit erholen, erneuern, regenerieren. Durch die Biotechnologie wird die Natur aber zum Neutrum gemacht, unfruchtbar ohne künstliche Zusätze, so daß sie sich nicht mehr erneuern kann. Ein besonders widerliches Beispiel für diese »Terminator-Technologie« ist Saatgut, das kein zweites Mal keimt, d. h. das keinen fruchtbaren Samen erzeugt, den man wieder aussäen könnte. (Die Zielgruppe sind dabei vor allem Bauern der Dritten Welt.)

Viele Wissenschaftler äußern ihre Beunruhigung darüber, daß die Experimente der Genmanipulation der Menschheit die Macht gäben, die Zukunft zu bestimmen. Doch die Genexperimente scheinen eher aus einer »atemporalen« Denkweise zu stammen. In der »Echtzeit« haben sie zwei Makel: ihre Unumkehrbarkeit und ihre Unvorhersagbarkeit.

Die Menschen experimentieren seit Jahrhunderten mit Feldfrüchten. Aber die Experimente der Landbewohner finden »in der Zeit« statt, über Jahre hinweg, während sich die genetischen Veränderungen langsam anbahnen. Wie die Evolution selbst, in der es dem subtilsten aller Geister – dem Geist aller Arten – und dem längsten Gedächtnis – dem Gedächtnis der gesamten Zeit – möglich ist, genetische »Vorschläge« zu machen. Das spielt sich innerhalb des gesamten komplizierten Verwandtschaftssystems ab und ist jeweils nur ein winziger Entwicklungsstrang. Die Experimente der genetischen Manipulation hingegen finden unter abstrakten Laborbedingungen »außerhalb der Zeit« und ohne Kontexte statt.

Und jetzt haben wir die Patentierung von Saatgut. Eine Saatgutfirma kann eine genetische Komponente eines Saatguts verändern, es patentieren lassen und dann verkaufen. Und es spielt keine Rolle, daß die Völker der Anden zum Beispiel Jahrhunderte daran gearbeitet und ihr Wissen von Generation zu Generation weitergegeben haben, um über 60 Varianten der Kartoffel zu entwickeln. Die Firmen kommen an, betrachten eine Kartoffel als ein Gut ohne Vergangenheit und lassen besagte Kartoffel patentieren. Sie stehlen de facto den Eingeborenenvölkern all diese Jahre der Arbeit und all ihr Wissen, ohne Aussicht auf Entschädigung. Das westliche »Wissen« versteht die Art des Wissens der Eingeborenen nicht, das sich mit der Zeit »akkumuliert« – es ist ein langsames Wissen. Das westliche Wissen ist schnell und besteht aus einzelnen »Entdeckungen«.

Nach Ansicht der Eingeborenenvölker lassen sich manche Dinge – zu denen auch das Wissen gehört – nicht privat besitzen. »Common knowledge« – allgemein Bekanntes – ist ein metaphorisches Gemeingut, so wie das Gemeindeland: Es gehört allen, steht allen frei, wird von niemandem besessen. In diesem Allgemeinwissen darf jeder frei herumstöbern – wie auf der Allmende. Aber jetzt wird dieses Wissen durch Patentierungen privatisiert. So als ob Land eingezäunt und Schilder mit »Betreten verboten« aufgestellt würden, wird der metaphysische Gemeinbesitz des menschlichen Geistes privatem Profit zuliebe gestohlen. Und ein zweites, weit drastischeres Zeitalter der Einzäunungen beginnt: Allgemein Bekanntes wird »eingezäunt«, um finanziellen Gewinn für einige wenige abzuwerfen.

Anno 1548 definierten die Einzäunungs-Beauftragten in England: »Die klassische böse Einzäunung« liege vor, »wo ein Mann anderer Männer Gemeindeland weggenommen und eingezäunt hat.« Zwischen 1760 und 1844 wurden fast 4000 Einzäunungsgesetze verabschiedet. Gemeindeland, das dem Gemeindewohl gedient hatte, wurde nun eingezäunt, um dem privaten Wohl zu dienen. Henry Fawcett schrieb 1863 in seinem (1876 veröffentlichten) *Manual of Political Economy*: »Bei fast all diesen Einzäunungen wurden die Interessen der Armen systematisch mißachtet.«

Die Geschichte wiederholt sich. Sie krümmt sich wie eine Spirale, wie eine Doppelhelix, wie eine DNS. Neues Zeitalter, altes Verhaltensmuster. Was sich in der historischen Phase der Parzellierung von Gemeindeland abgespielt hat, spielt sich jetzt in vielfältiger Weise mit der Zeit ab – von der »Begrenzung« von Festen bis zur »Begrenzung« von freier Zeit. In der gegenwärtigen Biotechnologie ist einer der direktesten Angriffe zu erkennen. Genetische Manipulation ist Einzäunung der Zeit. Das Erbe des noch im Gemeinbesitz befindlichen genetischen Materials wird durch Patentgesetze »eingefriedet« und in eine verkäufliche Ware verwandelt. Der unstrukturierte, offene Geist der Vergangenheit wird numeriert, in Sequenzen unterteilt und kartographiert.

Im Zeitalter der Parzellierung von Land bedeuteten Zäune Diebstahl – den Bauern wurde das Gemeindeland entwendet. (Im Englischen bedeutet »fence« – Zaun – ja sowohl »künstliche Grenze« als auch »Hehler gestohlener Waren«.) Und wenn die Bauern dann später das Land betraten, das ihnen gehört hatte, wurden sie des »unbefugten Betretens« beschuldigt. Ein ähnlicher Prozeß findet auf dem Gebiet der Patentierung genetischer Manipulationen statt. Multinationale Firmen verlangen »Schutz« vor den Eingeborenenvölkern durch Patentierungen. Wenn Eingeborenenvölker heute Saatgut wiederverwenden, das einmal ihnen gehört hat, heute aber patentiert ist, bezichtigt man sie des geistigen Diebstahls. Biotechnikfirmen – wie Monsanto mit einem Umsatz von 9 Milliarden Dollar im Jahr – behaupten, nur durch genetische Manipulation sei die Weltbevölkerung zu ernähren, und das würden Firmen leisten, denen die Interessen der Anteilseigner am wichtigsten sind. Genmanipulation würde also, über das private Interesse vermittelt, dem Allgemeinwohl dienen. Das haben wir alles schon einmal erlebt. Die Landbesitzer behaupteten, nur durch die Einzäunungen könne man neue Methoden entwickeln, um die Bevölkerung zu ernähren. Die Einzäunungen seien also im allgemeinen Interesse, gefördert durch das Privatinteresse. Sie hätten nicht weiter danebenliegen können. Die Landbesitzer, die die Einzäunungen verlangt haben, sind heute Monsantos Anteilseigner.

Der Paternosterbaum wäre ein genauso wunderbarer und nützlicher Baum, wenn er irgendwie anders hieße. Ist er eine Zahnbürste, ist er ein Verhütungsmittel, ein Mittel, um Motten zu vertreiben, eine Kerze, ist er Seife oder ist er ein Pestizid? Er ist all das. Der Paternosterbaum ist eine wunderbare Sache. Jahrhunderte über zermahlte der indische Bauer seinen Samen und verstreute ihn, um Feldfrüchte vor Insektenplagen zu schützen. Nach der Arbeit pflegte er sich die Hände mit Seife aus dem Öl des Paternosterbaums, putzte sich mit einem Zweig des Baumes die Zähne, entzündete eine Lampe mit seinem Öl und ging mit seiner Gattin zu Bett, wobei sie ein aus dem Paternosterbaum gewonnenes Verhütungsmittel benutzten.

Viele Eigenschaften des Paternosterbaumes wurden von indischen Bauern entdeckt, aber zwei Firmen haben sich Derivative patentieren lassen, die sie in ihren Labors entwickelt haben, und stellen jetzt »ihre eigenen« Paternosterbaum-Pestizide her. 1993 erhielt eine Firma ein Patent für alle künftigen Arten genetisch veränderter Baumwolle. Im reichen Westen nahm kaum jemand davon Notiz. In Indien kam es zu einer explosiven Demonstration. Eine halbe Million indische Bauern demonstrierten gegen W. R. Grace und andere Saatgutfirmen.

Die Natur – *Natoure®* – gehört uns, sagen die Saatguthersteller, die den indischen Pflanzern Samen verkaufen. Und selbst wenn sie keine Terminator-Technologie in die Körner eingebaut haben, können sie es den Pflanzern gesetzlich verbieten, am Jahresende die Samen einzusammeln und wieder auszusäen. Die Bauern müssen das Saatgut pachten, gehören wird es ihnen nie. Hier wird die Zeit kastriert, indem man ihr das Keimen verbietet. Die Natur muß von jetzt an regelmäßig freigekauft werden. Ceres, die Göttin der »natürlichen« Zeit – bald in reicher Fülle, bald winterlich brach – ist zu vermieten, verfügbare Prostituierte der schmierigen Zuhälterei der Saatgutfirmen. (Wenn die Bauern Monsantos Saatgut kaufen, müssen sie einen Vertrag unterschreiben, der sie verpflichtet, nur Herbizide von Monsanto benutzen und den Samen ihrer Ernte nicht zur Aussaat benutzen.) Die Tage sind dahin, als Natur und Zeit sich noch für einen fröhlichen fruchtbaren Fick im Feld ausstrecken konnten, um dann Samenpakete über die Welt zu verstreuen. Die Menschheit hat die beiden ausgesperrt und die Welt in eine Kreuzung aus Labor und Supermarkt verwandelt. Die Natur wird jetzt künstlich vom Menschen begattet und die Zeit gezwungen, ihr Samenpaket gemäß der beherrschenden Uhr des Menschen zu entleeren.

Die menschliche Natur ist ebenso ein Teil der gesamten Natur wie die Elemente, der Schneeleopard oder der Kolibri. Wer über Zeit und Natur spricht, muß auch über die Menschheit reden. Falls man von irgend etwas sagen kann, daß es die Zeit und Natur des Menschen »enthält«, dann sind es seine Gene, in denen die Vergangenheit enthalten und die Zukunft angedeutet ist.

John Moore – US Patent Nr. 4.438.032 – ist der erste patentierte Mann der Welt und nicht sehr glücklich darüber. Es geschah, ohne daß er davon wußte, ohne seine Einwilligung. 1976 erkrankte er an Haarzell-Leukämie. Während der Behandlung entnahm der Arzt Proben weißer Blutzellen, entwickelte daraus eine Zellkulturreihe, beantragte und erhielt ein Patent auf die »Erfindung« besagter Zellkulturreihe und verkaufte selbige für 1,7 Millionen Dollar an eine Biotechfirma.

»Wieso«, fragt Moore, »ist das Leben jetzt eine Handelsware geworden? Ich finde, alles aus Menschenwesen extrahierte genetische Material sollte der Gesellschaft als ganzer gehören und nicht patentierbar sein.« Er spricht so, wie die Gemeinen während des Streits über die Einzäunungen sprachen. Und so sieht er selbst sich auch als ein »gemeiner Mann« des 20. Jahrhunderts. Um zu beschreiben, daß sein Arzt im Laufe der Behandlung Moores Zellkulturlinie patentieren ließ, benutzt er eine Metapher von sich als Land: »Ich wurde geerntet«, sagt er.

Das könnte Ihnen auch zustoßen. Wenn Sie eine Frau sind, ist es bereits geschehen. In der Spätphase der Schwangerschaft verändert sich der Körper einer Frau dramatisch. Der Geburtskanal verändert sich und der Gebärmutterhals wird weich, um die Geburt zu erleichtern. Das geschieht dank eines Hormons, das Relaxin genannt wird, und in der DNS einer jeden Frau ist das genetische Rezept dafür vorhanden. Aber dieses menschliche Gen gehört nicht Ihnen oder mir oder Ihrer Mama, sondern der amerikanischen Biotechfirma Genentech.

1989 erhielten die Hagahai in Papua Neuguinea Besuch von medizinischen Anthropologen, die ihnen Blutproben entnahmen und die Zellkulturlinie eines Hagahaimannes patentieren ließen. Dieses Patent – Nr. 5.397.696 – wurde am 14. März 1995 eingetragen. Erstmals wurde ein Patent auf Zellen, die man einem Eingeborenen entnommen hatte, gewährt. Die Hagahai kamen sich betrogen, beraubt und vergewaltigt vor.

Das (von vielen Regierungen finanzierte) Human Genome Diversity Project legt eine Gen-»Bank« von 120 vom Aussterben bedrohten Völkern an. Die Eingeborenen stellen eine bittere Frage: Warum beschäftigt man sich nicht mit den Ursachen unserer Gefährdung? Warum gibt man statt dessen Millionen aus, um einen Vorrat von unseren Genen anzulegen? Wenn Sie die Antwort wissen wollen, nehmen Sie die Tomate. Früher gab es davon eine Vielzahl von Sorten – von der süßen Kirsch-Tomate bis zur dicken fetten Gemüsetomate. Vor vielen Jahren schon begann die Firma Campbell Soups, Tomatengene zu horten. Jetzt besitzt man dort einen ansehnlichen Teil der Tomatenarten der Welt. Die »Tragödie« des Verlusts läßt sich so auf lange Sicht in den Gewinn der Rarität ummünzen. Man kauft jetzt auf, um später zu verkaufen. Aus dem gleichen Grund, aus dem Campbell Soups den Verlust der Tomatenvielfalt nicht bedauern wird, vorausgesetzt, man hat dort seine Gen-Banken, werden Biotechfirmen nur wenige Tränen vergießen, wenn die Eingeborenenstämme aussterben. Je seltener die Gene der Ausgestorbenen, desto mehr werden die Genbanken wert sein.

Wie es heißt, ist das Institute of Genome Research die größte menschliche Gendatenbank der Welt. Im April 1994 investierte die pharmazeutische Firma Smith Kline Beecham 80 Millionen Dollar in einen exklusiven Anteil an dieser Datenbank. David King, ein ehemaliger Genetiker, der die Zeitschrift *Gen-Ethics News* herausgibt, sagt: »Mit anderen Worten – hier versucht eine Firma, sich ein Monopol über einen großen Teil des ganzen menschlichen Genoms zu verschaffen. Buchstäblich über das Erbe der Menschheit«, und stellt die Frage: »Soll dies Privateigentum werden?«

Gene sind das Erbe der Menschheit und für viele Menschen im wesentlichen ein Gemeingut, das niemandem gehören und von niemandem aufgeschlüsselt werden sollte. Gen-Bänke könnte man als Einzäunung der Vergangenheit durch private Firmen bezeichnen. Aber die Genetik umzäunt, vielleicht noch grausamer, die *Zukunft*.

Genetische Tests können Ihnen Ihre Zukunft zwar nicht zweifelsfrei voraussagen, sie zeigen aber Tendenzen auf. Manche genetische Untersuchungen können natürlich gut sein: Wer weiß, daß er für eine bestimmten Krankheit prädisponiert ist, kann sie vielleicht vermeiden. Aber nachdem einige Generationen genetisch getestet worden sind, befürchten manche Genetiker, daß sich vielleicht nicht ein gemeinsamer Gen-Fundus, sondern eine Divergenz entwickelt: Die mit den »guten« Genen werden immer schärfer von denen mit »schlechten« Genen getrennt. Es könnte sich eine genetische Aristokratie von Leuten entwickeln, die synthetische Gene ihr eigen nennen, die »Gen-Reichen« im Gegensatz zu den genetischen »Natürlichen«, wie Biologieprofessor Lee M. Silver von der Princeton University es ausdrückt. Philosophieprofessor Philip Kitcher, Autor von *Genetik und Ethik* äußert sich leidenschaftlich über den Gebrauch genetischen Vorauswissens – wie es die Gesellschaft in genetisch Reiche und genetische Habenichtse trennen könnte. Er findet, das sei die wichtigste Frage, der die Gesellschaft sich heute gegenübersehe. »Das Dumme ist nur, daß das anscheinend noch keiner gemerkt hat.« Der Film *Gattaca* richtete das Augenmerk vielsagenderweise auf Versicherungsgesellschaften, die gewöhnlich für Wolken am sozialen Horizont empfänglich sind und dementsprechend achtgeben. Jetzt werden Personen, die eine genetische Prädisposition für gewisse Krankheiten aufweisen, Versicherungsschutz und Hypotheken verweigert.

Nach dem Erlaß der Einzäunungsgesetze wurde die Landbesitzersklasse in Großbritannien noch schärfer als bisher von der der landlosen Bauern getrennt. Genauso wird die »Zeitbesitzerklasse« der genetisch Reichen vielleicht immer schärfer von der ihrer Zeit beraubten Klasse der genetisch Armen getrennt werden. Die Genetik bringt zweifellos auch Gutes: Die Behandlung einer einzigen Krankheit, der Bauchspeicheldrüsenfibrose, wurde durch die Genetik revolutioniert. Aber jeder wissenschaftliche Fortschritt findet innerhalb eines gesellschaftlichen Kontextes statt, und heute leben wir in Zeiten, die von den Interessen der Großkonzerne bestimmt werden. In solchen Zeiten werden – müssen nach ökonomischer Logik – die Errungenschaften der Genetik nur denen zur Verfügung stehen, die dafür zahlen können – den Grundeigentümern –, aber nicht den landlosen Bauern.

Die Zeit läßt sich im metaphysischen Sinne kartographieren. Gen-»Karten« sind letztlich Karten, auf denen die grenzenlose Zeit eingezäunt wird. Zwar zeigen genetische Tests nicht die absolute, unvermeidliche Zukunft, sondern nur gewisse Veranlagungen, aber sie werfen dennoch lange Schatten über die Idee einer grenzenlosen Zeit. Grenzenlosigkeit in der Zeit ist etwas Geheimnisvolles: Glück, Möglichkeit, Potential, Hoffnung. Aber wenn man diese Grenzenlosigkeit kartographiert und durch genetisches »Vorauswissen«

auf Endlichkeit einschränkt, macht es offenbar keinen Sinn mehr, pionierhaft anderen vorauseilen zu wollen oder Ehrgeiz zu entwickeln, etwas erreichen oder begreifen zu wollen. Aufgrund der genetischen »Voraussage« wird Ihre eigene Zeit kartographiert, eingezäunt und abgeschlossen sein. Die Zukunft, die einstmals zu uns herabgerollt kam wie Wolken des Unbekannten, rollt dann nicht mehr. Die Wolken selbst werden schon im voraus gezählt, bekannt und verkauft erscheinen, die Zukunft wird schon ein Verfallsdatum tragen. Ähnlich dem religiösen Konflikt zwischen freiem Willen und Prädestination scheint die genetische »Prädestination« die freie Wahl zu überschatten, und die Schatten des morgigen Tages fallen früher, als es nötig wäre.

Gene zeigten unter anderem, so heißt es, Prädispositionen zu Alkoholismus, Homosexualität, Schizophrenie und manischer Depression. (Aber Vorsicht: Kein einziges Gen wurde gefunden, das Depressionen beeinflußt, und die »Entdeckung« eines Gens, das Tendenzen zur Homosexualität zeigen soll, ist umstritten.) Aber wichtig ist vielleicht nicht die Entdeckung, sondern der Wunsch, solche Dinge bei den Leuten zu testen. Und die Frage, die gestellt werden muß, lautet: Wenn die Gesellschaft solche Tests schon genutzt hätte – wer wäre dann das Risiko eingegangen, daß man ihm den Zutritt versagt hätte?

Der britische Schauspieler und Sänger Noel Coward würde erfolglos argumentieren: »Ich bin kein schwerer Trinker. Ich komme manchmal stundenlang ohne einen Tropfen aus.« Fast allen Künstlern, Schriftstellern, Musikern und Komödianten würde man den Zutritt verweigern, da sie ja nun einmal genetisch zum Saufen, Durchdrehen und Sex mit Leuten, mit denen sie keinen haben sollten, prädisponiert sind. Baudelaire, Francis Bacon, Dylan Thomas, Omar Khayyam, Marguerite Duras, Virginia Woolf, Spike Milligan, John Cleese, Oscar Wilde, W. H. Auden und Gertrude Stein. Fallen alle weg. Man hätte vielleicht immer noch alle fünf Spice Girls, aber weder die Beatles noch Beethoven. Fünf Generationen Bach kämen vielleicht gerade noch durch, aber kaum eine der Brontë-Schwestern. O'Henry, Henry James, James Joyce, Joyce Cary – ach und Flann O'Brien, Brendan

Behan und alle anderen Genies vom Guinness-Genuß. Futsch. Wenn man den Deckel von einem Pub am Liffey heben würde, würde die aufgehende Sonne keinen von ihnen bescheinen.

All diesen Leuten mit beschädigter Inspiration, die die Eintrittskarte zu diesem ganzen Lebenszirkus wert sind, diesen schwankenden Gestalten, Randfiguren und Nischengewächsen, den Freigeistern und den Orchideenhaften bliebe der Zutritt verwehrt. Ausgestoßen von der Gesellschaft und trotzdem von ihr gebraucht, das wäre der Zustand des Dichters, »Fluch und Heilmittel« zugleich, so Seamus Heaney. Wie der verwundete Bogenschütze Philoktet, der wegen seiner Wunde ausgesetzt, aber wegen seines Bogens begehrt wird. Genetische Auswahl könnte bedeuten, daß es weder Wunden noch Bögen gäbe, weder Unterschiede noch Metaphern, nur noch eine Gesellschaft in Uniform.

»Biotechnologien sind im wesentlichen Technologien für das Züchten von Uniformität«, sagt die Physikerin und Philosophin Vandana Shiva. In der Natur ist der Mangel an Artenvielfalt gefährlich, denn aufgrund ihrer Uniformität können Feldfrüchte leichter Krankheiten und Klimaschwankungen zum Opfer fallen. Anhand der Kartoffel kann man es beweisen. Als 1845 die ganze irische Kartoffelernte einer Krankheit zum Opfer fiel, war die Seuche nur deshalb so verheerend, weil die Kartoffeln genetisch uniform waren und keine Widerstandskraft besaßen. Die Monokultur vernichtete die Kartoffel.

Mono-ismus – das ist die kulturelle Geisteshaltung des modernen Lebens. Das Mono, nicht »tri«umphieren, sondern »mono«umphieren, gewinnt von Mono-Hollywood bis Mono-McDonald's, von monopolistischen Firmen bis zu Mono-Kartoffeln. Diese Monokultur bedroht die Natur, indem sie die Artenvielfalt zerstört. Und sie bedroht auch die zukünftige Gesellschaft, indem sie die Artenvielfalt der menschlichen Natur durch genetische Selektion zerstört.

Auswahl ist ein Wort, das für vieles in diesem Zeitalter typisch ist, ein verwöhntes Konsumgehabe. Auf den Einkaufswagen gestützt, wandert man den Gang der fötalen Auswahl hinunter, mit nachdenklich die Wangen saugendem Einkaufsgesicht: Braune Augen oder schwul-lesbisch? Soll es Ajax oder Philadelphia sein? Blaue Augen oder hetero? Schlimmstenfalls werden die Auswahlprozesse der Genmanipulation keine Menschheit produzieren, sondern nur einen Bruchteil davon, denn in der genetischen Wundertüte ist die Menschheit die tolle Kaurimuschel, aber auch die getrocknete Nessel, der Grassamen, der zerbrochene Knopf, die Staubflocke im Saum und das Loch in der Ecke.

Viel mehr als die meisten Laien machen sich die Genetiker selbst um die gesellschaftliche Verwendung der Genetik Sorgen, denn sie vor allem können nicht vergessen, daß die Geschichte der Gesellschaft in der Eugenik wurzelt. Der Eugeniker Charles Davenport, der in den 20er Jahren die Sterilisierung von ca. 25000 Amerikanern veranlaßte, die man für Träger von Genen des »Schwachsinns« oder der Kriminalität hielt, war stark von Charles Darwin beeinflußt. Von allen Eugenikern ist es Hitler, dessen Erbschaft am längsten fortlebt, 400000 Sterilisationen wurden in seinem Namen vorgenommen und Millionen von Menschen umgebracht. Der Titel von Hitlers Buch *Mein Kampf* ist von Darwins »Kampf« ums Überleben abgeleitet. Hitlers Eugenik hat die Welt verstummen lassen und krank gemacht.

Heute ist die Eugenik lebendig und stark. 1994 erließen die Chinesen ein Gesetz zur »Gesundheitsvorsorge für Mutter und Kind«, das so wohlmeinend wie Eiercremekuchen mit Rosinen klingt. Aber es ist ein eugenisches Gesetz, das von Ehepaaren verlangt, daß die werdende Mutter sich genetischen Tests unterzieht, und wenn ein Fötus Behinderungen oder eine genetisch bedingte Krankheit aufweist, ist die Abtreibung obligatorisch.

Der größte Teil der Welt bedarf aber gar nicht derart grober eugenischer Gesetze. Der Markt ist viel effizienter als der Staat, wenn es die Leute zu überreden gilt. Und die Shampoo-Stimmen der Werbung werden euphemistisch gurren: Sie verdienen ein perfektes Kind in einer sauber gespülten rekonditionierten Welt. Untersuchungen in Großbritannien zeigen, daß die kosmetische Genmanipulation immer mehr akzeptiert wird. Sie kommt höflich wie eine Avon-Dame daher, tapp tapp klopft sie an Ihre Tür. Der Werbetext steht schon, allerdings als beißende Satire des Liedermachers Theo Simon. In seinem Song »Designer Kids« ahmen die Verse die kommende Werbung nach. (Summen Sie schnell.)

> Lebt wohl ihr Schwulen, Krüppel und Jidden,
> Besorgt euch einen Klon für euer eignes
> Designerkind.
> Keine Mutter hat je solch prächtige Kinder
> verwöhnt,
> Wie sie die Firma Selected Ad für Sie schafft.
> Wir sind die Marktführer in diesem Rennen.
> Das menschliche Gesicht wird privatisiert.
> Wir haben den Chromosomencode geknackt
> Und unser Logo wird garantiert überall drauf
> sein.
> ... diedeldiedeldum iiii DNS.

Und jetzt haben wir das Klonen von Schafen Schafen.

Das Lamm Dolly tauchte erstmals Anfang 1997 in den Schlagzeilen auf. Nach Dolly Parton benannt, wurde es im Roslin Institute nahe Edinburgh aus der Euterzelle eines ausgewachsenen Schafs geklont. Dieses Klonen war ein Triumph über Natur und Zeit, ein von Menschen verursachtes »Einfrieren« der Zeit. Dollys eineiiger Zwilling wurde infolgedessen eine Generation nach Dolly geboren. Wissenschaftler manipulierten die Euterzelle von Dolly, der Älteren, so, daß der Alterungsprozeß umgekehrt wurde und sie die »Erinnerung« behielt, daß sie einen Bauplan für das ganze Schaf besaß. Daraus wurde schließlich Dolly, die Jüngere, hergestellt.

Es kam zu massiven internationalen Protesten. Anno 1997 darf ein Schaf geklont werden. Wann kommt der menschliche Klon? Das wird kommen, sagen Wissenschaftler, und zwar bald. In Deutschland, das durch seine Erinnerungen weise geworden ist, war man von allen Ländern am meisten alarmiert. Die Zeitung *Die Welt* schrieb: »Das Klonen von Menschen würde genau in Hitlers Weltanschauung passen. Und zweifellos hätte er diese Technologie intensiv genutzt, wäre sie damals verfügbar gewesen. Gott sei Dank war sie das nicht.« Der Nobelpreisträger, Physiker und Atomspalter Joseph Rotblat warnte, eine solche Genmanipulation könne zu einem »Mittel der Massenvernichtung« führen.

Das Klonen von Dolly war so wichtig wie das Spalten des Atoms für die Beziehung zwischen Zeit und Natur. Einstmals konnte man Zeit und Natur nicht spalten, konnte den Sonnenaufgang nicht von der Sonne abspalten, die Dämmerung nicht vom Tag unterscheiden. Jetzt ist es vollbracht. Die Welt war erschüttert und die Sonne buchstäblich auch. Im natürlichen Zeitrahmen geht die Sonne bei der Geburt eineiiger Zwillinge einmal auf. Aber jetzt wurde der Lauf der Sonne erschüttert, so daß sie zweimal aufging, zuerst an dem Tag, an dem Dolly geboren wurde, dann an dem Tag, an dem das geklonte Wesen zur Welt kam. Der englische Dichter Andrew Marvell hatte im 17. Jahrhundert gesagt: »Wir können unsere Sonne nicht zum Stillstand bringen«, aber an dem Tag, an dem der Klon von Dolly das Licht der Welt erblickte, war in einem metaphysischen Sinn die Sonne zum Stillstand gebracht. An diesem Tag wurde die Sonne angehalten.

Unmittelbar nach Dollys Klonierung ergriff der Gedanke des Klonens von Menschen das Bewußtsein der Öffentlichkeit. (Im Endspurt zur Jahrtausendwende scheint der Gedanke unwiderstehlich, im Einklang mit dem Nullen klonenden Jahr 2000 einen Menschen zu klonen.) Viele Menschen verwechselten das Klonen oder genetische Kopieren zuerst mit der »Wiederauferstehung« oder gar der »Unsterblichkeit«. Damit hat es nichts zu tun. Es hieße nicht, daß »Sie« geboren werden, sondern Ihr »eineiiger Zwilling«, zu einem späteren Datum. Genauere Kritiker würden diese Fehler vermutlich schnell anmahnen, aber die Verwirrung selbst ist wohl das Wichtigste, denn die Gesellschaft nimmt wahrscheinlich weiterhin an, ein Klon sei ein »Ersatz«. Wie wird damit dann sowohl der Wert der Persönlichkeit als auch der Zeit fraglich?

Durch das Klonen wird eine der grausamsten Tendenzen der Moderne, die der *Ersetzbarkeit*, gefördert. Wenn die Gesellschaft einen genetischen Klon mit einer identischen Person verwechselt, wird man Mord dann in Zukunft für so absolut unmoralisch halten, wenn der Tote doch angeblich »genetisch ersetzt« werden kann? Und da der »Ersatz« immer eine Möglichkeit wäre, wäre das Aussterben dann noch immer so schlimm?

Gregg Easterbrook schreibt in *A Moment on the Earth – The Coming Age of Environmental Optimism*: »Die kommende Erde könnte das Aussterben rückgängig machen ... vor allem, wenn es kürzlich erfolgt ist, weil hierfür noch die besten Gewebeproben vorhanden sind.« Allgemeiner Beifall, vielleicht. Aber dieser Satz hat einen grausamen Schatten: *und deshalb spielt das Aussterben keine Rolle.* Tiere bedürfen keines Schutzes – man kann sie ja wieder zusammenbauen. Eingeborenenvölker können aussterben, ohne daß es besonders tragisch wäre, man hat ja ihre Gene in der Bank. Sie sind grenzenlos reproduzierbar.

Der Dichter William Blake sagte: »Die Ewigkeit ist verliebt in die Schöpfungen der Zeit« und dachte nicht, daß er dem je eine Fußnote hinzufügen müßte. (Ein Fax kommt, aus dem Himmel oder der Hölle, Blake zu seinem Herausgeber auf Erden: »Schreiben Sie die ›unersetzlichen‹ oder ›individuellen‹ oder ›nicht wiederholbaren‹ Schöpfungen der Zeit.« Der Herausgeber an Blake: »Damit büßt der Text seinen Schwung ein. Mit Hinzufügungen ist es nicht getan.«) Es gibt nur einen Blake. Und nur eine Dolly Parton. Es gibt nur zwei Schafe Dolly. Muß das Zeitwort »sein« wegen der Klonierung pluralisiert werden? Sind sie eins oder ist sie zwei? Wenn man so lustig über Schafe daherplaudert, ist das wirklich egal. Aber sobald es um Menschen geht – wer wäre da nicht betroffen?

»Unersetzlichkeit« ist ein Zeit-Konzept, in dem das Schöne menschlich gemacht wird. In jedem menschlichen Wertesystem, in der Kunst oder der Liebe wird das »Unnachahmliche« geschätzt und die »Imitation« verachtet. Man schützt das »Einmalige«, nicht die »Replik«. Man nimmt die »Erstausgabe« zur Kenntnis, nicht die Photokopie. Man liebt die spezifische Person, die es kein zweites Mal gibt, dich, die du unersetzlich bist. »Unersetzlichkeit« ist ein unersetzlicher, mitfühlender Gedanke, und wenn er verloren ginge, wäre das ein beispielloser Verlust.

Um wirklich voller Leben zu sein, müssen Augenblicke in der Zeit als unersetzlich, unwiederholbar gelten. Dieses Gefühl der Einmaligkeit, des unersetzlichen Augenblicks in der Zeit, der so unersetzlich ist wie der einzelne Mensch, wird durch das Klonen abgestumpft. Menschliche Emotionen sind nur wegen ihrer Einmaligkeit in der Zeit von Wert und Bedeutung. Wenn die Sonne zum Stillstand gebracht, wenn die Zeit durch Wiederholung »gestoppt« wird, dann haben die menschliche Leidenschaft nicht mehr die alte, wütende Kraft und die menschliche Erfahrung weniger Konturen ihrer Bedeutung.

Vater Zeit und Mutter Natur waren einstmals die Eltern der Menschenrasse, Ursprung und Quelle, von wo – und wann – wir alle gekommen sind. Durch das Klonen hat die Menschheit die Rolle der Eltern usurpiert. Zeit und Natur sind nicht mehr die Quelle, sondern nur noch Ressource. Außerdem wurde die fruchtbare Tollheit, die für die Fortpflanzung nötig ist, durch ein geschlechtsloses Experiment ersetzt. Seit Dollys Klonierung ist es nicht länger selbstverständlich, daß Säugetiere eine Mutter, einen Vater und eine Menge Liebesgezwinker brauchen, um sich fortzupflanzen. Sex heißt, daß jede Generation mit neuen Gen-Mixturen um sich wirft, Sex multipliziert die möglichen Ergebnisse von Geburten. Und Sex ist wichtig, damit eine Art nicht ihre genetischen Reserven aufbraucht.

Genmanipulation hingegen zieht es vor, Sex grundsätzlich zu umgehen. Anhand einer Kartoffel läßt es sich beweisen. Wie sieht es mit dem Geschlechtsleben der Kartoffel aus? Der Genetiker Steve Jones antwortet: »Jede King-Edward-Kartoffel ist identisch mit jeder anderen … Das ist bequem für den Landwirt wie für den Händler. Deshalb wird Sex zwischen Kartoffeln nicht ermutigt.« Wie sieht es dann mit dem Liebesleben auf dem Lande aus, sexuell gesehen? »Die Landschaft könnte so aussehen, daß asexuelle Kühe im Schatten geklonter Bäume manipuliertes Gras fressen.« Wenn die genetische Manipulation das Werk von Natur und Zeit zerstört, dann zerstört Sex das Werk der genetischen Manipulateure.

Kein Wissenschaftler wird ein Versprechen abgeben, daß die Genmanipulation zu guten Ergebnissen führen wird, wenn auch nur wenige ein absolutes, sofortiges Alptraum-Szenario voraussagen. Die Mehrheit plädiert für äußerste Vorsicht. (Gregg Easterbrook allerdings erklärt in seinen unbekümmerten Sprechblasen eines ausgasenden Optimismus: »Die genetische Manipulation wird vielleicht das Tor zur Dystopie öffnen ... Es könnten Wohnorte entstehen, die ganz anders sind als die, die sich durch rein spontane Kräfte entwickeln ... Aber da sich alle Wohnorte garantiert verändern, ganz gleich, was das Genus Homo tut, sollte uns das allein nicht abschrecken.« Gregg Easterbrook ist mit dieser Ansicht allerdings ziemlich allein.) Aber selbst wenn durch die Biotechnologie keine Dystopie hergestellt wird; eine Eigenschaft der Zeit hat die Menschheit verloren – eine, die Vergil und Baudelaire kannten –, die *Wärme.*

Dolly Nr. 2 wurde durch den Prozeß des Einfrierens von Zellen produziert – und zwar wurde die Zell-*Uhr* eingefroren. Genetiker beabsichtigen im froststarren Sibirien gefrorenen Mammuts Sperma zu entnehmen, um damit indische Elefanten zu befruchten. Patrick Dixson, Autor des Buches *Die genetische Revolution*, sagt, die bei Dolly benutzten Techniken könne man auch bei Menschen anwenden, man muß sie nur nach dem Tod einfrieren oder ihnen noch zu Lebzeiten Gewebe entnehmen und das Gewebe einfrieren. Die Mechanik dieser Vorgänge erfordert das Einfrieren, aber wichtiger noch: Der inhärente Charakter der Biotechnologie erfordert es. Es ist eine kalte Arbeit, kalt wie ein Uhrwerk, kalt wie die Seele des Kommerzes.

Wenn der Triumph über die Zeit der Natur mit den mechanischen Uhren begann, dann wird er durch die genetische Manipulation vollendet. Denn hierdurch wie durch nichts anderes werden Natur und Zeit eingefroren, eine künstliche Uhr wird an deren Stelle gesetzt. »Langfristig«, verkündet Gregg Easterbrook, »gibt es zwischen dem Künstlichen und dem Natürlichen keinen sinnvollen Unterschied.« Hören Sie, was der Mann sagt. Ein eiskalter Geist bei der Arbeit, an einem kalten Gedankenwürfel. Seine Welt wird künstlich geschaffen, mit Kunstgriffen und für die Künstlichkeit. Dann hat der Tod weniger Macht. Vielleicht. Aber das Leben würde sich bei Berührung viel kälter anfühlen.

Es gibt so etwas wie einen Gleichklang der Temperaturen. Nichts, was die Menschheit tut, denkt oder entscheidet, ist kalt. Jeder Gedanke ist ein Gefühlsakt. Jede Entscheidung ein warmer Akt der Liebe oder des Zorns. Die Menschen sind Warmblüter und brauchen Wärme zum Überleben. Die Wärme des Sonnenaufgangs, die Wärme des Sonnenuntergangs, die Wärme des Geschlechtsakts selbst. Kommt die Stunde, kommt der Mann. In einer inhärent manipulierten Stunde kann die Menschheit nicht kommen, nicht leben. Im Gegensatz zur Wärme des Goldenen Zeitalters ist das, was wir manipulierend erschaffen, eine Eiszeit, in der wir erfrieren.

12

Herbst, Halloween und Thanatos

Zeit und Tod

»Was zum Teufel was zum Teufel soll ich mich sorgen
und mich ärgern;
der Tod und ich werden kokett sein,
in der alten Dame steckt noch ein Tänzchen drin
immer lustig, immer lustig.«

Don Marquis in Archy und Mehitabel

Passen Sie auf Ihren Ehegatten auf. Wenn Sie Glück haben, und er stirbt in Ihrer Anwesenheit, sammeln Sie ihn auf, und schaufeln Sie ihn in der Keller, geben Sie ihm den Kuß des halben Lebens, damit sein Kreislauf anhält, stechen Sie eine Nadel voll Antiblutgerinnungsmittel in ihn hinein, und kühlen Sie dann seinen Körper mit Eispackungen, die Sie schon vorbereitet haben sollten. Wickeln Sie ihn in Tücher, und frieren Sie ihn mit Trockeneis auf minus 150 Grad Fahrenheit ein. Stecken Sie ihn dann in eine Kapsel mit flüssigem Stickstoff, was seine Temperatur auf 320 Grad Fahrenheit herunterbringen wird, aber – und hier liegt die Schwierigkeit – lassen Sie ihn nicht fallen, denn sollte er zufällig herunter auf den Boden rutschen (kalte Kellerfliesen, gefrorener Gatte), dann zerspränge er wie eine Tonne Glas, eine Million eisiger Scherben vom Gatten überall, eine furchtbare Sauerei.

Dann ruhen Sie sich aus in der Hoffnung, daß Cryonics oder »Kryopräservation« – die Verwendung extremer Kälte zur Konservierung »lebenden« Gewebes – ihn intakt halten wird, bis er durch künftige medizinische Kunst enteist und die Ursache seines Ablebens – Herzverfettung, Organtod, kreisende Krebszellen – behoben werden kann. (Sie sagen, er sei an Altersschwäche gestorben? Unsinn. Der Tod an Altersschwäche ist illegal. Das darf auf keiner Sterbeurkunde stehen. Sie müssen in einer klinischen Kategorie ableben.)

Natürlich haben die Menschen immer ein Leben nach dem Tode ersehnt, im Himmel oder in Büchern, durch Ruhm oder durch ihre Kinder. Natürlich sagen die Insignien des Sterbens, von der Todesmaske bis zum Begräbnisritual: HIC ERAM (ich war hier). Natürlich haben einzelne Menschen oft noch den Wunsch verspürt, sich nach ihrem Tode auszudrücken. Ein Londoner Kunstkritiker möchte, daß seine Asche mit Brotkrümeln gemischt vor der National Gallery verstreut wird, wo Tauben sie fressen und wieder ausscheiden können – ein Action Painting, das sein letzter Aufschrei gegen solcherart Kunst wäre. Ein Kneipier wünscht, daß man seine Asche in eine Sanduhr füllt, so daß man ihn ewig sehen wird, wie er stumm die Worte äußert: »Die letzte Bestellung bitte ... Wir schließen in einer Viertelstunde.« Dennoch haftet der neuen Todesindustrie etwas fast Karikaturenhaftes an. »Cryonics« nennt sich auch »suspendierte Animation«. Und keine Sorge, Walt Disney, der König des Cartoons, harrt gefroren in Kalifornien seiner künftigen »Reanimation«.

»Trans Time« ist eine Organisation, die sich mit Methoden der Verlängerung der natürlichen Lebensdauer befaßt. Die Firma mit Sitz in San Leandro bei San Francisco, verlangt eine variable »Versicherungs«-Gebühr von, sagen wir: 300 Dollar pro Jahr von einem gesunden vierzigjährigen Mann. Dafür versprechen diese Eis-Bestatter, ihn permanent einzufrieren. Der Präsident der Firma, Art Quaise, sagt, er glaube, daß »der medizinische Fortschritt in Zukunft alle Krankheiten heilen und den Alterungsprozeß anhalten und umkehren können wird.« Denn, wie er so schön sagt: »Ist es nicht besser, jung und viril zu sein als alt und hinfällig?« Für ihn gibt es die unentrinnbare Demokratie – und sogar Demütigung – des Todes nicht. Bei Cryonics geht es »darum zu begreifen, daß Sie die wichtigste Person auf Erden sind. Nichts zählt, solange ich nicht selbst da bin und es zählen lasse«, sagt er.

In ihrem Buch *Living at the End of the World* beschreibt Marina Benjamin ihren Besuch bei der Alcor Life Extension Foundation, der größten Cryonics-Firma der Welt. 1996 sprach sie mit dem Alcor-Präsidenten Steve Bridge. Er macht sich Sorgen, daß er, schließlich wieder aufgetaut, zwar noch einen Körper, aber keine Persönlichkeit mehr haben könnte. Er hat Vorsichtsmaßnahmen hierfür ergriffen. »Ich habe all meine Freunde gebeten, meine Briefe aufzuheben. Und ich habe im Lauf der Jahre eine Menge Sachen auf Computerdisketten gespeichert. Ich habe Zugang zu vielem, was ich bin. Wenn ich also ohne meine Erinnerungen wiederkehre, kann ich einen Teil dadurch zurückgewinnen, daß ich lese, wer ich war.« Marina Benjamin bemerkt hierzu und bezüglich ihrer Gespräche mit anderen Cryonauten trocken: »Es kann gut sein, daß die Unsterblichen von morgen genauso enttäuschend sein werden wie Jonathan Swifts berüchtigte Struldbruggs, von denen Gulliver dachte, sie seien reich, weise und tugendhaft, bis er dann feststellen mußte: Sie waren ›nicht allein eigensinnig, grämlich, habgierig, mürrisch, eitel und geschwätzig, sondern auch der Freundschaft unfähig und für jede natürliche Neigung erstorben‹.«

Cryonics ist nur eine Option für jene, die gern ewig leben würden. David Pizer, ein Grundstücksinvestor in Phoenix, Arizona, hatte große Summen in Cryoncis investiert, so daß er eingefroren und wieder aufgetaut werden könnte wie Pizza. Nachdem er aber von dem Schaf Dolly gehört hat, möchte er sich jetzt doch lieber klonen lassen. Ebenso wie Quaise betont er vor allem das Überleben des *Ichs*: »Ich möchte fähig sein, immer zu leben – in irgendeiner Form, irgendwo. Ich möchte, daß entweder ich selbst oder eine *exakte* Kopie – ich meine: eine exakte Kopie –weiterleben.« (Richard Dawkins, passenderweise Autor der Theorie vom egoistischen Gen, hat auch schon den Wunsch geäußert, sich klonen zu lassen.) In Seattle bietet eine Firma, die sich »Immortal Genes« nennt, die Ewigkeit besonders preiswert an. Für nur 35 Dollar hebt man dort Ihre DNS in einem Kästchen für die nächsten zehntausend Jahre zwecks gelegentlicher Klonierung auf. Sollte irgend etwas dazwischenkommen, wird Ihnen dort auch zehntausend Jahre lang die Rückzahlung Ihres Beitrags garantiert.

All diese Phänomene sind vielleicht nur für eine winzige Minderheit von Reiz, aber sie sagen etwas über die Haltung der Moderne zum Tod aus. Sie sind zwar nicht ganz typisch, aber doch symptomatisch. Sie offenbaren, indem sie übertreiben, diese gegenwärtigen Themen: Man ist intensiv mit sich selbst beschäftigt, man haßt den Alterungsprozeß, und man verläßt sich auf fachlichen Rat und auf die Medizin. Außerdem kommt hier die Weigerung zum Ausdruck, sich dem zyklischen Aspekt des Todes anzuvertrauen. Statt also eine Bestattung in der Erde zu wählen, wodurch der Tote vom größeren System der Natur reabsorbiert wird – Fleisch wird zu Lehm –, wird für ein von der Erde abgehobenes – und lineares – Ereignis optiert: Das Individuum friert sich aus der Gesellschaft heraus – auf eine Solo-Mission, um der Komposthaufenkommunalität des Todes durch eine fragmentierte, individuelle »Unsterblichkeit« zu entrinnen. (Das ist auch symptomatisch für das moderne Verständnis von Zeit: Die Verneinung ihres zyklischen Charakters und der Haß auf ihre irdische Beziehung zur Natur.)

Der Tod, der erste Demokrat, der große Grabschaufler, und Gleichmacher ist universell. Aber universell gleich ist nicht die Art, wie die verschiedenen Gesellschaften mit ihm umgehen. In manchen wird er glänzend gefeiert, in anderen schaudert man. In einigen will man nicht an ihn denken, in manchen kann man ihn nicht vergessen.

In Mali in Westafrika leben die Dogon, die den Tod mit großartigen gemeinsamen Ritualen zelebrieren. Sie tanzen maskiert, wobei sie wilde Darstellungen von Tieren, Bäumen und Geistern präsentieren. Sie verspotten dabei auch die benachbarten Stämme und die Weißen. Da trägt jemand die »Maske des weißen Mannes«, der nicht tanzt, sondern steif als »Verwaltungsbeamter« mit Papier und Schreibstift umherschreitet und Geldforderungen aufschreibt. Ein »Anthropologe« sitzt auf einem Stuhl, winkt mit einem Notizbuch und stellt die idiotischsten Fragen, die sich ein Dogon ausdenken kann. Ein »Tourist« mit einer Kamera ist da, der alle beiseiteschubst. Diese Tänze sind reine Vitalität, eine Lobpreisung der ganzen menschlichen Komödie, eine lebendige Maske über dem Gesicht des Todes.

Der mexikanische Tag der Toten mit seinen Festen für die Geister, Skelettpuppen, Lebensbäumen aus Plastilin, Totenschädeln aus Zucker, Domino spielenden Skeletten ist ebenfalls eine zum Brüllen komische Feier des Lebens. Man darf nicht weinen am Tag der Toten, sagen die Leute, sonst wird die Straße glitschig und tückisch für die zurückkehrenden Seelen. Die Italiener haben im November ihren Tag der Toten, an dem sie der Toten gedenken, Friedhöfe und Gräber säubern, den Ahnen etwas zu essen anbieten.

Im Gegensatz dazu hassen und fürchten die Achuar, Kopfjäger in Ecuador ihre Toten. Sie nennen den Tod einen »Speer aus Zwielicht«, ihre Toten bekommen keinen Grabstein, und man ehrt sie nicht dadurch, daß man ihrer gedenkt. Wer gestorben ist, wird so schnell wie möglich aus der Erinnerung verbannt. Die Lebenden können nicht richtig leben, finden die Achuar, solange die Toten nicht wirklich tot sind. In Golconda, Hyderabad, Indien gibt es Grüfte mit einem Schild davor, auf dem steht: »Das Leben in Grüften ist streng verboten.« Das ist ein ausdrücklicher Befehl, den viele Gesellschaften auf der ganzen Welt, einschließlich der Achuar, auch als metaphorische Botschaft verstehen würden.

Aber nicht alle. In einem Torajan-Haus in Sulawesi, Indonesien, stellt man vielleicht fest, daß ein bewegungsloses Bündel aus alten Kleidern in der Ecke des Raums in der Tat ein toter Großvater ist. Essen und Trinken können auf den Leichnam abgestellt werden. Auch läßt er sich bequem als Regal benutzen – in einem Fall etwa für eine Sammlung von Musikkassetten.

Im scharfen Kontrast hierzu trennen die britischen Zigeuner die Lebenden und die Toten rigoros und bestehen darauf, weiterhin die Wohnwagen ihrer toten Eltern in Brand zu stecken. Obwohl die britischen Behörden (die auch mit ihrer eigenen Praxis, die Kultur der Zigeuner zu verbrennen, fortfahren wollen) diese Praxis verboten haben.

Die Pirá-paraná im nordwestlichen Amazonasgebiets ziehen ebenfalls eine scharfe Grenze zwischen Tod und Leben. Die Toten werden in eine Hängematte gewickelt und in ein Kanu gesetzt. Eine Frau wird zusammen mit ihrem Korb mit Schminke und Spiegeln, ein Mann mit seinem rituellen Tanzschmuck, Federmütze und Troddeln aus Affenfell, beigesetzt. Aller übrige Besitz der Toten wird verbrannt. Der Schamane zeichnet eine Grenze zwischen den Lebenden und dem Leichnam und führt ein Ritual mit Rauch, brennendem Bienenwachs und Schnupftabak vor. Wenn der Tod vorbei ist, beginnt wieder das Leben.

Aldo Massola beschreibt, wie sich bei den Aborigines in Südost-Australien nach dem Tode der Geist des Menschen zum Land jenseits des Himmels begab. Er erreichte es, indem er sich vom Wind hintragen ließ, von einem hohen Felsen sprang, einen hohen Baum oder ein Seil aus Känguruh-Sehnen oder die Strahlen der untergehenden Sonne hinaufkletterte. Nach einer gewissen Zeit im Land jenseits des Himmels kehrte der Geist zu seinem Totem-Zentrum auf der Erde zurück und zog in den Leib einer Frau ein, von der er als Kind wiedergeboren wurde. Da sie an die Unzerstörbarkeit der Seele glaubten, schreibt Aldo Massola, »war die Abwechslung von Leben und Tod für sie wie Tag und Nacht. Die Aborigines hatten keine Angst vor dem Sterben.«

Wunderbar beschreibt der englische Mönch, Historiker und Theologe Baeda (der verehrungswürdige Bede geheißen) um 700 herum die kurze Glorie des Lebens – dieses helle, von Leuten wimmelnde, mit Wandteppichen ausgeschmückte, von einem Feuer erhellte Festmahl: »Als ob man an einem Winterabend mit seinen Kirchenältesten und Lehnsleuten beisammensitzt und schmaust – und ein Spatz fliegt plötzlich in die Halle, kommt zur einen Tür herein und fliegt sofort zur anderen wieder heraus ... vom Winter fliegt er wieder zurück in den Winter und ist nicht mehr zu sehen. So ungefähr erscheint das Leben des Menschen.«

Diese ganz verschiedenen Schnappschüsse des Todes haben einige Themen gemeinsam: Die Akzeptanz des Todes als Teil des Naturkreislaufs; das Gemeinschaftsgefühl der Lebenden, das stärker ist als der individuelle Tod und die Liebe zum Leben (die zugleich im Haß auf den Tod und in dessen lebendiger Zelebrierung ausgedrückt wird). Vor diesem Hintergrund betrachtet ist das zeitgenössische Sterben im Westen ungewöhnlich. Das Thema wird verdrängt, es ist tabu, unheimlich ungewöhnlich. Als das britische Fernsehen kürzlich »live zeigen« wollte, wie jemand stirbt, nannte man es »das letzte Tabu«. Im alltäglichen Leben hat der Tod nichts zu suchen, der abseits des Gewöhnlichen angesiedelt wird. In Großbritannien sterben 54 Prozent aller Menschen im Krankenhaus. Wer stirbt, stirbt gewöhnlich allein, ohne Familienangehörige und ohne Freunde, ohne die Gemeinschaft der Lebenden (der Wandel trat zwischen 1930 und 1950 ein). Der Anthropologe Nigel Barley beschreibt in einem oft witzigen Buch über den Tod ein »Post-mortem-Video«. Das sollen sich die Hinterbliebenen nach einem typischen solchen Tod anschauen: Eine gebrechliche alte Frau, die kurz vor dem Sterben ist, sitzt für die Kamera in einer rosa Bettjacke da. »Sie formulierte die üblichen Glaubenslehren, in denen sie das Zusammengehörigkeitsgefühl des Familienlebens und die Werte des zeitgenössischen Amerika lobte, während sie allein in einem Einzelzimmer im Krankenhaus saß.« Am Schluß sieht sie hoch in die Kamera und murmelt: »Genügt das? Ist es das, was Sie wollen? Ach, zum Teufel. Ihr seid doch alle bescheuert.«

Die »Verdrängung« des Todes ist nicht nur die soziale Entfernung aus der Familie in die Isolation beruflicher Pflegerinnen und Pfleger, sondern auch eine Verdrängung von der Erde, aus der rohen, nackten Intimität, die im Tod zwischen dem menschlichen Körper und der natürlichen Welt entsteht. Denn da die Erde in so vielen Kulturen die »Mutter« ist und weitverbreiteten Traditionen entsprechend ein neugeborenes Kind auf den Boden seiner Mutter Erde gelegt wurde, legte man auch einen Verstorbenen auf die Erde und schloß somit der Kreis. Beim traditionellen chinesischen Begräbnis wurde die Formel gesprochen: »Laß das Fleisch und die Knochen wieder in die Erde zurückkehren.« Die Römer gaben dem fast universellen Wunsch der Sterbenden Ausdruck, zu ihrer Erde, von der sie geboren wurden, zurückzukehren. Wenn Sie sterben, führt Sie das genau dorthin zurück, woher Sie gekommen sind. Deshalb sind die Inschriften auf den römischen Gräbern so eindrucksvoll: Hic natus hic situs est. (Hier ward er geboren, hier bestattet.) Dieser Instinkt des Lachses zieht oft die alten Leute zurück an ihren Geburtsort: Auf der dortigen Erde möchten sie sterben. Nicht einmal der Einfluß des Christentums kann diesen an die Erde gebundenen und deshalb im wesentlichen heidnischen Nachhall gänzlich zum Verstummen bringen.

»Erde zu Erde, Staub zu Staub« – so das Lippenbekenntnis, das man der tiefen – organischen – Beziehung zwischen dem Leichnam und dem Erdboden zollt, aber damit hat es sich auch schon fast. Das Christentum, immer weit vom heidnischen Matsch entfernt, kennt nur ein Leben nach dem Tod, das sauber vom kompostierten Boden ist. Der Himmel ist die »unirdische« Abstraktion eines Jenseits aus Vinyl. In einer gruseligen Werbung für Gott im christlichen Fernsehen war ein junger – und ausgesprochen sauberer – Mann im Smoking zu sehen, dazu der Schriftzug: »Zurechtgemacht für den wichtigsten Tag Ihres Lebens«. Seine Hochzeit? Die Geburt seines Kindes? fragen Sie sich. Die Kamera fährt zurück, und Sie sehen erst jetzt: Der Mann liegt im Sarg. Das ist grausam, traurig und charakteristisch für das Christentum: Es findet den Tod wichtiger als die Geburt, und das Leben nach dem Tode wertvoller als das Leben im irdischen Schlamm. (Sauberkeit gehört nur zur Frömmigkeit, weil Schlammigkeit zum Heidentum gehört.)

Laut Hegel bestehen Todesriten aus zwei einander gegensätzlichen Tendenzen: Aus der »Verschmelzung« mit der Erde und aus dem »Erschrecken« vor ihr. Man möchte sie umarmen und zugleich lehnt man sie ab. Den Instinkt des Zurückweichens sieht man in der Häufigkeit des Sterbens in Krankenhäusern und in der Cryonics-Bewegung. (Und im Seifenverkauf.) Walt Whitman drückte den Instinkt der Verschmelzung aus: »Ich vermache mich der Erde, damit ich aus meinem geliebten Gras wachse. Wenn du mich wieder willst, suche mich unter den Sohlen deiner Stiefel.« Montaigne sagte, er wolle ganz plötzlich sterben, während er Kohl ausbuddelt. Meine Mutter möchte, daß man sie nach ihrem Tod auf den Komposthaufen in dem Garten legt, den sie seit rund zwanzig Jahren liebt. Germaine Greer wurde kürzlich gefragt, wie man ihrer dereinst gedenken solle. »Als Kompost«, erwiderte sie. »Ich möchte gern, daß die Leute sagen: ›Die hat guten Kompost abgegeben.‹«

Das »Zurückweichen« ist heute weitaus häufiger zu bemerken als die »Verschmelzung«. Das Zurückweichen zeigt sich an der westlichen Negierung des Todes. Und seiner Entfernung aus dem Alltagsleben. Aber vermutlich verliert der Tod erst dann seinen Schrecken, wenn man die »Verschmelzung« akzeptiert. Was mich selbst angeht: Ich weiß, ich würde gegen meinen Tod rasen und wüten, wenn ich mich nicht auf den Erdboden selbst legen könnte. Dann hätte ich nicht soviel dagegen.

Dieser Instinkt der Verschmelzung bezieht sich sowohl auf den Ort (Stiefelsohlen, Kohlgarten und Komposthaufen) als auch auf die *Zeit*. Es ist der Instinkt, mit der Jahreszeit der Erde zu verschmelzen. Daniel Zapata, der Sprecher der Hopi- und Navajo-Stämme, sagt: »Wir akzeptieren den Tod als einen Teil des Lebens. Unser Leben, unsere Jahreszeiten, sie steigen, sie fallen, sie steigen, sie fallen. Wir sind wie die Jahreszeiten. Wir kommen und gehen.« Das uralte babylonische Gilgamesch-Epos beschreibt die Suche des Menschen nach der Unsterblichkeit. (In einem phantastischen, filmischen Bild taucht Gilgamesch bis auf den Grund des kosmischen Meeres, um die »Brunnenkresse der Unsterblichkeit« zu pflücken.) Aber was er letztlich entdeckt, ist die Geschichte der Zeit und der Jahreszeiten der Natur, die Unsterblichkeit im Kreislauf der Jahreszeiten.

Bestattungsunternehmer in Großbritannien haben festgestellt, daß von den Bildern, die sie an den Wänden haben, Gemälde über den Wechsel der Jahreszeiten bei den Trauernden am beliebtesten sind, vor allem herbstliche Bilder und Bilder von Constable mit seinen alten knorrigen Eichen. Das sind Bilder, die ein Sterben anerkannen, während sie es gleichzeitig in den Kreislauf der Natur miteinbeziehen. (Die Kelten glaubten, bestimmte Jahreszeiten – vor allem der Spätherbst, den wir als Halloween kennen – seien »dünne« Zeiten, in denen die Menschen der spirituellen Welt näher seien.) Denn am leichtesten läßt sich die menschliche Endlichkeit offenbar ertragen, wenn man sie in den Zusammenhang der Zeit der Natur einordnet. Als meine Großmutter starb, im November, dem Monat des Sterbens, war ich rasend bemüht, Herbstblumen zu finden, all diese rostfarbenen und laubfarbenen Blätter für ihren Sarg, damit ihr Tod symbolisch in das lebendige Muster der Natur, ihr Aufsteigen und Fallen paßte. Statt eines Todes im Exil, statt eines Augenblicks aus Plastik in einer Zeit des Krankenhauses.

Cryonics ist eine spektakuläre Zurückweisung solchen irdischen Recyclings. Diese gefrorenen Leichen (manchmal auch »suspendierte« genannt) werden per High-Tech auf eine lineare Flugbahn in die Zukunft geschossen, »außerhalb« der Zeit und allein. Eine eisige Isolation, verglichen mit den wärmeren kompostierten Allmenden, mit der Gesellschaft eines Todes auf der Erde. Cryonics ist der Erbe der linearen Zeit des Christentums, beide sind strikt gegen den Kreislauf – sowohl was das pragmatische Recycling des Komposts durch den Gärtner angeht als auch in bezug auf eine »spirituelle« Reinkarnation. Der indische Ökologe und Weise Satish Kumar merkt an, wie sehr das »der traditionellen Weisheit Indiens widerspricht, wo sich die Lebenskraft in Kreisen bewegt, wo menschliche Wesen nach dem Tode als Vierfüßler, Vögel oder Bäume wiedergeboren werden können. Das Leben endet nicht mit dem Tode.« (Und trocken fügt er hinzu: Wenn du auf diese Welt zurückkommst, paß doch ein bißchen besser auf, wie du sie hinterläßt.)

Die westliche Gesellschaft ignoriert den Tod, sie haßt ihn. Die alten Leute, die sich ihm nähern, behandelt sie mit Abscheu und Verachtung. Die Elenden, Todgeweihten sind die Alten, nicht – zum Beispiel – die »Ältesten« im Sinne von Respektspersonen. (Manchmal weist man sie buchstäblich ab. In einem Einkaufszentrum in Birmingham wurde ein Plakat angebracht, auf dem stand: »Wenn Sie zu alt sind, kommen sie nicht herein.«) Es wirkt leicht pervers, daß wir das Alter gerade jetzt abwerten, obwohl die Leute, jedenfalls im Westen, immer länger leben. Die höchst modernen Todestechnologien sind ein Spiegelbild dieser weitverbreiteten gesellschaftlichen Haltungen. Art Quaise spricht mit einem angeekelten Gesicht davon, »klapprig und alt« zu werden. Und die tiefgefrorenen David Pizers – inzwischen auch vollständig geklont – blicken in eine Zukunft, die mit einem Zauberstab winkt, um Alter in Jugend zu verwandeln. Sie sind ebenso blind gegenüber den Vorzügen des Alters, seiner Weisheit und seinen langen Perspektiven und seiner Fähigkeit, eine überschwengliche, freche und das Lebensgefühl steigernde Schamlosigkeit an den Tag zu legen. Die sehr alten Leute können viel besser als sogar angeblich rebellische

Jugendliche darin sein, die gesellschaftlichen Regeln zu durchbrechen. In anderen Kulturen ist man da freundlicher. In manchen gibt es sogar »Gerontokratien« – sie werden von den Ältesten regiert. In Indien heißt »bura« »alt« und außerdem »weise« und »mächtig«.

Der moderne Tod ist nichts für Amateure. Er ist ein Geschäft, eine Angelegenheit für bezahlte Profis und Experten. (Cryonics etc. übertreibt diese Charakteristiken – Technisierung und Kosten sind dort besonders hoch.) Es gibt eine Beratung für die Hinterbliebenen und professionelle Bestattungsunternehmer mit einer Auswahl käuflicher Dienste. Das Trauer-Management ist im Angebot. Der Tod kommt im Paket, vom Sarg bis zum Leichenwagen. Man hat medizinische Experten für dieses Omega des Lebens, wie es sie sonst nur noch beim Alpha der Geburt gibt. Und es gibt Proteste. Parallel zur Bewegung für »natürliche Geburt« existiert in Europa und den USA auch eine Bewegung für den »natürlichen Tod«. Großbritannien hat ein »Zentrum für den natürlichen Tod« mit einem »Manifest für die Sterbenden«: Statt den Tod »im Paket«, in standardisierten Supermarkt-Modellen zu kaufen, sollen die Sterbenden selbst bestimmen, wie sie fallen und den Tod aussuchen, der ihnen persönlich entspricht. Während die moderne Haltung gegenüber dem Tod die Natur »ausschließt«, möchte die Bewegung für das natürliche Sterben wieder die Natur betonen. Bäume pflanzen statt Grabsteine setzen oder symbolische Rituale entwickeln, die die Sterbenden in jahreszeitliche Kreisläufe einbeziehen. Auch für eine »Ent-Medikalisierung« des Sterbens setzt man sich ein sowie für Hebammen für die Sterbenden, die sich um die Leute kümmern, die sich vom Leben verabschieden.

Auch die Einführung eines englischen »Tages der Toten« wird vorgeschlagen, womit der Tod wieder in den öffentlichen kulturellen Kalender einbezogen werden soll. Der Verlust eines Menschen durch den Tod kann eine schrecklich einsame Erfahrung sein, weil die moderne Gesellschaft den Tod so emsig aus dem Leben verbannt und ihn als eine persönliche Angelegenheit betrachtet. So privat soll er sein, daß die Trauernden isoliert sind. Wer trauert, soll es allein tun. Die Sterbenden sollen allein sterben und in einem Krankenhaus. Als Angehörige dürfen sie nicht bei dem Leichnam bleiben, ganz gleich wie sehr ihre Instinkte danach verlangen. (Als meine Großmutter starb, durften wir nicht bei ihr bleiben. Ich dachte, ich könnte sie irgendwie mit meinem Körper erwärmen, mit der Wärme der Gemeinde der Lebenden, als sie uns verließ. Aber solche Gemeinschaftlichkeit war nicht erwünscht, und man führte mich hinaus.) Es war natürlich nicht immer so. Vormals stellte der Tod ein gemeinschaftliches Ereignis dar. Bis ins 17. Jahrhundert hinein drängten sich die Leute, darunter auch Kinder, in den Zimmern der Sterbenden und der Toten um das Sterbebett. Aber die Samen des heutigen individuellen Sterbens wurden schon frühzeitig gesät. Vom 11. Jahrhundert an, so der Historiker Philippe Aries, »entwickelte sich eine zuvor unbekannte Beziehung zwischen dem Tod eines jeden Individuums und seinem Bewußtsein, ein Einzelwesen zu sein«. Vom 13. Jahrhundert an wurden die Gräber immer individueller gestaltet und mit Inschriften und Bildern ausgestattet. Vom 14. Jahrhundert an begann man, Todesmasken zu nehmen.

Andere Gesellschaften nehmen den Tod lieber im Kollektiv zur Kenntnis. In seinem Buch *Tangi* beschreibt Witi Ihimaera, wie sein Volk der Maori den Tod behandelt. Die Maori-Familie, erklärt er, besteht »nicht nur aus den Lebenden, sondern auch den Toten, die dazugehören«. Die verstorbenen Vorfahren sind dir »voraus«. Die Angehörigen bleiben mehrere Tage an der Seite des Toten. Stirbt jemand, so ist das ein Ereignis, das die ganze Gemeinde angeht. Das gesamte Ritual führt zu einem stärkeren Gefühl für die *Kontinuität* der Zeit – der Zeit der Gemeinde – und nicht zu einem Gefühl des *Endes* der Zeit durch den Tod eines einzelnen.

Auf der Insel Madagaskar haben die Merina ein Todesritual, bei dem Leichen zermahlen und miteinander vermischt werden. So besiegt das Individuum die Endgültigkeit des Todes durch kollektive Umformung. Beim Dowayo-Ritual in Kamerun werden Totenschädel in Krügen durcheinandergewürfelt: Das Individuum ist zwar tot, wird nun aber Teil des Vorfahrenkollektivs. (Nigel Barley sagt: In dem Augenblick, in dem das tote Individuum *als* Individuum tot ist, können die Überlebenden für ihre eigene Individualität eintreten. Witwen zum Beispiel singen: »Bis jetzt haben wir zusammengelebt. Jetzt werde ich in meiner Hütte und du wirst in deiner Hütte furzen.«)

In den Mythen gibt es eine Parallele, die nicht überrascht, denn die Mythenbildung ist weitgehend eine Methode, den Tod zu verstehen. In den Mythen endet die individuelle Geschichte, das kollektive Leben aber wird fortgesetzt. Genau wie bei den Maori, den Merina oder den Dowayo: Obwohl das individuelle Leben im Tod endet, geht das Leben der Gemeinde weiter.

Im Westen wird fast automatisch versucht, das Leben des einzelnen *Individuums* zu verlängern. Dieses Individuum – das Ich – versuchen Menschen wie Art Quaise und David Pizer so eifrig zu erhalten. (Und man fragt sich: Mit dem Geld, das für ein paar gefrorene, überteuerte Leichen ausgegeben wird, könnte man für wie viele lebendige Menschen in der weiteren Gesellschaft sorgen?) Es gibt eine hysterische Opposition gegen die Euthanasie und gegen Leute, die sie praktizieren. Der Euthanasie-Arzt Jack Kavorkian aus Michigan wurde durch die Mühlen der amerikanischen Justiz gejagt und hat Berge von haßerfüllten Briefen bekommen. (Diese Feindseligkeit hat bei manchen Leuten den Gedanken einer Alternative zur Euthanasie ausgelöst: Man hungert freiwillig, bis man stirbt, so wie das traditionell die amerikanischen Indianer getan haben.)

Die Gegnerschaft gegen die Euthanasie einerseits und die phantasmagorischen Cryonics- und Klonierungs-Ideen zeugen von einem unglaublichen Wunsch, das Leben des Individuums zu verlängern. Als ob die Sehnsucht des einzelnen Menschen, ewig zu leben, gerade in dem Augenblick so intensiv wird, in dem es als möglich erscheint, daß wir als gesamte Menschheit, als kollektive Spezies, genau dies nicht erreichen werden. (Claude Lévi-Strauss hat das Studium der Menschheit nicht zum Spaß als »Entropologie« definiert. Der Tod ist von einer unerbittlichen Großzügigkeit: Jede Generation darf einmal auf die Bühne, muß sich aber schließlich zurückziehen, um für die nächste Platz zu machen – und um zu vermodern und sich dem Recycling der Natur anzuvertrauen. Aber infolge der westlichen Auffassung vom Tod, in der sich der christliche Haß auf ein Recycling des Lebens mit dem unerfüllbaren Wunsch der Einzelwesen, ewig zu leben – oder zumindest in einem Mausoleum erhalten zu werden –, verbindet, passiert mit dem Tod etwas, was an anale Zurückbehaltung gemahnt.

In Großbritannien sind die Friedhöfe überfüllt. Für die, die heute sterben, ist kein Platz mehr, weil die, die vor Generationen starben, immer noch »zurückbehalten« werden und die Grabstätten monopolisieren. Sie klammern sich über ihren Tod hinaus am Leben fest mit all ihren Todesbauten aus Marmor oder Stein, den Mausoleen, Krypten und Grabsteinen. Diese Art von Tod enthält zuviele Gebäude, Obstgärten aus Stein mit Zweigen aus Marmor. Die Idee, den Toten zum Gedenken einen Baum zu pflanzen, erscheint mir freundlicher. Denn alle Bäume sind Bäume des Lebens. (Auch auf andere Weise wünscht die Moderne, sich selbst für immer darzustellen – in endlosen fotografischen Archiven. Wenn die Leute in ihren Photoalben blättern, angeblich um »glückliche Jugenderinnerungen aufzufrischen«, kann sie das furchtbar traurig stimmen – eine Art Memento mori des 20. Jahrhunderts.)

Auf noch eine andere Art verhält sich die Moderne dem Tod gegenüber ungewöhnlich. In seinem Gesamtprozeß liegt etwas mit der Erotik Verwandtes: Eine Art Aussaat, aus der wieder neues Leben geschaffen wird. Zwischen dem 16. und dem 18. Jahrhundert begann die Erotisierung des Todes: Thanatos und Eros, Tod und Sex. Romeo und Julias große Liebesszene spielt sich in einem Grab ab. Berninis Theresia von Ávila ist purer Sex und purer Tod in ihrem orgasmischen Nach-Luft-Schnappen im Todeskampf. (Der Orgasmus war früher bekannt als » kleiner Tod«.)

Der englische Soziologe Geoffrey Gorer beschreibt 1955 in seinem Buch *The Pornography of Death*, wie dieses sexuelle Element in diesem Jahrhundert seinen Schatten über uns wirft. Die Trauer sei, weil sie privat, in der Vereinzelung und irgendwie schamvoll stattfinden müsse, wie ein morbider Akt der Masturbation. Da der Tod heute das prinzipiell verbotene und verdrängte Thema ist, muß dem Tabu unweigerlich die Sünde selbst auf dem Fuße folgen. Eros und Thanatos in der gräßlichen Kombination von Sex und Gewalt im Fernsehen, pornographische Tode, die wirkliche Tötung von »O« im Film – als surreale Masturbationshilfe.

Dort, wo die pornographische Gewalt des Todes betont wird, geht der tiefere Sinn der Sexualität des Todes verloren: Die erneuernde Kraft der Zeit, die einen Tod braucht, um wieder ihre Saat auszustreuen. Die Zeit wird nur durch den Tod wieder mit Leben erfüllt. Es gibt – aus der Antike wie der Moderne – allerlei Geschichten über Kopulationen auf Beerdigungen. (Öfter als Sie vielleicht denken mögen, werden Affären auf Trauerfeiern begonnen.) Prostituierte in Nordwesteuropa pflegten ihre Dienste auf Friedhöfen anzubieten, weil dort sexuelle Energie empordrängt – sogar oder vor allem im Augenblick des Todes.

Die Zeit stirbt nicht. Sie wird durch den Tod neu geschaffen. Es muß einen Herbst geben, sonst gäbe es keinen Frühling. Die Tage, an denen man der Toten gedenkt, fallen nach altem Brauch auf Ende Oktober oder Anfang November, wie Allerseelen oder Halloween und der mexikanische oder der italienische Tag der Toten. Dem diametral entgegengesetzt sind der Mai und der Maifeiertag. Wenn es keinen November gäbe, könnte es keinen Mai geben, keinen Monat des Sexes und der Paarungen ohne den Monat des Abschieds und des Sterbens. Das ist die Weisheit des Todes, so trist und öde und fair, so rücksichtslos großzügig. Ihre aufrichtige Strenge und ihre traurige, herbe Schönheit.

13

Wilde Zeit

Gibt es ein Leben ohne Uhr?

»Die Götter verwirren den Mann, der zuerst herausfand,
Wie die Stunden zu unterscheiden sind – verwirren auch den,
Der an diesem Ort eine Sonnenuhr aufstellte,
Um meine Tage so übel zu zerhacken und zuzurichten
In kleine Stücke.«

Plautus

»Das Leben liebt, wer es lebt.«

Maya Angelou

Das Alaska State Museum in Juneau, Alaska, ist eine kleine, flache und schlaue Angelegenheit. Unten befindet sich eine Ausstellung über das Leben der Eingeborenen und ihren Lebensunterhalt, verbunden mit – als ich dort war – einer Wanderausstellung schwarzweißer Landschaftsporträts des Fotografen Bradford Washburn. Von jeher leben die Tlingit und Tahltan und andere Stämme in dieser Wildnis, die Washburn auf seinen Bildern festgehalten hat; ihre Lebensweise hat sich seit Generationen nicht verändert. Einige dieser Bilder stammen aus den 30er, andere aus den 70er Jahren, und es ist unmöglich zu sagen, wann welche Bilder aufgenommen wurden. Nirgendwo findet sich die Andeutung einer historisch sich entwickelnden Zeit; keine Geschichte scheint über diese Täler und Flüsse hinweggegangen zu sein. Es sind Bilder von einem Land ohne Markierungen oder Grenzen, wo auch die Zeit nicht markiert wurde und grenzenlos ist.

Und dann im Obergeschoß: der Uhrenhorror! Im 18. Jahrhundert kamen die Russen und kämpften mit den Tlingit um das Land. 1867 verkaufte Rußland Alaska an die USA. In den 80er Jahren des 19. Jahrhunderts wurde im Gastineau Channel Gold entdeckt. 1896 am Klondike. Die Ausstellung bewegt sich von der grenzenlosen Zeit zur beschränkten Zeit, wobei die Ankunft der weißen Goldsucher natürlich eine besonders wichtige Rolle spielte. In einer Nachbildung eines damaligen Bankgebäudes – der »First National Bank« – befinden sich eine große Uhr und ein Kalender an der Wand (Samstag, 21. April). Die Botschaft ist unübersehbar: Die westliche »Zeit« ist in der Wildnis angekommen (in der Hoffnung, ihr Alter ego, das Geld anzutreffen).

Bei der Jagd nach Gold ist die Zeit immer ein kritischer Punkt. Die Geschwindigkeit, mit der ein Goldgräber eine Fundstelle entdeckt, seinen Anspruch anmeldet und registrieren läßt, entscheidet, ob er zum Millionär wird oder zu einem gebrochenen Mann. Bezeichnenderweise heißt die Bank »Erste Nationalbank«, denn dieser Ort wurde zum Inbegriff des westlichen Rennens zum Reichtum. Die Ersten werden die Reichen und die Letzten völlig verloren.

Die grenzenlose Zeit der Wildnis ist jetzt mit temporalen Ausrufungszeichen bekleckert: Gold entdeckt! Fünfzehn Tage und schon reich! schreien die Werbezettel. »Goldrausch!« brüllten die Zeitungen los, um die »Glücksjäger« anzulocken. Schnell, schnell, schnell! Boom und Pleite! Boom und Pleite! 1896, 1898, all die goldenen Daten blitzen und glitzern in einer Goldgräberpfanne in dem tiefen, dunklen Fluß der Zeit. Diese Jahre, die bis auf den Monat, den Tag und die Stunde genau gewogen wurden, brüchig und blendend, markieren einen Punkt und erheben einen Anspruch auf Datum und Zeit. Sie parzellieren bisher unzerteiltes Land und markieren den bis dahin nicht markierten Augenblick, denn diese »Invasoren der Natur«, wie eine Zeitung die Goldgräber nannte, brachten zwei neue Ideen mit: Den Wunsch, ein Stück Land abzugrenzen, einzuzäunen und zu besitzen. Und die Vorstellung der begrenzten Natur der Zeit, eine Uhr, gegen die man anrasen, die man schlagen muß.

In dem Museum wird – oben gegen unten – der scharfe Gegensatz der beiden Zeiten deutlich. Hätte Plato Juneau besucht, dann wäre ihm das Museum vielleicht wie eine Manifestation seiner Vorstellung von den beiden Seinsweisen – Sein (unten) und Werden (oben) – vorgekommen. Es ist leicht, sie voneinander zu unterscheiden – man nennt den westlichen Chronismus »Zeit« und kontrastiert ihn mit der »Zeitlosigkeit« im Erdgeschoß, mit dem Eingeborenenland und der Wildnis, aber das ist inakkurat. Eingeborene Völker haben ein viel schärferes Gefühl für die Zeit der Natur als industrialisierte Westler. Es gibt zwar eine Uhrenlosigkeit, nicht aber so etwas wie Zeitlosigkeit. Die Wildnis ist erfüllt mit den Phasen der *Zeit selbst*, mit ihren Eigenschaften, ihren Veränderungen, ihren Bärengeburten, Adlerhochzeiten und Lachstoden. Es ist keine westliche, sondern eine wilde und ungezähmte Zeit, und vielleicht könnte man mit »Wildzeit« diese Zeit genauso beschreiben, wie man mit »Wildnis« dieses Land beschreibt.

Ich verließ Juneau an jenem Nachmittag, um mich in das Taku, eine der größten Wildnisse der Welt zu begeben. Viereinhalb Millionen Morgen wildes Land und viereinhalb Millionen Jahre wilde Zeit. Wir fuhren mit dem Floß die Taku-Wasserscheide hinab, drei Flüsse, den Sheslay, den Inklin und den Taku selbst, die 280 km durch British Columbia und Alaska fließen, und ich schreibe dies jetzt, sieben Tage später, auf einer Anhöhe weit über dem Inklin. Im gegenüberliegenden Tal liegt der Fichtenwald auf einer Breite von einer halben Meile gefällt da, ein kurzer, böser Tornado hat die Stämme wie Streichhölzer umhergestreut. Während ich schreibe, sitze ich auf dem Stamm einer gestürzten Espe, silbrig, vom Eis und sengender Sonne weich gemacht, so daß ihre Borke ein silbriges Fell ist, poliert, sanft und ruhig wie das Schweigen.

In den Tagen auf dem Floß, die hinter mir liegen, gab es vulkanische Gipfel, von denen der Donner hallte, grasbedeckte Weiden, auf denen die Zikaden schwirrten, Wiesen, auf denen Rosen, Salbei, Erdbeeren und Wacholder blühten, mit neblig purpurnen Beeren und dem Duft süßen Überflusses, und der Fluß lief durch Schluchten aus Buchsbaumgehölzen, in denen sich kraftvolles, gefräßiges homerisches Wasser gegen Klippen schleudert und rund um die Strudel saugt. In den kommenden Tagen auf dem Floß steht das Geheimnis eines massiven Berges aus Kalkstein mit unterirdischen Strömen und einem fünfhundert Meter tiefen Wasserfall bevor, der so schnell fließt und so langsam fällt, hinab zu uralten Gletschern, einem Ort aus blauem Eis, wo – unerklärlicherweise – Marienkäfer leben. Hier, auf der anderen

Seite des Tals, liegt eine riesige, sich krümmende, ungestörte Parabel einer Welt, der ununterbrochene Fluß, und wie im Sommer in der ganzen Welt Kinder Pusteblumen blasen und Samen aus Flocken vom fleckenlosen Himmel fallen, so auch hier, denn etwa eine Meile weit oder weiter treibt die Samenflocke geradeaus, auf einer Linie ihrer eigenen Bestimmung, einen Bogen nach eigener Berufung beschreibend, wie eine Löwenzahnuhr, die die Stunde wählt. (Die Stunde des Jetzt, die einzige Stunde, die zu nennen der Löwenzahn sich herabläßt.)

Was ist Wildnis? Natur ohne Publikum. Das, was sich selbst beschreibt, vom Menschen aber unbenannt bleibt. Der britische Dichter Robert Service schreibt über die benachbarte Yukon-Provinz: »Es gibt ein Land, wo die Berge namenlos sind / Und die Flüsse alle Gott weiß wohin fließen.« Der Akt des Benennens ist ein Akt des Zähmens, und im Taku tragen einige Flüsse und Berge Namen, andere nicht. Manche tragen westliche, manche Tlingit-Namen, und der Unterschied ist symptomatisch. Zu den westlichen Namen gehören »Mount Lester Jones« und »Wright Peaks«. Tlingit-Namen sind: »Die schlafenden Riesen«, und das »Taku« selbst ist eine lautmalerische Wiedergabe von »wo die Schwäne oder Gänse landen«. Selbst beim Namengeben zeigen sich zwei verschiedene Verständnisse von Zeit – einmal die hitzige Aufregung des westlichen Benennens, bei dem man in charakteristischer Weise den Gegenstand in die individuelle Biographie und tatsächliche Geschichte, die gezähmte Vergangenheit, einbezieht. Die Tlingit geben ihre Namen ruhig und besonnen und binden den Berg oder Fluß in eine mythische Biographie und eine abstrakte Geschichte ein, in eine ungezähmte »Vergangenheit«, die auch Gegenwart ist. Sogar in den Zeitformen der Tlingit ist die Zeit gegenwärtig: Die schlafenden Riesen schlafen immer noch, und das Taku ist, wo Schwäne und Gänse immer noch landen.

So wie ein unbenannter Ort ein ungezähmter Ort ist, so ist eine unbenannte Zeit eine wilde Zeit. Der Taku ist ein »wilder Fluß«, und da Flüsse nach einer universellen Analogie die Zeit darstellen, ist ein *wilder* Fluß ein perfekter Ort für eine *wilde* Zeit. Hier ereignen sich Dinge, der Ort ist keineswegs ohne Vorkommnisse, aber die herausgerissenen und zum Flußufer geschleuderten Bäume sind unregistriert und von niemandem vermerkt. Ein ganzer Wald fällt, ohne daß irgend jemand ein Datum dazu angeben kann. Ganze Klippen fallen zusammen und gleiten in den Fluß, und niemand sieht dabei auf die Uhr.

Seit Jahren habe ich mich gefragt, was für ein Gefühl es wohl ist, in der Wildnis zu sein. Die Wildnis ist eine wilde Trunkenheit, die über die Sinne mit reinigender Vitalität hinwegbraust, einen bis auf das Lebendige entblößt und die Sinne bis zum Glänzen poliert. Sie ist ein unberührter Ort, der dich berührt und dich, wenn die Landschaft da draußen zu einer inneren Landschaft geworden ist, in gehobener Stimmung von Ehrfurcht ergriffen und völlig verändert entläßt. Vergiß das sanfte Wiegenlied von der zahmen Natur als eines gepflegten Rasens – hier in Alaska ist sie von drahtiger und gewaltsamer, erweckender Größe, die dich nicht einschlafen läßt. In Wörterbüchern werden als Synonyme für Wildnis genannt: »Einöde«, »Raum«, »Nutzlosigkeit«, »Wüste«, »jungfräuliches Land« und »Abgeschiedenheit«. Das sind bösartige Entstellungen. Die Wildnis ist ein Aphrodisiakum, ein Ort wütender Fruchtbarkeit, kein wüster, leerer Raum, sondern von einer so reifen Fülle, daß nicht einmal viereinhalb Millionen Morgen sie umfassen können. Kein Ort der Abgeschiedenheit, sondern der rauhen Beteiligung, kein jungfräuliches Land, sondern die nicht einzäunbare Leidenschaft im vulkanischen Zentrum des Lebens.

Aber vielleicht gibt es einen Grund für die Diskrepanz zwischen meiner Auffassung und der der Herausgeber der Wörterbücher. Ihre war einstmals korrekt, ist aber jetzt veraltet, denn sie bezieht sich auf eine Welt, die verschwunden ist. Denn früher war »Wildnis« etwas Riesiges, Ausgedehntes, das die Menschheit umgab. Wildnis war der »Zustand« der Welt, in der die Menschheit lebte, auf verworrenen Fleckchen, Enklaven, wo wir unsere Gärten dicht an den großen Wäldern der Wildnis anlegten. Aber dann hat sich die Menschheit ins Gigantische entwickelt, die Bevölkerung ist überall auf der Erde explodiert, so daß jenseits eines kritischen Punktes Wildnis und Menschheit die Plätze tauschten. Jetzt ist die Wildnis etwas, das wir umgeben. Es gibt nur noch einige jämmerliche kleine Inseln der Wildnis, die sich über die Welt verstreuen. Wildnis ist die Ausnahme geworden. Jetzt ist die Menschheit das, was den Zustand der Landschaft bestimmt.

Für mich ist das ein Beispiel für die Beziehung der Menschheit zur Zeit. Denn einst war die Menschheit von »wilder Zeit« umgeben. Die Zeit erstreckte sich unendlich weit, war undefiniert, uneingezäunt, namenlos, unerforscht, ein Geheimnis, das sich in alle Richtungen weiter ausdehnte als der längste Abend, der hier im Land des Mitternachtslichts niemals endet. Und in diese Ewigkeit war die Menschheit punktartig verteilt, jämmerlich, mit unseren verwirrten Taschenuhren und unseren kurzen Lebensspannen, und wir maßen unsere kurze Zeit dicht an der großen Ewigkeit der wilden, ungezähmten Zeit. Dann begannen wir, die Zeit zu verzeichnen, zu messen, zu parzellieren, zu markieren, zu kaufen und zu verkaufen. So wie die Wildnis und der Mensch die Plätze miteinander tauschten, so haben jetzt auch die wilde Zeit und die Menschheit die Positionen getauscht. Jenseits eines kritischen Punktes der Augenblicks-Messung wurde die eigenartige Zeitmarkierung der westlichen Menschheit zur Standardzeit und Norm. Die westliche Uhr ist der Zustand der Zeit. Die wilde Zeit ist die Ausnahme.

Diesen Gedanken kann man auf einer persönlichen Ebene illustrieren, daran, wie wir uns in Gesellschaft von Uhren und Armbanduhren befinden. Zuerst kann das Ticktack der Uhr beruhigend wirken, es klingt etwa so wie der Herzschlag der Mutter für das Ungeborene. Auch die kastenartige Sicherheit einer großelterlichen Standuhr kann einen Raum mit ihrer besänftigenden Wirkung erfüllen. Und die eingepaßte Zeit einer Taschenuhr verbreitet das behagliche, behütete Gefühl der besten elterlichen Fürsorge. Als meine Mutter mir ihre Armbanduhr schenkte, ging davon ein talismanartiger Schutz aus. Wie sehr brauchen doch alte Leute ihre Uhren. (Jessie, die Mitte achtzig ist, hat drei Dinge an ihrem Krankenhausbett: ihre Pantoffeln, ihr Gebiß und ihre

Uhr.) Ältere Leute brauchen denselben elterlichen Trost – sie befinden sich schließlich in ihrer zweiten Kindheit. Die Gesellschaft der Uhren, die die wilde Zeit zähmen, bietet Sicherheit angesichts einer ungeheuren Einsamkeit. Reine Zeit, wilde Zeit mit der Freiheit von Wind in deinem Haar wirkt auf die Jungen belebend, kann aber die sehr alten Leute ängstigen, denn die dunkelste Seite der wilden Zeit ist der Tod selbst. Im Himmel – oder in der Hölle – gibt es keine Uhren. Die Uhr Friedrichs des Großen soll stehengeblieben sein, als er starb – so wie das Lied es erzählt: »Die Uhr. Hielt an. Sollte nie wieder gehen, als der alte Mann starb.« Aber stimmt das? Vielleicht war es umgekehrt. Vielleicht blieb die Uhr zuerst stehen, und plötzlich, ohne das freundliche Tocktock seines Gefährten, verlor der alte Mann den beruhigenden Takt, der für ihn den regelmäßigen Rhythmus markierte, geriet aus dem Tritt, stolperte über eine Lücke in der Zeit, und sein innerer Ticker stoppte.

Soviel zum Trost, den Uhren spenden, und zu der Sicherheit, die Armbanduhren vermitteln. Jenseits eines kritischen Punktes wird nämlich das, was als Tröster angefangen hatte, zum Tyrannen. Der Träger der Uhr, der damit ursprünglich die wilde Zeit kontrollieren wollte, stellt dann vielleicht fest, daß die Uhr ihn kontrolliert. Die Uhr erteilt dem Menschen Befehle. Die Uhr ist der Boss und zwingt den, der sie trägt. Die kommandierende Uhrzeit, die für die Moderne so charakteristisch ist, hat sich in den »Zustand« verwandelt, in dem die Zeit gezähmt ist, und sie unterwirft die »außergewöhnliche« wilde Zeit.

Das wilde Land und die wilde Zeit – beide wurden sie ergründet, gemessen, »entdeckt« und »gefunden« mit Hilfe von Theodoliten, Chronometern und Teleskopen. Alle Erfindungen entstammen zufällig derselben historischen Epoche. Und alles sind Objekte, um in einem ungefundenen Land etwas zu finden, alles Erfindungen, um eine ungefundene Zeit zu finden und zu bestimmen (»to log«). Der englische Begriff »logging« ist heute ein Wort mit einer schweren Last von Bedeutungen. »To log« heißt, etwas entdecken und eine Bestandsaufnahme oder Inventur machen. Oder auch: Wälder fällen. Dieses Wort klang einmal sehr nach Sicherheit in einer gnadenlosen Welt (ein Blockhaus hieß: »log cabin«; ein gemütliches Kaminfeuer aus brennenden Scheiten: »log fire«). Aber inzwischen, jenseits des kritischen Punktes, hat es selbst einen gnadenlosen Klang bekommen. Regenwälder werden abgeholzt (»logged«). Die Wildnis wird in die Knie gezwungen. Das Taku-Gebiet ist davon bedroht. Eine Bergbaugesellschaft, Redfern Resources, möchte eine Straße durch die Wildnis bauen, um per Lastwagen Kupfererz herauszuholen, und Logging Companies rennen ihr die Türen ein, weil sie die Straße auch benutzen wollen, um gefälltes Holz darauf abzutransportieren. Das Taku-Gebiet soll also »entdeckt und inventarisiert« werden. Man will die Wälder fällen, das Land finden und verlieren, alles auf einen Schlag. »Logging« ist eine Bedrohung der Wildnis geworden, statt Sicherheit vor ihr. Auch waren Straßen früher einmal Wege, die sicher durch eine gefährliche Welt führten. Jenseits des kritischen Punktes sind sie selbst zu einer Bedrohung geworden. Genau wie die Pfade, Wege und Straßen die Wildnis zusammenschrumpfen lassen, lassen auch die Uhren die wilde Zeit schrumpfen, indem sie unentwegt durch die Stunden pflügen.

Wenn Sie einen Fluß betrachten, würden Sie dann sagen: Er läuft aus? Flüsse laufen nicht aus – das ist ihre Eigenschaft. Aber von der Zeit, die universell als Fluß gesehen wird, sagt man, daß sie ausläuft – die Zeit wird knapp; es bleibt nicht mehr viel Zeit. Diese Ausdrucksweise ist uns vertraut, zeugt aber von einer häßlichen, sonderbaren Haltung: Dem ausbeuterischen Geldmachen der Moderne zuliebe gewöhnt man sich so langsam daran, daß die Zeit eine endliche Sache sein könnte. Hier am Taku gehen Zeit und Fluß zu Ende, denn die Regierung von British Columbia hat gerade ihre Zustimmung zu dem Bau der Straße erteilt. (Obwohl die Straße vielleicht noch durch politischen und juristischen Druck gestoppt werden kann.) Das Volk der Tlingit mit seiner flußverbundenen Hochachtung vor der Zeit und dem Taku hat angesichts dieses Verlusts eine prägnante Stellungnahme abgegeben. Die Haltung der weißen Herrscher wird als »voreilig« und »überhastet« bezeichnet. »Auf der Überholspur« sei das Vorhaben durchgezogen worden. Der »festgelegte Zeitrahmen« für Entscheidungen beraube »künftige

Generationen« der Tlingit ihrer Flußrechte. Die Tlingit, die hier seit Hunderten von Jahren leben, bekamen eine Frist von 48 Stunden zugestanden, um auf die Entscheidung antworten zu können. Was sind 48 Stunden für einen Fluß?

Die dominierende Haltung des Westens gegenüber dem Land und der Zeit ist – immer noch – der Wille einzuzäunen. Er zielt auf private Aneignung und den Ausbau von Weltreichen ab. Falls je ein Mann solche Bestrebungen des Einzäunens und Kolonisierens schon früh verkörpert hat, dann Robinson Crusoe. Blasiert und besessen von seinem Mittelschichtstatus ist er hauptsächlich auf das Versklaven von Menschen, das Einzäunen von Orten und das Aufstellen von Zeitplänen aus. Nach einem Geplänkel mit dem Sklavenhandel landet er auf seiner Insel, die er »vermißt« und »einzäunt«. Dann wendet er sich der Zeit zu. Ein sehr selbstgefälliges Kapitel verkündet: »Ich bin sehr selten untätig.« Darin heißt es: Ich »ordne meine Arbeitszeiten … Schlafenszeit und Zeit der Zerstreuung.« Ganz Kolonialist, kolonisiert er die Zeit stets ebensosehr wie das Land. Er benutzt seinen Kalender, um Berge von Monaten einzuebnen, um Straßen durch Jahre zu schneiden, um die unordentliche Zeit zu disziplinieren, um die christlichen Sonntage zu ehren und um wilde Freitage zu versklaven. (Er soll Freitag heißen, bestimmt er. »Ebenfalls lehrte ich ihn, mich ›Meister‹ zu nennen, und ließ ihn wissen, daß das mein Name sein sollte.«)

Als präzises komplementäres Gegenteil eines Crusoe – einen umgekehrten Reim – brachte das frühe 18. Jahrhundert einen Rousseau hervor. Die beiden sind radikale Gegensätze, was Gesellschaftsklassen und Sklaverei angeht und in ihren Visionen von Land und von Zeit. Robinson Crusoe (in Daniel Defoes 1719 veröffentlichtem Buch) sah sich das Land »seiner« Insel an und stellte Zäune und Gehege auf und etablierte sich als »Eigentümer«. Der 1712 geborene Jean-Jacques Rousseau verabscheute die Philosophie des privaten Landbesitzes und alle Arten der Einzäunung. Seine Kritik an dem ersten Menschen, der ein Stück Land als sein Eigentum einzäunte, ist vernichtend. Hätte doch nur jemand, schreibt Rousseau, die Zaunpfähle herausgerissen und dem Menschen gesagt, daß die Erde niemandem gehört. Ebenso wie

Robinson Crusoe hatte auch Rousseau seine beeindruckendsten Erfahrungen von Zeit auf einer Insel gemacht. Aber während Rousseau von der Schönheit der Zeit an Flüssen berichtet und ein Verständnis für die ungefesselte Zeit an den Tag legt – »man folgt keiner Ordnung, sondern dem Impuls eines jeden Augenblicks« und (der Mensch ist frei geboren und trotzdem überall in Ketten) sich weigerte, die metaphysischen Handschellen der Uhr zu tragen –, war Robinson Crusoe von der Uhr und der Kalenderzeit besessen, von dieser westlichen, kolonialen, patriarchalischen, zwanghaften Zeit, die einen jeden Tag mit einer Kette von Zeitplänen fesselt. (Rousseau, das sei gesagt, widerspricht sich selbst: Obwohl er in all seinen Ansichten Robinson Crusoe entgegengesetzt ist, hält er den *Robinson Crusoe* für ein Buch, das Kinder unbedingt lesen sollten. Rousseau beneidete Crusoes Autonomie. Als Sohn eines Uhrmachers aus dem calvinistischen Genf durchschaute Rousseau durchaus, daß die Uhr eine Fessel war. Nachdem er seine eigenen Kinder verlassen hatte, dachte er sich für die Kinder anderer Leute ein System humaner Erziehung aus. »Die wichtigste Regel der gesamten Erziehung lautet, Zeit nicht zu gewinnen, sondern zu verlieren.«)

Ein Bestreben, die gemeine Zeit einzuzäunen und zu kolonialisieren, zieht sich durch die ganze Denkweise des westlichen Zeitgebrauchs – sowohl in der Vergangenheit als auch in der Gegenwart – und ist eines der Themen dieses Buches gewesen. Noch einmal kurz zusammengefaßt: Das obsessive Zeitmessen der Moderne – das das Vergehen von Zeit in Minuten, Sekunden und Bruchteilen von Sekunden mißt – zäunt die Zeit – metaphorisch gesprochen – mit Gittern und Gehegen ein. Jahrhundertelang war das Christentum darauf aus, die zyklische Zeit mit seinem gradlinigen Historizismus in die Ecke zu drängen, die Quadratur des Zeitkreises zu vollbringen und die Nacht mit einem Zaun zu umgeben. Der unsichtbare Imperialismus implizierte auch das Weltreich der Zeit. Denn ebenso, wie die physischen Weltreicherbauer das Land betrachteten und terra nullius sahen, ebenso sahen die metaphysischen Weltreicherbauer die Zeit an und sahen »Tempus Nullius«. Der britische Kapitän James Cook, so heißt es, »entdeckte« Neuseeland. Als ob es keine Zeit vor der Zeit der Weißen gegeben hätte. (Und ähnlich: Der erste Kontakt der Europäer mit den Ureinwohnern des heutigen Brasilien fand am 22. April 1500 um 10 Uhr morgens statt. Fertig. Tempus Nullius ist verbucht.) Die Geschichte der Chronometer ist letztlich die Geschichte des Kolonialismus. Sobald man– durch das Erfinden immer besserer Uhren und die dadurch mögliche exakte Messung des Längengrades – die wilde Zeit des Meeres bestimmt und gezähmt hatte, konnte man sie benutzen, um die europäischen Weltreiche zu schaffen.

In Form dieser unsichtbaren Ideologie haben die Machthaber des Westens – die Puritaner und die Newtonianer, die Franklinisten und die Granthamisten – die Zeit dadurch kolonialisiert, daß sie ihre Zeit als »die« Zeit definiert und diese Definition als ihr Machtinstrument benutzt haben. Die Reichen haben den Armen die Zeit weggenommen. Europa erwürgte und erwürgt Afrika noch immer durch Versklavungen. Die patriarchalische hat die Zeit der Frauen überstimmt. Die Christen haben die Nichtchristen kolonialisiert, und alle zähmen sie die Zeit der Kinder. Das Schlagwort dieser Ideologie, »Zeit ist Geld«, hat dessen Erfindern Geld eingebracht und alle anderen in die Armut abgedrängt. Die wilde Zeit aber ist »frei«. Die Stunde, deren Ausgang offen ist. Der Tag, den ich mit offenem Herzen lebe. Bis Franklin und all seine Nachfolger im Bankgeschäft die Menschheit lehrten, daß eine solche wilde, freie Zeit »vergeudete« Zeit sei (ähnlich wie man ja auch die Wildnis fälschlich als »nutzlos« bezeichnete).

Außer für erwachsene weiße christliche Männer ist jede Art von Millenium-Feier ein Akt des metaphysischen Imperialismus, dem sich tausend und aber tausend andere Kulturen unterwerfen mußten. Der »Karneval« ist eigentlich eine »wilde Zeit«, aber sie wurde kolonialisiert, zuerst von der Kirche und dann vom Klassensystem. Seit der industriellen Revolution hat man den Karneval und die Festivitäten gezähmt; direkt, in dem man das Land einzäunte, indirekt, indem man ihren Geist einzäunte. Man verwandelte sie in leere Spektakel, von denen die gemeinen Leute »ausgesperrt«

sind. Das Vulgäre wurde aus der gemeinen Zeit ausgeschlossen; das vulgäre, dreckige wilde Herz der Zeit wurde unterdrückt.

Die Genmanipulation, die die Patentgesetze als Zaunpfähle benutzt, stiehlt allen Menschen ihre gemeinsame Vergangenheit, damit wenige multinationale »Zeit-Eigentümer« von deren Privatisierung profitieren können. In einem weiteren Sinne wird die Vergangenheit als »Geschichte« privatisiert, die den Siegern gehört und von ihnen geschrieben wird. Und die Geschichtsschreibung ist undemokratisch und nur durch die Vermittlung von Experten zugänglich. Die öffentliche Vergangenheit – die gemeinsame Vergangenheit – des Mythos, die nicht eingrenzbare, diffuse, vieldeutige Vergangenheit, die demokratische und ökokratische wird von der Moderne mit Verachtung gestraft und ausgeschlossen. Da sollte doch zumindest die Zukunft ein nicht eingezäunter Ort sein, der denen gehört, die dort leben werden. Aber nein. Sie wurde schon kolonialisiert. Große Unternehmen bereiten sich heute darauf vor, das Morgen auszubeuten. Am grausamsten wird die Zukunft von der Nuklearindustrie eingezäunt, die Tausenden von kommenden Jahren ihr radioaktives Totenhemd überzieht. Was den Tod angeht, ist die dominante Haltung der Moderne, ihn in Krankenhäusern wegzusperren, um den allgemeinen Komposthaufen zu verleugnen und den Tod für Geschäftsleute zu privatisieren.

Frauen werden aus ihrer eigenen wildesten Zeit ausgesperrt – Vorurteil und Haß der patriarchalischen Gesellschaften verweigern den Frauen ihre mächtigste Zeit, die Zeit der Menstruation. Die Gesichter der Frauen werden durch plastische Chirurgie »gezähmt« bis zur Geschmacklosigkeit. Wenn sie ein Kind gebären, wird die Zeit ihrer Körper von den Zeitplänen der Männer eingezäunt. Zwar kommt jedes Kind mit einem robusten Erbe an »wilder« Zeit auf die Welt (Kinder können so-ho wa-ahn-sin-nig trö-deln und dann wieder so furchtbar flink rennen), aber dies wird durch die Schule diszipliniert und gezähmt, bis eine eingetrichterte uniforme Regelmäßigkeit daraus geworden ist. Tick Tock Tick Tock.

Die Kunst, eine natürliche Verbündete der »wilden« Zeit, die es vermag, den Betrachter vorübergehend von der Zwanghaftigkeit des Zeitmessens zu befreien, wurde in ein Gehege aus zeitgebundenen Definitionen eingesperrt. Die westliche Kunst – speziell seit dem Anbruch der »globalen Gegenwart« – hat es überwiegend vorgezogen, sich in Begriffen einer zeitlichen Aufeinanderfolge zu definieren. Es gab den Futurismus und die Moderne und dann die Postmoderne. Für jede Avantgarde – die natürlich immer schneidig vorangeht – gibt es eine Postgarde, die diese Schneidigkeit noch einmal nachvollzieht. Das schärfste Augenmerk wird auf das Messen der Zeit gerichtet. Und die Lektüre mancher Kunstkataloge ist in etwa so interessant, wie einer sprechenden Uhr zuzuhören.

» Echte Kunst. Eine neue Moderne « – so lautete kürzlich der Titel einer Ausstellung, und der Katalog fragt: »Warum die offenbare Tautologie – eine Neue Moderne, im Gegensatz zur Moderne oder Postmoderne? Wenn wir von einer Neuen Moderne sprechen, nehmen wir chronologisch eine Position nach der Postmoderne ein und setzen dabei trotzdem eine gewisse Bedeutung, einen gewissen Wert und Status der Postmoderne voraus – als Diskurs, der innerhalb der Moderne und als Kritik der Moderne, aber nicht als das Ende der Moderne auftaucht, denn Postmoderne und Moderne sind fortwährend zu einer dialektischen Beziehung miteinander gezwungen, so daß die Postmoderne der Moderne einzig folgt, um selbst die Moderne zu werden: Eine Neue Moderne.«

Piep piep.

Die moderne Kunstkritik ist schlimmstenfalls, wenig mehr als eine Uhr – eine endgültig gestoppte. Nicht vom »Post«, sondern durch das »Post« geschlagen. Postmodernes Denken verzaubert den Augenblick (beinah versehentlich), in einer Art Epiphanie, um ihn dann sofort zu unterminieren. Das postmoderne Denken hält die Zeit an. Auf der einen Seite zeigt die postmoderne Literaturkritik den letzten Seufzer der natürlichen Tendenz der Kunst, den Augenblick zu verzaubern – dieses Fasziniertsein von Jux und Tollerei der Zeit, von Zufall, Komik, Ellipsis und Déjà-vu, Illusion und Allusion. Auf der anderen Seite ist das postmoderne Denken tatsächlich Illusion und Allusion, ein Spiel, Irrgarten der Zeit. Verspielt, ludisch und verlustreich, was die äußeren Beziehungen angeht. Der soziale historische Kontext wird abgelehnt. Auf der Suche nach Selbst-Referenz in der Zeit kreiert die Postmoderne den toten Punkt in der Mitte der Bedeutung, wo die Zeit stillsteht wie in der Mitte eines Labyrinths. Du hast vielleicht den Kern des Spaßes erfaßt – ha ha –, die Genialität des Ulks ist dir vielleicht aufgegangen, aber du hast nur eine sorglose Unaufgeklärtheit vorgefunden, als ob du dich tatsächlich in einem Labyrinth befändest. Du hast ein paar Übungen unternommen, bist aber nirgendwo angelangt, denn im Zentrum dieses irren Gartens befindet sich eine Leerstelle, Lakune, eine invertierte Hecke, eine Art konzeptionelles Haha. Du gelangst zur Sonnenuhr in der Mitte und stellst fest, daß sie auf nichts zeigt außer auf sich selbst. Kein Mittag wird angezeigt, sondern nichts. Wenn eine Sonnenuhr inmitten eines Labyrinths Mitternacht anzeigen könnte, dann würde sie das hier tun. Der Zeiger würde sich selbst einen selbstreferentiellen Wink geben. Genauso, wie die Atomuhr die Sekunde spaltet, hat die Postmoderne mit ihrer Ideologie das Atom der schönen Literatur gespalten und spaltet jetzt Haare. Die Zeit ist gebremst, steht still, erhöht durch ihre eigene Verzögerung. Im Hier und Jetzt liegt ein Vorauswissen des Todes. Keine Vorhandenheit der Abwesenheit, sondern die Vorhersehbarkeit der Abwesenheit.

Wieviel Hoffnung bleibt für die wilde Zeit? Eine Menge. Jedes Kind ist bei seiner Geburt bis zum Platzen damit gefüllt. So fängt es an. Und dann sagt uns die allerneueste Physik: Die Zeit ist ein wunderbares Chaos, kapriziös, unlogisch und auf alle möglichen Weisen überschwenglich ungleichgewichtig. Und dann kommen die Erwachsenen. Für jeden gibt es Hoffnung – wenn »Zeit« als bloße Konstruktion durchschaut werden kann. Das fällt natürlich schwer, weil man den Leuten von Kindesbeinen an beibringt, diese Konstruktion, dieses Gebäude »Zeit« wie eine physische – konkrete – Eigenschaft zu verstehen. Von »Dienstag« wird gesprochen, als ob er aus Kruppstahl wäre. Von »Abgabefrist« wie von einer Betonmauer. »Drei Uhr« ist aus Ziegelstein. Eine »Minute« ist wie ein rechter Winkel und eine »Dekade« wie ein Abflußrohr. Wir mauern uns ein in ein Haus aus Zeit, in dem wir dann Platzangst bekommen. Und vielleicht ist genau dieses manchmal so unangenehm bedrückende Haus der gezähmten Zeit daran schuld, daß die Moderne die wilde Zeit so begierig sucht – indem sie wilde Drogen, wilde Parties, ein wildes Leben fordert. Aber die wilde Zeit existiert immer noch überall. Unsere Zeitmessung besteht nicht aus Beton, sondern aus Konventionen. Wenn wir wollen, könnten wir das Haus der Uhrzeit einfach zusammenpusten und auseinanderblasen.

Also, was »ist« wilde Zeit? Woran ist sie zu erkennen? Sieh dir all die Dinge an, die sich der Zähmung durch das Konstrukt der Uhrzeit am hartnäckigsten widersetzen. Sex, Drogen, Rock'n'Roll. Drei Methoden, um eine sprichwörtlich wilde Zeit zu haben. Genauso wie diese drei hat auch die wilde Zeit die Eigenschaft der Transzendenz, der Flucht aus dem Gewöhnlichen. In vielen Religionen ist das eine bekannte Tatsache. Die wilde Zeit ist ganz und gar unchristlich, denn das Christentum ist einer der größten Zeitzähmer, den die Welt je gesehen hat. Der Geist des Spiels ist auch wilde Zeit. Alle Künste – ernsthaftes Spiel – sind der wilden Zeit verwandt, die Musik vielleicht am allermeisten. Wilde Zeit hat die Natur zur Grundlage, im Gegensatz zum konstruierten Haus der Uhrzeit. Während die gezähmte Zeit der Moderne Mono-Zeit ist – standardisierte Weltzeit –, wird die wilde Zeit am treffendsten durch den mythischen Pan, den heidnischen Naturgott, der für Diversität steht, dargestellt. Da »Pan« »alles« heißt, repräsentiert er die Diversität wilder Zeit selbst. Der Rest dieses Kapitels untersucht all diese Merkmale.

Fangen wir mit dem Sex an. Der Sex möchte es immer wild, was die Uhrzeit angeht, und beschämt die Uhr. In einem wunderbaren Zeitparadox verstanden die Griechen den Liebesgott, Eros, als ältesten und zugleich jüngsten aller Götter, der mit einem pausbäckigen Zwinkern geboren wird. (Der Anthropologe Edmund Leach meint, daß bei den Griechen

»der sexuelle Akt selbst das primäre Bild der Zeit liefert«.) Die Uhr ist der Gegenteil des Erotischen. Sexualität und Uhr, die beiden hassen einander. »Geschäftiger alter Narr, ungehorsame Sonne! Müssen die Jahreszeiten der Liebenden sich nach Dir richten? ... Die Liebe kennt nicht Jahreszeit noch Wittrung, nicht Tag, Stund, Monat: alles Zeitzersplittung«, wie John Donne schrieb. Bei Aschenputtel ist es die Mitternachtsstunde, die urplötzlich die knospende Liebesaffäre mit dem Prinzen abschneidet.

Liebende haben kein Gefühl für Zeit. Und andererseits mordet nichts die Leidenschaft schneller als ein Blick auf die Uhr. Wie der böse kleine Kindervers weiß und uns mit so frecher Ehrlichkeit erzählt, macht der Hahn die Morgenstunde kaputt, so wie heute der Wecker: »Gockel dudeldu! Meine Herrin verlor ihren Schuh. Mein Herr verlor seinen Fiedelbogen. Und sie wissen nicht, was nu.«

Rauschmittel bieten Entspannung von der gezähmten Uhrzeit und entlassen in eine wilde Zeit. Einer der Gründe dafür, daß Alkohol und Drogen in dem über-uhrten modernen Leben so stark verlangt werden, liegt zweifellos darin, daß sie die Zeit verzerren und verwirren, strecken, aufprallen lassen und dem Zwang der Uhr Widerstand entgegensetzen. Das ist wahrscheinlich – leider – auch einer der Gründe dafür, daß die Aborigines in Australien und andere Eingeborenenvölker auf der ganzen Welt, die man in Reservate eingeschlossen hat und die dem westlichen Imperialismus sowohl des Landes als auch der Zeit unterworfen wurden, im postkolonialen Zeitalter einen solch gefährlichen Bedarf an Alkohol entwickelt haben: Er ermöglicht es, sich metaphysisch in die einzige Freiheit zu begeben, die ihnen noch bleibt – die »wilde Zeit« alkoholischen Vergessens.

Wilde Zeit bedeutet Transzendenz, die Überschreitung der gewöhnlichen Zeit-»Grenzen«. Während ich dieses Buch schrieb, waren die einzigen Kommentare, die ich fürchten gelernt habe: »Zeit ist Geld, nicht?«, und: »Zeit? Hat man nie genug.« Als ob die Zeit einer Gesellschaft mit beschränkter Haftung gehörte. Eine indische Bauersfrau hingegen erklärte: »Als Gott die Zeit schuf, hat er reichlich geschaffen.« Die Zeit war in ihren Augen etwas Unbeschränktes, nicht Eingezäuntes, Grenzenloses. Der Westen hingegen definiert viele Zeitgrenzen. So soll zum Beispiel ein »Augenblick« das Gegenteil von einem »Zeitalter« sein. Damit sind viele Menschen auf der Welt nicht einverstanden. Die Hindi-Sprache (in der es mehrere Wörter für den Mond gibt) ist an Zeitgrenzen überhaupt nicht interessiert. »Kal« ist so ein Wort, das dem westlichen Denken auf den Zahn fühlen soll, weil es »morgen« und »gestern« zugleich bedeutet. Außerdem kann »kal« sowohl Augenblick als auch Zeitalter bedeuten. Wenn auch noch »übermorgen« und »vorgestern« durch dasselbe Wort ausgedrückt werden, bekommt man einen Eindruck davon, wie zentral die Gegenwart ist. *Jetzt* – darauf kommt es an. Und »jetzt« ermöglicht den Übergang in die wilde Zeit.

In weisen Religionen weiß man das. Dort ist man von jeher bemüht, über die bloße Uhrzeit hinaus in eine heilige Ewigkeit vorzudringen, in der die säkulare Uhr gestoppt ist. (Säkular kommt ja von Säkulum, Zeitalter.) Schamanistische Ekstase ist ein Versuch, in die »große Zeit« – die Urzeit einzudringen. Viele Lehren des Orients betonen die Transzendenz der Zeit. Yogis meditieren den Augenblick, und der Zweck ist die Suche nach dem Ewigen. Der 6. Zen-Patriarch, Hui-neng sagt: »Im gegenwärtigen Augenblick ist absolute Ruhe. Obwohl sie in diesem Augenblick ist, gibt es keine Grenze und kein Ende dieses Augenblicks, und darin liegt das ewige Entzücken.« Der Zen-Buddhist zielt darauf, gänzlich im gegenwärtigen Augenblick zu leben und höchste Aufmerksamkeit an den Tag zu legen. Alles, was geschieht, wird mit größtem Interesse wahrgenommen, um die Fülle des Lebens noch im weltlichsten Moment zu sehen. Im Hindu-Denken öffnet sich die Gegenwart – und nur die Gegenwart – der wilden Zeit des uneingezäunten Ewigen.

Während die meisten spirituellen Disziplinen die Zeit zu transzendieren sich bemühen und die Uhr überwinden möchten, sind im Christentum die Uhren als privilegierte Ikonen an den Kirchen selbst angebracht. An einem buddhistischen Tempel sähe eine Uhr merkwürdig aus. Der mystische Meister Eckart des 13. Jahrhunderts spricht – für die christliche Tradition ungewöhnlich – von der ungezählten

Schönheit des Augenblicks. In Augenblicken innerer Stille, sagt er, »gibt es nur den jetzigen Moment ... ein Jetzt, das immer und ohne Ende selbst neu ist.« Im Tao Te Ching heißt es: »Bewege dich mit der Gegenwart«, mit diesem jetzigen Augenblick, der als ein Fluß beschrieben wird, in dem man »dem Fließen folgen« muß. (Hier wie überall gibt es die enge Beziehung zwischen Flüssen und der Zeit.) Die moderne Psychotherapie verkauft das heute als eine Art Patentrezept: »Sei hier und jetzt!« Seneca sagte es schlicht so: »Wann sollen wir leben, wenn nicht jetzt?« Einziehen in das Jetzt, um es wieder zu bewohnen, denn das Jetzt ist die einzige wilde Zeit, die gelebt werden kann. »Es gibt keine Zeit«, sagt Joyce Grenfell im Sinne Senecas. »Es gibt nur die Minute, in der ich bin.«

Die wilde Zeit ist ausgelassen, spielerisch. Ein Sinn fürs Spielen – ernstes Spielen – ist in der indischen Mythologie die tiefste Energie in der Schöpfung. Vandana Shiva schreibt: »Alle Existenz entsteht aus dem Spiel von Schöpfung und Zerstörung. Die Manifestation dieser Energie heißt Prakriti – Natur ... Pakriti wird auch Lalitha, die Spielerin genannt, denn ›Lila‹ – Spiel – als freie, spontane Aktivität, ist ihre Natur.« In den indischen Mythen spielt »Lila« in endlosen Zeitzyklen. (Das protestantische Christentum mit seiner Hingabe an eine starre Linie der Arbeit machte kurzen, geraden Prozeß mit dieser Idee.)

Wenn die Natur »die Spielerin« ist, dann bewirkt sie, daß die Leute spielen. Als wir den Taku-Fluß hinunterfuhren, hatte jemand eine große Wasserpistole mitgebracht, aus gelb, rosa, orange und grün fluoreszierender Plastik. Eine Wasserpistole aus Legoland. Von der NASA. Die Wasserkämpfe tobten. Homo ludens lebendig und schreiend, sechsjährige Bismarcks mit einer ganzen Welt, um die gespielt wird. Johan Huizinga, Autor von *Homo ludens* – Der Mensch als Spieler – und ein Name zum Herumspielen, falls es je einen so verrückten Namen gegeben hat –, Johan Huizinga wäre begeistert gewesen. »Aus der gewöhnlichen Zeit heraustreten«, das sei Spiel, schreibt er. Das Spiel ist ein Interludium. Die Kultur selbst »entsteht in Gestalt eines Spiels ... Das Spielerische läßt sich nicht bestreiten, nicht unterdrücken.

Man kann, wenn man will, nahezu alle Abstraktionen bestreiten: Gerechtigkeit, Schönheit, Wahrheit, Güte, Geist, Gott. Man kann Ernsthaftigkeit bestreiten. Aber nicht das Spiel.« (Wo manifestiert sich die wilde Zeit bei den Kindern am meisten? Im Spiel.) »Wenn die Leute Spaß am Leben haben, achten sie nicht im mindesten auf ihre innere Uhr«, sagt ein Experimentalpsychologe.

Die Tlingit-Völker des Taku-Flusses hatten eine Tradition des Schenkens, des Potlach. Huizinga schreibt über dieses Ritual: »Bei den Tlingit und anderen ... ist das rituelle Potlach die am höchsten entwickelte und expliziteste Form eines fundamentalen Bedürfnisses des Menschen, das ich das Spiel um Ehre und Ruhm nennen würde.« Er muß um Ehre und Ruhm spielen, so würde ich es nennen. C. G. Jung schreibt: »In ihren vollständigsten Augenblicken haben die Zivilisationen im Menschen immer seinen spielerischen Instinkt herausgebracht und seinen Erfindungsgeist angespornt.«

Das Spiel ist wichtig, denn vor dem grauen Hintergrund des Arbeitshimmels sind das Spiel der Regenbogen, die Energie, verruchtes Flirten, hilfloses Gelächter, die Laufmasche ohne Beine, der Gott der Dinge, der überfließt, das Glas Bier unten in der Kneipe, der Exzeß, das Too Much, das großartig glänzend Unnötige und das Etwas-Zuviel, die die ganze verdammte Sache lebenswert machen. Spiel ist Ernte, überquellender Reichtum, Großzügigkeit, die Ernte des Vergnügens nach der Arbeit, Überfluß und Würze, das Übergenug, die Geschenke, der Geist des Austausches. »Ein Spiel spielen« heißt es im Deutschen – und das Randvoll-Sein, das Überschäumen des Spiels spiegelt sich in dieser überkochenden Phrase, sie läuft über, spiel es zweimal, nur zum Spaß.

Ebenfalls nur zum Spaß wurde in einem großen Maisfeld kurz vor der Ernte der größte Irrgarten der Welt angelegt. Das Wortspiel zwischen »maze« (Labyrinth) und »maize« (Mais) war beabsichtigt (»a stonking amount of maze«) – ein Spiel auch mit dem Geist der Erntezeit. Auch das Schneiden von Kreisen in erntefähige Kornfelder ist eine spielerische Übung für die Öffentlichkeit. Im selben Geist ist zum Beispiel das Wort »kichern« zu verstehen. Ein Wort und schon eine Ernte spielerischer Überflüssigkeiten. Ein Überfressen an Kichererbsen. Kikiki – wie Kikeriki. Und das i von kichern ist der flinkste, witzigste, spritzigste, trippligste und leichtherzigste aller Vokale. Oder nehmen Sie die spielerische Abschweifung, Zeichen des Reichtums in den Scheunen des menschlichen Geistes. Oder das beiläufige Hinkritzeln, das so glänzend überflüssig und überschäumend sinnlos ist wie die Perücke und der Schnörkel. Männchen malen ist zugleich spontane und trödelnde Verzierung, die nur um ihrer selbst willen stattfindet. Reines Spiel.

Die verwestlichte (urbanisierte, denaturierte und grausam auf Arbeit fixierte) Gesellschaft hat Angst vor dieser allgegenwärtigen Spielerei, Angst vor deren subversiver, anarchischer Natur. Das Spielen wird oft als etwas Kindisches, das es zu überwinden gilt, abgetan. (»Spielzeit« ist nichts für Erwachsene). Ein Thema, das sich zu erforschen lohnt: An der Pennsylvania State University gibt es einen Professor für Freizeitstudien. Ein Produkt, das sich verkaufen läßt – siehe Freizeitindustrie. Auch ein Problem, das zu lösen ist: »Untätige Hände arbeiten für den Teufel«, wie der Volksmund angeblich sagt. Daß Peter Pan in jedem Knaben steckt, ist den Erwachsenen ein Greuel. In Großbritannien gibt die Regierung Richtlinien heraus, daß Kinder schon ab vier Jahren täglich Hausaufgaben machen müssen. Traditionell arbeiten viele Eingeborenenvölker nicht mehr als vier Stunden am Tag, was auch der Menge entspricht, die Bertrand Russell in seinem Text über das Lob des Müßiggangs vorschlägt, da es so weder Über- noch Unterbeschäftigung gäbe. Denn dann gäbe es weder Über- noch Unterbeschäftigung. Er schreibt außerdem: »Es wird viel zuviel gearbeitet auf der Welt. Ein immenser Schaden wird durch den Glauben angerichtet, daß Arbeit eine Tugend ist.« Die Muße hingegen »ist wesentlich für die Zivilisation«. Die Spielethik ist eben viel, nun ja, *ethischer* als die Arbeitsethik.

»Die Natur«, so schreibt Aristoteles, »verlangt von uns nicht nur, daß wir gut arbeiten, sondern auch, daß wir gut die Muße pflegen.« Seufz. Es ist ja so schwer. Daß die Muße der Uhr abgerungen werden muß, ist leichter zu verkünden als zu verwirklichen. Richtig spielen heißt, den Zeiger der Uhr losrasen lassen und tief in die Zeit einsteigen. Das versunkene Spiel ist wie tiefes Wasser, mit Affinitäten zu Musik, Kunst, Sex, ausgiebigem Trinken und tiefem Denken. Es ist eine riskante und glückbringende, fließende Unterwasserwelt, in der das Eintauchen in den Augenblick alles ist. Diese wilde Zeit ist viel reicher, wenn auch viel unsicherer als die Uhrzeit, es ist eine belebte und vielgestaltige Zeit, so schnell und langsam wie die Kaskade eines Wasserfalls. Es lebt sich darin nicht unbedingt bequem, weil sie von der Uhr nicht beherrscht, kontrolliert und eingeteilt wird. Ohne Uhr sind Sie »auf sich selbst angewiesen«. Es ist eine schwierige, aber reichhaltige Erfahrung, dieser wunderbare Zwang zur spielerischen Kreativität – *Faulheit verpflichtet*.

Genug gespielt. Welche anderen Eigenschaften charakterisieren die wilde Zeit? Die Musik, so eng mit der Zeit verbunden, kennt diese Wasserwelt der wilden Zeit sehr gut. Die Trance-Musik der Stammesvölker, hat fast immer den Zweck, die Menschen aus der gewöhnlichen Zeit in eine außergewöhnliche wilde Zeit der Verrücktheit, die Stunden oder sogar Tage andauern kann, hinüberzubringen. Auf Java spiegelt die Gamelan-Musik die »Ewigkeit« der Zeit wider, die auch in den unveränderlichen Zeitvorstellungen zu finden ist, die den Kern des uralten hinduistischen und buddhistischen Glaubens auf Java bilden. (Inzwischen ist die Bevölkerung Javas allerdings überwiegend islamisch, und die lineare Zeit regiert; die islamischen Herrscher stehen dem tiefen, nicht verbalen Zeitgefühl der Gamelan-Musik mißtrauisch gegenüber.)

Die Zeit ist auch in der westlichen musikalischen Tradition von Bedeutung. So wird sie von Johann Sebastian Bach zu einem perfekten »Muster« entwickelt. Beethoven faßt sie erzählerisch. In den Gregorianischen Gesängen wird die Zeit in steinerne Ehrfurcht gehauen. Aber besonders Ende des 19. und Anfang des 20. Jahrhunderts ereignete sich in der westlichen Musik etwas wirklich Interessantes: Debussy. Meine Klavierlehrerin spielte mir, als ich noch ein Kind war, einmal *La cathédrale submergée* (Die untergegangene Kathedrale) von ihm vor, ein Name, der schon wie das Wasser klingt, das die Musik beschreibt. Mir blieb die Luft weg. Er läßt die Noten der Zeit selbst, genau jetzt, unter den Fingern des Pianisten erklingen. Voller Meer und voller Zeit ist diese Musik. (Die beiden wie immer eng verbunden.) Hier ist die Kathedrale wie ein Fels unter der Meeresoberfläche. Stein ist versunken, wie es sich für Stein gehört, während das Anschwellen und Absinken des tiefgrauen Ozeans durch die leeren gotischen Fenster, Bögen und Pfeiler die Kathedrale zum Hallen und Schwingen bringt, als ob die untergegangene Kathedrale selbst ein Musikinstrument wäre, das vom Wasser gespielt wird und wie Höhlenmusik klingt. Und diese Musik kann immer noch Tränen bei mir auslösen, salziges Wasser des Körpers, das nach dem Salzwasser des unerhörten Klangs des Meeres ruft.

Alle Formen von Kunst ereignen sich in einem zeitlosen Zustand, in der Bereitschaft, sich zu vertiefen, gänzlich in Anspruch nehmen zu lassen, einzig und allein im Jetzt zu leben. Die Tyrannei der Uhr ist beseitigt. Es braucht nicht betont zu werden, wie Künstler aller Schattierungen die Zeit vergessen, während sie arbeiten. Aber wie im Falle Debussys kann dieses starke Gefühl für den Augenblick auch die Offenbarung sein, die ihr Werk bietet.

Wie im ersten Kapitel bereits angedeutet: Gerade als die Zeit standardisiert, gerade als ein erstes Gefühl einer Weltzeit entstanden war und die Wildnis und die Menschheit den kritischen Punkt erreichten, um miteinander die Plätze zu tauschen, gerade als, in einem Wort, die Zeit so gezähmt schien wie nie zuvor – genau in diesem Augenblick explodierten die hervorragendsten Komponisten der westlichen Tradition mit einer Interpretation der wilden Zeit. Als Mahler eine Musik schrieb, die durch die Zeit hindurch ins Schweigen, durch den Ton in die wilde Zeit hinübergeht, da wußte er mit seiner ganzen Seele, wofür die Ewigkeit der wilden Zeit stand und wie man sie berührte. 1894 schrieb Claude Debussy sein »Prélude á l'après-midi d'un faune« mit seiner unvergeßlichen Eröffnung – einem wilden Flötenspiel, das direkt von den Hügeln und Wäldern hinunterfällt. Die moderne Musik, so Pierre Boulez, »erwacht« mit der Flöte von Debussys Faun. Die Flöte mit ihrem wilden, aufrüttelnden Klang, der wie die Wildnis selbst tönt, ist von größter Bedeutung: Pan selbst ist der Pfeifer in der Morgendämmerung, der uns wie der Rattenfänger von Hameln aus den Städten und Straßen (diesen konkreten Manifestationen linearer Zeit) in die grüne Wildnis hinauslockt, damit wir auf der wilden Seite der Zeit Walzer tanzen.

In den beiden Jahren nach dem Prélude schrieb Gustav Mahler seine dritte Symphonie, die er zuerst die Pan-Symphonie nannte. Diese leidenschaftliche, verspielte, wilde Musik vibriert vor erotischer Intensität, die einen verbrennt und zerquetscht, sobald sie einen ins Auge faßt. Sie trommelt wild und erdhaft, die Augenlider gesenkt, der rauchige Augenblick und die dunkle Ungeduld des erotischen Rhythmus. Und Strawinskys *Le Sacre du printemps* – »Der Frühlingsritus« – war ein heidnischer Fruchtbarkeitsritus, den er als »eine Art Schrei des Pans« definierte. Die Figur des Pan, dessen Schrei nur von Musikern – denen mit den schärfsten Ohren – vernommen wurde, war vielleicht die einzige Ikone, die kraftvoll genug war, daß sie der Westen der vorherrschenden Kolonialisierung und Zähmung der Zeit entgegensetzen konnte. Pan ist wild.

Pan ist der heidnische Gott der Natur, des wilden Orts, das ursprüngliche wilde Biest, Kreatur der wilden Wälder und der noch wilderen Sitten. Er personifiziert die Wildnis und – für mich – die wilde Zeit. Der Erdgott Pan spielt auf der nach ihm benannten Flöte (Erd-Musik wird traditionell auf Flöten – Panflöten, Dudelsäcken, Didgeridoos – bei den australischen Ureinwohnern – oder Hirtenflöten gespielt). Er stellt – in den Künsten, im Spiel, in der Transzendenz, im Rausch und im sexuellen Zentrum des Lebens – die Eigenschaften der wilden Zeit dar. Im Augenblick der Kreuzigung Christi sagte die christliche Kirche: »Der große Pan ist tot.« Und dieses Echo hallte durch die ganze Welt. Aber so war es nicht. Pan ist über die Jahrhunderte hinweggesprungen und landet mit einem Satz in der Gegenwart, mit seinen Fersen einen tiefen Eindruck im Matsch hinterlassend, ein wild schallendes Gelächter durch die Zahnlücke hervorstoßend und mit massiver Erektion, mit Strawinsky und Debussy, und man hört diesen Schrei noch heute im Wiederaufkeimen des Heidentums.

Der heidnische Kalender verabscheut Homogenität, weist

den christlichen Einfluß auf den Standardkalender zurück und verachtet die – zugleich globale und vorstädtische – Zeit der Industrie und des Finanzwesens. Der heidnische Kalender ist buntscheckig und benutzt die Natur – Monde, Sonnenwenden, die Tagundnachtgleiche – als Markierungen der gemeinen Zeit, so daß die Vollmondnacht ein öffentliches Fest ist. Und diese Vollmondnächte haben verschiedene Namen: Gerstemond. Metmond. Wolfsmond. Und Erntemond. Der heidnische Kalender verleiht der Zeit einen Charakter, er schätzt die Differenz. Er entspricht dem Rhythmus der Jahreszeiten, nicht des Arbeitsplatzes. Seine Zeit ist lunar, nicht konsumierend. Seine Feiertage werden von der Sonne und dem Mond, nicht von Regierungen und Banken bestimmt. Am 1. Mai beschwört er Beltane, das Frühlingsfest der Fruchtbarkeit – das Potential der Zeit. Lughnasadh im Mittsommer feiert die Ernte und die Fülle der Zeit. Samhain ist eine Anerkennung des Todes und enthüllt das Enden der Zeit. Imbolc, das heidnische Fest in der Mitte des Winters, erzählt vom Warten der Zeit, die zu Beltane wiedergeboren wird. Im heidnischen Kalender ist die Zeit belebt, verzaubert, charaktervoll.

Pan wird gefeiert, reinkarniert auf einer zeitgenössischen Beltane-Fete. Ein Kracher von einem Festival mit Feuerschluckern, Feuerjongleuren, einem brennenden Erdlabyrint und hundert koboldhaften, nackten Gestalten, die zu Panflöten und Trommelschlägen um ein Freudenfeuer herumtanzen. Die zu der Musik von Dudelsäcken und Didgeridoos durch Feuer springen und jippiejippie girren, berauscht und berauschend. Etwas Bacchisches ist dabei, der Überfluß des Pan, wie der Geist des Spiels, etwas von den sieben Wochentagen zuviel, und danach darf man sich eine Woche lang ausschlafen.

Pan war einstmals der Hauptfeind der christlichen Kirche. Er stand für alle Aspekte der wilden Zeit. Das Christentum stand für das exakte Gegenteil, für das Zähmen der wilden Zeiten in jederlei Hinsicht. Die wilde Zeit ist immer schon radikal nichtchristlich gewesen. Pan, die gehörnte Bestie mit den Augen, die sagen, ich ficke alles, ist natürlich mit Lust auf Sex geladen. Pan, die reine Natur mit koboldhafter, unfrommer Unanständigkeit, ist wunderbar unrein in seinen Gedanken, Worten und Taten. Pan, halb Mann, halb Ziegenbock und ganz Eier, Pan mit zwei gespitzten Ohren und einem gespitzten Schwanz, Pan mit den zottigen Schenkeln, der in den Wurzeln aller Bäume nach etwas zum Vögeln wühlt; Pan wurde von den christlichen Mythologen Auld Hornie (geiler Bock) genannt. Sie ersetzten – in der westlichen Welt – seine schmutzige Fruchtbarkeit durch die jungfräuliche Mutter, durch ein verkniffenes »Sauberkeit kommt gleich nach Frömmigkeit« und einen zweitausendjährigen Haß auf die durch und durch sexuelle, zyklische und schöpferische Natur der Zeit. Die Heiden feierten den Geschlechtsakt auf der ganzen Welt mit großen, steifen Stangen, die sie in das runde, feuchte Loch der Mutter Erde pflanzten, und tanzten drum herum, um der Fruchtbarkeit zu huldigen. (Den christlichen Behörden war die »Obszönität« des dirty dancing um den Maibaum völlig klar, denn während das Heidentum die Lippen leckend Ja zum Sex sagt, sagt das Christentum mit schmalen, zusammengepreßten Lippen Nein.) Mit dem Feigenblatt bewaffnet, verlangte die christliche Kirche den Tod des großen Pan. Aber Pan ist überall lebend, Leben in der Lust auf Leben. Pan steckt in allen Spielen der Party-Tiere, im Geist der wilden Zeit, spüre den heißen Atem in deinem Nacken, fühle das Stampfen der Ferse im Dreck, die Glorie der befreiten Zeit, schelmisch und saftig, in einem geilen, rücksichtslosen, eiernackten, entkorkten Bumsen.

Solch wilde Zeit ist unversöhnlich nichtchristlich. Es lohnt sich, diesen Punkt im Detail zu betrachten, weil die christliche Kirche einen atemberaubenden Einfluß auf die westliche Vorstellung von der Zeit gehabt hat – von der Geschichte der Uhren bis zur Nutzung der Zeit und der Zähmung der wilden Zeit. Das Christentum haßt und fürchtet alle Manifestationen der wilden Zeit: Sex, Drogen und die Ethik des Spiels, Trance, Tanz und die Zeit der Natur. Daher, wie die vorhergegangenen Kapitel zeigen, die uralte Liebesaffäre des Christentums mit der Uhr.

Fangen wir mit dem Sex an. Die Christenheit ist ein Feind des Geschlechtlichen. »Besser ist es, man heiratet, als daß man vor Geilheit brennt«, spuckt der Heilige Paulus, aber mehr ist bei ihm nicht drin. Sex und die Uhr allerdings hassen einander. Entsprechend der Devise »Der Feind meines Feindes ist mein Freund« fand das Christentum immer mehr Gründe, sich mit der Uhr zu befreunden, speziell mit Turmuhren und Glocken, die die Nacht hindurch die Stunden zählen, wenn der Sex am verheerendsten wütet. Die Sonnenuhren zum Beispiel umzäunten und zähmten nur die Tagesstunden, so daß es nachts keine »Stunden« gab – kam die Abenddämmerung, verschwand der Zeigefinger der Sonnenuhr im dunklen Schatten der Nacht, und die »wilde Zeit« begann. Christliche Mönche – zölibatäre wohlgemerkt – teilten als erste die Nacht in Stunden ein, zäunten diese gemeine Zeit ein, unterbrachen unzählige Koitusakte mit jedem mißbilligenden Glockengeläut, das von der Herrschaft der christlichen, mönchischen Werte kündete.

Der walisische Dichter Dafydd ap Gwilym, der in der zweiten Hälfte des 14. Jahrhunderts lebte, schrieb den folgenden Angriff auf die Glocken und Uhren. Der Dichter, während er eine Nacht in einem Kloster zubringt, träumt verliebt von seiner Frau, die sich in einer fernen Stadt befindet. Eine Glocke weckt ihn auf, zerschlägt seinen Traum und zwingt ihn zurück ins Kloster mit seinen mönchischen Werten.

»Verflucht sei die dunkelgesichtige Uhr neben der Hecke
Die mich aufgeweckt hat.
Nutzlos sei ihr Kopf und ihr Zeiger
Und ihre beiden Seile und ihr Rad
Und ihre Gewichte, diese plump gestalteten Kugeln
Und ihre Stangen und ihr Hammer.
Und ihre Enten denken, es ist Tag
Und ihre rastlosen Mühlen.
Nutzlose Uhr, wie das verrückte Klicken
Eines betrunkenen Schusters, verflucht sei ihre Gestalt …
Eines Kobolds Mühle, die die Nacht hindurch mahlt.
War ein Sattler oder Tunichtgut
Oder Dachdecker je unruhiger?
Kalte Zerstörung ereile diesen Schrei,
Daß er mich hierher aus dem Himmel geführt hat!«

Sechshundert Jahre später kann man ihn immer noch mit den Zähnen knirschen hören.

Die wilde Zeit ist roh und lebendig (aus Hügeln und Wäldern bricht mit brodelnder Kraft Pan, orgiastisch und schäumend – *ich lebe*). Das christliche Zeitgefühl ist auf den Todestrieb fixiert. Das Kreuz der Christen stellt den sterbenden Gott dar, an einen toten Baum genagelt. Das Christentum liebt seine Reliquien, Mausoleen und heiligen »Geister«; die Oblate der Kommunion und der Wein sind Symbole weißen Fleisches und sterbenden Bluts. Das Christentum richtet seine Augen nicht auf dieses Leben hier, sondern auf das »Leben nach dem Tod«.

In seinem Kreuzzug gegen die wilde Zeit haßt das Christentum auch die wilde Unzucht, die Zeit außerhalb des Erlaubten. Das Christentum hat aus vollen Krügen ein Schlückchen, aus Brotlaiben ein Oblätchen dünn wie ein höhnisches Lächeln gemacht. Die Abstinenzbewegung und die viktorianische christliche Moral haben Zäune von Uhrzeiten um die wilde Zeit der Kiffer und Säufer gebaut – gesetzliche Maßregelungen, die bis heute nicht aufgehoben sind. Man sieht es noch heute: in ganz England, wenn eine Glocke – direkt aus den Anordnungen des Sankt Benedikt ein lautes BONG! ertönen läßt, was »Zeit für die letzte Bestellung, bitte« bedeutet. So spielt es sich Abend für Abend in allen Pinten und Kneipen des Landes ab, und wieder werden die gemeinen Leute hinausgescheucht, ausgesperrt aus ihrer gemeinsamen wilden Zeit, durch einen kirchlichen Zaun.

Untätigkeit, Müßiggang war in den Augen der Benediktiner der Feind der Seele. Das Spielen war streng verboten. Die protestantische Kirche ahndete es mit einer einfachen Fahrkarte in die Hölle. (Huizinga: »Calvin und Luther konnten den Ton, in dem der Humanist Erasmus von heiligen Dingen sprach, nicht ausstehen. Erasmus! Sein ganzes Leben strahlt vor spielerischem Geist ... seine leichte Ironie und sein herrlicher Witz ...«) Die Kirche erfand die protestantische Arbeitsethik natürlich, als die Kapitalisten und Industriellen im Vorstandszimmer ein Geschäft mit Gott einfädelten, als Teil der industriellen Revolution. Christliche Missionare verboten den Tlingit das Ritual des Potlach, die höchste Form des Spiels, als Teil ihres weltweiten Strebens, alle wilde Zeit auszurotten. Die Missionare verboten Musik, mit der die Eingeborenen sich in Trance zu versetzen pflegten, verboten ihre Tanzmusik, verboten die Karnevalszeit von Burma bis Brasilien und sagten den Eingeborenen, ihre wilden Zeiten seien des Teufels.

Aber die wilde Zeit ist die natürliche Zeit. Wenn je eine Religion die Natur gehaßt hat, dann das Christentum. Während die Christenheit ihren Angriff auf die Welt der Heiden ausführte, überlebte der Geist des Pan in den dunkelsten Schlupflöchern der Natur – in Wäldern und Wildnissen, nicht in den Städten. Die heiligen Gehölze durchfurchend, überlebte das Heidentum am längsten in den Wäldern – wo Eichengötter geehrt, Bäume geschmückt und Walddämonen beschwichtigt wurden. Das Christentum breitete sich durch wandernde Missionare aus, die – wörtlich – in heidnische Waldgebiete »einfielen«. Der englische Begriff »pagan« – heidnisch – bedeutet »vom Land«. Das Christentum, in kultureller Opposition, steht auf Seiten der *Straßen*. Christus ist der Weg oder die Straße. Der später so genannte Heilige Paulus erlebte seinen wichtigsten Augenblick auf der *Straße* nach Damaskus. Sankt Augustin schrieb die »Stadt« Gottes. Mit gepflasterten Straßen, vermutlich. Die Christenheit liebte die geraden römischen Heerstraßen und benutzte sie, um die Leute zu bekehren und sozial zu kontrollieren. Man brauchte die Straßen, um die heidnische Vergangenheit der wilden Natur zu töten. (Straßen bringen auch heute noch die Natur um. Sie zerreißen die Wildnis, steigern das Verkehrsaufkommen und vermehren die Treibhausgase.) In Großbritannien verstehen sich Hunderte von Protestlern gegen Naturzerstörung und Straßenbau als Heiden. Einer nennt sich »Pan«. Alle feiern sie ihre Beltanes und leben, wie sie es nennen, in der Regenbogenzeit. Das Christentum, dem Ungezähmten gegenüber von tiefem Mißtrauen erfüllt, ob es nun wildes Land sei oder ein wilder Geist, fuhr eine Straße aus Bürostunden durch die wilde Zeit der Nacht und organisierte die Geschichte in starren weißen Autobahnlinien.

Die christliche Architektur – sowohl des Raums als auch

der Zeit – ist phallisch, gerade und linear. Die Christenheit mit ihrer Spießerkirche befiehlt ihren Schäfchen, sich auf Reihen von Stühlen zu setzen. (Das Christentum brachte die Menschen nach drinnen, um ihre Zeit zu zähmen.) Das Christentum mag seine Geradlinigkeit, vom Kirchturmbau bis zum Freimaurersymbolismus. Die Geschichte wurde linear gemacht und die wilde Zeit von der Christenheit und all ihren geradlinigen Nachfahren in die Ecke gedrängt. Die Architektur der Natur dagegen ist sowohl räumlich als auch zeitlich, vom Jahreskreis bis zu den Kreisen eines Schneckenhauses, rund wie ein Nest (Eingeborenenvölker treffen sich in »Kreisen« aus sprechenden Federn, Heiden tanzen im Kreis), sie biegt sich unter dem Einfluß des Kreisprinzips, des vaginalen Prinzips. Mutter Natur ist weiblich, und sie verabscheut senkrechte Linien.

Pan, das Präfix, bedeutet »alles«. Im Ziegengott Pan stellt sich der vielfältige Animismus des Pantheismus dar: Diversität und Differenz. Das Christentum entschied sich für die Monotonie: Monotheismus, Monokultur, das Uniforme, Monotone – Immergleiche. Das Christentum als Teer der Religionen macht uniform, was einst vielfältig und divers war. Die Christenheit mit ihrem einen Gott und ihrer einen Welt führt zwangsläufig überall zur Monokultur. Es vernichtet die lebendige Vielfalt der Geister des Landes. Der lokale Animismus wird unter einer Teerschicht erstickt. Jesus Christus ist wie das Leben in der Vorstadt – immer dasselbe – gestern, heute, ewig. Die Zeit ist völlig voraussehbar. Der Christengott, hübsch kodifiziert und so gut wie sein Wort, leidet niemals unter schlechter Laune, kriegt niemals einen Wutanfall. Der unergründliche und sich amüsierende Pan ist der König der Launenhaftigkeit – die kapriziöse Unvorhersehbarkeit der Zeit kann sich jederzeit in der einen oder anderen Weise niederschlagen. Das Christentum hat das monolithische Denken der Moderne, die monolithischen Aktiengesellschaften, monolithischen Zeitzonen des internationalen Handels, die landwirtschaftliche Monokultur und die eindimensionale Definition der Zeit selbst (»die« Zeit) hervorgebracht. Wenn das Christentum die eine, eindimensionale Zeit darstellt, stellt Pan deren Vielfalt dar, die

Biodiversität der Zeit. Und, in einer Wildnis ohnegleichen ist die Zeit – immer noch – wild.

In der Wildnis ist die Zeit so vielfältig wie das Licht, das im Laufe eines Jahres auf eine Landschaft fällt. Genau wie der Hunger der Menschheit auf Wildnis mit der zunehmenden Entwicklung und Bevölkerungsexplosion immer nagender wird, so wird auch unser Hunger auf wilde Zeit immer heftiger, je mehr die Uhr unseren Geist in Besitz nimmt. Wenn wir die Wildnis verlieren, kommt uns das sichtbare Bild der wilden Zeit abhanden. Die Zukunft wird nichts mehr von der Zeit des Schnees und des Feuers wissen, nichts davon, daß die Zeit, die in der Erhabenheit eines uralten Baumes denkt, sich in Schüben wie ein Berg bewegt. Daß sie das lange weiße Warten des Wasserfalls kennt, der so schnell läuft und so langsam fällt.

Heute ist das Land am Taku-Fluß noch einer der Orte auf Erden, der am prallsten mit Jahreszeiten gefüllt ist. Im Winter dunkel wie eine Bärenhöhle, während sich das Licht im Sommer dünn über die Spitze der Mitternacht hinweg erstreckt, so daß man nicht weiß, ob es das Ende des längsten aller Sonnenuntergänge oder der Anfang des längsten aller Sonnenaufgänge ist. Am Taku kann man die letzten Reste eines Urzeitalters andauern fühlen oder den reinen Schimmer des flüssigen Augenblicks im Springen eines Lachses sehen. Hier hat die Zeit eine Vielfalt, die keine Uhr je kennen oder anzeigen wird. Der kreisende Flug eines Adlers bringt die Zeit zum Pausieren, wenn der Vogel seine Flügel ausbreitet, um vor einem zu schweben, der Wind ist majestätisch geworden, die Zeit hält sich in den Schwingen.

Nichts rekelt sich so lässig wie ein Bär. Hier schnüffeln Bären träge an Heidelbeeren herum. Nichts bewegt sich schneller als eine Bärentatze, die ins Wasser greift, um einen Fisch zu fangen. Nichts nimmt es mit dieser Diversität der Zeit auf. Hier kann ein Tornado in fünf Minuten einen Wald fällen, und ein Spitzbube von einer plötzlich einsetzenden Strömung kann einen Stamm eine Meile weit den Fluß hinabschwemmen. Und dann kann auf einem Gletscher die Zeit anhalten und eine Signatur von zehntausend Jahren hinterlassen, die zehntausend weitere Jahre erhalten bleibt – auf

Eisschichten eines uralten gefrorenen Flusses geschrieben, der jetzt mit der Geschwindigkeit des Niemals fließt. Aus dieser massiven Makrozeit bewegen wir uns in die winzige, die Mikrozeit. In der Insektenwelt ist eine Stunde wie eine Jahreszeit, eine Jahreszeit wie eine Generation.

Rot ist die symbolische Farbe der Sterblichkeit. Das Blut des Lebens und des Todes. Blau ist die symbolische Farbe der Ewigkeit. Hier in dieser Diversität der Zeit finden sie sich Seite an Seite. Das Blaue des Gletschers, das Rot eines – unerklärlichen – Marienkäfers. Nichts ist älter als der blaue Gletscher, in zehntausend Jahren nicht schmelzend. Nichts ist jünger als der hellrote Knopf eines Marienkäfers, der am Anfang dieses Satzes ausgeschlüpft ist. Aus dieser abgründigen Erhabenheit steigt die wilde Zeit herauf – ein Kitzeln des kleinen roten Marienkäfers berührt eine Minute lang das blaue Gletschereis der Ewigkeit.

Rechtenachweis